北京市高等教育精品教材

BEIJINGSHI GAODENG JIAOYU JINGPIN JIAOCAI

高等职业教育"广告和艺术设计"专业系列教材

广告企业、艺术设计公司系列培训教材

广告学概论

（第2版）

崔晓文　主　编

吴　琳　李连璧　副主编

李　冰　王晓芳　赫晓燕　参　编

G

GUANGGAOXUE
GAILUN

清华大学出版社
北京

内 容 简 介

本书结合广告行业发展的新形势和新特点，针对广告公司对广告专业人才基本素质的实际需求，按照广告实战运作的基本流程，系统地介绍了广告与广告学、广告的起源与发展、广告环境分析、广告策划、广告创意与表现、广告媒体、广告效果测定、广告受众分析、广告组织、广告经营、广告管理、国际广告等基本理论知识；并通过实证案例解析讲解，启发学生拓展思路，提高企业和读者对广告的认知与应用能力。

本书具有理论适中、知识系统、案例鲜活、贴近实际等特点，注重课堂教学与实际应用的紧密结合。本书既适用于专升本及高职高专院校广告艺术设计和工商管理等专业的教学，也可作为广告公司从业者的职业教育与岗位培训教材，同时对于广大社会读者也是一本非常有益的读物。

图书在版编目(CIP)数据

广告学概论/崔晓文主编. --2 版. —北京：清华大学出版社，2014（2022.9重印）
高等职业教育"广告和艺术设计"专业系列教材
广告企业、艺术设计公司系列培训教材

ISBN 978-7-302-35445-1

Ⅰ. ①广…　Ⅱ. ①崔…　Ⅲ. ①广告学—高等职业教育—教材　Ⅳ. ①F713.80

中国版本图书馆 CIP 数据核字(2014)第 023045 号

责任编辑：章忆文　陈立静
装帧设计：刘孝琼
责任校对：周剑云
责任印制：曹婉颖

出版发行：清华大学出版社
　　　　网　　　址：http://www.tup.com.cn, http://www.wqbook.com
　　　　地　　　址：北京清华大学学研大厦 A 座　　　邮　　编：100084
　　　　社 总 机：010-83470000　　　　邮　　购：010-62786544
　　　　投稿与读者服务：010-62776969, c-service@tup.tsinghua.edu.cn
　　　　质量反馈：010-62772015, zhiliang@tup.tsinghua.edu.cn
　　　　课件下载：http://www.tup.com.cn, 010-62791865
印 装 者：三河市铭诚印务有限公司
经　　销：全国新华书店
开　　本：190mm×260mm　　　印　张：26.75　　　字　数：644 千字
版　　次：2009 年 7 月第 1 版　2014 年 3 月第 2 版　　印　次：2022 年 9 月第 9 次印刷
定　　价：58.00 元

产品编号：052452-02

  随着我国改革开放进程的加快和市场经济的快速发展，各类广告经营业也在迅速发展。1979 年中国广告业从零开始，经历了起步、快速发展、高速增长等阶段。2012 年全国广告经营额已突破 4000 亿元人民币，比上年增长了 21.9%；广告营业额占 GDP 的比例为 0.9%，全国广告经营单位 37.8 万户，比上年增长了 23.3%；全国广告从业人员 217.8 万人，比上年增长了23.3%。

  商品促销离不开广告，企业形象也需要广告宣传，市场经济发展与广告业密不可分。广告不仅是国民经济发展的"晴雨表"，也是社会精神文明建设的"风向标"，还是构建社会主义和谐社会的"助推器"。广告业作为文化创意产业，对推进民族品牌创建、促进经济发展、拉动内需、解决就业、构建和谐社会、弘扬古老中华文化等方面发挥着越来越大的作用，在我国经济发展中占有极其重要的位置。

  当前，随着世界经济的高度融合和中国经济国际化的发展趋势，我国广告设计业正面临着全球广告市场的激烈竞争。随着发达国家广告设计观念、产品、营销方式、运营方式、管理手段及新媒体和网络广告的出现等巨大变化，我国广告从业者急需更新观念、提高技术应用能力与服务水平、提升业务质量与道德素质，广告行业和企业也在呼唤"有知识、懂管理、会操作、能执行"的专业实用型人才，因此，加强广告经营管理模式的创新、加速广告经营管理专业技能型人才培养已成为当前亟待解决的问题。

  由于历史原因，我国广告业起步晚，目前广告专业毕业生在广告公司中所占比例仅为 6.3%，因此使得中国广告公司及广告实际作品难以在世界上拔得头筹。根据中国广告协会对北京、上海、广州三个城市不同类型广告公司的调查，在"目前遇到的困难"一项中，缺乏广告专业人才居首位，占 77.9%，人才问题已经成为制约中国广告事业发展的重要瓶颈。

  针对我国高等职业教育"广告和艺术设计"专业知识老化、教材陈旧、重理论轻实践、缺乏实际操作技能训练等问题，为适应社会就业，为满足日益增长的广告市场需求，我们组织多年在一线从事广告和艺术设计教学与创作实践活动的国内知名专家、教授及广告设计公司的业务骨干共同精心编撰了本套丛书，旨在迅速提高学生和广告设计从业者的专业素质，更好地服务于我国已经形成规模化发展的广告事业。

  本套丛书定位于高等职业教育"广告和艺术设计"专业，兼顾"广告设计"企业职业岗位培训，适用于广告、艺术设计、环境艺术设计、会展、市场营销、工商管理等专业。本套教材包括《广告学概论》、《广告策划与实务》、《广告文案》、《广告心理学》、《广告设计》、《包装设计》、《书籍装帧设计》、《广告设计软件综合运用》、《字体与版式设计》、《企业形象(CI)设计》、《广告道德与法规》、《广告摄影》、《数码摄影》、《广告图形创意与表现》、《中外美术鉴赏》、《色彩》、《素描》、《色彩构成及应用》、《平面构成及应用》、《立体构成及应用》、《广告公司工作流程与管理》、《动漫基础》等 22 本书。

  本套丛书作为高等职业教育"广告和艺术设计"专业的特色教材，坚持以科学发展观为统领，力求严谨，注重与时俱进；在吸收国内外广告和艺术设计界权威专家学者最新科研成果的基础上，融入了广告设计运营与管理的最新教学理念；依照广告设计活动的基本过程和规律，根据广告业发展的新形势和新特点，全面贯彻国家新近颁布实施的广告法律法规和广告业管理

的相关规定；按照广告经营单位的用人要求，结合职业教育的实际要求；注重校企结合，贴近企业业务的实际需求，强化理论与实践的紧密结合；注重管理方法、运作能力、实践技能与岗位应用的培养训练，通过实证案例解析与知识讲解相结合的写法；严守统一的创新型体例设计，并注重教学内容和教材结构的创新。

　　本套丛书的出版对帮助学生尽快熟悉广告设计操作规程与业务管理，毕业后顺利走上社会就业具有特殊意义。

编委会

Preface 前 言

改革开放以来，我国广告事业得到了迅速发展，并逐渐形成为一个庞大的产业。商品促销离不开广告，企业形象的塑造也需要广告宣传，社会主义市场经济的发展已经与广告业不可分离。随着经济全球化的发展，市场竞争的加剧，广告作为现代营销中的重要传播形式，越来越被各国企业所重视。在现代社会，广告的有无与兴衰已经是一个国家或地区经济生活的晴雨表，一个企业兴盛与否的探测器，还是社会精神文明建设的"风向标"，更是构建社会主义和谐社会的助推器。广告作为文化创意产业的关键支撑，在国际商务交往、丰富社会生活、推进民族品牌创建、促进经济发展、拉动内需、解决就业、弘扬古老中华文化等方面发挥着越来越大的作用。已经成为我国服务经济发展的重要"绿色朝阳"产业，在我国经济发展中占有极为重要的位置。

伴随着经济全球化的快速发展和国际广告市场的激烈竞争，广告作为现代营销的重要传播形式，越来越被各国企业所重视。广告业的发展离不开广告专业人才的培养。广告作为一门商业艺术，要求广告专业人员必须具备两方面的基本素质。

第一是道德素质。广告专业人员应该遵纪守法，自觉抵制虚假及恶意诋毁等广告，不做侵害消费者利益，损害企业形象、危害国家经济发展、扰乱社会治安的广告。广告从业人员需要严格加强自律，不断地提高自身的法律意识和道德水平。

第二是科学素质。广告专业人员应懂得广告运作的基本规律，包括营销规律、传播规律、消费者行为规律等，并能运用这些规律发现广告的机会，确定广告的卖点。

第三是艺术素质。广告专业人员要懂美学、文学，要有艺术修养，并应具备分析色彩的能力，具备绘画、设计的基本技能，具备语言、艺术表达能力。这是广告人的基本功。

随着全球经济的快速发展，面对国际广告业的激烈竞争，加强广告专业技能型人才的培养，已经成为当前亟待解决的问题。为了培养社会急需的广告实干人才，我们组织一些多年在一线从事广告概论教学的专家教授，共同精心编撰了本教材。本教材在发行中深受广大读者的欢迎，于 2011 年被评为北京高等教育精品教材。此次修订的第二版，在秉承原版宗旨和风格的基础上，结合目前广告业的实际情况和广大读者的需求情况，对部分内容和案例进行了修改和调整，融入了新的理念和信息，以便有效地提高学生及广告从业者的专业素质，更好地服务于我国的广告事业。

本教材共十二章，以培养学习者应用能力为目标，结合广告业发展的新形势和新特点，针对广告公司对广告专业人才基本素质的实际需求，按照广告实战运作的基本流程，系统地介绍了广告与广告学、广告的起源与发展、广告环境分析、广告策划、广告创意与表现、广告媒体、广告效果测定、广告受众分析、广告组织、广告经营、广告管理、国际广告等基本知识；并通过大量的实证案例解析，启发学生拓展思路、注重掌握实用知识和应用技能，以提高企业和读者对广告的认知与应用能力。由于本教材融入广告学概论最新的教学理念，力求严谨、注重与时俱进，具有理论适中、知识系统、案例鲜活、图文并茂、叙述简洁、通俗易懂等特点，而且采取统一的格式化体例设计。因此本教材既适用于专升本及高职高专院校广告艺术设计及经济管理等专业的教学，也可以作为广告公司从业者职业教育与岗位培训的教材，同时对于广大社

会读者也是一本非常有益的参考读物。

本教材由崔晓文教授主编并统稿，吴琳、李连璧为副主编，由北京赛德广告艺术公司裴秀艺总经理审定。作者分工：崔晓文(第一章、第三章、第四章、第五章)、吴琳(第二章、第十二章)、李连璧(第六章)、王晓芳(第七章、第十章)、郝晓燕(第八章、第九章)、李冰(第十一章、附录 A、B)。

本教材在编写过程中，得到了专家教授的具体指导，也得到了广告公司的支持，在此一并表示感谢。由于作者水平有限，难免存在疏漏和不足之处，恳请各位专家和广大高等学校教师给予批评指正，也欢迎各位读者提出宝贵意见。

编　者

Contents

目 录

目 录

Contents

Contents

目 录

目录

Contents

第一章

广告与广告学

学习要点及目标

- 了解广告与广告学的概念
- 理解广告的功能与作用
- 掌握广告的特征与分类
- 掌握广告学研究的主要内容
- 了解广告与相关学科的关系

核心概念

广告 广告学 企业广告 广告功能

引导案例

广告是神奇的，但不是万能的

1984年奥运会上中国体育健儿频频取得金牌，一位日本记者密切关注中国运动员的情况，他怎么也不明白，第一次参加奥运会的中国队，不但轻而易举地实现了奥运会金牌零的突破，而且获得的金牌数量大大超过人们的预期，中国人有什么秘诀吗？在中美女排大赛现场，这位日本记者看到中间休息时，女排队员都在喝一种白罐子红字的饮料。日本记者睁大眼睛看到三个红字——健力宝，于是恍然大悟，当日在《东京新闻》刊发了题为"中国靠'魔水'加快了出击"的新闻。

日本人毫不怀疑地宣布："在中国队加快出击的背后，有一种'魔水'在起作用，喝上一口这种'魔水'，马上就觉得精力充沛。这是一种新型饮料，今后世界各国将努力分析这种'妙药'的成分，并很可能在运动饮料方面由此引起一场革命。"日本人所说的这个魔水就是健力宝。

健力宝和中国的15枚金牌一起轰动了奥运会。一夜之间，健力宝成了奥运会的超级明星，为世人所瞩目。更令人想不到的是，健力宝是仅仅诞生几个月的新饮料，其生产厂家的前身不过是一个不足百人的作坊式小酒厂，坐落在离广州市不远的小县城里。

健力宝的成功有多方面的因素，但其有计划、有组织地开展广告宣传活动是非常重要的一环。健力宝善于借助重大体育赛事进行广告宣传，从而使其经济效益频升。公司产值在1983年是130万元，1985年就跃升为1659万元，1986年达4408万元，1987年超过1亿元，1988年达到2.7亿元，1989年高达5亿元。在第23届奥运会上初战告捷后，健力宝与12个国家级体育运动队签了合同，直到第24届奥运会，免费供应他们健力宝饮料。1990年健力宝出资1600万元赞助第十一届亚运会，其广告布满了所有体育场的最佳位置。成功的广告给健力宝带来了7.5亿元的订货单，使其拿走了全国糖酒交易会总额的1/4。亚运会开幕式第三天，一位法国商人就要求作为健力宝在法国市场的代理商……这一切令人惊叹，令人信服。

几十年来，多项荣誉记载着健力宝的成长历程：1988年健力宝饮料已获国家科技进步二等奖，是迄今饮料行业唯一最高奖项；1995 年健力宝系列运动饮料作为中国唯一的软饮料产品，以"健康、天然、口感纯正"荣获美国"纽约食品节"金奖，在美国《财富》杂志评选的中国 50 家整体最受赞赏的企业中排名第 5 位；1997 年健力宝获得"中国驰名商标"称号；2006 年健力宝更是夺得"2006 年中国食品行业领军企业"及"2006 年食品行业十大影响力品牌"等饮料行业年度大奖；2006 年世界品牌实验室根据国际惯例评出中国最具价值品牌 50 强，健力宝以 102.15 亿元位居第 43 名。

然而，健力宝的发展也有令人担忧的地方，随着公司资本运作上的问题频频出现，以及公司最高管理者的经济问题的披露，健力宝集团的经济效益及竞争力逐渐下降。

广告能使企业一夜成名，也能使企业起死回生，但广告并不是万能的，广告发挥作用是有前提的。这个前提条件包括优质的产品、景气的市场、优秀的管理、良好的口碑、合理的价格等。健力宝集团的广告策略虽然好，但也由于内部管理人员的问题及产品开发等问题，竞争力逐渐下降。这个案例值得广告从业人员警醒。

第一节 广 告 概 述

一、广告探源

自从人类有了商品生产与商品交换，就有了广告。现在，广告传播是人类社会中最常见的传播活动。据考证，广告一词源于拉丁文 advertere，意为"注意"或"诱导"。英文中最早使用的 advertise 即以此为词根，并保留了它的基本含义，其意为"一个人注意到这件事"、"引起别人注意"、"通知别人某件事"。17 世纪末到 18 世纪初，英国开始大规模的商业活动，advertise 一词被广泛使用，进而由静态的 advertise 演进为动态的 advertising(广告活动)，这才具有了现代广告的含义。

中国古代没有"广告"一词，多以"告白"、"广而告知"称之。广告一词的出现并被广泛使用，是近代的事。日本明治年间，有学者首次用汉字"广告"翻译英文的 advertising，此后逐渐成为日本统一使用的名词。19 世纪末日本人的这种用法传入中国，所以中国广告一词的出现是受了日本的影响。

二、广告的概念

广告有广义和狭义之分。广义的广告，包括非商业广告和商业广告；狭义的广告，仅指商业广告，也是通常意义上的广告。

(一)非商业广告

非商业广告,是指不以经济利益为直接目的,而是为实现某种宣传目标所发布的广告,不存在赢利问题。它包括除了商业广告以外的各种广告,主要形式有以下三种。

1. 公益广告

公益广告,是指为树立某种社会风尚而做的广告。公益广告最早在美国出现,近年来也得到我国政府和企业界的重视。

2. 政治广告

政治广告,是指为政治活动而发布的广告,是政府为达到某种目的通过媒体发布的信息。如政府发布的公告、政策、法令等。

3. 个人广告

个人广告,是指为满足个体单元的各种利益和目的运用媒体而发布的广告。如个人启事、声明、征婚启事、寻人启事等。

(二)商业广告

商业广告是为赢利而做的广告,是通常意义的广告,是我们生活中最常见的广告,也是广告学研究的主要对象。以下我们所谈广告均指商业广告。

1. 广告的定义

关于广告的定义很多,迄今为止有上百种。综合各专家的定义,本书对广告的定义可概括为:广告是付费的信息传播形式,其目的在于推广商品和服务,影响消费者的态度和行为,以取得广告主所预期的效果。

2. 广告的构成要素

广告作为市场经济中的信息传播活动,其运作过程是:在一定的社会文化背景和政府政策、法律法规等环境下,各厂商(广告主)委托广告公司(广告商)策划和制作广告作品,然后通过大众传播媒介(广告媒体),将特定的广告信息传达给广大消费者(广告受众),如图1-1所示。

(1) 广告主,亦称广告客户,指出资做广告的主体,包括企业、事业单位和团体,甚至个人。广告主是决定广告目标和广告信息内容的主体。一则广告无论是要促进商品或劳务销售,还是要树立企业形象,其具体内容、要求都要由广告主做主;广告主是广告经费的承担者,任何广告都是谁受益,谁付费;广告主同时也是广告的责任主体,广告主要对其所做广告的一切法律后果负责。

(2) 广告商,即广告公司,是广告业务的经营者,是专门从事广告代理、策划、设计、制作等业务的企业,其职员通常称为广告人。广告业是许多年轻人趋之若鹜的行业,它既具挑战性,又具竞争性。罗斯福总统有句名言:"不当总统就当广告人。"

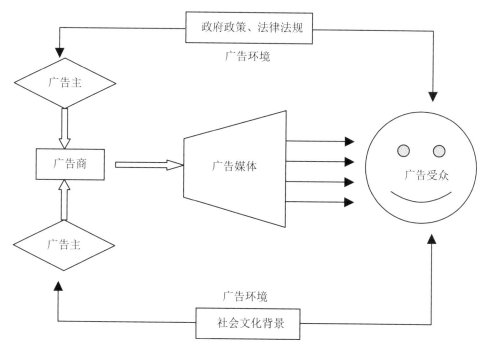

图1-1 广告要素与运作框架

01

(3) 广告媒体，即传播广告信息的媒介物，是从事广告发布业务的机构或主体。广告媒体包括：印刷媒体(如报纸、杂志等)；电子媒体(如广播、电视、电脑等)；展示媒体(如橱窗、展销会等)；户外广告媒体(如霓虹灯、招牌等)；其他广告媒体。

(4) 广告受众，即广告信息的接受者，是广告信息传播和影响的对象，是广告营销商品和服务的需求者、购买者和消费者。有针对性地确定广告的目标受众，是广告取得成功的关键因素。

3．广告的基本特征

(1) 广告有明确的广告主。广告的种类不同，广告主也有差异，但广告主必须是明确的。原因有两点：一是有利于自我宣传。广告主明确，有利于广告主通过广告展现企业风采，介绍产品和服务，提高企业和产品的知名度，提高产品的销售量。二是责任明确。广告是一种责任承诺性的宣传活动，明确了广告主，一旦有了虚假的、误导的广告信息，就能分清责任，有利于追究和纠正。

(2) 广告是付费传播。广告都是要付费的，这是广告的本质特征。广告主必须为发布广告向广告经营单位支付一定的费用，包括广告的策划、制作、媒体传播、效果测定等各个环节所发生的费用支出。由于广告是付费传播，广告主也就购买了广告信息传播的控制权，在法律和道德许可的情况下，有权决定广告的内容、表现方式、信息发布的时间和空间等。

(3) 广告通过媒介传播信息。人类的信息传播方式主要有两种：一是人际传播，即个人与个人之间的信息交流，促销手段中的人员推销属于面对面的人际传播；二是非人际传播，即要通过一定的媒介来得到有关信息。广告属于非人际传播，它必须借助于传播工具，尤其是大众传播媒介才能把信息传达给消费者，进而达到其预期的传播目的。

(4) 广告是经过艺术处理的信息。广告宣传必须以事实为依据，要实事求是地宣传产品；但为了更好地吸引公众的注意，具有说服力，让广告消费者易于接受，广告信息要经过艺术加工，塑造出具有感染力的艺术形象，激发现有或潜在消费者的购买欲望。

(5) 广告传播对象具有选择性。一个具体的广告活动不是以所有的消费者为传播对象，而是向特定的目标市场进行信息传播。目标市场是根据企业营销重点来确定的，目标市场的消费者即为广告传播的对象。选择广告的目标传播对象非常重要，企业的整个广告活动，包括广告创意、媒体策略等都要围绕目标市场而展开，这样针对性更强，有利于减少成本，增加广告的效益。

三、广告的分类

和其他事物一样，广告也有不同类型。依据不同，划分的类型也就不同。如果以广告的最终目的划分，广告可以分为商业广告和非商业广告，对此前面我们已经介绍过(这里我们研究的广告分类专指商业广告的分类)。对广告进行分类，有利于进一步认识和把握广告的特征，加深对广告研究对象具体内容的了解。

(一)按广告的诉求对象划分

按广告诉求对象的不同，可以将广告分为三类。

1. 消费者广告

消费者广告的诉求对象是一般消费者。消费者广告是生产者或商品经营者向消费者推销其产品的广告，广告宣传的产品大多是日常生活用品。在整个广告活动中，这类广告占绝大部分。

2. 工业用户广告

在商品流通领域，还存在着生产资料的交换活动，企业需要把大量的原材料、机器设备、办公用品及相应的服务提供给诸如企业、社会团体、政府机关等用户，这些用户构成了相应的某类市场，广告需要面对这类市场用户进行诉求，这就是工业用户广告。接受这类广告信息的目标对象往往是比较特殊的消费群体，可能是某一方面、某一领域的专业人员，有一定影响的意见领袖等。

3. 商业批发商广告

商业批发商广告主要以小商店和批发商为诉求对象，主要针对流通行业。在商品流通过程中，销售渠道是重要环节，这类广告经常出现。商业批发商广告一般由生产企业向批发业和零售业发布，或在批发业之间，由批发业向零售业发布。这类广告的诉求对象多与这些行业机构的采购进货决策人员有关。

(二)按广告的诉求地区划分

根据广告市场的情况以及广告传播区域的范围、大小等的不同，可以将广告划分为四类。

1．全国性广告

全国性广告是指传播范围面向全国的广告。这类广告适用于销售及服务遍及全国的企业，其产品一般通用性强、销售量大、选择性小，或者专业性比较强，使用范围广，区域分散。这类广告主要选择覆盖全国的媒体，如中央电视台或面向全国的报刊等。随着传播技术水平的提高，各省市电视卫星技术频道纷纷上马，一些地方报刊也极力延伸其传播区域，这使得全国性广告的媒体选择余地大大增加。

2．区域性广告

区域性广告是指以特定地区为传播目标的广告。这类广告的诉求对象限定在某个地区，如华北地区、西南地区，或者某个省；所选择的媒体一般是在某一地区发行或播放的地区性媒体，如北京电视台、《天津日报》等。

3．地方性广告

地方性广告是指针对当地或地方商业圈发布的广告。这类广告多数由商业零售业、地方企业或服务行业作为广告主，如超级市场、零售店、电影院等。广告往往选用覆盖当地、县市级以下的各类媒体。

4．国际广告

受经济发展国际化、全球化以及传播媒体传播信息范围扩大、方式多样的影响，面对国际地域的广告，即国际广告得以出现。国际广告多由跨国型的企业作为广告主，传播范围则针对某国家或地区。国际广告可以帮助产品迅速地进入国际市场，建立国际声誉，是争取国外消费者和开拓国际市场必不可少的手段。国际广告战略的制定要从各国、各地区的社会人文状况的特殊性出发，选择的媒体要与所采取的广告策略相一致。

(三)按广告的诉求目的划分

由于广告目标的不同，广告有着不同的诉求目的。按诉求目的的不同，可以将广告划分为三类。

1．以推销商品为目的的广告

这类广告的诉求着重于突出商品的特征和魅力，其目的是使广告商品给消费者留下深刻的印象，进而吸引消费者购买该商品。

2．以树立企业形象为目的的广告

这类广告以树立企业形象、宣传企业理念、提高企业知名度为直接目的，也称为企业广告。这类广告往往宣传企业的信念和宗旨，介绍企业的历史与成就和企业的经营情况，以增进企业与公众的关系。与商品广告相比，企业广告具有战略意义，能造成一种间接的，但比较长远的效果。企业广告是以销售为最终目的的，但它不仅有利商品销售，而且在对企业提高自身的社会地位、在社会事务中发挥影响力、吸引人才、加快企业发展等方面具有其他类别广告所不能替代的效果。

3．以建立观念为目的的广告

这类广告通过信息传播，帮助消费者建立或改变对一个企业、一种产品的认识印象，建立或改变一种消费观念。这类广告又可分为政策性观念广告和务实性观念广告两大类。

政策性观念广告，是通过广告宣传，把企业对一些社会问题的看法公之于众，以唤起社会公众的同感，达到影响政府立法或制定政策的目的，如对环保、节能等政策性理念的宣传。

务实性观念广告，是以建立或改变消费者对企业或产品的印象，从而建立或改变一种消费习惯或消费观念为目的的广告，如宣传享乐的观念，"更多欢乐，更多享受，就在麦当劳"；宣传健康的观念，"拒绝油炸，留住健康，五谷道场"。务实性观念广告所传达的观念，是有助于企业获得长久利益的观念。

(四)按广告的诉求方式划分

广告的诉求方式，是指广告借用什么样的表达方式以引起消费者的购买欲望，促使其产生购买行为。按广告诉求方式的不同，可以将广告划分为两大类。

1．理性诉求广告

理性诉求广告采取理性的说服手法，有理有据地直接论证产品的优点，通过向消费者介绍或展示产品的质量、性能，以及产品能带给消费者的好处，让消费者理性地权衡利弊，听从劝导，最终促成购买行为。往往一些高档的耐用消费品，如房子、汽车、家电等多采用理性诉求手法，针对文化层次较高的目标消费者时也常用理性诉求手法。

2．感性诉求广告

感性诉求广告采取感性的说服手法，以人们的喜怒哀乐等情绪，亲情、友情、爱情以及道德感、群体感等情感为基础，向消费者诉之以情，以情动人，激发他们的感情，使他们对广告产品产生好感，并受情绪、情感的影响和支配，最终产生购买行为。化妆品、软饮料等商品，或针对妇女、儿童的广告多采用感性诉求手法。

(五)按广告的传播媒体划分

传播广告信息的媒体很多，如果按媒体不同进行细分，可以分为很多种。这里从总体上划分，可以将广告划分为三类。

1．大众媒体广告

大众媒体广告又可分为视听广告和印刷广告。视听广告主要有电视广告和广播广告，也可称为电子媒体广告。印刷广告主要有报纸广告和杂志广告。电影广告也是一种大众媒体广告。

2．小众媒体广告

小众媒体广告主要有三类：户外广告、直接广告、销售点广告。随着大众媒体租用成本的提高，小众媒体受到越来越多企业的青睐。新的小众媒体也不断地被开发和利用，如交通广告、报纸夹页广告、灯箱广告等。

3．新兴媒体广告

随着现代科学技术的发展进步，作为广告信息传播载体的新媒体不断涌现，既包括面对大众、分众的传播媒体，也包括面对小众的传播方式，从而使得新的广告形式得以出现，如网络广告、卫星电视广告、卫星广播广告、有线电视广告等。

第二节　广告的功能与作用

广告是一种信息传播活动。广告的基本职能是通过传播媒体向消费者传递有关商品、劳务、观念等方面的信息，以促进商品的销售。随着广告活动的发展，广告已深入到人们社会生活的各个方面，由经济领域扩展到社会文化等领域，产生的影响越来越大。正如美国历史学家、斯坦福大学教授波特所说："广告对社会的影响，目前已发展到可以与拥有悠久传统的教会和学校相匹敌。广告支撑了各种媒体的发展，在大众兴趣的形成上也起到了很大作用，可以说，广告已成为当代社会的重要组成部分。"

一、广告的功能

(一)营销功能

广告是营销的重要手段，在企业的市场营销活动中占据着举足轻重的位置，发挥着无可替代的重要功能。

1．广告增加企业的知名度

知名度是企业营销活动的基础，是广告活动的起点。增加知名度可以为企业的营销活动打下良好的基础。从某种意义上讲，企业知名度与企业营销活动能否成功紧密相关。中国有句古话："酒香也怕巷子深。"

2．广告区隔产品身份

广告中的产品形象，不再是产品本身的简化的再现，而是投入了目标消费者的追求与向往的形象。广告可以塑造产品的个性，增加消费者对产品的识别，在营销活动中发挥区隔产品身份的功能。

3．广告帮助产品流通

广告通过向消费者提供有关销售地点、销售热线等信息，促进商品在零售环节的流通。同时经销商广告又可以推进产品的铺货，帮助企业争取到经销商、代理商，促进产品在中间环节的流通。

4．广告增加产品使用量

广告通过向消费者介绍新的使用方法、开创新的用途、推广科学的使用频率来增加消费者的使用量。如："冬天，我喝热的露露；夏天，我喝加冰的露露。"再如某品牌润肤霜的广告："美丽肌肤，一天一次"、"早晚使用，肌肤更美"。通过这样的广告可以促进消费量的增加，带动产品的销售。

5．广告增加产品的附加价值

附加价值是通过市场营销活动而增加的，是在产品有形实态及价值之外附带加上或额外加上的价值。它既可以通过改进配方、更换包装等物质性的革新手段来达到，也可以借助广告这一非物质手段来实现。现在消费者购买商品受其审美情趣、价值观、心理需要等的影响和制约，广告可以通过引起消费者对产品特性、功能的注意，或者通过加强消费者对产品主观的、非物质需求满足的价值的认识来增加产品的附加价值。

(二)传播功能

广告活动最基本的功能是传播功能。广告传播所形成的信息流，可以为市场调查和科学预测提供依据，减少商品生产的盲目性。同时，广告传播还可以疏通物流和商流，缩短流通时间，提高流通的时间效益。因此广告的传播功能成为广告的基本功能。具体来说，广告的传播功能又表现为以下几个方面。

1．促进功能

广告的促进功能是指通过广告，加强消费者现有的需求和欲望，使他们感知和了解广告信息的功能。广告传播信息，这种信息首先是商品信息，广告利用现代传播媒体可以将商品信息在短时间内传递到世界各个角落。

广告在传播商品信息的同时也在传播文化信息，即传播文化观念、价值观念、生活观念。广告所反映出的文化意识会不断影响着广告受众，使他们逐渐接受广告中所倡导的生活方式、文化氛围，进而采取行动。

2．劝服功能

广告的劝服功能是指广告不仅要加强消费者现有的需求和欲望，还要增强他们的感觉和情感，使他们偏好于某一产品。在竞争激烈的买方市场，广告的劝服功能越来越受到重视。这种功能可以帮助企业得到更多消费者的信任，促成他们的购买决定。

3．增强功能

广告的增强功能是指广告用来保证消费者的购买决策的功能。通常这类广告产品或服务是高关心度的，如房产、汽车、保险、旅游等。广告有助于消费者对购买行为的肯定，从而增强他们的消费信心，稳定他们的选择。

广告解决需求方面的难题大致有以下三种情况。

(1) 唤醒需求。某些消费者有对某种商品的需求，但处于潜在状态，未被消费者意识到，广告可向消费者提供一定的信息，以激起或唤起消费者的需求。

(2) 改变需求顺序。需求通常按对消费者的重要程度排列顺序，排在前面的需求在消费者的选择中占有优势。有时广告所宣传的商品恰恰是需求顺序排在后面的商品或服务。好的广告可以改变消费者的需求顺序，提升广告商品或服务在消费者需求中的地位。

(3) 创造需求。有时消费者心中还没有对某种商品的需求，广告可以凭借一定手段在消费者心中创造出对该商品的需求。

广告的增强功能就表现在改变需求顺序和创造需求上。广告的表现手法可以多种多样，但其目的都在于增强消费者的购买信心。

【案例1-1】

玉兰油，青春美的奥秘！

针对人们"不晒太阳就可以避免皮肤变黑"的习惯性思维，玉兰油防紫外光润肤霜的电视广告这样表现：画面中一位女士站在遮阳伞下，画外音诉诸受众："不晒太阳就能保持肌肤白皙？错了！因为即使在阴暗处，依然有能晒黑肌肤的紫外线，现在有玉兰油防紫外光润肤霜，它含有FPF15防晒功能，可以分泌与青春肌肤分泌很相似的成分，能有效挡住令肌肤变黑的紫外线。防紫外光润肤霜，早晚一次，会润白肌肤，时刻焕发青春美。玉兰油，青春美的奥秘！"广告播出后市场产生了一阵反响，购买玉兰油防晒霜的人数有所增加。

案例解析

消费者的需求不仅受心理和生理因素的影响，也受外在目标和环境的影响。广告可以通过创设一定的目标，营造一定的环境氛围，激发消费者的潜在购买欲望。玉兰油防晒霜广告抓住消费者认识上的一些误区和相关知识的不足，即没有意识到在阴暗处也会使肌肤晒黑，所以购买玉兰油防晒霜欲望不强。通过这个广告宣传，使消费者认识到自己知识上的盲区，增强了购买意愿。

4．提示功能

广告的提示功能主要是指广告能触发消费者的习惯性购买行为。揭示性的广告产品往往是消费者常买常用的产品。

二、广告的影响和作用

广告对于市场上不同的行为主体会产生不同的影响和作用，以下主要从四个方面介绍广告的影响和作用。

(一)广告对企业的影响和作用

1．广告可以提高企业的竞争力

广告有利于帮助广告主取得竞争优势，广告竞争也是企业间全面竞争的重要组成部分。在市场经济发达的社会里，人们已经形成一种"不买不打广告的产品，不打广告的产品是劣质产品"的心理，所以优秀的企业都非常重视广告活动。形成一定的广告优势，对于提高企业竞争力无疑是重要的。

现代企业间的竞争已经从产品竞争、人才竞争、技术竞争转向企业形象的竞争，显然企业要在这种竞争中取胜，就要有良好的口碑效应。一个企业要占据并不断扩大自己的市场，除了质量、性能、产品价格外，很大程度上取决于其广告的创意、策划、实施。例如，可口可乐是世界上最畅销的软饮料之一，其成功除了它的神秘配方，很大程度上取决于它的广告策略。

广告成就了可口可乐

1886 年 5 月 8 日，彭博顿博士发明的混合液被当作药物饮料，并以每瓶 5 美分的价格在亚特兰大商业区的药店里出售，即刻获得成功。

5 月 29 日在《亚特兰大新闻》的一幅报纸广告中，这种饮料正式采用公司书记员鲁宾逊的命名"Coca-Cola"，广告邀请亚特兰大的市民去品尝这种"新型又流行的苏打水饮料"，声称它是"美味又清新"！从那时起，可口可乐从没有间断过广告宣传。从 1886 年到现在，可口可乐用过的代表性广告语就多达 100 条。

2. 广告可以挽救一个企业

企业的产品好、质量优异、技术先进，还必须通过有效途径告知目标消费者，与目标消费者实现有效沟通。产品有技术价值，还需要具有市场价值，如果不能实现市场价值，不能被市场认可和接受，那么技术再先进、科技含量再高，也难以为企业带来利润，企业也难以实现可持续发展。对于一个新企业或是新产品，加强广告宣传都是非常重要的。现代企业一定要有广告意识，要认识到广告的意义和作用。

【案例 1-2】

广告挽救了恒源祥

恒源祥创建于 1927 年，是中国民族工业最早的先驱者之一。据说，恒源祥的名称来源于其创始人沈莱舟先生所钟爱的一副春联——"恒罗百货，源发千祥"。这三个字寓意恒古长存，吉祥如意，的确，它曾给恒源祥带来辉煌的过去。

1987 年恒源祥要重振雄威，新任的总经理刘瑞奇找到一家乡镇企业，压上两家全部资本几十万，生产出第一批毛线 50 吨。产品质量非常好，然而两个月只卖出 13 吨，且 13 吨的货款也未能收回。1987 年刘瑞奇怀揣 11.8 万元走进中央电视台广告部。广告播出后，产品销量迅速打开，恒源祥从此走上了品牌经营之路，广告费投入逐年增加，产品销售量也一年高过一年。请看下面的一组数据。

广告投入：

1991 年 33 万元；1992 年 118 万元；1995 年 1103 万元；1996 年 3000 万元。

产品销量：

1991 年 75 吨；1992 年 750 吨；1993 年 1800 吨；1994 年 4400 吨；1995 年 7000 吨；1996 年 10 000 吨。

1996 年销售收入 9 个亿！纯羊毛线产销量居世界第一！

案例解析

广告挽救一个企业的例子不胜枚举，恒源祥是一个典型案例。目前企业间市场竞争日益激烈，"酒香也怕巷子深"越来越得到企业家们的认可。借助广告这一大众传播形式，影响公众的消费选择，已经成为企业取得佳绩的不可缺少的手段。当然好的广告还要有好的产品来支撑，否则言不符实的广告宣传也会毁掉一个企业，这方面的例子也是俯拾皆是的。虚假的广告传播只能骗得一时，不可能使企业赢得长期的发展。

3. 广告可以帮助企业树立名牌形象

名牌是企业的一项巨大财富，在市场上许多消费者崇拜名牌，视牌而购。人们可能不记得产品的产地和厂家，但对其品牌却牢记不忘，如可口可乐、IBM。然而，名牌如何形成？当然离不开企业的文化理念、企业产品的质量和企业的服务水平等，但同样离不开广告。无数的实例证明，名牌的形成离不开持续而有效的广告宣传。

4. 广告可以推动企业发展

广告可以增加竞争声势，向消费者提供选择信息，方便消费者进行比较，进而激发企业竞争活力。广告大师大卫·奥格威在《一个广告人的自白》中曾引用了利弗兄弟公司前董事长海沃斯勋爵的话："随着广告的实施，带来的是节省的效果。在销售方面，它使资金周转加速，因而使零售价得以降低而不致影响零售商人的利润。在生产方面，这是使大规模生产得以实现的一种因素。谁又能不承认大生产导致成本下降呢？"

广告把生产信息公布于众，必然促进企业开发市场，扩大市场容量，大量生产并大量销售，从而降低成本、降低售价，提高市场竞争能力。通过大量的广告投入，企业获得目标消费者的认知和喜爱，市场占有率不断提高，从而使销售利润增加，企业又得到扩大再生产的资金，事业充满生机和活力。如杭州娃哈哈集团，就是通过大量的广告宣传，使娃哈哈系列产品推向全国，几乎家喻户晓。娃哈哈也因为有了较有力度的广告辅助推动，事业如滚雪球一样越来越大。

(二)广告对消费者的影响和作用

广告主要通过大众传播媒体传播信息，而大众传媒对消费者的影响力是相当强大的。广告将有关商品信息与消费者沟通，会对广大消费者的消费心理、购买行为等产生巨大的作用。

1. 帮助消费者进行消费选择

消费者在采取购买行为前，往往要了解有关商品信息。消费者获取商品信息的渠道一般有三个：一是亲身接触；二是通过人际传播，如亲友、同事之间相互转告，推销员介绍等；三是通过传播媒体，如通过报纸、电视，或路牌、传单等得到。广告正是通过传播媒体，把有关商品的性能、用途、使用方法、价格以及销售地点、时间、方式等信息发送出去，使广大消费者得到相关知识。

新产品的上市，新品牌的出现，新服务的提供，人们往往首先是从广告这一渠道知悉的。尤其在现代社会中，人们的生活节奏加快，通过广告可扩大商品选择的范围，节省时间，减少失误。

01

2．引导消费潮流

时尚指社会上广为流行或人们一时崇尚和效法的有关事物的规格和样式。时尚是众多人相互影响，并在相当大的范围内普及流行的现象，因此也称为流行。广告可以创造流行、引领时尚，提倡和推动新的生活方式。许多流行商品的出现都与广告的大肆渲染分不开。一种新产品问世，一种新的消费方式诞生，一经广告推广，即会被消费者学习、仿效和接受，进而使其生活质量不断提高。如摩丝、MP3、手机等的使用与流行都与广告宣传密切相关。

3．刺激消费欲望

欲望指对某种事物强烈的指向性。广告利用特定的文化背景和生活环境，针对人们各种不同的消费心理加以激发，使之变成强烈的消费欲望。据心理学家分析，驱使人们行动的动机有600多种，包括生理的、经济的、政治的、美学的、伦理的、宗教的、文化的、逻辑的、社会的动机等，广告是产生消费欲望的重要因素。广告非常重视对消费者心理、动机等的研究，以此来确定广告策略。

例如，上海在春末夏初的梅雨季节，常常阴雨连绵，洗后的衣服总是潮乎乎的，因此居民都有干燥衣服的需求，于是申花牌干衣机产生了。在他们的广告中写道："逢阴雨天，晾衣服不总是潮乎乎的吗？您现在不必为此烦恼了，因为申花牌家用干衣机问世了。"广告从上海人的需求心理出发，针对这种需求加以激发，使上海人对干衣机的需求变为强烈的愿望，为满足这个愿望就当然要把干衣机买回家。

(三)广告对社会文化事业的影响和作用

1．广告的品德教育作用

广告的品德教育作用是指广告在传播商品信息时所体现出的正确的人生观和高尚品德，对人们的思想所起到的潜移默化的作用。如有的广告倡导一种人道主义精神，倡导爱的奉献，倡导人类的进步、和平，使广告受众受到影响和感染。如太阳神口服液的广告主题："我们的爱天长地久"；长虹电器的广告主题："长虹，以民族工业为己任"；张裕干红葡萄酒的广告主题："挑战洋酒，实现百年理想"。这些广告都在宣传商业信息的同时散发着某种道德理念。

2．广告的审美教育作用

广告没有美感，就没有吸引力，而广告的美感又能影响广告受众的思维方式、生活观念和社会立场，并提高他们的生活情趣。美感具有直观性，表现为广告受众看到广告作品所迸发的美，会从内心洋溢出一种喜悦之情。

广告不仅使受众获得一种审美快感，而且可以提高受众的审美能力。审美观是人类生活的调节器，它属于最高的生活准则之一，决定人们对周围环境及自身利益的态度。广告作为一种促进销售的实用艺术形式，经常利用美来激发人们的购买动机，同时又使人们从广告作品中体会出一种超越功利的价值追求。

3．广告促进了大众传媒的发展

广告通过大众传媒传递信息，反过来，大众传媒也通过发布广告获得可观的经济收入。广告一方面使传媒获得发展资金，一方面使报刊大量印刷、普及发行成为可能，使广播电视节目得以丰富。在资本主义发达国家，绝大多数报纸、杂志、电视台和电台等，都是依赖广告收入来生存和发展的。其中，广播电视业的收入约90%以上通过广告获取，报业则有一半收入来自广告，杂志的广告收入约占总收入的20%～70%不等。

大众传播媒体为了在有限的时间内争取到理想的市场份额，就促使自身注重信息质量的改进，以得到企业、广告商和目标受众的青睐。因此无论在传播内容还是表现形式上，大众传播媒体都力求变化和创新，如报纸版面由白纸黑字到图文并茂，多版化、彩色化，广播电视节目琳琅满目，精彩纷呈。大众传播媒体发展到现代这种水平，应该说与广告的发展是相互促进的。

(四)广告对国民经济发展的影响和作用

广告是商品经济的产物，随着市场经济的发展，广告越来越完善和发达，反过来又促进了经济的发展。

1. 国民经济总产值与广告费用总量协同并进

以美国为例，"二战"后美国经济突飞猛进地发展，广告业也得以快速发展。广告业往往反映着经济发展的快慢，是经济发展的"晴雨表"，高度发达的经济必然带来广告业的高度繁荣，因此美国也是世界上广告业最发达的国家。长期以来，美国每年的广告额都占世界广告总额的50%左右。在世界各国总广告费、人均广告费以及广告费占国民生产总值的比率这三大统计指标中，美国均居世界第一或在前三名之列。

日本也是世界上广告业高度发达的国家之一，在规模上仅次于美国。在亚洲国家中，日本广告业居第一位，其每年的广告收入总额占亚洲广告总额的75%左右，如表1-1所示。近年来由于日本经济的低迷，广告费总额随之也趋于下降。2010年日本广告费总额为5.84万亿日元，比上年减少1.3%，连续三年下降。

表 1-1 1985—1998 年日本经济增长和广告费   亿日元

年　份	国内总产值	国内总产值比上年增长率/%	总广告费	国内总产值与总广告费的比率
1985	3 204 187	106.6	35 049	1.09
1986	3 354 572	104.7	36 478	1.09
1987	3 497 596	104.3	39 448	1.13
1988	3 739 732	106.9	44 175	1.18
1989	3 999 983	107.0	50 715	1.27
1990	4 300 398	107.5	55 648	1.29
1991	4 582 991	106.6	57 261	1.25
1992	4 710 644	102.8	54 611	1.16
1993	4 753 811	100.9	51 273	1.08
1994	4 792 601	100.8	51 682	1.08
1995	4 832 202	100.8	54 263	1.12
1996	5 003 097	103.5	57 699	1.15
1997	5 078 518	101.5	59 901	1.18
1998	4 958 239	97.6	57 597	1.16

(资料来源：刘家林. 新编中外广告通史. 广州：暨南大学出版社)

2. 广告的生产过程也是社会财富的不断增长过程

自从广告成为独立的产业,其在国民经济中就发挥着日益重要的作用,广告收入在国民生产总值中就占有了一席之地。目前,广告产业已成为国民财富的重要组成部分。中国改革开放后,随着广告业的恢复和发展,广告收入在国民经济中所占的比重日益增长,如表1-2所示。

表1-2 1981—2006 中国广告业发展状况

日期 /年	全年广告经营额 /万元	广告费占国民总收入比重/%	广告费占国内生产总值比重/%	人均广告费/元	全国广告经营单位 /户	全国广告从业人员 /人	广告从业人员人均广告费/元
1981	11 800.0	0.024	0.024	0.118	1160	16 160	7302
1982	15 000.0	0.028	0.028	0.148	1623	18 000	8333
1983	23 407.4	0.039	0.039	0.227	2340	34 853	6716
1984	36 527.9	0.050	0.051	0.350	4077	47 259	7729
1985	60 522.5	0.067	0.067	0.572	6052	63 819	9483
1986	84 477.7	0.082	0.082	0.786	6944	81 130	10 412
1987	111 200.3	0.092	0.092	1.017	8225	92 279	12 050
1988	149 293.9	0.099	0.099	1.345	10 677	112 139	13 313
1989	199 899.8	0.118	0.118	1.774	11 142	128 203	15 592
1990	250 172.6	0.134	0.134	2.188	11 123	131 970	18 957
1991	350 892.6	0.161	0.161	3.030	11 769	134 506	26 088
1992	678 675.4	0.252	0.252	5.792	16 683	185 428	36 600
1993	1 340 873.6	0.380	0.379	11.314	31 770	311 967	42 981
1994	2 002 623.0	0.416	0.416	16.709	43 046	410 094	48 833
1995	2 732 690.0	0.457	0.450	22.562	48 082	477 371	57 245
1996	3 666 372.0	0.523	0.515	29.957	52 871	512 087	71 596
1997	4 619 638.0	0.695	0.585	37.368	57 024	545 788	84 642
1998	5 378 327.0	0.648	0.637	43.109	61 730	578 876	92 910
1999	6 220 506.0	0.705	0.694	49.453	64 882	587 474	105 886
2000	7 126 632.0	0.727	0.718	56.229	70 747	641 116	111 160
2001	7 948 876.0	0.736	0.725	62.282	78 339	709 076	112 102
2002	9 031 464.0	0.758	0.751	70.309	89 552	756 414	119 398
2003	1 0786 846.0	0.798	0.794	83.473	101 786	871 366	123 792
2004	12 645 601.0	0.792	0.791	97.283	113 508	913 832	138 380
2005	14 163 487.0	0.767	0.770	108.320	125 394	940 415	150 609
2006	15 730 018.0	0.748	0.751	119.67	143 129	1 040 099	151 236

(资料来源:范鲁斌. 中国广告业30年200个"第一". 中国广告,2007年第12期)

广告业发展的一个现象日益凸显：广告收入已经成为大众媒体收入的主要来源，如表 1-3 所示。新闻事业单位的固定资产投资、职工的工资、福利以及办公费用开支等大多来自于广告收入，由此看来，广告的生产带来了社会财富的不断增加。

表 1-3　1997 年美国各广告媒介收入

媒介类别	广告收入/百万美元	构成比/%	比上年增长/%
报纸	41 670	22.2	8.5
杂志	9821	5.2	9.0
出版公司	325	0.2	9.0
电视	44 519	23.8	10.5
广播	13 491	7.1	10
黄页电话号码簿	11 423	6.1	5.3
DM(直邮广告)	36 890	19.7	6.9
专业报纸	4109	2.2	7.9
户外广告	1455	0.8	8.7
其他	23 827	12.7	7.0
总广告费	187 530	100.0	7.0

(资料来源：刘家林. 新编中外广告通史. 广州：暨南大学出版社)

01

三、广告作用的局限性

广告在市场中的地位和作用是不容否认的，这种作用不会因为人们的否定而消失，广告是社会生产与生活不可缺少的，但广告又不是万能的。广告是企业营销组合中的促销组合中的一个手段，如图 1-2 所示。

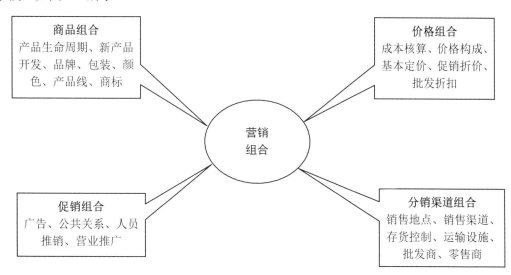

图 1-2　广告在营销组合中的位置示意图

1．广告的作用效果存在差异性

广告作为促销手段之一，并不是对所有产品，在所有市场的促销作用都是一样的。一般来说，新产品在打入市场的前期和中期，在面临激烈竞争的条件下，广告的促销作用是明显的和重要的，企业这时需要不间断地、直接向广大消费者宣传其产品。

另外，不同的产品打广告所产生的效果也不同。通常药品、食品、化妆品、烟酒等对广告的依赖性比一般原料性产品、初级产品和一般生产资料对广告的依赖性大，前者的广告费用约占销售额的 10%～30%，而后者的广告费用仅占其销售额的 3%左右。

2．广告作为促销手段的局限性

如图 1-2 所示，在促销的四个手段中，广告同人员推销、营业推广和公共关系三者相比，在达到的效果方面(如知名、理解、确信和促成购买行为等)也是各有所长，不尽相同的。广告同公共关系的作用比较相似，对于信息的传递作用和树立形象、扩大知名度的作用较为明显，但在让人确信上不如公共关系，在促成购买行为上不如人员推销和营业推广。

3．广告在发挥作用时是有前提条件的

广告的作用是有一定限度的，一个广告能救活一个企业的例子固然存在，但这并不具有普遍意义，更不能因此说企业就依赖于一个广告而存活。对企业来说，其生存的基础是其生产了适合社会需要的产品，如果离开了这一点，广告越大，产品生产越多，到头来积压的产品也会越多，企业反倒受广告之害。这方面的例子也是很多的。企业的产品如果没有过硬的质量，单靠广告是无法生存的，广告不能解决企业经营中的所有问题。

所以，广告促进生产和销售的作用是有前提、有条件的，这些条件就是：适销、优良的品质、周到的服务、适当的价格、景气的市场、较强的消费支付能力。如果离开这些前提条件，再好的广告，即使拿到了中央电视台的标王，企业也难以得到持久发展。

【案例 1-3】

永远的绿色，短命的秦池

秦池酒厂位于山东，由于产品销售困难，姬长孔等人决定开拓东北市场。他们来到沈阳后决定用两种经销方法：一是政府推荐，二是广告宣传。出于对自己产品的信任，姬长孔找到当地技术监督局，主动要求对产品质量进行测定。待拿到满意结果后，他们花三天时间，请当地电视台摄制了一条广告：一个老板模样的人，手持大哥大，身后跟着两个随从，步入一家饭店，服务小姐问："老板喝什么酒？""当然喝秦池。"酒端上来之后，画面上出现几个人情绪高涨地一饮而尽的场面。这是秦池酒的第一条正式广告。

广告播出后，秦池酒在沈阳出现脱销。这以后，秦池人对广告便格外钟情。1995 年 11 月 8日，中央电视台举行第二届黄金段广告招标，秦池以 6666 万元击败孔府家酒和孔府宴酒而夺得标王。于是奇迹出现了，1996 年第一季度，秦池就实现销售收入 3 亿元，年底结算，一共实现销售收入 9.8 亿元，创造了一个企业神话。

尝到甜头的秦池，1996年年底再次参加次年的中央电视台第三届黄金时段广告竞标，以3.2亿元的天价蝉联标王，比第二名多出一个多亿，令业内人士瞠目结舌。其产品销售又如何呢？在秦池中标后的第二年头3个月，销售收入4个亿，随后4—5月的销售收入为1个亿，这以后5—12月的销售收入几乎为零。1997年3月末一些地方经销商反映：秦池酒瓶盖出现发黄发烂的情况，并且发出恶臭，刺鼻恶心，许多消费者要求退货。但这种现象并未引起管理者的高度重视。后来"瓶盖危机"全面告急。此外，秦池内部在物料采购、生产管理与相应监督机制等方面隐患巨大，最终造成秦池倒塌。

后来，姬长孔说："秦池一直是在用单腿走路，完全靠广告拉动，但从未真正地重视品牌的美誉度，维护品牌美誉度的管理工作也没跟上，以致各种管理漏洞如同管涌，千里大堤一夜崩溃。"秦池的落败正应了中国的一句古话：广告既可载舟，也可以覆舟。

（案例来源：李宝元. 广告学教程. 北京：人民邮电出版社）

案例解析

秦池广告投入的失败并不是广告本身的问题，其广告策划、广告创意和制作从专业的角度来说都可以说是佳作，选择中央电视台这一受众群最广的大众媒体也可以说是扩大企业知名度和影响力的最优之策。但是就是因为产品质量出了问题，内部管理出了问题，失败也就成为必然的了。

四、广告的负作用

广告能够发挥促销作用，会给社会带来经济效益，也会给社会带来精神文明，但这指的是好的广告、负责任的广告。而一些不好的广告则会给企业，给消费者甚至给社会带来危害。不好的广告主要有不真实的广告、欺骗广告、低俗的广告、表现失当的广告、色情广告、不讲行业道德的广告等。这些不好的广告给企业、消费者乃至社会带来的危害表现为以下四个方面。

1. 不真实的广告严重损害消费者利益

有些广告宣传虚假的信息，如一些药品广告宣传能够具有某种疗效，或者夸大某种疗效，致使消费者购买后上当，严重者导致消费者的身心健康受到损害。如SK-Ⅱ紧肤抗皱精华乳广告中宣称"肌肤年轻12年"，一位听信广告的女士在使用了该护肤品后，因皮肤出现瘙痒和灼痛现象而将企业告上了法庭，理由是广告宣传误导。

据有关部门调查，虚假广告的表现形式主要有夸大其词、许诺不能兑现、盗用消费者名义、名人对商品不切实际的评价和盗用同类产品名义等。其中，消费者认为夸大其词者最多，占被调查总人数的91.87%。许多企业为引诱消费者购买，对其商品尽量夸大功效，如某些保健品只有保健调理作用，却使用"专治××病"的广告词。

还有的广告有许诺，但不能兑现。这类虚假广告以诱人的承诺吸引消费者购买，结果承诺不能兑现，让消费者失望。如河南一家企业到重庆销售"立竿见影"牌明目器，广告中许诺"使用无效者，三天内包退包赔"。消费者使用无效，在三天内要求退赔，企业则以包装损坏（其实是包装盒的密封塑料袋被拆开）和必须连续使用三天以上才能见功效为由，拒绝退赔。

在名人广告中，往往由于名人对广告商品的质量和供销不甚了解，就妄加评说，而误导消费者。这些虚假广告的泛滥使广告越来越失去了消费者的信任，使真正好的广告效果也受到不

良影响。

2．缺乏行业道德的广告扰乱了企业经营的正常秩序

这种不道德的广告比较技术化，广告信息中暗含对竞争对手的否定与攻击，是隐蔽的刺激性广告。如暗含指责竞争对手的产品含有不良物质，不能给消费者带来有效的利益点，于是只有某企业的广告产品才是最好的、最有效的等。这样的广告使一些企业受损，也使企业间的不良竞争加剧。

3．广告霸权主义倾向导致消费主义热潮的产生

广告中常含有"霸权"思想：现代人应该怎么样，如果你用我的产品，你就能成为一个什么样的人，相反，你可能就成为一个有某种问题的人，所以你必须用我的产品。如某个彩绘指甲的广告说：一张精心化妆的脸+一双修饰美化的手=整体完美的女人。它的潜台词是：如果你没有到它那儿修饰你的指甲，那么你就不是一个整体完美的女人。

广告使人盲目崇尚流行。制造流行的广告告诉我们：都流行了，而你还没有跟上，你是落伍者。广告也塑造着我们的梦想：喝咖啡是高雅的，买电脑是现代的，化妆品使你年轻美丽，开上名车你就是成功的。广告强化了我们的渴望，造就了我们的无止境的心理缺失感，使人们强烈地感到对商品的需求，以及对商品所附有的文化价值的需求。通过购买商品，人们不仅获得了消费某种商品的满足感，更获得了心理上的满足感。

4．广告使经典作品的文化理念缩水

一些广告作品为了提高吸引力借用经典艺术作品进行表现，结果将经典作品的精神内涵稀释在浅薄的商业逻辑中，使其浅薄化、世俗化、粗鄙化了。

在罗丹的《思想者》中，巨人弯着腰，曲着膝，右手托着下颌。他那深沉的目光以及拳头触及嘴唇的姿态，象征着但丁对于地狱中种种罪恶幽灵的思考。然而，一则广告却让这位思想者右手伸开举着鞋子，左手托着腮，做思考状。这使此作品所表达的对人类苦难的同情和悲痛的人文主义思想在广告中荡然无存。还有一些广告作品利用达·芬奇的名作《蒙娜丽莎》进行表现，将蒙娜丽莎的形象肆意扭曲，严重损害了作品的文化蕴意。

第三节　广告学的研究对象

广告学就是研究广告活动的过程及其规律的科学，包括广告传播的演进、广告运作的基本原理和规则、广告活动的管理等多方面的内容。从时间上说，广告学是一门年轻的学科；从内容上说，广告学是综合了多门学科的边缘学科。

一、广告学的产生与发展

尽管广告活动古已有之，但作为一门学科，广告学是伴随着产业革命及现代广告活动的出现而产生的。

(一)广告学产生的背景

18 世纪中叶以后,蒸汽机和电的相继问世使生产力水平得到很大提高,两次产业革命使资本主义商品生产空前活跃,市场竞争加剧,广告也步入了现代化进程。广告实践需要从理论上予以总结、归纳和指导,广告学研究因此应运而生。

广告学最早创立于美国,19 世纪中叶以后,美国经济有了迅速发展,广告业也迅猛成长起来。1867 年时,美国的国民生产总值是 74 亿美元,广告费为 0.5 亿美元,占国民生产总值的 0.68%。而到了 1904 年,美国的国民生产总值已达 229 亿美元,广告费为 8.21 亿美元,占国民生产总值的比例达到 3.5%,标志着广告已在经济发展中占有举足轻重的地位和作用,研究广告的特点、规律等问题已经成为必然。

(二)广告学研究的划时代成就

对广告学的研究,首先从研究广告史开始。1866 年,J.劳德和 C.哈特编著了《路牌广告史》;H.辛普森编著了《广告的历史》。这些著述对广告的演进进行了系统的研究。在这之后,市场学在美国建立发展起来,广告学成为市场学的组成部分,营销学注入广告活动,使广告成为营销的一部分。

(三)广告学的创立

广告学真正成为一门独立的学科,是在 20 世纪初,代表人物是美国西北大学心理学家狄尔·斯科特。1901 年,他在芝加哥的一次集会上,第一次提出应把现代广告活动发展为科学。到 1904 年,斯科特发表了《广告原理》一书,首次较系统地阐述了科学的广告活动应该遵循的一般原则。在此基础上,1908 年,他又撰写了《广告心理学》,从心理学的角度,初步构建了广告学的基本原理。随后经济学家席克斯编著了《广告学大纲》,对广告活动进行了较为系统的理论探讨。

与此相对应,美国一些著名大学如加州大学、密执安大学等,都在此时开设了广告学课程。1926 年,美国市场学和广告学教员协会成立,为开辟广告学的研究提供了较好的条件和环境,一大批有关广告方面的著述相继问世,广告学逐步从市场学中分离出来,成为独立的学科。

(四)广告学研究逐渐成熟和系统

20 世纪初期日本的广告活动和广告学研究也开始起步。1914 年早稻田大学创建广告研究会,开设广告学课程,到 20 世纪 30 年代,初步形成具有现代意义上的广告学科体系。英国在这一时期相继出版了《广告学》、《实用广告学》等学术著作,标志着对广告学的研究逐渐走向成熟。

20 世纪 40—50 年代,传播学产生,广告学在吸纳心理学、市场学和统计学等学科的基础上,又引进传播理论,使学科研究更加深入和广泛。同时信息论、系统论、控制论等理论和研究方法,也在广告学的研究中有所应用。与社会、经济、文化等发展相适应,经过近百年的积淀,广告学逐渐成为比较完整的现代学科体系。

(五)广告学在中国的引入与发展

早在 20 世纪初，广告学就被引入中国。1918 年北京大学新闻系开设了有关广告学的课程。中国学者有关广告学的著作，有蒋裕泉的《实用广告学》(上海商务印书馆，1925 年)、甘永龙编译的《广告须知》(上海商务印书馆，1927 年)、刘葆儒著的《广告学》(上海中华书局，1930 年)、孙孝钧编的《广告经济学》(南京书店，1931 年)、苏上达撰写的《广告学概论》(上海商务印书馆，1934 年)和叶心佛著的《广告实施学》(中国广告学社，1935 年)等。

二、广告学的性质

广告学是以市场营销学与传播学为其两大理论基石的，社会学、心理学和新闻学等重要学科理论都包含其中。广告学作为一门学科，其本质属性应是市场营销学。

1. 广告学的市场营销学属性

广告最初是应社会的商品生产与商品交换而产生的，主要用来促进商品的销售。20 世纪 30 年代，市场学兴起，即把广告学作为一种商业活动，作为商业活动中的一种促销手段和推广方式，而纳入其研究范畴。直到现在，广告作为现代营销的一个重要推广要素，依然是现代营销学关注的重点。广告学的市场营销学属性，是由广告的营销推广的本质所决定的，只是因为广告在市场营销中的特殊地位和作用，而获得独立的发展。

2. 广告学的传播学属性

广告是一种营销手段，同时也是一种信息传播方式和传播形态。广告传播是现代广告研究中频繁使用的词汇，但对广告的传播属性的认识，则是 20 世纪 50 年代以来才逐步确立的。20 世纪 50 年代，广告作为一种传播方式和特殊的传播形态，在传播学兴起之时，即成为其重要的实证研究领域，也是在这一时期之后，广告的传播学研究才悄然兴起，逐渐成为广告学研究中的一个重要研究视角。广告学的传播属性，同样是由广告的传播属性所决定的，虽然人们对这一点认识得较晚。

3. 广告学的营销学属性与传播学属性密不可分

广告学的营销学属性与传播学属性是不可能截然分离的，往往呈现高度交互状态。广告是一种营销手段，具体来说它只是营销的促进推广要素，它是一种传播形态，却是以营销为目的的，因此完整的表述应是：广告是营销传播，而不是一般概念的单一营销与单一传播。20 世纪 70 年代以来，随着广告自身的发展，也随着营销学与传播学理论的不断成熟，广告营销传播的概念被系统整合提出，这标志着人们对广告认识的逐步完善和提升。

三、广告学的构成体系

广告学作为一个完整的学科，是由相互联系的几个部分所组成的，它们共同体现广告活动的原则和规律。广告学大体上包括下面几部分内容。

(一)广告基础理论

这部分是广告的核心内容和理论基础,研究广告学中带有根本性、指导性的理论和原则,涉及广告和广告活动过程的本质,广告的基本概念、基本性质、社会功能、类别、表现形式、构成要素,广告运动的过程、规律、原则,广告学与诸学科的关系等方面以及广告学的研究方法等。同时,广告学的一些基本范畴,如对广告主体与客体、广告信息与广告符号、广告创意与广告设计制作、广告传播与目标对象等基本理论的探讨也可包括在内。

(二)广告发展过程

这部分主要探讨和研究广告活动的产生、演进的过程及其规律。广告发展过程主要包括以下几个方面。

1. 广告的基本发展阶段

广告的基本发展阶段主要包括:以钱币、实物展示、口头叫卖为主的古代广告时期;以印刷广告为主的近代广告时期;以运用现代电子技术为主的现代广告时期。

2. 广告发展的条件

广告的发展与当时的经济、社会、科技进步的状况紧密相联,经济发展水平,科技进步与水平都会影响广告的水平。

3. 广告实务运作的发展脉络

广告实务运作的发展脉络包括广告业的发展过程、广告媒体的发展过程、广告创作设计的演变等。通过对这些方面的研究,才能对现代广告的特征有更深入的把握,从而为广告活动的进一步发展提供历史经验。

(三)广告运作的基本原理和策略

这部分内容主要涉及广告实务方面,包括广告战略的制定与实施、广告媒体的选择与运用、广告表现的策略方法、广告创意和广告定位、广告作品的设计和制作等。通过研究,对广告实践活动予以理论上的归纳和总结,为运用各种广告策略提供依据和方法。

(四)广告业的经营与管理

这部分主要是针对广告行业的经营和管理而进行的探讨和研究,包括广告调查与市场预测、广告计划与决策、广告组织运行与内部管理、广告效果与控制等。需要引入并运用现代市场经营理论、企业经营理论、组织管理理论等来开展研究。

(五)广告法规与伦理

这部分主要探讨广告他律与自律的问题,也是广告学研究的重要部分。广告他律主要是研究国家和政府制定的法律、专门法规和行业法规以及行政管理制度,包括消费者及其组织对广告活动所形成的社会监督管理机制如何有效运行。广告自律主要是对广告业、传播业和广告主行为规范的行业道德约束方面进行探讨。

(六)广告学研究的纵深发展

近年来，广告学研究进一步向纵深发展，使广告学的构成和内容得到了拓展和延伸，并衍生出新的分支学科，如广告心理学、广告社会学、广告传播学、广告美学、广告文化学、广告法学等，以及运用生态学理论对广告活动和广告行业进行的研究。这些研究的开展和深入，为广告学的发展增添了新的内容。

第四节　广告学与其他学科的关系

广告学是综合了经济学、管理学、传播学、心理学、社会文化、艺术、法律等多学科的知识后形成的独立学科，广告学与这些学科相互影响、相互渗透，彼此之间建立了密切的联系。因此，有必要讨论广告活动与其他学科活动间的关系。这里主要探讨广告学与市场营销学、新闻学、公共关系学等学科间的关系。

一、广告学与市场营销学

(一)广告学与市场营销学的相同点

1. 均为商品经济发展的产物

广告活动和市场营销都是商品经济发展到了一定程度的产物。市场营销学是在 19 世纪末至 20 世纪初资本主义经济迅速发展时期创建的，广告学也是在这个时期兴起的。从一开始，这两门学科就紧密联系，相互影响，密不可分。研究广告学，需要从市场营销的角度去审视、深入；研究市场营销学，又必须考虑广告的原理和运作方式。

2. 同属于经济范畴

市场营销是个人和群体通过创造并同他人交换产品和价值以满足需求和欲望的一种社会交换活动。市场营销涉及需要、欲望、需求，效用、交换和交易，市场营销和市场营销者等概念，而这些概念对于广告活动是至关重要的。

广告是一种信息传播活动，但它的起点和终点都在经济领域。传递什么样的信息以及如何进行信息传播，需要研究市场，了解营销环境；研究消费者，从满足消费者的需要出发；也需要研究产品，适应不同的市场环境，制定相应的广告策略，争取较好的传播效果。研究广告学离不开对市场营销理论的探讨。

3. 活动的最终目的一致

市场营销可以理解为与市场有关的人类活动，即以满足人类的各种需要、欲望为目的，通过市场把潜在交换变为现实交换的活动。广告也可以看成是针对消费者的需要和欲望，刺激消费热情，调动潜在消费意识，最终促成购买行动的传播活动。因此，了解市场营销学的有关原理，对于把握、认识广告学的基本理论和运作方式是很有帮助的。

01

(二)广告学与市场营销学的不同点

按通常的说法，市场营销的可控要素有四种，即产品、价格、渠道和促销，这就是营销学中讲的4P。其中的促销要素包括广告、公共关系、新闻宣传和营业推广。也就是说，广告只是营销的促销推广要素之一，而不是营销中促销推广的全部。

市场营销学是以整个营销活动及其运动规律为主要研究对象的，广告也包括在其中。因此，市场营销学对广告学来说，具有一定的学科包容性，甚至可以说，广告学是市场营销学的一个组成部分；但广告学不等于市场营销学，广告学自有其特定的研究对象、范畴和内容。如果不搞清广告学与市场营销学的联系与区别，不仅会造成理论上的混乱，更会造成实际运作中的误区。如果无视广告只是营销的促销手段之一，过分夸大广告的营销功能，一味依赖广告营销，以为广告无所不能，必将导致营销的失败。

二、广告学与新闻学

广告与新闻传播有着密切的关系，如果从传播学的角度来讨论，它们都属于大众传播的研究领域，二者的传播形式也大致相似。但由于它们传播信息的分工不同，各自形成了不同的传播特点和表达方式，有相似之处，也有区别。

(一)广告与新闻传播的相似之处

1. 都重视对传播媒体的研究与应用

无论广告还是新闻，都对传播媒体有着强烈的依赖性。广告和新闻传播业能发展到今天，就是因为科学技术进步，使传播媒体种类丰富了，手段增加了，方式增多了。大众传播媒体传播信息范围广、速度快、影响大，但又因种类不同，传播特点各异。为取得理想的传播效果，新闻和广告都需要对其进行研究和把握，以能适应各自特性，发挥优势。

2. 都注重信息的传播

新闻和广告都是一种信息的传播，都是为了消除受众的不确定因素，为了扩大影响。新闻和广告所传递的信息都要求不能"有闻必录"，而是要经过筛选，进行提炼和选择。如何进行提炼，选择什么样的信息，二者都要重点研究。

3. 对信息内容的要求和表达方式近似

广告和新闻都要求所传播的信息真实准确。真实是新闻的生命，对于广告来说也是如此。如果广告内容出现虚假，与企业、产品不符，就会失去信誉，最终失去消费者，企业就难以经营和发展。对于信息内容的五个基本要素(时间、地点、人物、事件、原因)，广告和新闻也都要求能够交代清楚，能突出最重要的事实。同时都要求在表述上要简洁生动、新颖动人，以便能引起受众的注意，满足受众的信息需求。

(二)广告与新闻传播的不同之处

1. 运作目的不同

广告是有偿服务，新闻是无偿传播，有着不同的运作目的，这是二者最根本的区别。广告活动的整个过程都要付费。因为媒体刊播广告，是根据广告主的意愿、目标消费者的需要，为了扩大广告主的影响，增加其利润。也就是说，广告最终为付出费用的广告主服务。

新闻传播则面向全体大众。采集、加工新闻的过程虽然要有一定的耗费，但从根本上说无需报酬，主要是实现社会效益，进行正确的舆论引导。

2．对信息的认识和态度不同

广告和新闻虽然都重视信息的传播，但认识和态度却截然不同。新闻从大众的利益和需求出发，从新闻政策和新闻价值着眼，选择新近发生的、变动的事实，进行客观的介绍和报道。广告传递信息，则是自我宣传、自我强化，反映广告主的利益和意志。"王婆卖瓜，自卖自夸"是广告活动坚守的信条。

3．在媒体经营中的地位不同

在大众传播媒体经营活动中，广告和新闻的地位是不同的。新闻是媒体经营中的主业，通过提高新闻信息服务的质量，提升媒体的品位和竞争力，同时扩张广告资源，增加广告收入。广告是媒体信息服务的补偿与回报，同时为媒体的生存与发展提供经济保障。

广告和新闻存在着一种相互依存的关系，但其传播地位的不同也是显而易见的。没有新闻传播，广告便没有立足之本；没有广告，新闻传播则不能持续发展。

4．传播频率不同

在传播过程中，广告和新闻的频率也是不同的。新闻传播新近发生的事实，一种媒体一般只能传播一次，否则就是传播旧闻，是新闻工作的失误。即使广播电视采用滚动方式播出的新闻信息，也应随时反映变动的事实，传播频率在绝对意义上仍是一次。而广告可反复传递广告主认可的信息内容，而且只有重复，才能强化空间和时间上的传播效果。

三、广告学与公共关系学

公共关系活动产生于19世纪末至20世纪初，公共关系学也在此时萌芽，并在20世纪50年代兴起。公共关系传播活动是企业或者组织调整企业(组织)内部及外部的关系，沟通与社会大众的联系，树立良好形象，改善经营和行政管理的有效手段。广告与公共关系有着密切的联系，特别是现代企业管理需要进行综合的信息交流，加强整合传播，公共关系和广告就好像是企业腾飞的两个翅膀，相互配合，相互补充。

(一)广告与公共关系的联系性

1．广告活动需要公共关系活动的指导

广告与公共关系是战术与战略的关系。广告作为战术行动，其活动的各个环节、各个阶段都需要依据公共关系的总体战略来运筹。通过公共关系活动，可以更准确地了解广告的诉求对象，了解目标市场与广告覆盖面的一致性，可以帮助选择适合的传播媒体，确定适当的广告排期等。有了公共关系的指导，企业的广告活动会更有针对性，目的性更强。

2．广告活动需要公共关系活动的帮助

如果在开展广告活动的同时，也组织一些公共关系活动，就能为广告传播营造良好的气氛

和环境，增强其说服力和传播效果，使诉求内容更易于被目标消费者所接受和认同。特别是企业为推出新产品、新品牌而开展的广告活动，由于公共关系活动促进了企业与社会公众之间的交流，在消费者心中树立了良好的形象，就可能引起目标受众对新产品、新品牌的注意，容易产生好感，调动起消费热情和购买欲望。

3. 公共关系活动需要广告活动的配合

公共关系是长远的、稳定的、具有战略性的信息传播活动，需要善于抓住各种契机。广告则可以随时随地发挥作用。企业在整合信息传播活动中，就需要这种战术与战略的配合，而且公共关系的许多内容，如 CI(企业识别系统)战略，也可以认为是广告活动。从某种意义上可以说，公共关系是放大的广告，也是广泛意义上的广告活动。

(二)广告与公共关系的差异性

1. 传播目标不同

公共关系着眼于宏观、长远目标的开拓，为企业或组织树立形象，增进社会公众的了解，协调内容关系。广告侧重于微观经济领域，争取在短期内在最大市场范围内达到直接推销某产品或劳务的目标，满足于眼前利益。

2. 传播形式不同

公共关系主要通过大众传播媒体来树立企业形象，多采用新闻报道、新闻纪录片，以及记者招待会、新闻发布会等形式。强调"说真话"，做到准确、客观、实在等；通过大量真实信息，进行双向沟通，引起社会注意，达到沟通效果。

广告则首先要能引人注意，产生吸引力，从而激发目标对象的消费兴趣和购买欲望，因此可以采取浪漫主义手法，可以夸张、渲染、幽默，以加深广告受众的印象，增强感染力，这与公共关系的传播形式截然不同。

3. 传播周期和范围不同

公共关系活动面向社会全体，业务内容涉及各个方面，信息传播具有长久性、综合性、战略性等特点，需要长期规划，随时进行宣传；广告传播是在一定时期内集中传播某些信息，内容比较单一，影响随广告活动的增减而变化，传播对象主要是目标消费者。开展公共关系活动是每个社会组织成员都面临的任务；而广告活动则主要是工商企业的需要，是为促进销售而服务。

4. 传播的侧重点不同

广告侧重于竞争，公共关系侧重于和谐。广告的任务在于推销商品，它立足于在竞争中发展自己，通过独特的富有吸引力的形象去赢得公众选择；公共关系则立足于组织与社会环境之间的和谐发展，目的是尽可能减少摩擦与冲突，倡导友善、协调、沟通和理解。

此外，广告学与心理学的联系也比较紧密。广告要取得理想的传播效果，研究了解消费者的心理活动是十分必要的。心理学是研究人的心理现象和心理活动的规律的科学，当然也包括对消费者心理的研究。消费者在购买活动中，具有什么样的心理状态，有哪些欲望和需求，会产生哪些购买动机，采取什么行动等；在接触广告信息的过程中，消费者又有什么样的心理变化，如认知度、态度、理解度、记忆度、喜爱度等，都需要运用心理学知识进行分析。

 **本章小结**

(1) 商业广告是为赢利而做的广告，是通常意义的广告，是我们生活中最常见的广告，也是广告学研究的主要对象。

(2) 广告是付费的信息传播形式，其目的在于推广商品和服务，影响消费者的态度和行为，以取得广告主所预期的效果。

(3) 广告的基本特征：广告有明确的广告主；广告是付费传播；广告通过媒介传播信息；广告是经过艺术处理的信息；广告传播对象具有选择性。

(4) 广告的营销功能：广告可以增加企业的知名度；广告可以区隔产品身份；广告可以帮助产品流通；广告可以增加产品使用量；广告可以增加产品的附加价值。

(5) 广告对企业的影响和作用：广告可以提高企业的竞争力；广告可以挽救一个企业；广告可以帮助企业树立名牌形象；广告可以推动企业发展。

(6) 广告对消费者的影响和作用：广告可以帮助消费者进行消费选择；广告可以引导消费潮流；广告可以刺激消费欲望。

(7) 广告学就是研究广告活动的过程及其规律的科学，包括广告传播的演进、广告运作的基本原理和规则、广告活动的管理等多方面的内容。

(8) 广告学的性质：广告学是以市场营销学与传播学为其两大理论基石的，社会学、心理学和新闻学等重要学科理论都包含其中。广告学作为一门学科，其本质属性应是市场营销学。

 **实训课堂**

一、选择题

1. 最常用的广告分类方法是( )。
   A. 按广告媒介划分　　　　　　　　　B. 按广告诉求方式划分
   C. 按市场区域划分　　　　　　　　　D. 按广告的直接目的划分

2. 广告活动中最基本的功能是( )。
   A. 经济功能　　　　　　　　　　　　B. 营销功能
   C. 社会功能　　　　　　　　　　　　D. 传播功能

3. 现代广告概念的核心内容包括( )。
   A. 广告必须有明确的广告主
   B. 商业广告是有偿的

C. 广告是非人员的销售推广活动

D. 广告费用将成为商品或服务的成本的一部分

4. 我国最早把广告作为研究和教学的一项内容的学校是( )。

A. 北京大学   B. 清华大学

C. 西南联大   D. 同济大学

5. 广告学研究的对象是( )。

A. 广告学与其他学科的关系

B. 广告活动中的根本性理论问题

C. 广告活动和广告事业的产生与发展规律

D. 广告在商品促销中的作用与技巧

6. 广告的营销功能中最原始的一种功能是( )。

A. 增加知名度   B. 区别产品身份

C. 帮助产品流通   D. 增强排他性

7. 下列属于非商业广告的是( )。

A. 观念广告   B. 征婚启事

C. 企业广告   D. 政府广告

8. 广告活动的构成要素包括( )。

A. 广告主   B. 广告代理商

C. 消费者   D. 广告信息

9. 广告学的两大理论基石是( )。

A. 市场营销学与传播学   B. 美学与艺术学

C. 经济学与社会学   D. 心理学与传播学

10. 在现代广告市场中处于中心地位的是( )。

A. 广告主   B. 广告代理公司

C. 广告媒介   D. 广告受众

二、简答题

1. 简述广告的性质与功能。

2. 举例说明广告的作用。

3. 广告学研究的主要内容有哪些?

4. 简述广告学与相关学科的关系。

三、分析题

1. 广告能够创造需求,这一点似乎不言而喻,但创造需求的前提是什么?

2. 本章中通过成功与失败两个方面的典型案例介绍了广告的作用与局限性,通过学习你受到了哪些启示?

 实训案例

真情付出，心灵交汇

纳爱斯集团是中国规模最大、采用世界现代一流设备的洗涤用品综合生产企业，也是肥皂、洗衣粉行业的龙头企业。

1988年纳爱斯在与香港丽康公司合作之后，将突破点锁定在洗衣皂上。洗衣皂是一个消费者对之毫无特殊感觉的领域，地方货各自为营，根本没有全国性品牌，但它却是日常必需之物，拥有无穷的市场潜力。纳爱斯对其产品从内质到包装进行了全面改造，雕牌超能皂以其特有的颜色与造型出现在老百姓的面前，而它特殊的形象代表——大雕更是意味着去污的迅捷。

1993年6月21日，《浙江日报》刊登了纳爱斯公司免费大赠送广告，一个手写体的道劲汉字"雕"的注册商标首次醒目地出现在媒体上和大众面前。广告列举了雕牌超能皂的四大优点，并告诉消费者只要剪下报上的广告券就能免费领取超能皂一块，还有机会抽得免费港澳游。广告一经推出，各经销点人气骤增，众多消费者由此免费领略到了用超能皂洗衣的诸多好处，而口碑相传也在消费者心中留下了雕牌的良好形象。从此"雕"翔各地，至今畅销不衰，并连续多年占据洗衣皂销量第一的宝座。

紧接着，雕牌透明皂又快速上市。这一次，形状由大变小，一手可握，便于消费者使用，同时，把以前浓烈的香味变为淡淡的清香，再配以中档价位。雕牌透明皂经改造一上市，迅速被成千上万的消费者接受。雕牌透明皂的成功还在于其广告定位的准确：面向普通消费者，口号简洁明了——洗得干净，不褪色。朴实无华的功能诉求使雕牌透明皂很快抢滩市场并迅速成为领导品牌。

(案例来源：卢小雁. 亚太广告精选赏析. 成都：四川大学出版社，2004)

案例解析：

纳爱斯的成功与其广告策略是分不开的，它的广告不是毫无目标地狂轰滥炸，而是非常注重广告的定位。每一款产品的广告都针对不同的消费群体，力求深入人心；每一则广告都跳出了竞争对手陈旧的宣传模式，给消费者留下了深刻的印象。纳爱斯借助有效广告而腾飞这一事实再次证明了广告与品牌对产品乃至企业的重要性。

讨论题：

1. 对于企业产品的推广来说，广告是不可缺少的手段，但是否只要进行广告宣传就一定能打造出名牌呢？

2. 纳爱斯广告的成功在于它使用了较有效的广告定位策略，根据本案例，你认为广告定位的前提条件是什么呢？

第二章

广告的起源与发展

学习要点及目标

- 了解中国广告的发展历程
- 掌握不同时期的主要广告形式
- 了解外国广告的萌芽和发展
- 了解美国、英国、日本等国家广告发展的历史及现状

核心概念

社会广告　印刷广告　报纸广告　广告代理商

引导案例

历史上对名人效应的运用

《战国策·燕策二》中记载了一个故事,有个人有一匹马要出卖,接连三天将马拉到市场上,都没有人能看出这是一匹骏马,所以很少有人光顾。他于是去拜访著名的相马大师伯乐,说:"我有一匹骏马要出卖,但是接二连三拉到市场上都无人光顾。所以我恳请您下次在我卖马的时候光临,只要您围着我的马看三圈,离开的时候再回头几次看上几眼,我愿给您一天的酬金。"

于是伯乐真的这样做了,马的价钱一下飞涨了十倍。伯乐是当时的相马专家,名气极大,请伯乐来做这一番表演,就是利用了"名人效应"。虽然掏了一笔广告费,但马的主人收获更大。这说明在春秋战国时期,人们就知道利用名人来做广告了。

(案例来源:汪清,何玉杰. 中外广告史. 长沙:湖南大学出版社)

"都一处"烧麦馆始建于乾隆三年(1738 年),原名叫王记酒铺,没什么名气,直到 14 年后的乾隆十七年大年三十,才迎来了事业的转折点。传说那天晚上,乾隆皇帝从通州微服私访回京途经前门,当时所有的店铺都已关门,只有这家店亮灯营业,便进店用膳。由于招待周到,酒味浓香,小菜可口,所以对小店产生了兴趣,便和店主闲谈起来。皇上问店主酒店叫什么名,店主回答:"小店没名。"皇上一听,说:此时京城开门的就你一家,就叫'都一处'吧!"回宫后皇上亲笔题写了"都一处"店名,刻在匾上,并派人送到店里。从此"都一处"代替了"王记酒铺",由于乾隆皇帝曾经光顾,又夸好吃又给题字,生意十分红火。

(案例来源:http://beijing.abang.com/od/cuisine/a/duyichu.htm)

2002 年 3 月,查尔斯王储和布莱尔首相为他们国家的旅游业担任形象代言人。他们合拍了一则电视广告,宣传英国的名胜古迹和文化遗产。当时,负责录像的是英国旅游局(BTA)。据他们介绍,布莱尔在广告中称:"我们愿意与世界分享我们的文化遗产、历史和传统。英国会让你体验无限。"此外,查尔斯王储拍完广告后,还饶有兴致地为英国旅游局出版的英国旅游指南亲自作序。

2003 年 12 月，日本首相小泉纯一郎也身体力行，亲自上电视为日本旅游业担任形象代言人。在电视录像中，小泉纯一郎显得神清气爽，他用熟练的英语向外国游客发出盛情邀请，主要内容是欢迎大家到日本观光旅游，来好好感受日本独特的传统文化和民族风情。其中，小泉纯一郎还隆重"推出"了两道日本名菜——寿司和天妇罗(即面拖油炸鱼虾、油炸蔬菜)。他微笑着说："不妨来尝尝美味可口的寿司和天妇罗吧!"

(案例来源：吕巍. 广告学. 北京：北京师范大学出版社)

通过上述案例，我们不难看出，古今中外，商家都会利用名人，甚至是国家领导人来为自己做广告，从而达到对商品进行宣传推广，树立企业品牌形象，获取经济效益的目的。但是，不同的国家、不同的历史时期，人们在利用广告进行宣传推广的过程中，却存在着各自的差异性，并且随着时间的发展，广告的形式会不断推陈出新。因此，我们要研究广告就必须从广告的起源和发展的历史说起。

广告作为一种信息传播方式，是适应人类信息交流的需要而产生，并伴随着商品经济的繁荣和传播媒体的进步而发展的。要研究广告，就必须从广告的起源和发展的历史说起。在广告的传播发展过程中，有三个主要历史发展时期。公元 15 世纪中期活字印刷术的发明和普遍应用、二十世纪二三十年代广播电视的出现、第二次世界大战后经济的飞速发展和科技的日趋进步，都成为广告发展的里程碑。通过对不同国家历史背景和经济条件下广告的研究，可以从中探索出广告发展的规律。

第一节 中国广告发展简史

一、中国古代广告(1840 年以前)

我国已有 5000 年的文明历史，经历了长达 2000 多年的封建社会。在这期间，虽然以自给自足的自然经济为主，但商品经济也有一定程度的发展。与此相适应，我国出现过一些形式简单但具有民族特色的广告活动。

(一)实物广告

运用实物做广告，应该是最简单也是最早出现的广告形式之一。早在公元前 3000 年，我国的农业、畜牧业、手工业就有了一定的发展，产品出现剩余，开始有了交换活动。据《易·系辞下》记载："日中为市，致天下之民，聚天下之货，交易而退，各得其所。"这样物物交换的活动实际上就是最原始的实物广告。

进入奴隶社会和封建社会后，随着生产能力的增强，物品丰富了，实物广告也逐渐多起来了，像《诗经·卫风·氓》中，"氓之蚩蚩，抱布贸丝"，就揭示了用"布"和"丝"做广告的形式。据《战国策·燕策二》记载，"人有卖骏马者，比三旦立市，人莫知之。往见伯乐曰：'臣有骏马欲卖之，比三旦立于市人莫与言。'愿子还而视之，去而顾之，臣请献一朝之贾。伯乐乃还而视之，去而顾之。一旦马价十倍。"这就是我国古代运用"名人效应"的广告，如图 2-1 所示。

图 2-1　我国古代运用名人效应的广告

这种实物广告形式还讲究传播技巧，讲究运用名人来进行推销。公元 611 年(隋大业六年)，隋炀帝在洛阳接待"诸夷来朝，入市交易"，尽显大隋丰富物产，就是运用实物对外商做了一次很好的广告宣传。

(二)叫卖广告

叫卖广告也是我国古代最原始、最简单的广告形式。叫卖广告往往要与实物广告相配合，即售卖商品者在陈列物品的同时，通过叫喊来吸引买主，卖什么吆喝什么。以叫卖来兜售商品，不同行业的吆喝叫卖往往声调不同，使人一听就知道在卖什么。与之相联系的是音响广告，有时二者相互配合。如布贩子一边摇"拨浪鼓"，一边叫卖；卖油的一边敲"油梆子"，一边吆喝生意。

早在屈原的《离骚》中，就记述了商纣时姜子牙在市肆"鼓刀扬声"、招揽生意的情景；南宋《东京梦华录》中，曾详尽地追述了北宋都城汴梁的繁华景象，"季春万花烂漫，卖花者以马头竹篮铺排，歌叫之声，清奇可听"，描述当时杭州城小商贩卖糟羊蹄、糟螃蟹、香辣肺等都"各有叫声"。这些都再现了当时人们进行叫卖广告和音响广告的情形。

(三)音响广告

音响广告是在口头叫卖广告的基础上产生的。西周以前，经商者以走街串巷、贩运叫卖为主，由于吆喝不但费口舌，声音又传不远，于是"音响广告"就应运而生了。

在西周的时候，卖糖食的小贩就已经懂得以吹箫为音响媒介，引起人们注意而招揽生意。行商采用不同的器具，摇、打、划、吹，以各类特殊音响来代表不同的行业。货郎打"小铜锣"，摇"巴郎鼓"；卖油郎敲打的"油梆子"；磨刀人拿的 4 块刀形铁片串成的"铁滑链"，让铁片互相撞击。这种音响广告，至今还流传于全国各地。

到了宋代，随着社会经济的进步，音响广告得到了很大的发展。这时的音响广告是声响与音乐的结合，把人类原始的吆喝叫卖声与歌谣、快板、词曲相结合，更加悦耳动听并更具诱导性。

"商"与"贾"不同的广告形式

东汉班固等编撰的《白虎通》中有这样的话："商之为言章也，章其远近，度其有亡，通四方之物，故谓之为商也。贾之为言固也，固其有用之物，待以民来，以求其利者也。故通物曰商，居卖曰贾。"行为商，坐为贾。按地区的远近和供求的实际情况，带着货物前往进行交易的称为商；把人们需要的货物，在固定场所销售并谋取利润的称为贾。

(四)招牌和幌子

招牌和幌子是经过漫长的历史阶段逐步形成和完善的。从北宋张择端所作的《清明上河图》上可以看到，仅汴梁东门附近的十字路口，各家设置的招牌、横匾、立标等就有三十多处，而且斗芳争妍，各显特色。明清古典市井小说中的插图绘图，多有显现店铺门楼、匾牌字号的内容。到晚清至民国，招牌和幌子这类广告形式已基本成熟。直至现在，招牌和幌子都仍得到普遍运用。

1. 招牌

招牌主要用来指示店铺的名称和记号，可称为店标。招牌的类型有竖招、横招、坐招和墙招。竖招是把竖写的木牌、铁牌等挂于墙、门、柱上；横招或是在门前牌坊上横题字号，或在屋檐下悬置巨匾，或将字横向镶于建筑物上；坐招是设置在店铺门前柜台上的招牌，明代以前坐地式招牌较为常见；墙招是在店墙上书写本店的经营范围和类别。

招牌的形式和设置方式比较固定，但其中题写的文字词语却变化多端。为了竞争的需要，店主制作十数字甚至数十字的字招也是有的。北京德爱堂药铺曾竖起一冲天招牌，就题写"德爱堂沈家祖传七代小儿珍丹只此一家别无二处"，共 21 字。很多店主邀请名人题匾，借以抬高店铺的身价。也有在店铺匾联上做文章，如用我国传统对联形式："未晚先投宿，鸡鸣早看天"(旅店)；"生意如春草，财源似水泉"(商店)。明清时酒店多用对联，如九江河阳楼，就用"世间无此酒，天下有名楼"的对联；还有用数字作为字号的，如六必居、双合盛等。

在我国古代，招牌实际上也成为经营者的品牌标识，如"全聚德"、"六必居"、"同仁堂"等，得到经营者的珍爱和传承。不少招牌还蕴含着丰富的人文故事，成为我国特色文化的一部分。

2. 幌子

幌子主要用来表示经营的商品类别或不同的服务项，可称为行标(行业的标记)，大致可分为形象幌、标志幌和文字幌三类。

1) 形象幌

形象幌以商品或实物、模型、图画等为特征，如卖木炭的悬一块木炭，卖麻的挂二束麻。但在经营过程中，某些悬挂的实物并不能耐久，而且也不够显眼，一些店铺主人于是便以形象物来代替，如烟袋铺门前用木制的大烟袋、鱼店门前用大木鱼等作为幌子；有的店铺门前不宜以出售物或服务对象的形象直观展示，便借用与经营项目有密切关系的形象为标记，如酒店挂葫芦或酒坛，饭店挂谷穗、葛萝圈等；还有以图画来表示经营商品种类的画幌，如鞋店画鞋子、剪刀店画剪刀、膏药店画膏药等。在长期商品经营中这些幌子得到人们的公认，成为约定俗成的特定标记，如图 2-2 所示。

Photo by 一般股

图 2-2 留存下来的形象幌

2) 标志幌

标志幌主要是旗幌，尤以酒旗为多，初期的酒旗用青白二色布制作，以后开始使用五彩酒旗，上面绣有花纹图案或酒店名称。以灯笼做幌子，也是我国古代广告中较为普遍运用的一种形式，特别是古代的旅店、酒店、饭店的一个特色。灯笼上多书写商店或营业性质字样，起到代替招牌的作用。饮食、住宿等行业，因经常要经营到深夜，夜间点亮的灯笼格外引人注目，宛如现在的霓虹灯广告。

3) 文字幌

文字幌是一种原始的招牌，多以单字、双字来简单标示经营类别，如茶、书、帽、药、米等，像其他幌子一样，悬挂在门前。

招牌和幌子往往结合起来运用，或一招一幌，或二招二幌；经常对称悬挂，有的还成套联用。比较讲究的招牌和幌子，往往由民间艺人、工匠设计制造，在造型、色泽、纹样、字体及悬挂方式等方面，都带有浓厚的民间特色。图 2-3 为杭州宋城旅游景区内所悬挂的文字幌。

图2-3　文字幌

(五)印刷广告

我国人民在两汉时便会造纸，隋唐时发明了雕版印刷术。北宋庆历年间(公元 960—1127年)，毕昇发明了活字印刷术，印刷广告随之出现。我国现存最早的工商业印刷广告，是收藏在上海博物馆的北宋时济南刘家功夫针铺的一块广告铜板，如图 2-4 所示。

图2-4　北宋时济南刘家功夫针铺的印刷铜板

铜板约四寸见方，中间是白兔抱杵捣药的图案，分列左右两边的是"认门前白兔儿为记"8 个字，上方雕刻着"济南刘家功夫针铺"字样，下面的文字说明商品质量和销售办法："收买上等钢条，造功夫细针，不误宅院使用，转卖兴贩，别有加饶，请记白(兔)。"这则广告要比欧洲出现的第一张英文印刷广告早四五百年，由此可窥见当时印刷广告的一些原貌。

元明时期雕版印刷业有了明显的进步和发展，有关书籍的印刷广告也不断增加。清代时民间木版年画颇为流行，也算一种印刷广告形式，直至 20 世纪一二十年代，仍在宣传商品、经营等信息方面产生影响。木版年画的色彩艳丽，人物生动，多以民间故事人物、戏剧人物为题材，还有福、禄、寿、喜等画字。许多商人还用这些木版画印刷品做商品包装，逢节日年关更甚，并进而发展到包装广告。

另外，我国古代还有一些其他类型的广告形式，但都与以上列举的相似。总的来说，我国古代广告伴随着封建的自然经济的荣衰，缓慢地发展、进步，长时间地处于落后的状态。鸦片战争后，随着西方经济文化逐渐地渗透，我国近代化的广告活动逐步发展起来，从而进入了一个新的阶段。

古代名人诗句中的广告

李白《客中行》中广告诗：

兰陵美酒郁金香，玉碗盛来琥珀光。但使主人能醉客，不知何处是他乡。

苏东坡为卖馓的老妪写的广告诗：

纤白搓来玉色匀，碧油煎出嫩黄深。夜来春睡知轻重，压扁佳人缠臂金。

曹操《短歌行》：

何以解忧，唯有杜康！

杜牧《江南春》：

千里莺啼绿映红，水村山郭酒旗风。

二、中国近现代广告(1840—1949 年)

(一)近代报纸广告的兴起

我国是世界上创办报纸最早的国家之一，但我国古代报纸是由历代的"邸吏"负责传发的，缺少一般的新闻和言论，广告更无从谈起。

1. 鸦片战争前后的广告

鸦片战争后，中国开始沦为半殖民地半封建国家，西方开始对中国倾销商品，西方资本不断加大在中国的投入，外国商人为了在中国推销商品，沟通中外商情，开始在中国创办商业报纸。首先是在香港兴办起来的英文商业报纸，如《中国之友》、《德臣报》等，刊载行情、航运等信息以及其他广告内容，继而中文的商业报纸纷纷出版。

首开中文刊物登广告之先河的，是 1853 年 8 月由英国传教士在香港创办的《遐迩贯珍》中文杂志，是第一份用铅字印刷的中文杂志。该刊每月印刷 3000 份，主要销于香港、澳门及五个通商口岸，除了宣传西方科学文化知识和阐发基督教义之外，该刊还经营广告业务，为中外商人沟通商情。

19 世纪 60 年代后，上海成为商业报纸的出版中心。其中著名的报纸如《上海新报》、《申报》等，从报纸经营和商品促销的需要出发，都热衷于刊登广告。创办于 1861 年 11 月的《上海新报》，创刊伊始即发表启事，诱导读者做报纸广告："开店铺者……似不如叙明大略，印入此报，所费固属无多，传阅更觉周密。"1868 年 2 月起，《上海新报》为风琴、铁柜等新奇商品做广告时，还各绘一图，附以说明，以增强报纸广告的传播效果。《申报》是在中国办的时间最长的一份报纸。1872 年创办初期发行量只有 600 份，1919 年时已增加到 30 000 份，广告在版面中的比例逐年上升，达到 50%左右。

这一时期的报纸，起初刊载的大部分是外商广告，一般是把外国洋行、商行的拍卖告示、商品介绍直译过来，插图也是西洋风格的，半文不白，中西相杂。进入19世纪80年代后，有关金融、书籍、药品等内容的广告增多了，与一般市民生活的关系逐步密切起来，广告的表现形式、插图及说明文字逐渐体现出中国风格。

2．戊戌维新前后的广告

19世纪下半叶，中国民族资产阶级作为新兴阶级，再通过与帝国主义经济侵略的斗争中逐渐成长起来，一些具有资产阶级思想的知识分子意识到报刊宣传的重要性，相继创办了具有商业性质的报纸，如《昭文新报》、《苏报》、《湘报》等，都登载广告信息。与洋人办的报刊不同的是，这些报刊的广告主要为国货的内容。

20世纪初，清朝地方政府也适应潮流，改变过去不刊登工商广告的惯例，纷纷创办新式报馆。如1907年，清廷创办的《政治官报》，亦发布，"均准进馆代登广告，酌照东西各国官报广告办法办理"的启事。到了1911年，《政治官报》改为《内阁官报》，制定了更为详细的刊登广告的章程及价格，并见于报端。

清末民初时，杂志广告也比较活跃，如《东方杂志》每期都刊有涉及中外商品信息的广告，但当时无论报纸或是杂志广告，处理上都比较粗糙，往往是由编辑稍加整理，不太讲究文字叙述和版面布局，广告名不副实的情况也时有发生。

(二)民国初年的广告发展

1912年11月，第一次全国工商会议召开，对于振兴我国工商实业有一定推动意义；第一次世界大战也使帝国主义列强忙于欧洲战场，无暇东顾，我国民族工商业获得进一步发展的机会，使广告特别是国货广告的需求扩大。广告在社会经济活动中的作用日益显现，人们开始意识到并接受广告的存在和价值。广告内容及范围进一步扩大，百货、银行、卷烟、书籍、电影、戏剧、医药的广告经常见诸报端。

1．报刊广告的发展

报刊业也有较大的发展。据《申报》和"中外报章类纂社"调查，1912年全国定期出版物有1134种，其中日报550种，到1926年，日报增至628种；民(私)营报业发展迅速。一些外国人办的中文商业报纸，此时陆续转为中国人主办，均注重报业管理，经营广告，因而广告量大幅增加。

据戈公振《中国报学史》中记载：1925年4月在京津沪汉粤发行的几种报纸，广告占据报纸版面的比例，北京《晨报》为43.6%，天津《益事报》为62%，上海《申报》为59.8%，武汉《汉口中西报》为58.4%，广州《广州七十二行报》为52.6%。据上海《新闻报》1923年发表的30周年纪念册载："近来广告几乎占篇幅十之六七，广告费的收入，每年几百万元。"

除了广告营业额有了较快增长外，报纸广告也开始注意文字、绘图、编排等表现形式，加强了艺术性。广告专版和分类广告也开始出现。

【案例2-1】

博利安电灯泡系列广告

《大公报》1918年5月1日刊载博利安电灯泡系列广告,这是我国第一次运用的报纸系列广告,文图简洁实在,商标醒目突出,如图2-5所示。

图2-5 《大公报》刊载博利安电灯泡系列广告

案例解析

这是1918年5月1日第一次出现于《大公报》的系列广告。该广告强调博利安电灯泡可以保护眼睛,文案简洁实在,而商标始终放在醒目部位,以加深读者印象。博利安电灯泡系日本商品,在民国初年肯花大笔广告费,连续刊出系列广告,其前瞻性的经营方式值得赞美,但其经济侵略的野心发人深省。

(案例来源:陈培爱.中外广告史.中央广播电视大学出版社,2010)

值得一提的是,20世纪二三十年代,中国卷烟工业空前繁荣,导致香烟广告成为当时一大亮点。当时的报刊上,几乎无处不见香烟广告。不同品牌的香烟,选择相应的广告人物和场景,图文并茂,各具特色。

随着思想解放运动的高涨,宣传介绍先进思想的报刊也纷纷创办起来。这些报刊为配合抵制洋货运动,曾大量刊登了民族工商业的商品广告。有些为筹措办刊经费,如《每周评论》、《湘江评论》等,也都刊载过广告。

2. 其他广告形式的出现

除报刊广告外,其他一些形式的广告也陆续出现。这些广告形式在国外刚问世不久,便很快移植到我国,主要有以下四种形式。

1)广播广告

中国第一座广播电台——中国无线电公司广播电台由美国商人奥斯邦于1926年在上海创办,接着美商新孚洋行和开洛公司的广播公司也相继开播。中国人自己办的广播电台1927年也在上海出现。这些都是私营的广播电台,主要靠广告收入维持运营,广播广告由此在中国诞生。

2) 霓虹灯广告

上海南京路伊文斯图书公司于 1926 年在橱窗内开始设置"皇家牌打字机"霓虹灯广告。1927 年，露天的霓虹灯广告首次在上海出现，开始用霓虹灯做招牌。

3) 路牌广告

我国初期的路牌广告，多数是涉及香烟、药品和电影广告等方面的内容，在 20 世纪 20 年代就已很盛行。路牌一般树立在街边要道口、屋顶、铁路沿线和风景区。

4) 橱窗广告

橱窗广告大约出现在 1925 年，上海等地此时已有了现代建筑，一般商店都设有大橱窗。旧上海的永安、新新、先施等几大百货商店都把大橱窗提供给厂家陈列商品，然后向厂家收取租金，橱窗广告的设计布置也比较讲究美观。

这一时期，交通广告、样品广告等形式也出现了。而我国传统的招牌和幌子等广告形式，又得到进一步的发展。由于经济发达程度有了一定的提高，当时一些大城市商业相当繁荣，店铺林立，店门两侧各类招牌和幌子争奇斗艳，十分吸引人。

(三)旧中国广告行业的产生

1. 广告公司的出现

随着我国广告活动的逐步发展，20 世纪 20 年代前后，外商在上海设立的广告公司日渐增多，如外商克劳就设立了克劳广告公司和美灵登广告公司。中国人办的广告公司，规模较大的有成立于 1926 年的华商广告公司和成立于 1930 年的联合广告公司。这两家广告公司的负责人都曾留学美国，专攻广告，重视画稿设计和文字撰写。华商广告公司的创办人林振彬，把美国的广告经营方式引进上海，曾被誉为"中国的广告之父"。

由于创设广告公司不需要很多资金、设备和人员，因此，20 世纪 30 年代后，广告代理商的户数增长很快。上海 30 年代时有 30 多家广告社和广告公司，抗日战争胜利后已增到近 100 家。北平有广告社 30 多家，当时北平社会局就组建了广告公司。其他城市如天津、重庆等地也有几十家大小不等的广告公司。广告公司一般以经营报纸广告为主，也有的以霓虹灯广告、橱窗广告位为主要业务。

许多国人开办的工厂也成立了广告部，特聘专业画家设计广告，像南洋兄弟烟草公司的广告，如图 2-6 所示。中国化学工业社、信谊药厂都设有广告部，并拥有较强的广告设计和制作能力。

图 2-6　民国十一年南洋兄弟烟草公司香烟广告画

广告公司和工厂的广告部都重视广告文案撰写人员和广告画家，往往不惜重金竞相聘用，因此也网罗了一批优秀的广告创作人员，推出了不少广告佳作，一些广告作品至今仍被人称道。

2．广告行业组织的建立

随着广告业的兴起，我国一些广告行业组织相继成立。1919年，在上海成立的中国广告公会，是我国最早的广告行业组织。1927年，上海"维罗"、"耀南"等六家广告社组织发起成立了"中华广告公会"，主要目的是为维护和争取共同的利益，解决同业之间的一些业务纠纷。这个公会后来多次易名，1933年改为"上海市广告业同业公会"，有会员90多个，是当时规模较大、持续时间较长、产生一定影响的广告行业组织。

3．广告教学与研究的出现

我国广告学的研究、教学，在"五四"时期开始起步。起初，把广告作为新闻学的一部分来探讨。早在1913年，我国引进翻译了美国人休曼的新闻学专著《实用新闻学》，其中第12章 "告白之文"，对我国广告学研究有较大启发。1918年成立的北京大学新闻研究会，就把广告作为其中的研究内容。

1920—1925年，上海圣约翰大学、厦门大学、北京平民大学、燕京大学相继设立报学系，开设广告方面的课程。当时，已有专门论述广告的书籍出现，不少有关报业经营管理方面的著述，也有对广告进行阐述的内容，如徐宝璜的《新闻学》(1918年初版)，专有一章讨论"新闻纸之广告"；戈公振在《中国报学史》(1927年初版)中，从多个角度论述广告，收集了广告方面的丰富资料。1919年，孙科著的《广告心理学概论》出版；1926年，蒋裕泉所著《实用广告学》出版；1930年，苏上达的《广告学纲要》出版；1933年，丁馨伯的《广告学》面世；1940年，陆梅僧所著的《广告》作为实用商业丛书之一出版；1946年，吴铁声等人编写出版了《广告学》专著，如来生编著了《中国广告事业史况》；1948年，詹文浒的《报业经营与管理》出版。

4．广告管理提到日程

随着广告业的发展，广告管理和社会对广告的监督相应地提到日程上来，有些报馆就对有碍社会风化的广告做出不予刊登的规定。在社会舆论的呼吁下，当时全国报界联合会还通过了《劝告禁载有恶影响于社会之广告案》，国民党当局也发布过有关广告管理的法令。但实际上不真实、不道德的广告还是屡见不鲜。

总体来看，旧中国的广告发展已取得一定的进步，但步履缓慢，成就不大。一方面受半殖民地半封建社会制度的影响，国人经商意识总体淡漠，民族工业竞争力弱，地区经济发展不平衡，同时战火连连，使广告环境较为恶劣。另一方面，广告专门人才匮乏，企业注重广告不够，报刊等的发行销售受到交通、技术、方式等多重因素的羁绊，一定程度地阻碍了广告信息与消费者的沟通，导致广告经营不均衡，水平低下。

三、中国当代广告的发展(新中国成立至今)

(一)广告恢复时期(1949—1965年)

此阶段是指自新中国成立至20世纪60年代初期。在新中国成立之后，党和政府首先对旧的广告业进行了社会主义改造，以使其适应经济恢复和发展的需要。

1. 国民经济恢复时期的广告(1949—1952年)

1) 颁布新的广告管理法规

这一时期各地发布的广告管理法规，对广告内容提出必须以"纯正为主"，"凡工厂、商店推销商品之广告宣传必须以品质、效能、使用方法做纯正之介绍，不得虚伪夸大"，并明确规定了对广告媒介、商品种类、不同部门的广告管理范围。

2) 加强对广告行业的领导

首先是政府对私营广告进行了初步整顿，解散了一些经营作风不正、业务水平低下、濒于倒闭的广告社，把分散的广告社合并成具有一定规模和业务能力的广告公司。其次是对广告媒介进行了整顿，如对国民党遗留下来的广播电台和报社，采取军事接管方式；对于私营商业电台的报社，采用组织管理方式，发布规章制度，限制刊播内容并加强审批查核，使之发生了根本的变化。第三是利用广告同业公会加强了行业管理，在全行业公私合营以前，各大城市都保留了私人工商业的同业公会。

3) 重视发挥广播广告的作用

为了有效地利用广播这一宣传工具，解放之初人民政府就很重视对广播广告的管理。在接管了各地广播电台后，一些大城市的广播电台开办了专门的商业广播电台，增设了广告节目，播放经济、文化和社会广告，从而大大活跃了城乡物资交流，减少了国家事业费开支。

4) 发展实用性的广告传播形式

新中国成立初期，在广告形式上，一方面保留了过去那些行之有效的广告宣传手段，此外还根据方便企业和消费者的原则，发展了一些实用、低价格、针对性强的广告形式。如以零售商店为对象的商品目录、商品知识说明书及案头印刷广告等；以城市消费者为主要对象的商店橱窗广告；以广大农村为对象的年画、门对、春牛图等传统形式的广告。此外，还有包装盒、包装袋、传单以及书签、扇子、日历、月历等实用的广告。这些广告形式对加强商品流通和整个国民经济复苏发挥了积极的作用。

2. 社会主义改造时期的广告(1953—1956年)

1) 组建国营广告公司

在对资本主义工商业进行社会主义改造的过程中，国家对广告行业也全部实行了公私合营，把分散的各自经营的私营广告公司改造成为国营的广告公司。

2) 进一步加强对广告的管理

为了加强广告管理，许多地方政府对原有的广告管理法规做了补充和修改，有的发布了新的广告管理法规，或者改进了管理办法等。

3) 中央领导关心广告工作

1956年党的八大会议确定了党的中心任务是大力发展生产力，把工作重心转移到经济建设上来。同年5月，刘少奇同志视察中央广播事业局时，对当时轻视广告的思想提出了批评，肯定了广告对社会主义经济建设的积极作用。

3．社会主义改造基本完成后的广告(1957—1965 年)

1) 为对外经济交往服务

从 20 世纪 50 年代中期起，我国逐渐打破了西方国家对我国的禁运和封锁，与苏联、东欧、亚非以及欧洲某些国家开始有了贸易往来。随着对外经济贸易的发展，我国有 45 个城市对外开放，来华广告日益增加。

2) 为方便人民服务

在社会主义制度下，商业广告是向人民群众真实介绍商品信息，指导人民消费的基本方法之一，是社会主义文化领域中的一种美术形式。

3) 为国家政治任务服务

本时期的广告宣传，有时是被作为政治任务来布置，带有浓厚的政治宣传色彩。这段时期，广告中的政治宣传和时事宣传占有相当的比重。广告结合国家政策和政治运动来宣传商品，同时注意反映我国社会主义革命和建设中取得的新成绩和中国人民的崭新精神面貌，这是这时期广告的一个显著特点。

4) 橱窗广告大放异彩

橱窗广告以琳琅满目的商品和新颖别致的陈设，吸引了不少顾客。

20 世纪 60 年代初期，由于党的政策的失误和严重的自然灾害的影响，我国国民经济受到重大损失，广告事业也随之受到挫折。这个时期个人消费品广告急剧减少，后来仅剩下生产资料及书籍、电影、展览会等文化类广告。一些地区曾一度停止执行广告管理办法和制度。1962 年上海市的广告营业额从 1959 年的 972 万元下降到 346 万元，直到 1965 年才恢复到 500 万元左右。这期间在党和国家的"调整、巩固、充实、提高"的方针指引下，我国的经济调整工作取得了成效，广告事业也有某些复苏的迹象，但随之而来的"文化大革命"使广告事业遭到严重的破坏。

(二)广告停滞时期(1966—1976 年)

20 世纪 60 年代，尤其在"文化大革命"期间，在错误的思想路线指导下，广告被斥为"资本主义的产物"，是"崇洋媚外的舶来品"，是"资本主义腐朽和浪费的表现"。社会主义广告事业受到了前所未有的破坏，主要表现为如下两个方面。

1．所有的商品广告基本停滞

这一时期国内广告业务仅仅限于为零售商店美化环境、装饰市容、渲染节日气氛和配合政治形势做些美术、文字宣传。影剧院只保留宣传八个样板戏的广告，各类商店橱窗也被红旗和标语占领，霓虹灯广告大都被关闭。许多广告媒介被限制或取缔。

2．户外广告备受摧残

"文革"期间户外广告备受摧残，各种户外广告被"红海洋"的政治宣传所代替。许多老字号、牌匾被当作"封、资、修的黑货"砸烂。

总的来说，在"文革"这个特殊的年代里，由于商品制度从根本上被否定了，广告作为商品生产和商品交换的宣传工具也被彻底否定。广告管理工作停顿了，工商行政管理部门和其他广告管理部门及机构也被撤销。许多广告设计人员被下放劳动或遭到批判，大批与广告制作有关的工厂转产，广告管理的档案和历史资料被销毁或散失。

(三)广告发展时期(1977 年至今)

当代广告业的发展始于 1979 年。这一年，中共中央宣传部发出《关于报刊、广播、电视台刊播外国商品广告的通知》。1979 年 1 月 28 日(农历正月初一)，上海电视台首次播出参桂补酒的广告，标志着我国(大陆)电视广告的发轫。同年 3 月 15 日，上海电视台也播出瑞士雷达表的外商广告；同一天上海人民广播电台播出春蕾药性发乳的广告；1979 年 12 月，中央人民广播电台开始播发广告并于 1980 年 1 月开办广告节目，我国的广播广告得到恢复。

1979 年 1 月 28 日，《解放日报》恢复商业广告刊登业务；3 月 23 日，《解放日报》和《文汇报》同时首次分别用整版刊登美能达和精工表的广告；4 月 17 日，《人民日报》开始登载汽车、地质仪表的广告，报纸广告重新登堂入室。

在改革开放方针的指导下，中国广告业进入了一个蓬勃发展的新时期，具体表现为如下几个方面。

1. 广告公司数量和营业额增加

1979 年以前，全国经营广告业务的美术设计公司或广告装潢公司不到 10 家，主要以经营户外广告为主。1979 年以后，随着我国商品经济的日益发展，广告公司的数量如雨后春笋般地增加，截止到 2012 年，全国广告经营单位已发展到 37.8 万户，广告从业人员从 1.6 万人发展到 217.78 万人。到 2012 年，广告营业额已经达到 4698 亿元，其发展速度和规模都是前所未有的，广告业市场总体规模已跃居世界第二位。

2. 广告业的经营水平和服务质量明显提高

广告制作开始向采用国际先进的技术装备转移；以广告公司为代表的行业服务水平，向以广告全面策划为主导、以广告创意为中心、提供优质服务的方向转变，并积累了许多成功的经验；广告宣传已从 20 世纪 80 年代以表现产品性能、质量为主的产品广告，拓展到 20 世纪 90 年代以建立企业品牌形象为主的公关广告。

 【案例 2-2】

南方黑芝麻糊广告

典型的南方麻石小巷，母女俩，挑着竹担，悬在竹担前的桔灯摇晃、晃悠。随着一声亲切而悠长的"黑芝麻糊咯"的吆喝，一个身着棉布布衫的小男孩，从深宅大院中推门出来，不停地搓手、呵气，眼中充满渴望。慈祥的大婶将一勺浓稠的芝麻糊舀入碗里。小男孩搓手，咬唇，一副迫不及待的馋猫样儿。大婶递过香浓的芝麻糊，小男孩大口大口地飞快吃光，意犹未尽地舔着碗底，引得一旁碾芝麻的小女孩发笑。大婶怜爱他多舀了一碗给他，替他抹去嘴角的芝麻糊。此时画外音传来男声旁白："一股浓香，一缕温暖——南方黑芝麻糊。"

案例解析

《南方黑芝麻糊》电视广告从情感诉求入手，用回忆的手法，把消费者带到黑芝麻香甜可口的回忆之中，使一个平淡无奇的、物质化的南方黑芝麻糊，既有了生气，也有了情味，从而达到了引起欲望、促进销售的目的。尤其是它较完美的视听组合，加上演员的恰当表演，进一步强化了情感诉求的效果，使得广告主题更鲜明，信息传达更充分，比如广告开头的弄堂、灯影的布置很有真实感，使人有如身临其境。画面的暖、柔色调，也用得恰到好处。特别是那个大特写镜头：小男孩意犹未尽，舍不得放碗而不断地舔碗沿和碗底的动作，演得很自然、逼真，而且留有足够的演示余地，使人更为之动情。该广告最能体现人情味的创意细节是：芝麻糊担主给小男孩添半勺芝麻糊，并爱怜地替他擦拭干净脸上残留的芝麻糊，形象生动而深刻地反映出中华民族尊老爱幼的传统美德，升华了广告主题，其亲切自然的效果不言自明。广告片结尾出现一碗热气腾腾的黑芝麻糊，配上"一股浓香，一缕温暖"的广告语，使人感到南方黑芝麻糊的诱人香味。

黑芝麻糊是一种普通食品，售价低廉，做好这个广告，不管是从广告定位还是从诉求等方面来讲，都有较高的难度。《南方黑芝麻糊》电视广告的制作者，以高明的手法，即站在消费者的角度，从商品中寻求推销重点，从人性中寻求诉求重点，组合出优秀的创意，使广告基于商品，又高于商品，十分成功。

(案例来源：http://www.sj00.com/article/728/736/2006/2006093014306.html)

3. 广告媒介迅速发展

20世纪80年代以来，我国广告业快速发展，各类广告媒介不断被开发利用，并跟随世界媒介的发展步伐。目前，我国使用的广告媒介可以归纳为报纸类、杂志类、电视类、广播类、邮递类、户外类、交通类、录像类、电子类、店铺类、包装类、书籍类12大类。随着科学技术的进步，电子、激光等新技术和一些新材料，已在广告设计、制作中逐步推广应用，传统的广告宣传形式已有所突破。

4. 广告法规和广告管理体系初步形成

1993年7月，国家工商行政管理局和国家计划委员会共同制定了《关于加快广告业发展的规划纲要》，明确广告业是知识密集、技术密集、人才密集的高新技术产业，提出我国广告业的发展战略和重点目标，进一步推动了我国广告业的发展进程。我国当代广告管理工作也从分散到系统，由单一的行政管理转向以法治为核心的综合管理，逐步走向了规范化。

此外，广告教育和人才培养广开渠道，并已初见成效。目前我国广告教育已呈现出经贸型、艺术型、新闻传播型等多元化的结构模式，这些培养模式适合我国广告业对人才多方面的需求。

第二节　外国广告发展简史

广告在世界各国的产生和发展虽然具体情况不太一样，但却都有着共同的规律，它们都是随着商品的产生而产生，随着经济和科技进步的发展而发展。每一次传播手段的发明和更新，都对广告业产生巨大的推动作用。依据广告的技术水平，可以把外国广告业的发展分为以下四个时期。

一、古代广告时期(1450 年前)

从广告的产生到公元 1450 年德国人古登堡发明金属活字印刷前，为古代广告时期。这一时期最初以口头叫卖为主要传播媒介，然后逐渐向文字印刷广告演变。

1．叫卖广告

国外的广告，最初也是从叫卖和实物陈列发展起来的。早在古希腊、古罗马时期，一些沿海城市的商业比较发达，广告已有叫卖、陈列、音响、文图、诗歌和商店招牌等多种。在古希腊城里，人们吆喝出有节奏的声音，贩售奴隶、牲畜及手工艺品、日用品等，是最古老的叫卖广告。古罗马的大街上充满了叫卖的商贩。有的商人把叫卖的内容编成歌曲、小调，并配以发出音响的工具，组成了一曲叫卖的交响乐。他们运用悦耳的嗓音去吸引消费者注意。在古代雅典，曾流行类似四行诗形式的广告。例如："为了两眸晶莹，为了两颊绯红，为了人老珠不黄，也为了合理的价钱，每一个在行的女人都会——购买埃斯克里普托制造的化妆品。"古希腊雅典城内，有一种管理城区街道生活的半官方人物，经常在大街上叫喊，口头告示民众关于货物上市的行情。

2．文字广告

文字的发明，是广告史上的一件大事。一些文明古国在公元前一千多年以前就有了文字。文字的发明使人们在信息传播上摆脱了时空限制。文字发明后不久，就被广告所利用。在一些陶器上、青铜器上刻上一些文字符号，这就是最早的文字广告。

现在世界上发现的最早的文字广告，是在埃及古城发现的莎草纸广告，内容是悬赏缉拿一个名叫西姆的逃奴的广告。这张广告是在约公元前 1000 年前古埃及一名奴隶主散发张贴的，现存于英国博物馆。其内容如下：

男奴西姆从善良市民织布师哈布那里逃走。坦诚善良的市民们，请协助把他带回。他身高 5 英尺 2 英寸，面红目褐。有告知其下落者，奉达金环半副，将其带回本店者，愿奉送金环一副。

——能按您的愿望织出最好布料的织布师哈布

这则广告已具备了广告的几项最基本的要素：①广告主——织布师哈布；②信息——缉拿逃奴；③传播手段——运用媒体(莎草纸)、张贴海报；④诱导——许以重赏(奉送金环)，同时还不忘记宣传广告主自身。这种广告形式，直至现在，仍有参考的意义。

3．招牌与壁报广告

公元前 6 世纪罗马建立奴隶制共和国，由于经济繁荣和广告活动的增多，在闹市和街区兴起招牌广告和壁报广告。最初街头竖立着杂乱不堪的招牌，使得本来就狭窄的街道更加拥挤不堪，影响市容，阻碍交通。后来政府下令一律改用墙壁做广告，一般房屋都留有一处供做广告的位置。因此，整个城的房屋墙上涂刻满了粗糙的文字和图画，如竞技场的表演预告、遗失物主人的启事、补鞋匠的广告等。

罗马商人为了引起人们的注意，在墙上刷上商品广告，或者由奴隶们写好挂牌悬挂在全城固定地点。出租广告也很常见，有一则广告写到："在阿里奥•纪连街区，业主有店面和房屋出租，二楼的公寓皇帝也会满意，从7月1日起出租。可与梅乌的奴仆普里姆斯接洽。"

公元前79年，维苏威火山爆发，古代罗马的庞贝镇被埋在火山熔岩下。考古发现，当时庞贝镇的招牌已是很先进的了。店外围墙上画有常春藤的店铺是油店，画有牛的地方表示是牛奶厂，画有骡子拉磨磨面的就是面包房，画有水壶把的就是茶馆。

二、近代广告时期(1450—1850年)

公元1450年，是广告史上值得纪念的一年。德国人古登堡发明了金属活字，从此活字印刷技术被广泛应用。金属活字印刷术发明后，为印刷广告的发展提供了条件，开创了广告的新纪元，使人类广告活动由原始古代的口头、招牌、文字广告传播进入到印刷广告的时代。

1. 印刷广告出现

1472年，英国第一个出版人威廉•坎克斯顿印制了推销宗教书籍的广告，张贴在伦敦街头，这标志着西方印刷品广告的开端。

2. 报纸广告出现

1609年，德国出现了世界上最早的定期印刷报纸《报道式新闻报》。1622年，英国托马斯•阿切尔创办了《每周新闻》。1631年，法国最早的印刷周报《报纸》出版，出版人雷诺道特被称为"法国报业之父"。1690年，美国本杰明•哈里斯在波士顿出版《国外国内公共纪文报》，为北美大陆最早的印刷报纸，仅出一期即被英国殖民地总督查禁。

在印刷术应用的初期，世界广告兴起的中心在英国。广告业的发展使英国政府加强了对广告的管理，于1712年开始征收广告税，但广告仍有增无减。1800年《泰晤士报》平均每天刊登100件广告，到1840年增加到每天400件。

18世纪中期，英国及欧洲其他国家出现了一些有名的广告画家，在周刊报纸上不断出现插图广告，其中最有名的是75行字的沃伦鞋油的广告。广告上画了一双用沃伦鞋油擦过的明亮的皮靴，一只猫正吃惊地怒视着靴上的自己的影子。这个广告在英伦三岛的各种报纸上都登载过，使用达20年之久。

从总体上看，这一时期虽然出现了报刊，并有一定的发展，但尚不成熟，发行量较小，还没有达到大众化和普及化，因此，广告的范围很有限。

3. 广告代理商的出现

广告代理商也是17世纪在英国首先出现的。1610年，英国第一家广告代理店是詹姆斯一世让两个骑士建立的。1612年，法国创立了"高格德尔"广告代理店。1729年，富兰克林在美国创办了《宾夕法尼亚时报》，并把广告栏安放在报头下面、社论的前面，这时富兰克林既是出版商和编辑，又是广告作家、广告经纪人。广告代理商的产生反映了当时社会对广告的需求在不断地增加。

三、近代向现代广告的过渡期(1850—1920 年)

1850—1920 年，是世界近代广告向现代广告的过渡期。由于新技术的广泛应用，广告形式已呈多样化的趋势，世界广告中心已从英国移至美国。

1. 专业广告公司的产生

1841 年伏尔尼·帕尔默在美国费城开办了世界上最早的广告公司，以 25%的资金为客户购买报纸广告版面，大受企业客户欢迎，同时也使报业效率和收入大大提高。1845 年后，帕尔默又在波士顿、纽约开办了分公司，到 1860 年已经有 30 多家广告公司为 4000 种美国出版物出售版面。

1869 年美国艾尔父子广告有限公司在费城成立，这是第一家具有现代意义的广告公司，其经营重点从单纯的推销广告版面，转到为客户策划、设计、制作广告等全面的服务业务。1876 年，该公司正式采用公司合同制，加强同企业的联系。据统计，这一时期美国广告公司约 1200 家。

2. 新技术与广告新媒体的拓展

1853 年，纽约《每日论坛报》第一次用照片为一家帽子店做广告，广告开始用摄影技术作为重要的表现手段。1891 年，可口可乐公司在投产 5 年后摄制了世界最早的挂历广告，现在收藏价值达 5000 美元。

1910 年，法国最早在巴黎举办的国际汽车展览会上使用了霓虹灯广告。1 年后，巴黎一家时装店安装了第一个用霓虹灯制作的招牌。1923 年霓虹灯广告进入美国，20 世纪 30 年代得到普及，现在已成为流行的户外广告。

3. 广告理论及广告管理的发展

19 世纪末，西方才有人开始进行广告理论研究。随着广告的发展，其作用越来越受到社会的关注，许多广告理论家极力探索有关广告的原则和理论。如 1866 年莱坞德(Laiwood)和哈顿(Hatton)合著的《路牌广告的历史》、1900 年美国学者略洛·盖尔在多年调查研究的基础上写成的《广告心理学》等，都为广告学的建立奠定了基础。广告已逐渐形成为一门学科。

四、现代广告时期(1920 年至今)

20 世纪初以来，资本主义经济迅速发展，广告业也进入了蓬勃发展时期。这一时期的主要标志是电子广告问世，广告媒体日益多样化。科学技术日新月异，广播、电视、电影、电子计算机和卫星通信的发明和普及，使信息传播手段有了巨大发展，广告业已经成为现代信息产业群体的中坚力量。

1. 电子媒体的出现和发展

1920 年美国商业广播电台创立，1926 年出现了全国性广播电台之后，广播电台便成了前所未有的主要广告媒介。广播具有传播迅速、及时、活动空间广、价格便宜等优点。1928 年美国无线电广播广告的营业额已达 1050 万美元。

从20世纪初到第二次世界大战前，广播成为继印刷媒体之后第二大媒体。1936年英国伦敦出现了世界上最早的电视节目，标志着电视广告时代的开始。1920年美国开始试验电视，但到1941年才开播商业电视，1946年拥有电视的家庭已有8000多户。20世纪50年代彩色电视机发明后，这种集音乐、画面和声音于一体的传播媒介显示出极大的优越性，不但在娱乐方面打得电影节节败退，在广告方面也是后来者居上，成为最理想、发展最快的媒体。到1969年美国有7266座电视台，9/10的家庭有电视。

电视的兴起，使广播广告的地位开始有所下降。1986年广播广告只占美国四大媒介广告收入的6%。

2. 广告媒体的日益多样化

除了报纸、杂志、电视、广播四大媒体之外，广告手段日新月异，更趋于多样化。人们还把广告内容制成邮寄品，通过邮政系统的传递，把企业和顾客之间的销售关系直接联系起来。常见的邮政广告形式有销售信、明信片、推广传单、征订单、货样目录、货物说明书等。这种广告媒介对象明确，有较高的选择性，传递快、效果好，可以提供全面、准确的信息。

随着现代科技的进步，又出现了空中广告。空中广告是利用飞机、气球等，以广阔的天空为背景，书写或垂挂巨幅广告文字，以引起众多人的注意。1913年英国少校J.C.萨维奇开始组织烟雾空中广告实验，1922年在英国赛马场上空进行了首次表演。飞机在空中利用烟雾写下了"Daily mail"的字样，这种空中广告给人以新奇壮观的感受。

3. 广告经营走向现代化

随着市场竞争的日趋激烈，一些企业在广告活动中开始注意广告策略的运用，委托广告公司全面代理广告策划和制作业务，已经非常普遍。随着市场经济和广告业的发展，国际广告界的各种行业性组织也相继成立。1938年国际广告协会(IAA)成立，会员来自70多个国家和地区；1978年亚洲广告协会联盟成立。此外，世界广告行销公司(WAM)也是颇具影响力的世界性行业组织。

现代广告公司已经发展成为集多种代理职能于一体的综合性信息服务机构，如为企业收集市场信息、分析消费趋势、提出产品开发意见并将其产品推向市场，为企业提供从形象到设计、从新产品开发到售后信息分析的整体策略服务。广告业已发展成为能创造巨大价值的信息化产业。

第三节 发达国家广告发展现状

现代广告活动产生于产业革命最早的欧美地区，先是英法等国家，继而是美国成为世界广告的代表。随着经济的繁荣和科技进步，广告对于社会、经济、文化和人们日常生活的影响也越来越深。几个主要资本主义国家，如美国、日本、英国、德国、法国等，从广告费总额、人均广告费和广告费占国民生产总值的比例这三项衡量广告业发达程度的指标来看，都排在前列，占据了世界广告市场的大部分份额，实际上代表了当今广告业发展的水平。因此，可以通过这些国家，了解外国的广告发展概况。下面着重介绍美国、日本、英国等具有一定代表性的国家商业广告的概况。

一、美国广告业概况

美国是当今世界上广告业最发达的国家。据国际广告协会公布的每年世界广告费总额中，美国占50%左右；在世界各国总广告费、人均广告费以及广告费占国民生产总值的比率三大广告统计指标中，美国均居世界第一。

(一)美国的广告公司

美国的广告公司已有一百余年的历史。最早的广告代理人伏尔尼·帕尔默于1841年在费城创办了专为客户代理广告业务的广告公司，标志着美国广告代理业的诞生。这以后广告公司蓬勃发展，主要表现为如下特点。

1. 广告公司内部分工合理

美国的广告公司在长期的发展中，形成了科学的组织及合理的分工，从而保证了高效率的经营体制和现代化的服务。美国的企业广告部门、专业广告公司、市场调查机构、制作公司、广告审查机构、媒介发布单位各司其职，相互依存，相互补充，为工商企业、服务业提供着高质量的广告服务。

2. 广告公司的经营服务水平较高

美国的广告公司拥有为广告主提供广告策划和全面服务的能力，广告经营活动进入了以创意为中心、以策划为主导、全面进行营销服务的新的发展阶段。同时，美国广告业还普遍运用了计算机和各种先进的自动化设备，使广告的设计、制作等各种工序变得越来越准确、迅速。先进的技术给广告的创作带来更大的发挥余地，使广告尽善尽美，显示出更大的魅力。

3. 美国广告公司走国际化的道路

从20世纪60年代开始，美国广告公司就迈上国际广告网络化的路子。到了20世纪90年代，各大型广告公司基本上都实施了国际性的广告经营战略，广告公司间的整合、兼并及购买活动持续不断，使得世界广告集团排序屡屡更替。许多大广告公司把触角伸向世界各个角落，逐步建立全球广告宣传网，开展全球性的业务。

【案例2-3】

美国广告公司内部分工情况

在广告公司内部，普遍设有客户部、市场调查部、创作部(制作部)、媒介部，各部门分工明确，又配合默契。

(1) 客户部主要负责和客户联系业务，他们一方面十分熟悉本公司的业务水平和经营能力，另一方面又非常了解客户企业及其产品。在广告公司内部他们代表客户的利益，对广告活动的每个具体环节进行监督并提出意见；对客户他们又代表公司向客户解释广告计划、策略、财务预算，甚至广告制作过程的安排等。

(2) 市场调查部负责为客户进行市场调查和咨询服务。

(3) 创作部根据市场调查材料提出广告策划和创作方案。

(4) 制作部根据创作意图实施设计和制作。

(5) 媒介部根据市场和消费对象的情况，为客户选择适当的媒介。

案例解析

美国广告公司内部设有众多部门，并且每个部门各司其职，分工协作。我国广告公司经过多年的发展，虽然在广告的创意理念、策划流程、设计制作等方面都取得了一定的发展，但与美国广告公司这样科学的组织及合理的分工相比还存在一定的差异，因此我国广告公司要在不断的学习实践中形成自己的经营管理体制。

 【案例2-4】

美国广告公司的一般工作流程

美国广告公司的工作流程一般如下。

(1) 先由企业的广告部门或专职人员根据生产计划和目标市场，做出初步的广告预算，然后将广告工作委托给广告公司。

(2) 广告公司为客户进行市场调查、广告策划，提出创作方案，帮助客户选择广告媒介。(这中间有些广告公司将市场调查和广告制作这两部分工作委托给专门的公司，媒介单位一般只接受广告公司已制成的广告，不直接面向客户。)

(3) 广告刊播之后，广告公司还要为客户进行效果测定，提供反馈信息。

客户—广告公司—媒介单位—消费者—客户，形成一种有机的密不可分的程序，广告公司成了这个程序的中心环节，使广告宣传科学而有秩序地进行。

案例解析

美国在进行广告运作的过程中，严格遵守工作流程，从企业的广告部制定广告计划、广告预算开始，到委托市场调查公司进行市场调查，再到广告策划方案的制定，以及选择适合的媒介与消费者见面等各个环节形成了密不可分的程序。在我国，大小广告公司众多，业务类别各不相同，为了更好地完成广告作品的创意、设计、发布，要在学习的基础上探索广告工作的工作流程。

(二)美国的广告媒介

美国的广告媒介也很发达，其主要形式有报纸、杂志、电视、电影、广播、霓虹灯、广告牌、直邮、车船、地铁、电子显示板、气球、飞船等。报纸、电视、广播、杂志依然占主体地位。

1. 报纸广告媒介

据美国报纸协会2001年公布的数据，2000年美国各类报纸的总数达9169家。其中日报

1480 家，周报 7689 家，另有各大报社周日单独发行的星期天刊 917 家。发行量超百万份的报纸有《华尔街日报》、《纽约每日新闻报》、《近日美国日报》、《洛杉矶时报》等。美国报纸中广告版面的比例很大，一般报纸以 60%的版面用于刊登广告。

2．杂志广告媒介

据 1998 年统计，美国各类杂志有 12 262 种。美国人平均每人每月翻看 7 份杂志，读者平均年龄为 34.9 岁，以中上等收入的人居多。美国一些知名度高的杂志，每版黑白广告收费至少在 5 万美元以上。美国杂志在前期的发展过程中，由于特点明显，很受特定消费者的欢迎，因此成为重要的广告媒介。

3．广播广告媒介

美国广播电台广告最初都是新闻条式的，由播音员念稿。后来，文艺表演被用来做电台广告。直到 1929 年，电台广告又创出了以连续性的歌唱戏剧节目作为广告的形式。这种歌唱戏剧节目有故事，有主角，再配以音乐、音响效果，专供白天"寂寞在家"的家庭妇女欣赏，她们在消遣中自然地接受了广告宣传。目前美国无线电广播电台有 8000 多个，其中 900 个左右是非商业经营的，其余都是商业经营的。广播广告的经营额一般不超过全部媒介总经营额的 10%。

4．电视广告媒介

电视广告是美国广告活动中最重要的一部分，因为它几乎进入美国每个家庭，拥有的观众比好莱坞影片还多。一般地说，电视节目每隔 10 分钟，就会被 2 分钟左右的广告打断。美国电视片的制作费用相当昂贵，定价因时间、节目而异。在世界级赛事期间，收费则大为提高，如 1985 年第 19 届橄榄球决赛期间，ABC 广播公司播放广告的费用每分钟为 100 万美元。

5．户外广告媒介

户外广告是美国的一种重要的广告媒介，它使人们处在广告的包围中。户外广告的文句十分简洁明了，主题突出，一般每块广告牌上不超过 7 个字。美国的户外广告应用了先进的技术装置，讲求经济实用，注重广告宣传效果。美国户外广告的主要形式除了平面广告牌、电动三面转动广告牌、立体模型广告牌、电子显示广告、户外流动广告、霓虹灯广告、灯箱、标志广告、景物结合广告等形式外，还有售货亭上的张贴广告和一些电影、戏剧海报广告等。

6．其他广告媒介

1) 邮戳广告

邮政日戳作为盖销邮票、缴纳邮资的凭证，也被广告宣传所渗透。邮戳广告既有广告戳又有宣传戳，其鼻祖分别是 1876 年美国费城建城百年纪念时所做的广告戳，以及同一年为贾勒特和帕尔默公司开办特快列车所做的标语式样的宣传戳，内容是"横越北美的特快列车"。这句话通过邮戳被广为传播，家喻户晓。上述广告邮戳和宣传邮戳是世界同类邮戳中最早的。

广告宣传邮戳的内容包罗万象，它虽为广告人所创制，但更受政府及公益事业的欢迎。由于邮政的特殊性质，近年来利用广告宣传邮戳做广告的更多的是社会性的宣传，如"参加义捐，表达爱心"、"航天飞机，造福地球"等。

2) 电影广告

美国电影业较为繁荣，促使形形色色的广告在美国银幕上大显神通，使得广告出现了一种新的表现形式，即电影广告。采用电影手法制作的广告有着电视所无法赶超的优势，电影屏幕大，图像清晰，音响逼真，气氛热烈，从而使广告效果更为动人。电影广告便于广告主瞄准目标市场，因为去电影院的多是一些年轻活跃的青年男女，他们是新型汽车、新型饮料及其他一些时髦商品的主要消费者。为了提高广告效果，电影广告制作更为精妙，一般采用60秒的微型故事，所要推销的商品直到最后一刻才出现。电影广告还能与销售促进(SP)很好地结合起来，当观众进入影院的时候，广告主不失时机地发放给观众一些各种各样的实物用品，使之成为一个绝佳的开展销售促进的机会。

美国电影已与商品推销结下了不解之缘，电影被称为"隐蔽媒体"。当观众哼着电影中的小曲从影院出来时，全然没有意识到他们哼唱的正是广告中的插曲。

3) 电话磁卡广告

磁卡电话是由投币电话演变而来的一种国际流行的公众电话。美国磁卡电话较为发达，磁卡上印有各种广告彩图，其内容可分为以下四类：①诸如宣传集邮知识等的邮政业务广告；②各种外国商品的广告；③风景名胜的旅游宣传广告；④为一些大企业订做的公事卡，印有企业的标志及广告。

(三)美国的广告管理

1. 广告管理机构

美国政府对广告进行限制的机构很多，包括联邦贸易委员会(FTC)、联邦通信委员会(FCC)、食品与药品管理署(FDA)等。其中联邦贸易委员会是广告限制和管理方面最活跃也是最有影响力的机构。美国政府管理广告的重点，大致有欺骗性价格广告、不实或虚假质量声称、引诱性广告、不实证词广告、欺骗性表演等类型。

2. 广告管理法规

美国最早的广告法案可追溯到1911年通过的《普令泰因克广告法草案》。该法案规定：任何人、任何企业和广告代理均不得进行欺骗性的广告宣传。任何不真实或令人误解的广告，都将以诈骗论处。同年，美国广告行业杂志《印刷者油墨》制定了《印刷油墨法规》。它明确规定："任何人、任何企业和广告代理，在从事印刷广告的活动中，不得使用欺骗性或讹诈性言论。如在广告宣传中以假乱真，有损消费者的利益，均属犯法。"这部法规后来被美国37个州作为法律采用。

1914年，美国国会通过了《联邦贸易委员会法案》。该法规定了虚假广告的含义、法律责任、管理机关等。根据该法成立了联邦贸易委员会，具体执行管理广告的工作。

1938年，美国国会又通过了《惠勒·李对联邦贸易委员会的修正案》，进一步严格了虚假广告的界限，并赋予联邦贸易委员会对广告管理、保护消费者利益的更大权力。同年，美国制定了《食品、药物和化妆品法》，对欺骗性广告提出了严厉的制裁措施。美国于1966年制定了《正当包装与商标法》；1968年通过了《消费者信贷保护法》、《控制辐射确保健康法与安全法》、《家禽制品批发法》；1969年又通过了《玩具安全法》。上述法规均对广告活动做了明确的规定，并把伪造和骗人的广告和商标、令人产生误解的广告和不真实的广告列为禁止和制裁之列。

为强化制裁手段 1970 年以后，美国制定了日臻完善的《订正广告法案》，从法律角度来要求广告商对哪些广告应该撤回，哪些应该修正。在美国比较广告泛滥的时候，于 1989 年 9 月生效的美国《商标法修订案》开始对比较广告做出一些限制，它支持那些商标牌号受比较广告打击的公司寻求法律的保护。

3. 广告行业自律

美国除了政府加强对广告的管理外，许多行业协会也制定了自律条例，进行广告自我管理。美国广告界有广告代理商协会(4A 协会)、广告主协会(ANA)、广告联合会(AAF)、全国广播家协会(NAB)等若干个行业组织。美国广告联合会(AAF)是最重要的行业自我管理机构。它除了对本行业的广告进行监督管理外，还对国家的广告活动提出意见，对政府制定的法律法规做出反应。

(四)美国的广告教育

美国是世界上广告业最发达的国家，也是广告专业教育开展最早的国家，广告教育已有近100 年的历史。美国的广告研究也走在世界广告学界的前列，不断为广告业提供有效的理论指导，使美国广告理念在社会经济发展过程中始终保持创新的动力。随着 4A 跨国广告公司全球性扩张，美国的广告理念正在全球范围内产生着影响。发达的广告产业和先进的广告学术，必定有着相应的广告人才培养的理念、机制和方法。

20 世纪初，美国广告公司的主要工作是文案创作，而从业人员的培养主要是以学徒的形式在广告公司内部进行。如著名的奥美广告公司自称他们主要做两件事：照顾客户和培养年轻的广告人才。早期广告教育正规化的主要推动者是成立于 1905 年的美国联合广告俱乐部，它是美国广告协会的前身。联合广告俱乐部的主要任务就是促使广告专业化和提高广告人的社会地位。俱乐部主要从广告技能标准化和广告教育正规化方面下功夫。在此后不长的时间内，广告教育进入了超过 30 所以上的大学的课程表；到了 20 世纪 50 年代，这个数字翻了一番；而到了 20 世纪 80 年代末，这个数字突破了 100 大关。这些大学除了提供广告方面的基础课程之外，还在各具体领域如心理学、营销学、传播学等与广告交叉的学科中设立研究生课程。得克萨斯大学(Texas)、伊利诺斯大学(Illinois)、密执安州立大学(Michigan)、佛罗里达大学(Florida)等广告专业被公认是全美最好的。

二、日本广告业概况

日本的广告业高度发达，其规模仅次于美国，居世界第二位。日本的广告业分工明确，专业化程度高，广告创作水平高超，并十分重视先进技术的运用，从而在很大程度上推动了日本经济的发展。

(一)日本广告业的服务

1. 专业化程度高

日本的广告业分工明确，专业化程度高。在日本，广告的发布完全由广告公司承担，其他媒体单位如报纸、电视、电台等都不直接跟客户打交道，不直接经营广告，客户也不直接到媒体单位做广告。广告公司从策划、设计、制作，直至安排媒体，有计划、有目的地发布广告，并负责广告效果的信息反馈。

2. 普遍采用最新技术

日本对广告的要求是高质量、高速度，因此新技术的开发和运用就成为关键，否则就会在竞争中处于不利地位。日本的广告公司普遍采用最新技术，从信息储存、传递资料、编排发稿、校对检验到印刷等工序，都广泛采用电脑、缩微、传真、录像、复印等设备，效率很高。

3. 广告花样繁多

近年来，日本的广告越做越大，花样越来越多。日本的广告商为了把广告做得引人入胜，获得最佳效果，特别重视研究消费者的心理和顾客的需求。用实物做广告宣传，是日本推销商经常运用的一种广告宣传形式。每天早上，在地铁入口处人群簇拥地带，不少商品宣传人员在向行人派发牙膏、纸币、唇膏、洗衣粉、肥皂等试用品，这种以实物做广告的宣传形式使产品销售量日甚一日。

4. 知名广告公司

东京列于世界十大广告城市，排名于美国纽约之后、英国伦敦之前，居第二位。著名的广告公司有电通、博报堂，皆在世界十大广告公司或者广告集团之列。此外，"大广"、"东急"等大广告公司也很著名。

(二)日本广告媒介

1. 广告媒介总体情况

2005 年日本媒体广告总收入为 59 625 亿日元，其中电视广告收入为 20 411 亿日元，居第一位，其次报纸广告收入为 10 377 亿日元，杂志广告收入为 3945 亿日元，广播广告收入为 1778 亿日元，网络广告(包括互联网广告和无线广告)收入为 2808 亿日元，网络等新媒体广告收入增长最为明显。但近年来，由于受到日本大地震、核电站泄漏、欧债危机、泰国洪灾等对日本经济造成的严重负面影响，2011 年，日本国内广告市场总规模已是自 2008 年以来连续第四年减少。2011 年，日本国内广告市场总规模为 57 096 万亿日元，比 2010 年减少 2.3%，降幅收窄，回升缓慢。报纸、杂志、广播、电视四大媒体的广告费同比减少 2.6%，连续七年低于上年水平。按媒体类别统计，电视同比减少 0.5%，报纸同比减少 6.3%，杂志同比减少 7.0%，广播同比减少 4.0%。然而，随着地面数字化 3D 电视的普及，与卫星媒体相关的广告费则同比增长了 13.6%，增幅显著。

2. 新媒体

1) 网络

近年来，在日本传统媒体广告市场收缩或徘徊不前之时，互联网广告市场却出现了飞跃式的发展。日本在汽车业、IT 业、电子业、制造业等方面具有世界级的产业优势，由于这些领域的广告主青睐互联网，因此互联网也在世界范围内为日本的跨国企业开拓着市场。代理日本互联网广告的除了传统的广告公司成立的网络广告部门外，大部分是新成立的独立的专业互联网广告代理公司。

　　2) 手机媒体

　　日本是目前世界上手机媒体起步最早，也最为发达的国家。NNT DoCoMo 公司于 1999 年 2 月 22 日推出了 I-MODE 数据业务后，很快在日本掀起了一股无线上网热潮，I-MODE 成为日本手机媒体的技术基础。日本的手机媒体突出多媒体融合的特性，依靠快速发展的技术和传统媒体的内容平台，手机作为一种新媒体已成为不少人的"个人服务器"，改变着人们的媒介接触习惯。

　　(三)日本的广告管理

　　日本广告业在发展的过程中建立了一套完整的法规和各种组织，配套齐全，相互制约。日本的广告管理主要是由自律和他律构成，自律与他律相互制约平衡，形成了一个完整的广告管理体系，有效地保护了消费者的合法权益，保障了广告业的健康发展。

　　1．国家法律法规行政管理

　　日本各种有关的法律、条例、规约、标准等都对广告活动做了明确的规定，形成了一个庞大的广告法制网络。日本政府管理广告主要是通过法律来规范广告行为，调节广告活动所产生的各种社会关系。日本主要的广告立法有《日本广告律令》、《广告取缔法》、《防止不正当竞争法》、《消费者保护基本法》、《不当赠品及不当表示法》、《屋外广告物法》等。

　　2．广告行业自我管理

　　在国家的法律和行政管理之外，广告行业的自我管理起了十分重要的作用，这是日本广告业管理和规范的一个重要特点。广告主、广告公司、媒介三者齐心协力，对内严格管理，对外努力提升行业的整体形象，从而保障这一行业良性发展。日本广告业的自律组织主要有全日本广告联盟、日本广告业协会、日本广告主协会、日本广告审查机构、日本报纸广告审查协会等。

　　(四)日本广告人才的培养

　　在激烈的广告竞争中，日本广告界对广告人才的挑选和培养十分重视。但是，日本的广告教育中的技能部分主要在企业内完成，大学本科并不开设广告专业，日本的大学广告教育主要是以广告基本观念教育为主。广告人才培养一般是通过社会上的广告资深人员在大学开设专题讲座和广告公司内部对职员的培训两条途径进行。

三、英国广告业概况

　　在印刷术应用的初期，世界广告兴起的中心是在英国。19 世纪以后，英国的广告业得到迅速发展。现代英国的伦敦以其广告的创造性及其规模，列为世界三大广告中心之一。英国广告支出在 2007 年达到了一个高峰，即 131 亿英镑，但在金融危机后的 2009 年，跌到了 113 亿英镑。2013 年，英国广告市场的规模达到 139 亿英镑，其中数字广告占到 44.2%，约合 62 亿英镑。

　　(一)英国的广告公司

　　英国现有 1600 多家广告公司，规模大小不一，雇员在 500 人以上、年营业额在 5000 万英镑以上的公司有 6 家。最大的国际性广告公司是萨奇·萨奇(WPP)集团,作为全球最大的广告传播集团之一,在世界各地都建有办事处,负责协调计划客户的所有广告。这些大的广告代理公司一般都有比较大的客户,如石油公司、可口可乐等。另有为数较多的中型公司和一些规模不大的专业广告公司,在业务经营上以特色谋求发展。1976—1981 年,世界广告费平均每年增长 13.9%,英国年平均增长率高达 21.8%,而同期英国国内生产总值年平均增长率只有 15.92%。

(二)英国的广告媒介

英国主要的广告媒介有电视、电台、报纸、杂志、电影、户外和交通工具等。

1．报刊广告

英国是一个报纸的王国,其报纸种类繁多。这些报纸针对不同的读者对象,如《泰晤士报》是政界人物、知识分子的报纸;《每日镜报》、《太阳报》为蓝领阶层的报纸;《每日邮报》等是一般读者阅读的报纸,因此广告商可以有针对性地进行广告宣传。

2．电视和广播广告

英国于 1930 年开始试播有声电视图像,1936 年,英国广播公司在伦敦郊外的亚历山大宫建成电视台,正式开播。目前,英国的电视、广播事业主要由两家广播公司经营,即英国广播公司(BBC)和独立广播局(IBA)。此外,还有伦敦周末电视台(LWT)以及 10 多家提供播映节目的商业性公司。

独立广播局对广告的内容、发布时间、数量都有严格规定。如香烟等一些产品不准在电视上做广告;在中小学生的教育节目中不允许插入广告;每小时分 3 次插播 6 分钟广告节目,每周的广告时间在 600 分钟左右;广告必须在 5 天前送达电视台,以便同其他节目进行衔接制作等。

1923 年,英国广播公司正式开始播音。由于只有独立广播局承办广播广告,所以英国的广播广告费在媒介中所占比例很小。

3．户外广告

英国的户外广告由地方政府控制,并受《企业建筑广告准则》的制约。

户外招贴画规定标准规格,最小的约为 150 厘米高、120 厘米宽。全国大约有 20 万个招贴点。户外路牌广告的长度、宽度从 810 厘米到 1200 厘米不等,一般高度约为 270 厘米,宽 180厘米,有些广告周围还用花园装饰,十分醒目。英国的公共汽车和地铁设施也全部设有广告。英国户外广告从其表现形式上来看,一是采用突出商品的构图;二是以文字为主,语言简洁,一目了然。总之,英国的户外广告图文呼应,色彩淡雅,画面主体突出,有值得借鉴的地方。

(三)英国的广告管理

在欧洲各国中,英国在广告管理方面是较为成功的。其广告管理由政府管理和行业自律两部分组成。

1．政府管理

政府主要是通过立法对广告的范围和内容进行严格限制。如 1907 年颁布的《广告法》是规范户外广告的法律，主要规定禁止广告妨碍娱乐场所、公园、风景地带的自然美。其他有关广告管理的规定散布于相关法律中，如《消费者保护法》、《公平贸易法》、《食品和药物法》、《商品供应法》等。英国管理广告的政府机构是英国广告标准管理局，该局明确规定哪些广告可以刊登，哪些则不行，它既管广告代理商，也管广告主。

2．行业自律

在广告管理中作用最大的还是广告行业自我管理系统。英国的广告自律团体代表着广告界的不同利益。如英国广告人联合会(ISBA)代表广告主；广告商协会(IPA)代表广告代理公司；独立电视公司协会(ITCA)代表电视界；报纸出版者协会(NPA)和期刊出版者协会(PPA)代表印刷媒介；其他还有如室外广告协会、邮购协会等 20 多个团体。这些团体负责管理非广播电视媒介的广告，对各种类型的商品广告进行事前审查，并在广告发布前提出意见，对来自公众方面的申诉进行调查。

当代广告事业正处在一个新的发展时期。随着经济全球化的进程，人们的消费形式和观念出现了巨大的变化，越来越国际化、趋同化。国际品牌的开发和推广有了更为快捷的速度。如可乐类饮料风靡全球，在美国可以喝到青岛啤酒，而在中国也能品尝百威啤酒。由于人口老龄化程度的加剧、消费者受教育程度和自身素质的提高、就业状况的变化以及人口流动性的增大等因素，使得原先的消费群体结构正在重新组合，需要重新细分市场，认识新的消费群体和消费层次，出现了新生代、新新人类、Z 世代等概念。特别是新一代的年轻人的消费观念和消费特点，需要进一步研究和把握。正如曾任国际广告协会主席的乔·卡波所言，现在市场、经营理念"在发生着划时代的变化"，冲击着当代广告行业。

　本章小结

(1) 我国古代广告主要有实物广告、叫卖广告、音响广告、招牌和幌子、印刷广告等形式。

(2) 在我国近代广告发展过程中，报刊广告逐渐兴起并繁荣发展，同时广播广告、路牌广告、橱窗广告、霓虹灯广告等新的广告形式也移入我国。

(3) 20 世纪二三十年代后，广告代理业开始在我国出现。

(4) 新中国成立以后，逐步对旧的广告业进行了彻底改造，并在社会主义计划经济的基点上开始建设新的广告事业。

(5) 外国广告业的发展分为以下四个时期：古代广告时期、近代广告时期、近代广告向现代广告的过渡期、现代广告时期。

(6) 美国是当今世界上广告业最发达的国家，其广告费用支出达到世界广告费用总额的一半。

(7) 英国是近代印刷广告的诞生地，最早的报纸广告也是 17 世纪 20 年代在英国出现的。

(8) 日本是仅次于美国的世界第二广告大国。

实训课堂

一、选择题

1. 我国现存最早的工商业印刷广告济南刘家针铺铜板出现在(　　)。
   A. 北宋　　　　　　B. 南宋　　　　　　C. 唐代　　　　　　D. 元代
2. 1979年1月28日,(　　)首次播出参桂补酒的广告,标志着我国电视广告的发轫。
   A. 中央电视台　　　　　　　　　　B. 上海电视台
   C. 北京电视台　　　　　　　　　　D. 哈尔滨电视台
3. 现在世界上发现的最早的文字广告,是在埃及古城发现的(　　)广告。
   A. 实物　　　　　　B. 标志　　　　　　C. 铜板　　　　　　D. 莎草纸
4. (　　)是当今世界上广告业最发达的国家,费用总额达到世界广告费用支出的一半。
   A. 中国　　　　　　B. 英国　　　　　　C. 美国　　　　　　D. 日本
5. 英国是近代(　　)广告的诞生地,最早的报纸广告也是17世纪20年代在英国出现的。
   A. 印刷　　　　　　B. 电视　　　　　　C. 广播　　　　　　D. 网络
6. 用实物做广告宣传,是(　　)推销商经常运用的一种广告宣传形式。
   A. 日本　　　　　　B. 法国　　　　　　C. 美国　　　　　　D. 中国

二、简答题

1. 简要回顾广告活动的产生和发展过程。
2. 我国古代广告主要有哪几种形式?
3. 对比分析美国、英法、日本等国家的广告业发展与我国广告业发展的异同。

 实训案例

可口可乐应时而变的广告策略

1886年,美国可口可乐公司刚试生产时,一年只有50美元的销售额,却拿出46美元做广告。1892年正式成立公司时,年销售额只有5万美元,而广告费就有1.14万美元。早期的可口可乐大多以年轻漂亮的女孩为模特,总是出现在月历、托盘和一些杂志上。广告中说:"没有什么比健康、美丽、富有魅力和充满温柔的女性形象更能使人联想起可口可乐了。"自从电视广告出现以后,可口可乐广告似乎成了青少年的王国。

广告中总是以一群年轻漂亮、体格健美的青少年在尽情地玩耍为特征,口号是"这就是可口可乐",把人们带到一个美好的世界。可口可乐公司百年的广告哲学是"广告必须是高级的,必须使受众看起来感到快乐、爽快。广告必须表现出我们公司内外都是被人看好的态度,这就是我们实际上所做的广告"。

案例点评：

从可口可乐诞生后的百年广告史我们就可以清晰地看出，可口可乐公司的兴盛与其各个阶段的广告策略密不可分。其实，很多企业在广告语的问题上常感困惑，在"变"与"不变"的问题上左右为难："不变"很容易使品牌老化；"变"则很容易产生未知风险。

实际上可口可乐的成功正是来源于长期明确的市场定位，通过产品系列开发、包装的变换、新渠道的建立、营销手段的不断更新，特别是广告内容和形式的创新，赋予这个百年品牌新的生命和活力！

讨论题：

1978 年第一批可口可乐产品进入中国市场，20 世纪 80 年代建立第一家合资工厂，当时的中国处于改革开放的初期，许多中国人还不习惯这种有"中药味道"的饮料，并且价格偏高。"挡不住的感觉"是可口可乐公司当时打入中国市场运用的广告语，试结合时代背景，分析该广告语在产品推广中所起的作用。

02

第三章

广告环境分析

核心概念

广告环境　　消费者行为　　产品层次　　品牌

引导案例

入乡随俗——广告成功的法宝

美国的通俗文化风行世界,麦当劳快餐店广告总是携带着美国文化,遍布全球。但麦当劳在不同国家却有不同的菜单,在法国配有香槟,在英国配有威士忌,在德国配有啤酒,在新加坡、马来西亚配有果味奶茸,在中国则配有红茶。

这种融合两种文化优势的原则在广告中同样很重要,一方面要有本民族文化特色才能吸引受众;另一方适应受众文化才能被接受。可口可乐在中国春节期间的广告中舞出中国龙,百事可乐送出千万副春联“百事可乐迎新春,七喜临门度佳节”,丰田“车到山前必有路,有路必有丰田车”的广告语,确实让我们觉得技高一筹。

运用民族特色来宣传产品,能形成独特的广告风格,这与世界化并不冲突。法国香水、时装广告如不以其浪漫国度特色为卖点,肯定黯然失色。万宝路广告正是告诉消费者其产品来自“牛仔之国”,才大行其道。一个国家、民族独特的气质、精神传统、美学观念以及特有的文字、图案色彩,都能构成跨国文化广告的鲜明个性,如能融合在广告创作中,选择当地易理解的方式表现出来,往往是避免其淹没在广告信息中的高招。

案例导学

企业的经营总是在一个不断变化发展的环境中进行的,而广告活动也必须在一定的市场范围和背景下展开,总是受一定的社会、政治、经济、文化等多种因素的影响和制约。任何成功的广告作品的创作都离不开对环境的准确分析。本章就是通过对广告环境的介绍和分析,让广告从业人员了解并真正懂得如何进行广告环境分析。

所谓广告环境就是指影响和制约广告活动策略、计划的诸种因素。它包括两个层面:一个层面其指影响广告活动产生、发展的宏观环境，如自然环境、经济环境、政治环境、人文环境等；另一个层面是指影响广告传播活动实施的微观环境，如行业竞争环境、人才环境、业务运作环境、产品特征、品牌特征和影响力等。

认真并全面地考察广告所处的环境，分析企业所面临的市场机会，掌握市场需求状况，并慎重评价其价值，从而做出正确的估量和判断，抓住机会，制定出相应的战略和策略，是广告取得成功的重要前提。

第一节 广告的宏观环境分析

一、政治-法律环境分析

政治与法律是影响企业营销的重要的宏观环境因素。政治因素像一只有形之手，调节着企业营销活动的方向，法律因素则为企业规定商贸活动的行为准则。政治与法律相互联系，共同对企业的市场营销活动发挥着影响和作用。

（一）政治环境因素

政治环境是指企业市场营销活动的外部政治形势和状况以及国家方针政策的变化对市场营销活动带来的或可能带来的影响。

1．政治局势

政治局势是指企业营销所处的国家或地区的政治稳定与否的状况。一个国家的政局稳定与否会给企业营销活动带来重大的影响。如果政局稳定，生产发展，人民安居乐业，就会给企业形成良好的营销环境。相反，政局不稳，社会矛盾尖锐，秩序混乱，不仅会影响经济发展和人民的购买力，而且对企业的营销心理也会有重大影响，如战争、暴乱、罢工、政权更替等政治事件都可能对企业营销活动产生不利影响。

2．方针政策

一个国家的政府根据国民经济发展的需要会在不同的时期颁布一些经济政策，制定一些经济发展方针，如人口政策、能源政策、物价政策、财政政策、金融与货币政策等。这些方针、政策不仅会影响到企业的营销活动，给企业带来机会，也会给企业带来风险。企业必须学会分析政府政策的调整与改变的意义是什么，对企业意味着什么，广告运作必须对此作出深入的分析和判断。

【案例3-1】

"沈阳飞龙"的失误

沈阳飞龙医药保健品集团自1991年组建以来，4年完成销售额20亿元，实现利润4.2亿元，成长为全国保健业的执牛耳者，其生产的延生护宝液成为明星产品。

然而天有不测风云。从1994年下半年开始，国内保健品市场一片混乱，到1995年初，全国一下子冒出2.8万种保健品，泛滥成灾，严重冲击了"沈阳飞龙"的销售。"沈阳飞龙"作为保健品行业的先驱者，一下子玩不转了。经过了解才知道：卫生部原来对保健品按三类中药审批，如同报新药一样严格，但不知是哪个部门放松了条件，发放保健品许可证时，检测标准参照食品标准。

标准的放松造成了保健品市场的失控：凡是液体类的保健品按饮料标准检测，和检验汽水差不多，只要大肠杆菌不超标就可以生产。加之保健品不受广告法的限制，使保健品的营销环境发生了天翻地覆的变化。"沈阳飞龙"管理层由于信息不灵，被放松的政策打得措手不及，销售量严重滑坡。

沈阳飞龙医药保健品集团的失误给我们的启示是：如果不注重宏观环境的变化，再优秀的企业也会沦为落伍者。

案例解析

沈阳飞龙医药保健品集团的失误给我们的启示是：如果不注重宏观环境的变化，再优秀的企业也会沦为落伍者。相反，时刻关注宏观环境变化，并随时进行产品结构和性能的调整，这样的企业一定能获得长久的发展。前几年，中国政府曾提出限制用公款购买进口小轿车的政策，日本丰田轿车因此销量下降。丰田公司了解到这个情况后，很快生产了后面带货斗的小汽车投入中国市场。小轿车改成小货车，各项性能没变，其他差别也不大，但不受新政策限制，一时扩大了销量。现在由于北京交通拥堵现象较为严重，于是北京市政府推出摇号买车的政策。在这一政策下发生了一个大变化：消费者一旦摇上号，会一步到位买辆较高档的车，不会再像以前，先买辆较低档的车，过五六年再换车。这一变化给中国自主品牌汽车的销售带来了巨大的影响，销量下降。自主品牌汽车是否也应面对政策的变化有一个思考：进一步提高自主品牌汽车的质量、品牌的美誉度呢？

(二)法律环境因素

法律是由国家制定或认可，并以国家强制力保证实施的行为规范的总和。对于企业来说，准确判断企业的经营环境并制定广告战略是至关重要的。一项法律的制定，一个政策的出台，都直接影响到企业的经营决策，影响到广告活动的开展。企业应及时了解法律的变化，熟知政府颁布的任何一项新的法律、规定、条例、办法，了解法律政策出台的背景，注意跟踪了解有关法规的实施细则、解释与说明。

从事国际营销活动的企业还要了解和遵守市场国的法律制度和有关的国际法规、国际惯例和准则，这方面因素对国际企业的广告活动有深刻的影响。各国法律对商标、广告、标签等都有自己特别的规定，例如，加拿大的产品标签要求用英、法两种文字标明；法国却只使用法文产品标签。在广告方面，许多国家禁止电视广告，或者对广告播放时间和广告内容进行限制，例如，德国不允许做比较性广告和使用"较好"、"最好"之类的广告词；许多国家不允许做烟草和酒类广告等。这些特殊的法律规定，是企业特别是进行国际营销的企业必须了解和遵循的。

二、自然地理环境分析

一个国家、一个地区的自然地理环境包括该地的自然资源、地形地貌和气候条件，这些因素都会不同程度地影响企业的营销活动，有时这种影响对企业的生存和发展起着决定的作用。如果企业要避免由自然地理环境带来的威胁，最大限度地利用环境变化可能带来的市场营销机会，就应不断地分析和认识自然地理环境变化的趋势，根据不同的环境情况来设计、生产和销售产品。

(一)自然环境

自然资源是指自然界提供给人类各种形式的物质财富，如矿产资源、森林资源、土地资源和水力资源等。企业经营的实质就是把自然资源转化为满足人们需要的物品以及使广大的消费者得到具体满足的过程。在广告策划活动中，了解企业经营决策中所面对的自然资源环境是很必要的，如开发一种新产品，就要分析、考察产品需求的程度，取得是否困难，生产与使用过程中是否会造成环境污染以及国家对自然资源的管理状况等情况，把握可能的营销机会和制定相应的广告策略。

(二)地理环境

一个国家或地区的地形地貌和气候，是企业开展市场营销所必须考虑的地理环境因素，这些因素会对一个国家或地区的生产、经营乃至人们的生活产生影响，进而影响到广告活动，大到广告战略的决定，小到广告表现手法的选择，都不可忽视。

地理环境一旦发生变化，就会对企业经营发生作用，影响到广告决策。例如，20世纪末北京冬天出现奇寒，使得御寒的衣物销售量大增，也使这方面的广告量增加。另外像季节、月份或节气等，在确定广告实施策略时也是需要考虑的因素，分析这些因素是广告效果达成的关键。

三、人口环境分析

人口是构成市场的第一位因素，因为市场是由那些想购买商品同时又具有购买力的人构成的。企业开展营销和广告活动，需要熟悉和分析人口环境。人口环境是指人口的规模和增长率、年龄结构、性别结构、地理分布、民族结构等要素。人口环境会给企业营销活动和广告机会带来整体性和长远性的影响。

(一)人口数量与增长速度

1. 人口数量决定市场的潜在规模

一般来说，人口规模与需求成正比，人口越多，如果收入水平不变，则对食物、衣着、日用品的需要量也越多，那么市场也就越大。因此，按人口数目可大致推算出市场规模。人口增长相应的消费需求也会迅速增加，那么市场的潜力也就会很大。

2. 人口数量影响产品结构的变化

人口数量会影响人们的消费支出结构，而消费支出结构的变化，会给企业带来机会，也会带来挑战。如随着人口增长，能源供需矛盾将进一步扩大，因此研制节能产品和技术是企业必须认真考虑的问题；而人口增长将使住宅供需矛盾日益加剧，这就给建筑业及建材业的发展带来了机会。

3．人口数量影响总体的购买力

人口的迅速增长，会对市场形成巨大的压力，给企业的广告效果带来不利的影响。比如，人口增长可能导致人均收入下降，限制经济发展，使市场吸引力降低。事实上，那些人口过多的国家和地区并不能构成巨大的市场总体购买力，反而要比人口少的发达程度高的国家和地区要低。

(二)人口结构

1．年龄结构

不同年龄的消费者对商品的需求不一样。在我国现阶段，青少年比重约占总人口的一半，反映到市场上，在今后20年内，婴幼儿和少年儿童用品及结婚用品的需求将明显增长，而人口老化现象的出现，反映到市场上，将使老年人用品的需求呈现高峰。

老年服装市场商机无限

据中新网报道，2007年我国60岁及以上老年人口达1.44亿人，占总人口的11.03%。"十一五"同"十五"相比，老年人口增长速度明显加快。全国老龄工作委员会办公室预测，到2030年，中国将迎来人口老龄化高峰。传统的观念往往认为老年人是社会的边缘人，但却忽略了中国进入高龄化社会之后，庞大的老年人群体为形成一个巨大的老年消费市场奠定了基础。拥有数以亿计的老年人消费市场是未来中国必然的商机与趋势。

1．老年人具有较强的购买力

在城镇，老年人在经过几十年的辛勤工作和奋斗之后，有一定的财富积累，多数有稳定的离退休及养老保险收入。

2．老年人的服装消费观念的转变

虽然传统老年人的服装消费观念是节俭，但其中也有一些老年人怀有强烈的补偿消费心理，渴望补偿以前没有实现的消费需求和愿望。而且随着持有享受生活、追求品质生活观念的准老龄人口的逐渐增多，现代老年人对审美的、娱乐的、健康的需求意识和消费欲望越来越强，他们比传统的老人更主动、更强烈、更舍得为满足自己较好的物质、精神需求而投入和消费。据有关专家分析，服饰穿着的消费占老年人消费领域总比例的三分之一，而服装的消费需求由传统的满足护足防寒的基本功能需求向追求品位、时尚、讲究环保和健康的新趋势发展。

国外学者的研究结果也证明了这一点，早在1992年的一份调查报告中，美国学者杰克逊就得出结论："老年人在服装上的开支并未受年龄的影响，就服装支出和收入之间的关系而言，美国老年人和其他人更相同而不是不同。"调查结果进一步显示，服装开支在老年人的支出表上高居第二位，仅次于食品的消费。

可见，老年人服装有着广阔市场，具有成为产业经营目标市场的可能。假如以平均每年每人增加 2 件服装计算，那么每年就有近 3 亿件服装的市场，到 2040 年的 4 亿老人就有 8 亿件服装的市场。可见人口老龄化，将给服装市场带来巨大的商机。

（资料来源：http://zhidao.baidu.com/question/52867064.html?si=2）

2．性别结构

人口的性别不同，其市场需求也有明显的差异。据调查，0～62 岁年龄段内，男性市场需求量略大于女性，其中 37～53 岁的年龄段内，男性大于女性 10% 左右，但到 73 岁以上，女性市场需求量多于男性 20% 左右。反映到市场上就会出现男性用品市场和女性用品市场，例如在我国市场上，妇女通常购买自己的用品、杂货、衣服，男子购买大件物品等。男性与女性的消费心理特征也明显不同，女性细腻、感性，男性则更粗犷、理性。

3．家庭结构

家庭是购买、消费的基本单位。家庭的数量直接影响到某些商品的数量。家庭结构的变化，对企业营销和广告活动也会产生重要影响。例如，"二战"后，"两个孩子、两辆汽车、郊区住宅"这种思想在西方人中很流行。

目前，世界上家庭规模普遍呈现缩小的趋势，越是经济发达地区，家庭规模就越小。欧美国家的家庭规模基本上户均 3 人左右，亚非拉等发展中国家户均 5 人左右。在我国，"四代同堂"现象已不多见，"三位一体"的小家庭则很普遍，并逐步由城市向乡镇发展。家庭数量的剧增不仅引起对炊具、家具、家用电器和住房等需求数量的变化，也会引起其需求特征的巨大变化。

另外，单亲家庭、不要孩子的丁克族、独身、同居等越来越多。这类家庭都有独特的生活方式和消费习惯，需要广告人进行深入的分析和研究。

4．城乡结构

我国的人口绝大部分在农村，农村人口占总人口的 80% 左右。因此，农村是个广阔的市场，有着巨大的潜力。这一社会结构的客观因素决定了在国内市场中，企业应当以农民为主要营销对象，市场开拓的重点也应放在农村。尤其是一些中小企业，更应注意开发物美价廉的商品以满足农民的需要。

5．民族结构

民族结构是指不同民族的人口数量在总人口中所占的比例关系。中国是一个多民族国家，1982 年第三次全国人口普查时正式认可的民族有 56 个，其中以汉族人数最多，占总人口的93.30%，最少的赫哲族，人数只有 1476 人。少数民族在中国总人口中的比例虽然不高，分布范围却占全国总面积的 50%～60%。民族不同，其生活习性、文化传统也不相同，反映到市场上，就是各民族的市场需求存在着很大的差异。

6．人口的地区结构

人口的地区结构是指人口在地区上的分布。影响人口地区结构的因素多种多样，有地理环境因素、气候因素和经济因素等。影响人口再生产和迁移的因素，同样影响人口地区结构。如改革开放后，内地人口大量转移到沿海发达地区，农村人口向城市或工矿地区转移，从而使地区人口结构呈现出新的特点。

从我国来看，人口主要集中在东南沿海一带，人口密度逐渐由东南向西北递减。另外，城市的人口比较集中，尤其是大城市人口密度很大，在我国就有上海、北京、重庆等好几个城市的人口超过 1000 万人，而农村人口则相对分散。不同地区的人口会有不同的生活习惯、文化习俗、消费需求和购买行为特征。

四、经济环境分析

经济环境包括经济制度、经济发展阶段和购买力状况等因素。经济环境的好坏，对广告决策影响最大，经济环境对广告活动的影响主要指对购买力的影响。对经济环境的分析主要着重于对购买力的分析。所谓购买力，就是指社会各阶层购买商品和劳务的支付能力，是构成市场和影响市场规模大小的重要因素。

购买力主要可以从以下几个方面来考察。

(一)消费者收入水平的变化

消费者收入，是指消费者个人从各种收入来源中所得的全部收入，包括消费者个人的工资、退休金、红利、租金、赠予等收入。消费者的购买力来自消费者的收入，但消费者并不是把全部收入都用来购买商品或劳务，购买力只占收入的一部分。因此，在研究消费者收入时，要注意把握以下几个基本概念。

1. 个人可支配收入

这是在个人收入中扣除税款和非税性负担后所得的余额，它是个人收入中可以用于消费支出或储蓄的部分，它构成实际的购买力。

2. 个人可任意支配收入

这是在个人可支配收入中减去用于维持个人与家庭生存不可缺少的费用(如房租、水电、食物、燃料、衣着等项开支)后剩余的部分。这部分收入是消费需求变化中最活跃的因素，也是企业开展广告活动时所要考虑的主要对象。因为这部分收入主要用于满足人们基本生活需要之外的开支，一般用于购买高档消费品、旅游、储蓄等，因而它是影响非生活必需品和劳务销售的主要因素。

3. 家庭收入

很多产品是以家庭为基本消费单位的，如冰箱、抽油烟机、空调等。因此，家庭收入的高低会影响很多产品的市场需求。一般来讲，家庭收入高，对消费品需求大，购买力也大；反之，需求小，购买力也小。

(二)消费者消费结构的变化

随着消费者收入的变化，消费者消费结构会发生相应的变化。西方一些经济学家常用恩格尔系数来反映这种变化。恩格尔系数表明，在一定的条件下，当家庭个人收入增加时，收入中用于食物开支部分的增长速度要小于用于教育、医疗、享受等方面的开支增长速度。食物开支占总消费量的比重越大，恩格尔系数越高，则表明生活水平越低；反之，食物开支所占比重越小，恩格尔系数越小，则表明生活水平越高。

当居民的收入水平提高时，消费结构会呈现以下特点。

(1) 衣着消费比重降低，幅度在 20%～30% 之间。

(2) 住宅消费支出比重增大。

(3) 劳务消费支出比重上升。

(4) 消费开支占国民生产总值和国民收入的比重上升。

恩格尔及恩格尔系数

恩格尔是 19 世纪德国的一位统计学家，他根据统计资料，发现消费者消费结构变化的规律：一个家庭收入越少，家庭收入中(或总支出中)用来购买食物的支出所占的比例就越大，随着家庭收入的增加，家庭收入中(或总支出中)用来购买食物的支出则会下降。恩格尔系统的计算公式如下。

$$恩格尔系数 = \frac{食物支出}{总支出或总收入}$$

恩格尔系数是衡量一个国家或地区的家庭生活水平高低的重要参数。按联合国划分富裕程度的标准，"恩格尔系数"在 60% 以上的国家为饥寒；在 50%～60% 之间的为温饱；40%～50% 之间的为小康；40% 以下的为富裕。

03

(三)消费者储蓄和信贷情况的变化

消费者的购买力还要受储蓄和信贷的直接影响。消费者的个人收入不可能全部花掉，总有一部分以各种形式储蓄起来，这是一种推迟了的、潜在的购买力。当收入一定时，储蓄越多，现实消费量就越小，但潜在消费量便越大；反之，储蓄越少，现实消费量就越大，但潜在消费量便越小。

广告策划应当全面了解消费者的储蓄情况，尤其是要了解消费者储蓄目的的差异。储蓄目的不同，往往影响到潜在需求量、消费模式、消费内容、消费发展方向的不同。这就要求企业策划人员在调查、了解储蓄动机与目的的基础上，制定不同的营销策略，为消费者提供有效的产品和劳务。

消费者信贷对购买力的影响也很大。所谓消费者信贷，就是指消费者凭信用先取得商品使用权，然后以按期归还贷款的方式购买商品。这实际上就是消费者提前支取未来的收入，提前消费。我国现阶段的信贷消费还主要是由公共事业单位提供的服务信贷，如水、电、煤气的交纳；其他方面，如教育、住宅建设以及一些商家的信用卡消费正在逐步兴起。

五、社会文化环境分析

社会文化是指一个社会的民族特征、价值观念、生活方式、风俗习惯、伦理道德、教育水平、语言文字、社会结构等的总和。不同国家、不同地区的人民，有不同的社会与文化，代表着不同的生活模式，对同一产品可能持有不同的态度，直接或间接地影响产品的设计、包装、信息的传递方法、产品被接受的程度、分销和推广措施等。社会文化因素通过影响消费者的思想和行为来影响企业的广告活动。

1．教育水平

教育水平是指消费者受教育的程度。不同的文化修养表现出不同的审美观，购买商品的选择原则和方式也不同。一般来讲，教育水平高的地区，消费者对商品的鉴别力强，容易接受广告宣传和接受新产品，购买的理性程度高。因此，教育水平高低影响着消费者心理、消费结构，影响着广告策略的选取。

在文盲率高的地区，用文字形式做广告，难以收到好效果，如用电视、广播和当场示范表演的形式，才容易为人们所接受。因此，在进行广告策划和广告作品设计时应考虑目标受众的教育水平。

在不同的国家，文化水平不同的人对同一广告语的认识和理解往往也截然不同，广告用语一定要适应受众国目标受众的文化教育水平，在美国、日本、法国、英国等文化教育程度高的国家，广告语一定要讲究艺术水准，否则不会被重视；而在印度、非洲一些国家，用语土一些，直白一些，效果会更好。

2．语言文字

语言文字是人类交流的工具，它是文化的核心组成部分之一。不同国家、不同民族往往都有自己独特的语言文字，即使同一国家，也可能有多种不同的语言文字，即使语言文字相同，也可能表达和交流的方式不同。语言文字的不同对广告活动有巨大的影响。

例如，我国有一种汉语拼音叫 MaxiPuke 的扑克牌，在国内销路很好，但在英语国家却不受欢迎。因为 MaxiPuke 译成英语就是"最大限度地呕吐"。国产"白象"牌电视在国内也较畅销，出口到西方国家却无人问津，因为"白象"一词在英语中的含义是：花了心力，耗费了金钱，但又没有多少价值。

可口可乐公司新推出的 Diet Coke 饮料，在中国台湾取名为"健怡"，意为健康、快乐；在法国取名为 Coke Liet，因为 Diet 在法国有健康状况不佳的意思；在日本则取名为 Coke Light，因为日本妇女不喜欢承认自己正需要减肥。这些都是对地区语言文化差异作出的反应。

我国商品广告用"百合"象征"百年好合"，用"一朵莲花一条鱼"象征"连年有余"，取谐音，图吉祥，可是用在别国，只会让人百思不解；百事可乐著名的英文广告语 Come alive with pepsi(请喝百事可乐，令君生气勃勃)，译成德文变成"与百事一起，从坟墓中复活"。企业在开展广告活动时，应尽量了解市场国的文化背景，掌握其语言文字的差异，这样才能使广告效果得以达成。

3．价值观念

价值观念是人们对社会生活中各种事物的态度、评价和看法。不同的文化背景下，人们的价值观念差别是很大的，而消费者对商品的需求和购买行为深受其价值观念的影响。例如在西方一些发达资本主义国家，大多数人比较追求生活上的享受，超前消费司空见惯。一些人为了生活上的享受，采用分期付款、赊销等形式，甚至大举借债。

而在我国，中老年人推崇勤俭节约的价值观，在他们看来借钱买东西是不会过日子，他们大多倾向于攒钱购买商品，量入为出。而年轻人则更推崇及时行乐的价值观，消费上讲求时尚、追求名牌，甚至出现"负翁一族"。

可见，不同的价值观念在很大程度上决定着人们的生活方式，从而也决定着人们的消费行为。因此，对于不同的价值观念，企业应采取不同的广告策略。对于乐于变化、喜欢猎奇、富有冒险精神、较激进的消费者，应重点强调产品的新颖和奇特；而对一些注重传统、喜欢沿袭传统消费习惯的消费者，应把产品与目标市场的文化传统联系起来。

 【案例3-2】

宝洁公司香皂广告在日本遭遇尴尬

宝洁公司生产的香皂曾经在日本做过电视广告，为了说明使用其香皂的妇女对男人更有吸引力，电视广告的情节是：一个男人闻到香皂的气味便径直闯入其妻子正在洗澡的浴室。

这个广告一经播出，与广告制作人的预期目的完全相反，日本妇女看了怒不可遏，并由此对该公司的香皂产生了极大的反感。因为与美国相反，在日本，男人看自己老婆洗澡是最大的无耻之举，是最不能容忍的侵权行为。

(案例来源：王鹭."宝洁公司的推销趣闻".读者，2000年第10期)

案例解析

广告作品是针对目标消费者的，了解并深入分析消费者的价值观，以及接受信息、理解信息的习惯和心理是广告成功的前提，否则会事倍功半。

4. 宗教信仰

不同的宗教信仰有不同的文化倾向和戒律，从而影响人们认识事物的方式、价值观念和行为准则，影响着人们的消费行为，特别是在一些信奉宗教的国家和地区，宗教信仰对市场营销的影响力更大。企业应充分了解不同地区、不同民族、不同消费者的宗教信仰，提供适合其要求的产品，制定适合其特点的广告策略，否则，会触犯宗教禁忌，失去市场机会。

 【案例3-3】

骆驼牌香烟广告在泰国

骆驼牌香烟曾有一句响遍全球的名言："我宁愿为骆驼行一里路。"广告的本意是要说"骆驼"烟迷为了得到此烟，宁愿走到鞋底见洞。画面是烟民在镜头前高跷二郎腿，皮鞋底的穿洞赫然显露。但这个广告，一到泰国便出了大问题。

美国的广告人想当然地认为，要吸引泰国烟民抽"骆驼"，便要加地方色彩。于是派了摄影队，到曼谷一带为"骆驼人"拍摄穿着漏洞的皮鞋吸烟的照片。泰国大庙巨寺，建筑雄伟，烟民一见，必知乃是佛国风情。于是，天真的美国人便选了最驰名的神庙作为背景。谁知在泰国人的风俗里，认为脚底下乃最污秽之处，绝不可在人前如此脚底朝天。而佛庙，乃是最至尊圣地，在最驰名寺庙之前，高举洞穿之鞋底，大逆不道。于是广告一出，泰国人举国群情汹涌，"骆驼"迅速被迫卷席而归。

案例解析

了解宗教禁忌是广告人进行环境分析特别要注意的问题，否则不仅会导致广告的失败，还会带来更为严重的冲突和麻烦。据说一日本家电企业生产的音响推广到泰国，也是为了引起泰国人的关注选用了泰国人熟悉的元素——寺庙和佛像。广告中，当这款音响放出优美的乐曲时，佛像居然也跟着舞动起来。结果广告播出后遭到泰国人的强烈抗议，指责广告是对佛祖的亵渎，广告不但停播，该企业公开道歉，这还不算完，最后日本政府的有关人员出面协调，事情才得以平息。

5. 审美观

审美观通常是指人们对事物的好坏、美丑、善恶的评价。不同的国家、民族、宗教、阶层和个人，往往因社会文化背景不同，其审美标准也不尽一致。审美观不同，消费上的差异性就会多种多样。例如，在欧美，妇女结婚时喜欢穿白色的婚礼服，因为她们认为白色象征着纯洁、美丽；而在我国，妇女结婚时喜欢穿红色的婚礼服，因为红色象征着吉祥如意，幸福美满。

产品的包装设计、广告色彩使用及构图设计应考虑不同国家和地区消费者的审美观，雀巢咖啡进入中国市场时，其包装主色调是红色和黄色，迎合了中国人的审美情趣，为占据中国市场打下了很好的基础。

6. 风俗习惯

风俗习惯是一个民族、国家在较长的历史时期内形成的，一时不易改变的行为倾向和社会风尚。它在饮食、服饰、居住、婚丧、信仰、节日、人际关系等方面，都表现出独特的心理特征、伦理道德、行为方式和生活习惯。不同国家风俗习惯不同，形成了对广告用语创作、广告表现形式选择的不同心理要求。

例如，不同的国家、民族对图案、颜色、数字、动植物等都有不同的喜好和不同的使用习惯，中国、日本、美国等国家对熊猫特别喜爱，但一些阿拉伯人却对熊猫很反感；墨西哥人视黄花为死亡，红花为晦气而喜爱白花，认为可驱邪；德国人忌用核桃，认为核桃是不祥之物；日本人忌荷花、梅花图案，也忌用绿色，认为不祥；南亚有一些国家忌用狗作商标；在法国，仙鹤是蠢汉和淫妇的代称，法国人还特别厌恶墨绿色，这是基于对第二次世界大战的痛苦回忆；黄色在中国被象征为尊贵与神圣，而在西方则被象征下流和淫秽；伊拉克人视绿色代表伊斯兰教，但视蓝色为不吉利；匈牙利人忌13单数；日本人在数字上忌用4和9，因在日语发音中4同死相近，9同苦相近；港台商人忌送茉莉花和梅花，因为"茉莉"与"末利"同音，"梅花"与"霉花"同音。

广告语的创作技巧使用幽默、双关、谐音等，都必须与受众国的风俗传统相吻合，产生正面理解及联想，否则会事倍功半。

第二节　消费者行为分析

企业市场营销的目标是为了满足目标消费者的需要，广告目标是要使企业的产品或服务等信息与目标消费者进行有效的沟通。如何把握广告的契机，运用广告打动目标消费者并促使其采取购买行动，就需要对其行为，包括其欲望、观念、偏好、购买行为等进行分析。

一、消费者购买行为的形成过程

消费者购买行为就是指消费者在一定购买欲望的支配下，为了满足某种需要而购买商品或服务的行为。消费者购买行为的形成是一个复杂的过程，是受一系列相关因素影响的连续行为。从其形成过程来看，购买行为是由于消费者首先受到了某种内部的或外部的刺激而产生某种需要，由需要而产生购买某种商品的动机，最终导致购买行为的发生，如图3-1所示。

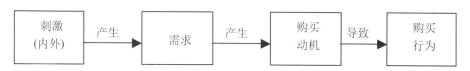

图3-1　购买行为形成过程

从营销的角度来看，企业分析消费者购买行为关键要突出两个要素：刺激和回应。刺激指消费者在进行相关决策中，会受到外部多种因素的直接影响，包括环境因素和企业的营销活动给消费者造成的影响；回应指消费者接受刺激后，作出的关于产品、数量、卖主等的购买决策。

当然，消费从接受刺激到作出反应中间要经历一个过程，这是一个心理过程，它与消费者的个体特征密切相关。企业对这一内在的、看不见的过程难以准确把握，因而将这一带有神秘性的过程称为"消费者黑箱"。消费者的购买行为模式如图3-2所示。

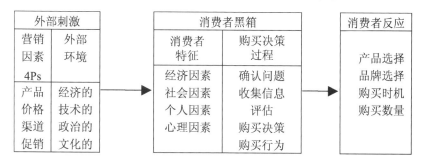

图3-2　消费者购买行为模式

二、影响消费者购买行为的内在因素

(一)经济因素

经济学理论认为，消费者的购买行为是一种理智的行为，即认为消费者总是会在其预算允

许的范围内作出最合理的购买决策。他们总是会在自己的收入范围之内尽量考虑以最合理的方式安排自己的开支，以达到满足自己需要的目的。经济学在阐述和分析这一问题时，遵循"边际效用最大化原则"。

1．边际效用及其规律

所谓边际效用，就是在一定时间内，每增加一单位商品的消费，所带来的总效用的增加量。经济学认为，消费者之所以要购买某种商品，主要是由于该种商品能够给他带来满足其某种欲望的效用。他得到的这种商品越多，他的欲望就越能得到满足。但随着消费者对某种商品购买量的增加，其总效用的增加量即边际效用是递减的。随着消费量的越来越大，边际效用越来越小，最终为零，甚至为负值。

对此规律最好的证明，是我们平时吃食物，如吃包子，随着包子数量的增加，每增加一个包子所给你带来的总满足感的增量是递减的，第二个包子的效用不如第一个，第三个包子的效用不如第二个，当你已经吃饱了的时候，再吃会觉得不舒服时，这时效用就成为负值了。因此消费者在进行商品选择时，不会重复购买同一款式、同一功能的产品，他们会追求多样化，原因就在于消费时的边际效用是递减的。

2．消费者进行消费选择的原则

我们知道，消费者在市场上不会把他有限的钱集中花费在一项商品或劳务上。在一个市场上，一个消费者决定把他的钱花在哪里，主要取决于当时哪种商品对他来说边际效用最大。由于消费者的购买力是有限的，他把钱用在购买商品 A 后，就可能影响对商品 B 的购买。因此，只有他把钱用来购买商品 A 所得到的满足更多时，他才会买商品 A 而不买商品 B。

由于每一个人在市场上购买商品时，都会遵循边际效用最大化法则，用钱尽量优先购买对他来说边际效用最大的商品，所以一旦各种需要的商品都购买了以后，会出现一种状态，即花费在各种商品上的每一块钱所得到的边际效用是相等的。用公式表示为

$$\frac{边际效用_A}{价格_A}=\frac{边际效用_B}{价格_B}=\cdots=\lambda$$

λ 即单位货币的边际效用，即每一元钱的支出所带来的效用增量。

3．启示

边际效用递减规律在任何一个市场上都存在。由于这一规律的作用，当某商品价格下降时，一般会产生新的需求；同时，产品的改进也会刺激新的需求。生产企业一般可以根据消费者购买一种商品的频率来预测市场的需求；同时采取有效措施，使消费者购买本企业的产品所得到的边际效用值尽可能增大，以促使消费者更多地购买本企业产品。

(二)社会因素

社会学认为，人们的需求和欲望受其所处的社会地位、社会文化环境和相关群体的影响。主要表现在以下几个方面。

1．社会角色与购买行为

所谓社会角色是指某个人在一定的社会上所处在的某种权利和义务的地位。社会也为每一

个人规定了其所扮演的角色的职责，并以一定的社会规范来衡量和评价每一个角色履行其职责的情况。所以每一个人都会自觉地按其角色规范行事，并通过其消费行为表现他的角色。例如，一个教师和一个舞蹈演员的购买行为是不会相同的。

随着人们收入水平的提高和生活内容的日益多样化，每一个人可能在不同的时间里扮演不同的角色，甚至会扮演多重角色，在消费行为上也会表现出某种多样性特征。

2．文化与购买行为

每一个社会都会形成一种独特的生活和学习方式，并将这种方式传给他的后代。生活在一定文化环境中的人，认识事物的方式和习惯、行为准则都会受其文化传统的影响，进而表现出差异性。人的购买行为明显地受其文化传统的影响和支配。

例如，中国人如果全家一起去购物，父母为小孩子买东西天经地义，已成年子女为父母代付钱也理所当然。常常碰到这种情形，已成年子女抢着为年迈的父母付钱，双方抢来抢去，争个半天。西方人却不同，父母、子女各自理财，互不搭界，甚至有些小孩买东西，也得自掏腰包，用他们帮助父母做家事挣得的零用钱来支付。

3．社会阶层与购买行为

所谓社会阶层，是指一个社会中具有相对的同质性和持久性的群体，从而使社会各成员显现出等级差异。每一阶层成员都有类似的价值观、兴趣和行为。在消费领域，各社会阶层对产品和品牌有着不同的喜好，对信息传播和接触的方式也有明显的差异。

社会的等级差异对购买行为的影响很大。例如，在美国的零售商业就分为百货公司、专业礼品商店、超级市场、折扣商店、杂货商店、仓库商店、杂货店和地摊等。各种不同的商店专门面向不同等级或阶层的顾客。同样的或基本相同的商品，在不同等级的商店里，价格可能差异很大。

在我国，社会上虽然没有明显的等级之分，但由于工作、职业、收入水平等方面条件的不同，阶层差异日益显现出来，不同阶层的人的购买行为和消费方式也表现出很大的差异。一般来说，较高阶层者是社会购买力的主力军，是奢侈品、时尚消费的引导者和主要消费群体。

4．相关群体与购买行为

相关群体主要是指社会关系群体，包括家庭、学校、朋友、邻居、同事、社会团体等。

人们在生活中，无时无刻不受相关群体的影响。由于相关群体不同，影响程度可能不同。相关群体对人们的消费和购买行为的影响一般表现为以下几种。

(1) 提供一种相似的生活行为和生活方式。

(2) 引起群体成员仿效的欲望。

(3) 促进群体中人们的行为趋向于某种"一致化"。

相关群体又可分为向往群体和厌恶群体。向往群体是指个人期望归属的群体。例如，歌星、影星、体育明星、权威人士等，向往群体对于消费者的行为会产生很大的影响。某些明星的消费行为，常常成为消费者模仿的对象。广告宣传时需要注意这一特点，选择知名度高的明星扮演角色，会产生名人效应。厌恶群体是指个人讨厌或反对、拒绝认同的群体。一般来说，一个人总是不愿意与厌恶群体发生任何联系，在各方面都希望与之保持一定的距离，甚至反其道而行之。广告选择名人进行宣传时，应注意明星的群众好感度，避免目标受众产生反感和排斥心理。

(三)个人因素

消费者购买行为往往与不同个体的具体条件有着密切的关系。消费者的个人年龄、职业、收入、生活方式及性格等在很大程度上影响着他的购买决策与购买行为方式。

1．年龄与生命周期

人的饮食、衣着、娱乐等消费的内容与形式无不随着年龄的增大而变化。通常人的成长发育过程可以分为不同的阶段，如初生儿期、乳婴期、幼儿期、儿童期、青年期、成年期、老年期等，其中一些阶段还可以再细分。

在人生的不同阶段，消费者对产品和劳务的需求显然是不同的。例如，儿童期一般喜爱玩具，而老花镜、假牙等则多为老年人使用；享受美容服务的多为中、青年。当然同一年龄段的人群消费特征由于其他因素的影响也会有差异性，这就需要在具体的广告活动中进行分析。

2．职业与收入状况

不同职业和收入水平的消费者往往具有较大的消费差异，例如国家公务员与私营企业主的消费内容与习惯相去甚远。这种差异性的存在要求在广告诉求时给予关注。

3．生活方式

所谓生活方式是指人们在世界上的生活形态，集中表现在他们的活动、兴趣和思想见解上。人的生活方式所展示的是与环境相互作用后形成的更加完整的人，它全面反映着一个人的所思和所为。因此它表达的个体特征更加完整、深入。为了便于认识和把握千姿百态的生活方式，研究人员通过心理测试的方法对人的生活方式进行了分类，其中较有代表性的是"AIO架构"和"VALS架构"，如表3-1和表3-2所示。

表3-1　AIO架构(活动、兴趣和意见架构)

女性生活方式	男性生活方式
1．满意的家庭主妇	1．白手起家的企业家
2．漂亮的郊区居民	2．有新建树的教授
3．风雅的社会名流	3．奉献于家庭的男人
4．主张男女平等的母亲	4．不景气的工厂中的工人
5．旧时尚的因循者	5．退休的以家庭为中心的人

表3-2　VALS架构(价值观、生活方式架构)

群　体	内　容
实现者	拥有丰富资源的成功消费者，关注社会问题，对改变持开放态度
自我实现者	满足、爱思考且生活安逸，他们倾向于实践，重视功能性
成就者	职业导向型，偏爱预计风险或自我发现

续表

群 体	内 容
体验者	年轻而冲动,喜爱反传统或冒险的经历
信仰者	有很强的原则,并且喜爱可靠的品牌
奋斗者	与成就者有相似处,但拥有少量资源,非常在意他人的认同
制造者	行动导向,通常把自己的精力集中在自给自足上
挣扎者	处于经济阶梯的底层,最关注满足眼前的需要,缺乏能力去获取任何超出满足生存的基本物质需要的东西

【案例3-4】

80后的生活方式

1. 家里可以没有电视机,但一定要有电脑。

2. 喜欢小动物胜过小孩,可以不辞辛劳地给小猫一周洗一次澡,但没耐心看护一个哇哇大哭的婴儿超过半个小时。

3. 永远不知道自己的钱花到哪儿去了。其实没买什么,其实没吃什么,但钱就是不见了。

4. 事不关己,高高挂起;对明星的态度:只有喜欢和讨厌,没有崇拜;更不会为他浪费时间和金钱。

5. 熟人面前是话痨,生人面前一言不发,不是不爱说话,而是跟你没什么话可讲。

6. 一个人的时候,宁愿煮面甚至不吃也不会轻易做饭。

7. 减肥是永远不变的话题。

8. 出门必带三样宝:手机、钥匙、钱。

9. 坚决信奉"有问题,问百度"。

10. 买衣服只去专卖店。每个人必须有自己所钟爱的服装小店。

11. 买东西从来不问单价,只有一句:一共多少钱?

12. 最喜欢逛的地方是超市。因为不喜欢讨价还价,超市是明码标价,童叟无欺。

13. 热衷于研究新产品。家里添置了新的电器一定会在第一天就把所有的功能都试用一遍。

14. 拥有超丰富的想象力:一只流浪狗,一个漂亮的小孩,都会让我浮想连连,为他构思出许多种未来。

15. 开始害怕过生日。总希望能一直活在20岁,过一年就又大一岁,也意味着要承担的责任也越来越多。

16. 害怕被人叫作阿姨。

17. MP3里的歌至少一星期换一次,这个月还超喜欢的新歌下个月再听就老掉牙了。

18. 很少打电话,经常发短信。

19. 如果戴眼镜,一定是扁平黑框的。黑胶框眼镜不仅可以是近视,可以是平光,甚至没有镜片只戴框。

20. 尽量使用自助办理业务。不想排队,不想被人叫号,不想浪费时间,不想隔着玻璃扯嗓子说话,不想看人嘴脸。

(案例来源:莱利. 70后、80后、90后的区别. 读者, 2008年第21期)

【案例3-5】

消费者分析与产品开发

可口可乐曾推出 Diet Coke 饮料，在中国台湾取名为"健怡"，意为健康、快乐；在法国取名为 Coke Liet，因为 Diet 在法国有健康状况不佳的意思；在日本则取名为 Coke Light，因为日本妇女不喜欢承认自己正需要减肥。这些做法都是对地区文化差异作出的反应。

中国地区性差异很大，海尔关注到这种差异，并依据这种差异细分市场。他们发现上海与北京的顾客住房面积普遍较小，他们的区别在于审美标准，上海人偏爱纤细、玲珑的外形，当时市场上缺少这种特殊型号的冰箱。海尔人发现了这种差异所蕴含的商业利益，立即针对上海顾客研制出瘦长型的"小王子"，产品一推出，立即轰动上海。

案例解析

不同地区的消费者往往有着不同的购买习惯和消费偏好。广告策划人员应针对不同地区的情况相应地调整产品结构和广告主题。在当前竞争激烈的市场上，谁能率先关注和识别消费者需求的差异化特征，谁就会发现许多商机，谁就是市场上最大的赢家。

4. 个性特征

消费者的购买行为带有明显的个性特征。个性特征是一个人经常表现出来的、比较稳定的心理特征的总和，它具体表现在一个人的气质、能力和性格等方面。

1) 气质

气质是人的典型的、稳定的心理特征，表现为人的心理活动的动力方面的特征。

公元前 5 世纪，希腊著名医生希波克拉底根据人体内所含有的血液、黏液、胆汁液和黑胆汁四种液体的比例不同，将人的气质分为多血质、黏液质、胆汁质和抑郁质四类。不同气质的人在购买行为上会表现出相应的差异性，如表 3-3 所示。

表 3-3　气质类型与购买行为

气质类型	购买行为特征
胆汁质	此类消费者在进行购买活动时易于冲动，忍耐性差，稍不合意便会发脾气，举止傲慢，对销售人员的要求高，容易发生矛盾
多血质	此类消费者活泼热情，属于见面熟，在购物过程中健谈，购买决策快，但改主意也快，并且易受环境和他人的影响
黏液质	这种消费者比较内向，反应慢，他们购买态度认真，一般要经过周密调查和慎重考虑，他们喜欢独立决策，不易受暗示及他人影响
抑郁质	这类消费者反应速度慢，刻板，多疑，慎重小心，对商品反复挑选，并且喜怒不形于色，难以捉摸

事实上，由于受周围复杂因素的影响，一个人的气质往往同时具有多种特性，形成某种混合气质。这是企业开展广告活动时应注意的。

2) 能力

能力是一个人在活动中表现出来的，借以顺利完成该活动(如购买活动等)并直接影响其活动效率的个性心理特征。消费者的能力往往表现在他所掌握的商品知识、鉴别商品质量以及完成购买决策过程的技能和熟练程度上。由于不同消费者的具体条件不同，他们的能力往往存在较大差异，这又会影响到他们的购买行为。

例如，具备一定制冷知识的消费者在购买冰箱时，可以通过观察和了解冷凝器、蒸发机及压缩机等关键部件的性能与运转状况来判断冰箱的好坏，并据此作出购买决策；而不具备制冷知识的一般消费者则会通过冰箱的外观、型号，或者别人的推荐，广告宣传，售货员、营销员的介绍来作出购买决策。

3) 性格

性格是一个人较稳定的对现实的态度和与之相适应的习惯化的行为方式，一般包括态度、意志、情绪和理智四个方面的特征。由于这些性格特征相互作用及相伴而生的习惯行为方式的不同，因此消费者表现出明显的个性差异。根据不同的划分标准，可以将消费者的性格归结为几种典型的类型。性格不同在购买行为上也会表现出不同的特点，如表3-4所示。

表 3-4　性格特征与购买行为

划分标准	类　型	购买行为特点
按意志、情绪、理智三种心理机能的优劣划分	理智型	言行受理智支配，在购买活动中善于权衡利弊得失
	情绪型	言行举止受情绪左右，容易受各种诱因的影响而进行冲动性购买
	意志型	购买目标明确，果断决策
按心理活动的倾向划分	内向型	沉静、内向，作出购买决策前要经过深思熟虑，左右权衡
	外向型	开朗，善于交际，在购买活动中易受周围环境、售货员及其他消费者态度的影响和感染
按个体活动的独立性划分	独立型	有主见，能独立自主地作出判断和决策，不易受外界因素的影响，往往是家庭购买决策的关键人物
	顺从型	缺乏独立性和主见，易受环境及他人的暗示，购买时犹豫不决
按社会生活方式划分	理论型	有自己认可的生活模式，并根据相应的消费模式从事购买行为
	经济型	讲求实惠，购买时追求物美价廉
	审美型	讲求生活的格调，在选择商品时对种类、质量、外观等有特殊要求

当然由于受多种因素的影响，消费者的性格类型往往不是单一型的，而是中间型或混合型的。

(四)心理因素

心理学认为，消费者的购买动机与人们的其他行为动机一样，都产生于人的某种未被满足的需要。大致来说，支配人们消费行为的心理因素主要有以下几点。

1. 求实心理

求实心理是指讲求商品的实用性，强调商品本身的使用价值。在这种心理的支配下，消费者要求商品具有可靠的质量和实际效用，如经济实惠、牢固耐用等。由此给企业的启示是：应树立牢固的质量意识，不断完善产品本身的功能。

2. 求新心理

求新心理是指追求新商品、新花色和新款式，这是消费者共有的心理倾向。新产品虽然有时价格高，而实用性并不比老产品多，但也有人愿意购买。因此不断创新是企业争取更多顾客的重要手段之一。

3．求名心理

追求名牌、信任名牌，对著名厂家或著名品牌有忠实感，这是消费者的一种普遍心理。消费者通过购买名牌商品以显示自己的品位和优越性。

4．求美心理

随着收入水平的提高，消费者希望产品不仅质量好，而且外观、包装、装饰、色彩等要具有美的特点。当然美具有主观性和潮流性，一旦潮流过去，美就成为不美了。所以，企业在不断改变和改进产品的式样和外观的同时，还要分析美的潮流性和心理倾向，以适应消费者对美的需要的变化。

5．求廉心理

绝大多数消费者在购买大多数商品时要关注价格情况，对于同类或近似的商品，价格是否便宜、合理往往是决定其市场份额的最重要因素。部分消费者看重商品的价格因素，甚至存在着一个较大偏爱购买廉价商品的特殊消费群体。

6．求速心理

在现代社会里，讲求效率越来越成为人们行为准则中的重要组成部分。由于工作繁忙，大部分消费者在购买商品时希望能节省时间。因此出售地点好，如距离近，或上下班顺路，或交通便捷，或网点集中；时间好，如营业时间适合作息安排；方式好，如销售简便、服务周到等，这样的产品能够赢得更多的顾客。

7．求全心理

求全心理是指希望能够在购买商品的过程中得到更多方面的满足。随着生活水平的不断提高，人们开始追求整体生活质量的改善。相应的，在购买商品时，顾客不仅关注商品本身的质量等，还强调完善的售前、售时和售后服务，甚至对购物环境是否整洁美观、设施是否完备方便等都很在意。

8．求奇心理

此心理在高收入的消费者和青少年群体中比较普遍，在这种心理的支配下，会使人们对新奇的、与众不同的产品产生强烈的"试一试"的愿望。

9．习惯心理

在人们的购买行为中，习惯的力量是不可抵挡的。"用惯了"是人们对于自己喜欢用的商品的一种常用评语。正因为如此，名牌商品和传统老产品在市场上常受到消费者的特别喜爱。

10．同步心理

消费者在购买和使用商品时，总希望和周围的相关群体保持同步。因此我们常看到，某一种商品很容易在一定相关群体内得到普及，如某种款式的服装在某个地区或某个城市迅速流行，某种商品在某个机关迅速普及。

以上是一些比较具有代表性的心理动机，其实消费者在购买行为中的心理状况是千姿百态的，不同的消费者在不同的时间和不同的情况下，对不同的商品会产生各种不同的心理动机，即使同一顾客在购买过程中，往往也会同时表现出多种心理动机。分析消费者的心理动机，就是要把握消费者潜在购买行为的内在动力，特别是要抓住其主要的心理需求倾向，通过广告活动，有针对地给予满足。

三、消费者的购买决策过程

企业开展广告活动不仅要了解消费者的特征，还要了解和分析消费者的购买决策的内容、过程以及购买决策的类型，这样才能有针对性地确定广告策略。

(一)购买决策内容

消费者在市场上进行购买决策时往往面临各种各样的问题，其中最主要的问题有如下几点。

1. 为何购买

为何购买(Why)即确定购买原因。消费者的购买动机不同，实施购买的原因也不同。同样是购买黄金首饰，有的是为了满足自身美的需要，有的是为了显示气派，有的是为了送礼，还有的是为了保值。

2. 购买什么

购买什么(What)即确定购买对象。决定购买什么是消费者购买决策的核心，它往往是由为何购买而决定的。确定购买对象不仅是决定购买哪类商品，还包括选择商品的名称、品牌、商标、款式、规格及价格等。

3. 谁来购买

谁来购买(Who)主要包括两个内容：谁是主要的消费者及谁参与了购买决策。

4. 何处购买

何处购买(Where)即确定购买地点。消费者在确定购买地点时往往考虑距离远近，交通是否方便，商品是否齐全，价格是否合理，服务是否周到等。有的顾客由于某些原因会对某商店情有独钟，因而成为它的常客。

5. 何时购买

何时购买(When)即确定购买时间。这取决于消费需求的迫切性以及市场行情的变化状况等因素，当然也与商业、服务业的营业时间以及消费者自身的作息时间有关。

6. 购买多少

购买多少(How many)即确定购买数量。消费者在确定购买商品或服务的数量时，取决于其实际需要、支出能力以及市场的供应情况。

7. 如何购买

如何购买(How)即确定购买方式。如网购、邮购、预购或代购等方式，并决定是一次支付，还是分期付款等。

(二)购买决策过程

消费者的购买决策往往带有个体差异和较复杂的购买条件,一般由五个阶段构成。

1. 确认问题

确认问题即产生需要,即在内外刺激的要求下产生某种购买动机。

2. 收集信息

收集信息是指消费者需要产生后不能迅速得到满足,会处于一种"警觉状态",会积极主动地收集有关信息,为使需要得到更好满足作准备。

3. 备选产品评估

备选产品评估是指消费者根据所得到的信息对备选商品进行分析、对比、评价和初步选择。

4. 购买决策

消费者根据已掌握的商品信息作出买与不买、买哪种、买多少、何时买、愿意以什么价钱买的决策。

5. 购后行为

对于购买来的商品,消费者消费后会产生不同的购后感受,如满意、基本满意或不满意等,这些感受会通过各种各样的行为表现出来,形成所谓的购后行为。它是对商品及有关企业的肯定性或否定性的评价,对商品及企业的信誉和前途有很大影响。

(三)购买行为方式

受消费者的性格、修养、价格观念、气质和情绪等个人特质的影响,消费者的购买行为方式有以下几种。

1. 习惯型

有些消费者愿意购买某种或某几种商品,是由于经常使用,对这些品牌非常熟悉、信任、体验较深,进而产生偏爱,再次购买时往往不再进行比较,不会轻易改变品牌,迅速形成重复购买行为。

2. 理智型

有些消费者在购买某商品前,对商品进行较为周密的研究比较,购买时头脑冷静、行为慎重,善于控制自己的感情,不易受广告的影响。

3. 经济型

有些消费者在购买商品时对价格反应特别敏感,善于发现别人不易发现的价格差异,低廉的价格往往让其比较满意。

4. 冲动型

有些消费者容易受商品的外观、包装、商标或某些促销行为的刺激而产生购买行为,对商品的选择以直观感受为主，从个人兴趣或情绪出发，喜欢新奇的产品。

5．想象型

有些消费者善于联想，对商品的外观、造型、颜色甚至命名都比较重视，常以自己的想象力去衡量商品的意义，只要符合自己的理想就乐意购买。

6．疑虑型

这种消费者言行谨慎、多疑，购买时三思而后行，购买后还会怀疑上当受骗。

7．不定型

有些消费者购买时缺乏一定主见，没有固定的偏好。这样的消费者只要售货员态度热情、服务良好，善于介绍，就比较容易产生购买行为。

第三节　产品与品牌

广告传播实质上是对品牌的传播。广告活动的起点和落脚点都是为企业构建品牌、创造名牌服务。分析广告机会一定要对产品和品牌有一定的认识，以更好地实施品牌策略。

一、产品

广告宣传的目的是推销产品，广告采用什么样的策略、什么样的创意和表现方式都围绕着产品的品质和特点而展开，所以在广告策划前先分析产品是必要的。

(一)产品的含义

1．狭义的产品

狭义的产品是指生产者通过生产劳动而生产出来的、用于满足消费者需要的有形实体。这一概念在生产观念盛行时极为流行。

2．广义的产品

广义的产品不仅指基本产品实体这一物质属性，还包括产品的价格、包装、服务、交货期、品牌、商标、企业信誉、广告宣传等一系列有形或无形的特质。

3．产品定义

产品是指能够提供给市场以引起人们注意，让人们获取、使用或消费，从而满足人们某种欲望或需要的一切东西。

(二)产品的层次

产品的概念是一个整体的概念，它由三个层次组成，如图 3-3 所示。

1．核心产品

核心产品是产品整体概念中最基本和最实质的层次，是指产品给顾客提供的基本效用和利益，是顾客需求的中心内容。顾客购买某种产品，并不是为了得到产品实体本身，而是为了满足某种需求，如人们购买电冰箱，并不是为了得到内有压缩机、能制冷的大铁箱，而是为了通过冰箱的制冷功能使食物储藏和保鲜，方便日常生活。

2.形式产品

形式产品是核心产品借以展示的全部外部特征，主要包括产品的质量、款式、特色，商标及包装等要素。具有相同效用的产品，其表现形态可能有较大的差别。顾客购买某种产品除了要求该产品具有某些基本功能，能提供核心利益外，还要考虑产品的品质、造型、款式、颜色及品牌声誉等多种因素。

3.延伸产品

延伸产品是消费者购买有形产品所获得的全部附加服务和利益，如免费送货、安装、售后服务等。这是产品的延伸或附加，能给顾客带来更多的利益和更大的满足。随着科技的进步和发展，不同企业提供的同类产品在实质和形式层面上越来越接近，而延伸产品在企业市场经营中的重要性日益突出，并逐步成为企业竞争胜负的关键因素。

例如，大众汽车公司服务部高级经理奥伯尔曾说："一家成功的公司除了生产优质的产品外，还必须提供良好的售后服务，这一哲学是企业成功的根本。"美国一位市场营销专家也讲道，"未来竞争的关键，不在于工厂能生产什么产品，而在于其产品所提供的附加价值：包装、服务、广告、用户咨询、购买信贷、及时交货和人们以价值来衡量的一切东西。因此企业要赢得竞争优势，就应向顾客提供比竞争对手更多的附加利益。"

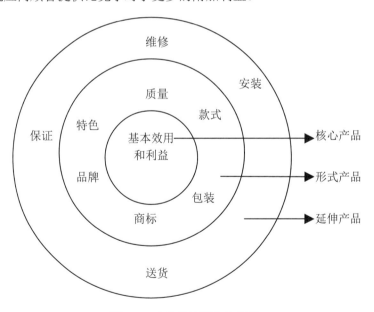

图 3-3　产品整体概念示意图

(三)产品的生命周期

产品有一个生命周期，即从进入市场到最后被淘汰退出市场的全过程，这是产品的市场寿命。产品的生命周期通常有四个阶段。

1. 引入期

新产品开发后开始推向市场，销售量有限。由于研制成本和推销成本高，企业获取的利润很低，以至没有利润甚至亏本。这一阶段多采用开拓性的广告宣传，诉求重点是介绍新产品特点，促使消费者对商品产生初步的需求。

2. 成长期

产品逐渐或迅速被消费者知晓、接受，企业开始大批量生产，成本大幅度下降，销售额迅速上升，企业利润增长。同类型产品进入市场，参与竞争，使产品供应量增加，价格降低，企业利润达到最高点后逐渐减慢增长速度。这一阶段的广告诉求重点是说服，加深消费者对某品牌商品的印象，刺激选择性需求。

3. 成熟期

这一阶段市场进入相对饱和状态，潜在顾客已经很少，市场竞争进一步加剧，产品售价更低，促销费用增加，销售额下降，新产品或新的替代品出现。消费者的消费习惯可能有所转移或改变。广告以提醒消费者为目的，刺激重复购买，提高指名购买率。

4. 衰退期

在这一阶段，销售额下降趋势继续增强，利润额逐渐趋向于零，从而退出市场，或转向另一轮循环。

当然市场的实际情况可能与这个周期的阶段不一致，如从引入期直接进入成熟期，也有的经历成熟期后进入第二个快速成长期。因此企业还应根据市场的具体情况分析产品的生命周期变化规律，以便做好广告决策。

二、品牌

(一)品牌的含义

美国市场营销协会为品牌做出如下定义："品牌是一个名字、词语、符号或设计，或是以上四种组合，用以识别一个企业的产品或服务，使之与竞争对手的产品或服务相区别。"任何商品都有其名称，如汽车、电视机、巧克力等，这是商品的品名。品牌则是商品的商业名称，是企业独创的、有显著特点的、用以识别卖主的产品的某一名词、术语、标记、符号、设计或它们的组合，其基本功能是把不同企业之间的同类产品区别开来，使竞争者之间不致发生混淆。

完整的品牌包括品牌名称和品牌标记。品牌名称是指品牌中用语言称谓表达的部分，如"可口可乐"、"奥迪"等；品牌标记是指品牌可以被识别、认识，但不能用语言称谓表达的部分，如别具一格的符号、图案、色彩或字体造型等。

(二)品牌的特性

1. 属性

品牌代表了商品的某些特定属性，例如"奔驰"表现出昂贵、制造优良、工艺精良、耐用、高声誉、高保值性和快捷等属性。企业可以利用品牌的这些属性中的一个或几个做广告宣传，例如，"奔驰"的广告语是"工艺质量，全世界其他许多汽车无可比拟"。这就是为了显示奔驰汽车的优良品质而精心设计的定位纲领。

2．利益

品牌不仅仅限于一组属性。消费者不是购买属性，而是购买利益，属性需要转换成功能的或情感的利益。例如对于"奔驰"汽车，属性"耐用"可以转化为功能利益，如"我可以好几年不买新车了"；属性"昂贵"可以转化为情感利益，如"该车帮助我体现了我的重要性和令人羡慕的成就感"；属性"精良制造"可以转化为功能和情感利益，如"万一出了交通事故，我也是安全的"。

3．价值

品牌凝聚着生产者的一些价值，如声望、效率、用途等。如"你购买了××牌，就买到了健康"，这一广告诉求就抓住了品牌购买者感兴趣的价值。

4．文化

品牌也代表着或象征着一定的文化。如可口可乐不仅是一种享誉全球的碳酸饮料，更是一种美国文化的象征，正如美国一家报纸的一位编辑所说："'可口可乐'代表着美国精神，喝一瓶可口可乐就等于把美国精神灌入体内。"

5．个性

品牌代表着一定的个性。"奔驰"可以使人想起一位有所作为的企业老板(人)、一头有权势的狮子(动物)或一座庄严的宫殿(标的物)。有时候，品牌可以用一位名人或代言人的个性来表示。

6．使用者

品牌还体现了购买或使用这种产品的消费者类型。每种产品所表示的价值、文化和个性，均会反映到使用者身上。例如，我们更愿意看到坐在奔驰车上的是一位 55 岁的经理，而不是一个年龄不到 20 岁的学生。使用者代表着一个产品的价值、文化和个性。

如果一个品牌内涵从以上六个方面都能理解，那么这个品牌就是有深度的，从经营上来说，才是有前途的、有潜力的品牌。从这六个方面把握品牌的特性，有助于理解品牌化的要点，从深层次上确定广告策略。

【案例3-6】

广告与孔府家酒的品牌内涵

孔府家酒广告以海外游子回家团圆为背景，以孔府家酒，让人想家为诉求，将民俗文化运用于广告中，从而博得受众的认同和共鸣。广告一开始伴随着歌曲"千万里，千万里，我一定要回到我的家，我的家，我的家，永生永世不能忘"。一架海外归来的飞机落在停机坪上，海外游子回来，亲人们迎上去，欢聚一堂，共饮孔府家酒，一个大红纸上隶书"家"字特定镜头出现，游子深情地说"孔府家酒，叫人想家"。此广告在家字上大做文章，突出强调产品品牌特征与海外游子归来，投入家的怀抱的故事情节，切入点准确，给人留下的印象深刻。

案例解析

孔府家酒的广告在中央电视台播放后，孔府家酒一夜成名。孔府家酒将中国人恋家、爱家的情怀和理念融入到品牌命名中，唤起人们几千年来对家的古老情结，把中国人特有的血缘文化、人伦亲情充分地表达出来。通过这一广告，孔府家酒的品牌内涵也清晰了。

(三)品牌的意义

品牌是企业经营的基础，没有品牌，企业就失去了存在的根基。品牌是一种无形资产，支撑着企业持续发展。

1. 能够明确产品与生产者的关系

品牌是生产者的标志，通过品牌，能够指认是谁生产制造了这一产品。例如，消费者购买了一件运动衫，这件运动衫有耐克的标志，这就与其他运动衫区别开来。消费者很容易通过这个品牌了解它的生产厂家，如果穿这个品牌的运动衫感觉不错，还会指名重复购买。

2. 能够有效地与消费者进行沟通

品牌本身意味着信息。通过品牌，消费者不仅能够了解生产者，而且能接收到诸如商品的质量、厂家的信誉、给消费者所带来的利益等信息。品牌能使消费者产生联想，例如对汽车的品牌联想，说到"沃尔沃"就想到安全可靠，说到"奔驰"就想到豪华高档，说到"大众"就想到经济实用等。广告一方面是为塑造品牌服务，另一方面也是通过品牌与消费者进行沟通。

3. 能够展示给消费者带来的利益

消费者购买商品所关心的是其能够给自己带来的利益、好处，品牌则能将这种好处展示出来。例如，米其林轮胎是一个强有力的品牌，它向消费者展示出活力和可靠，保证驾驶员能安全行驶。海尔的系列家电，充分考虑家庭使用的各种因素，注重质量，注意安装、维修等一系列售后服务，就展示了便利、实用、踏实等。

品牌不仅能表现一些利益点，而且能创造感性的利益点，如"农夫山泉"可能使人感到温馨、舒适；"可口可乐"则让人品出青春活力的味道。

4. 能够通过差异化创造企业利润

一个品牌可能代表一个组织，意味着一个组织对消费者、对社会的承诺，同时也创造出差异，展现出不同于同类产品的独特之处。这样就有可能构成消费者对产品的忠诚度，在众多产品中选购本产品；就有可能使消费愿意付出较高价格来进行消费。在日常生活中，人们心甘情愿地为享用名牌而付出更大的代价，因此经营知名度、美誉度高的品牌的企业就能获得更多的利润。

(四)品牌构建与广告宣传

由于消费者主要是通过品牌来认识和知晓企业，而品牌又是区别于竞争对手的标志，因此企业经营的实质，就是能够创建品牌，特别是著名的品牌。

1．品牌名称决策

企业构建品牌，首先要给产品确定一定的品牌名称，主要有以下几种情况的品牌名称。

1）个别品牌名称

个别品牌名称即一种产品使用一种品牌，不同产品使用不同品牌，如小天鹅洗衣机、幸福牌摩托车。采用这种策略的主要好处是：没有将企业的声誉系在某一产品名称的成败上，如果某一品牌的产品失败了或出了问题，不会损害整个企业的名誉。

2）统一品牌名称

统一品牌名称即所有产品都使用同一品牌，如熊猫集团的所有产品都用熊猫命名，日本索尼公司的所有产品品牌名称都是"SONY"。使用这种策略的好处在于，引进一种产品的费用较少，因为不需要进行品牌名称的投资。另外，如果公司的声誉良好，产品的销路会很好，如通用电气公司。

3）分类品牌名称

分类品牌名称即对不同类产品，分别使用几个品牌来表示各类别内不同的产品项目。例如美国的施乐公司生产的电器产品、服装类和家庭用品类等三个系列产品，分别用 Kenmore、Kerrybrook、Homart 作为它们各系列的家族品牌名称。

4）公司名称加个别品牌名称

公司名称加个别品牌名称即企业名称和单个产品名称相结合，不同产品使用不同的品牌名称。如新加坡杨协成饮料公司的杨氏豆沙汤、杨氏龙眼茶，西安太阳食品公司的阿香婆香辣牛肉酱、阿香婆香辣海鲜酱等。

要想得到理想的品牌名称涉及的因素是多方面的，不仅与企业产品有关，而且要考虑文化、人文特征，语言的表达方式，要与消费者的情趣爱好和利益走向联系起来，要有独特性，与众不同，还要易于记忆、易于辨认。

2．品牌管理决策

企业建立一个品牌不容易，建立一个名牌更不容易，因此就需要通过管理维护好品牌形象。对品牌的管理主要体现在以下几点。

1）提高产品质量

这是企业维护好品牌形象的最高原则，只有确保质量，才能赢得消费者或用户的信任和认同，才能逐渐建立起良好的品牌形象。

2）注重整合营销传播

要想在消费者心中建立起品牌形象，仅有高质量的产品是不够的，还需要精心策划，整合营销传播，运用多种营销传播工具与消费者进行有效的信息交流，提高产品的知名度和忠诚度。

3）加强广告策划

在创建品牌的过程中，广告传播是非常有效的传播手段。广告策划，说到底就是策划品牌。广告诉求的主要内容，广告表现形式、广告媒体选择等，都是为了推出品牌、树立品牌形象，为扩大品牌的知名度与美誉度服务。企业在创建品牌的过程中，借助广告等传播方式，与消费者进行有效的信息交流，加大品牌影响力，是使品牌成为名牌的必要手段。

本章小结

(1) 广告的宏观环境包括：政治-法律环境、自然地理环境、人口环境、经济环境和社会文化环境。

(2) 消费者购买行为就是消费者在一定的购买欲望(动机)的支配下，为了满足某种需要而购买商品或服务的行为。

(3) 影响消费者购买行为的内在因素包括：经济因素、社会因素、个人因素和心理因素。

(4) 产品是能够提供给市场以引起人们注意，让人们获取、使用或消费，从而满足人们某种欲望或需要的一切东西。

(5) 产品的概念是一个整体的概念，它由三个层次组成：核心产品，是产品给顾客提供的基本效用和利益；形式产品，是核心产品借以展示的全部外部特征；延伸产品，是消费者购买有形产品所获得的全部附加服务和利益。

(6) 品牌是一个名字、词语、符号或设计，或是以上四种组合，用以识别一个企业的产品或服务，使之与竞争对手的产品或服务相区别。

(7) 品牌的意义是：能够明确产品与生产者的关系；能够有效地与消费者进行沟通；能够展示给消费者带来的利益；能够通过差异化创造企业利润。

实训课堂

一、选择题

1. 广告市场调查需了解的宏观环境因素包括社会的( )。
   A. 政治因素
   B. 经济因素
   C. 文化因素
   D. 科学技术因素
   E. 自然资源情况

2. 对目标市场所在地的民族特点、信仰、文化特点、风俗习惯、民间禁忌、生活方式等内容进行分析，属于( )。
   A. 人口分析
   B. 市场环境分析
   C. 人文文化分析
   D. 社会政治经济形势分析
   E. 地理状况分析

3. 社会文化环境对广告运作的影响主要表现在( )。
   A. 对广告主的影响上
   B. 对广告代理公司的影响上
   C. 对广告媒介的影响上
   D. 对消费者的影响上
   E. 对广告创意的影响上

03

4. 有关消费者行为的研究发现,消费者的需求是多样的,但也可以归纳出以下一些规律( )。

    A. 消费者都希望自己与众不同

    B. 消费者都希望自己是完美无缺的

    C. 消费者有顺着社会阶梯往上爬的心理

    D. 消费者都希望自己有至高无上的权力

    E. 消费者都死亡、失败,都有恐惧心理

5. 消费者的情绪,可以从下述几方面表现出来( )。

    A. 销售人员对消费者的细致观察

    B. 消费者个人的神态和表情

    C. 其他人对消费者的评价

    D. 消费者个人的说话语气

    E. 消费者个人的行为表现

二、简答题

1. 广告环境分析的主要内容有哪些?

2. 消费者行为研究在广告活动中的作用与意义有哪些?

三、综合应用题

    万宝路香烟原定位为女士香烟,其广告口号是"像五月的天气一样温和",用意在于争当女性烟民的红颜知己。为了表示对女性烟民的关怀,莫里斯公司把"万宝路"香烟的烟嘴染成红色,以期广大爱靓女士为这种无微不至的关怀所感动,从而打开销路。然而,万宝路从1924年问世一直到20世纪50年代,始终默默无闻。莫利斯公司期待的销售热潮始终没有出现,后来不得不退出市场。这是不是意味着其广告定位的失败呢?

    莫里斯的广告口号"像五月的天气一样温和",显得过于文雅,尤其对女性脂粉气的附和,广告使男性对其望而却步。这样一种广告定位虽然突出了自己的品牌个性,也显示出了对某一类消费者的特殊偏爱,但同时也为其未来的发展设置了障碍,导致它的消费者范围难以扩大。

    20世纪50年代,莫里斯公司开始考虑重塑形象,于是找到李奥·贝纳广告公司。李奥·贝纳广告公司为万宝路香烟作了堪称经典的广告策划。他将万宝路定位为男士香烟,莫里斯公司开始用马车夫、潜水员、农夫等具有男子汉气质的广告男主角,最后这个理想中的男子汉集中到美国牛仔这一形象上:一个目光深沉、皮肤粗糙、浑身散发着粗犷豪气的男子汉,手指总是夹着一支冉冉冒烟的万宝路香烟。

    这一举措使广告大获成功,仅1954—1955年间,万宝路的销售量就提高了三倍。1968年,其市场占有份额上升到全美同行的第二位,现在万宝路已经成为世界香烟市场的第一品牌。

讨论题:

通过此案例分析万宝路香烟广告策划成功的前提是什么?其成功的关键因素是什么?

 实训案例

夏进"全家好枸杞养生奶"广告策划案例

一、我国乳品行业的特点

我国乳业竞争异常激烈，中小乳品企业生存岌岌可危。归纳起来，2005 年我国乳品行业大致有以下几个特点。

第一，市场容量巨大。2005 年蒙牛、伊利的销售收入分别达到 108 亿元和 126 亿元，整个乳品行业的销售收入共达到 886 亿元，当时业内人士预计 2006 年整个乳品行业将达到 1000 亿元的销售。

第二，发展速度快。我国乳品行业一直保持较快增长，乳品行业将迈过暂时的发展平台期，随着全民饮奶意识的增强，未来几年内将再度高速增长。

第三，人均消费量提升空间大。2005 年全球各主要液态奶消费国人均消费 23～102 千克，我国当时仅有 21.7 千克，虽然比几年前提高了数倍，但发展空间仍然很大。

第四，乳业结构不合理。"白奶"市场竞争激烈，白奶是最基本的牛奶形式，几乎每个企业都在生产，新入行的企业也都以"白奶"为主。进入门槛低，竞争激烈。而行业内生产商研发能力较弱，品种开发速度缓慢。西方国家成熟的乳制品多达几百种，国内乳品种类只是国外的 20%左右，发展空间很大。

二、夏进乳业发展的瓶颈

夏进乳业 1994 年成立，是中国乳业的老大哥，但发展却落后于晚成立的伊利和蒙牛。夏进虽然具有一定的品牌基础和渠道网络，但品牌老化严重，在宁夏之外的市场竞争中，品牌处于弱势，夏进缺乏系统的品牌营销规划，缺少尖刀产品。

三、夏进乳业的策略

面对竞争如此激烈的中国乳品行业，夏进要在夹缝中生存，必须有自己的差异化产品，通过产品的差异化打开一条血路，最终实现夏进品牌的重新激活和提升。找到差异化产品前，首先要发现缝隙市场，创造新的乳品种类。

1. 寻找"另类"

寻找"另类"必然要"插位"。要"插位"就要找到市场缝隙，并独占这个缝隙。缝隙在哪里？夏进开始站在整个中国乳品行业发展的高度来考虑。

中国乳业的发展大致经历了三个阶段：白奶阶段，以纯牛奶为代表的时代；酸奶及乳饮料阶段，以发酵奶为主的时代；功能奶阶段，以某种功能为主的牛奶为主流，也就是高附加值奶时代。

白奶市场竞争激烈，利润已经非常薄，一不小心就会赔钱。酸奶、乳饮料等需要工厂靠近市场，竞争也异常激烈。陷入血拼的乳业巨头，不约而同地开发高端功能奶，如蒙牛的"特仑

苏"和伊利的"金典"。由于有高附加值的支撑，高端功能奶可以更多地向原料、工艺上挖掘卖点。功能奶的一大特点就是高附加值、高利润，直击高端人群。

而在功能奶方面，地处枸杞之乡宁夏的夏进乳业具备独特卖点和优势，夏进要实现老品牌激活，必须要做功能奶，即枸杞奶！

2. 产品定位：养生奶

要突出枸杞奶的卖点，首先要解决"枸杞奶"究竟是什么？是一种加了点枸杞汁的牛奶，还是一种加了点牛奶的枸杞汁？要实现"插位"，"枸杞奶"应该是一种脱离原料本身的创新物质。而这种物质可以分为可感知的和不可感知的。可感知的：贺兰山麓的野生枸杞和塞上草原的纯鲜牛奶；不可感知的：先进的生物技术。那么，这种脱离原料本身的创新物质是什么呢？

早在两千多年前，我国就已经有枸杞养生延年的记录。我国最古老的药草研究书《神农本草经》中记载："枸杞为上品，久服坚筋骨，轻身不老。"枸杞素有"红宝"之称，含有丰富的植物蛋白，具有滋补肝肾、益精明目和养血、增强免疫力等功效。枸杞拥有根深蒂固的民间认识基础——养生品。

枸杞是传统养生佳品，牛奶是现代养生佳品。因此，"枸杞奶"应该是"养生奶"。这样定位，就可以跳出"××+牛奶"的低技术含量和简单重复，进入高附加值产品市场，并建立壁垒。

从洞悉行业发展趋势出发，夏进明确了做功能奶的战略方向，并扩大独占"枸杞养生奶"这个市场缝隙，成功"插位"！

3. 副品牌命名：全家好

对于一个新产品来说，如果主品牌不是强势品牌，那么用副品牌来指明目标人群或强调利益点是最好的办法。众所周知，奶制品的购买者一般多为家庭主妇，她们要为全家购买日常的食品饮料。因此，能刺激她们购买的一定是能为全家人(爷爷、奶奶、丈夫、孩子等)带来益处的产品。于是，夏进枸杞养生奶的副品牌名称跃然纸上——"全家好"。"全家好"意味着给家庭中每个成员都带来好处。

4. 提炼差异化产品概念——双蛋白

产品的全名诞生了，用什么支撑"枸杞养生奶"的概念呢？动物体内含有动物蛋白，比如牛奶中的牛奶蛋白就承载着牛奶所有的营养价值，是牛奶中的白金。而植物中含有植物蛋白，枸杞中的枸杞蛋白极易被人体吸收，具有很强的免疫调节功效。而夏进的产品恰好含有两种蛋白——牛奶蛋白和枸杞蛋白。

双蛋白！夏进就用"双蛋白学说"支撑"枸杞养生奶"的概念，并且通过独有的"闪融"技术，将枸杞蛋白与牛奶蛋白完美融合成 DPM(Double Protein Milk)双蛋白养生奶。贺兰山麓的野生枸杞与塞上草原的纯鲜牛奶实现了完美融合。"'全家好'枸杞养生奶"建立了核心技术壁垒。

5. 策略视觉化

接下来，夏进需要选择一个代言人承载全新的产品概念。这个代言人应该是清新的、健康的、有活力的。于是夏进选择了陈好。陈好曾随着《粉红女郎》的热播红遍大江南北，央视也要推出年度重磅电视剧《大敦煌》，陈好饰演梅朵公主。陈好健康靓丽的形象与产品的特性不谋而合，且容易给消费者留下"喝了枸杞奶，就成万人迷"的美妙联想。

夏进在电视广告创意中将陈好分身，让红衣陈好与白衣陈好演绎红枸杞与白牛奶的浪漫邂逅，如图 3-4 所示。

电视广告文案：

> 好枸杞，红似火
>
> 好牛奶，纯如雪
>
> 好枸杞，强身体
>
> 好牛奶，双蛋白
>
> 好枸杞，好牛奶，好全家！

6．以点带面，传播制胜

中央电视台 2006"海峡月中华情"中秋晚会在中秋佳节之夜面向全球进行了直播，以"亲情、团圆、和谐、合作"为主题的晚会情感真挚，气氛温馨。而夏进乳业成为本次晚会的唯一指定乳制品，红色包装的枸杞养生奶增添了不少喜庆祥和的气氛。通过有影响力的事件传播，夏进品牌及产品的知名度大幅提升！

从金秋十月开始，夏进陆续在央视黄金时段投入 6800 万元广告费。同时，户外、平面、终端物料全面出击，如图 3-5 所示。"全家好"TVC《红白陈好篇》也随《大敦煌》贴片播出。通过以点带面的传播策略，夏进以低成本获得了最佳传播效果。品牌知名度与销售业绩实现了两翼齐飞！

案例点评：

对任何一个企业的广告策划都离不开对其所处环境的分析，夏进乳业对枸杞奶广告策划的成功，充分反映出：无论从其市场的定位、产品概念的提升及名称的确定、代言人的选择、文案的写作，都要从市场发展状况入手，在企业现实情况的基础上，从消费者的需求出发来运作。

任何一个广告作品都不是创作人员凭空想象出来的，任何一个广告作品的创作都要有前期的准备工作，这就是对市场环境、对企业自身情况、对消费者行为规律做透彻地分析，唯有如此，才能找到企业产品的广告机会，才能提升出广告卖点。

图 3-4　电视广告《红白陈好篇》

图 3-5　平面广告《红白陈好篇》

讨论题:

1. 夏进枸杞奶为什么定义为"养生奶"?这种定义能否使其获得持久竞争力?
2. 在这个案例中所体现出的对消费者购买行为规律的分析是什么?

第四章

广告策划

学习要点及目标

- 了解广告策划的思维方式
- 掌握广告策划的内容
- 理解市场调研的内容和广告调查的方法
- 了解策划流程，能制作简单的广告策划报告
- 理解广告定位理论的应用策略
- 学会寻找"符号"，确定广告诉求策略
- 学会分配和计算广告预算

核心概念

广告策划　商品生命周期　广告定位策略　事件营销　"五W媒介计划法"

引导案例

白加黑感冒药的广告策划

白加黑感冒药自上市以来，仅仅六个月的销售额就突破了1.6亿元，一举占据了15%的感冒药市场。这一辉煌的成就，让人不得不思考，在高度同质化的市场中，白加黑能取得如此非凡成就靠的是什么？

我们来看看白加黑的电视广告片。

首先，白加黑以崭新的产品概念，在同质化市场中创造出品牌的差异性优势，将白加黑迅速与同类品牌区别开来。

白加黑，是个了不起的创意。它看似简单，只把感冒药分成白片和黑片，并把感冒药中的镇静剂"扑尔敏"放在黑片中，其他什么也没做；实则很不简单，它不仅在品牌的外观上与竞争品牌形成很大的差别，更重要的是它与消费者的生活形态相符合，达到了引起共鸣和联想的强烈传播效果。普通感冒药的缺点是服用后容易瞌睡(药中含有"扑尔敏"所致)，这对大多数白天要上班、上学的消费者来说，无疑是个很大的心理障碍。而"白加黑"感冒片"白天吃白片，不瞌睡；晚上吃黑片，睡得香"的承诺，正受消费者的欢迎。这样一来，"白加黑"就不仅仅是感冒药了，它还给消费者解决感冒疾病与日常生活的矛盾提供了一个良好的方案，同时也不言自明地体现出厂家对消费者细致入微的关切。

其次，白加黑的广告语"治疗感冒，黑白分明"，即把品牌的外观、内质、个性极明快地道出，又具有引发联想的隐喻功能。看似简单，实则精深，它统领着整个广告的创作风格。

白加黑一反其他品牌广告五彩缤纷的大场面、大制作的路数，而用小场景、大特写，在几乎"无"色彩的情况下，简洁明了地表现了产品的USP(独特的销售主题)，体现出清朗、明快的艺术风格。这种"黑白分明"的风格，与品牌个性非常和谐，具相得益彰之功。这个广告片，乍看起来似乎平铺直叙，没有什么技巧。但是，细看起来，则平易中见奇曲，处处都显出匠心。

广告片的开头就不同凡响：电视里在播放色彩艳丽的其他广告，突然间整个屏幕布满了黑白的"雪花点"。观众们以为电视台的信号出了问题，心中不由焦急。很快画面适时地出现字幕："感冒了……怎么办……"观众这才明白过来，心情舒缓下来，并为广告的机智策略报之一笑。这一策略太高明了，首先是有效地吸引人们的注意力；其次是有效地"清理"了广告环境，黑白分明地与其他相邻的广告区别开来。

再次，白加黑的传播攻势足够强大，一次叫响"黑白分明"的口号。据说，产品推出之前，传播预算已达 2000 万元，而它的三年预算则超过亿元。这是一种过人的胆识，也是一种不凡的气度，更是一种现代营销战略。首创的东西，必须用足够大的声音来传播，才能阻断跟进者的仿效。

"白加黑"感冒片以迅雷不及掩耳之势在一片混沌的感冒药市场上崛起，短短半年就攻占了第二品牌的地位(仅次于康泰克)，在中国大陆营销传播史上，堪称奇迹。

"白加黑"的广告策划分析市场环境和消费者心理需求特征，通过细致的市场调查，根据目标消费者的消费习惯、消费心理，明确了独特并且能打动消费者的品牌定位——"治疗感冒，黑白分明"。"白加黑"注重广告活动的整体策划，在产品研发、包装设计、广告口号、电视广告作品、平面广告作品的设计与制作上均体现出持续的统一性，向受众始终传达着一个声音。其在媒体选择上根据各地区市场的不同特点，选择了地方卫视、报纸、车身、路牌等多媒体组合策略。各大药店的终端销售策划和广告攻势相互呼应，协调统一。

广告策划的整体性、连续性是广告策划的关键，精准的广告定位是广告策划的前提，对消费者心理、行为特征的深入分析和把握，又是广告策划效果最大化的保证。

第一节 广告策划的含义及原则

一、策划与广告策划的概念

(一)策划的概念

1. 从历史的角度理解策划

策划一词最早出现在《后汉书·隗器传》"是以功名终申，策画复得"，这里的"策画"就是指今天的"策划"一词。从"策划"的字义与词义来看，《辞海》释"策"的主要含义为马鞭、鞭策、鞭打；"策"通"册"，即竹片记事之书，指计算、筹划。《辞海》释"划"的主要含义为划分、计划、划拨。显然，"策划"一词，主要是指计划、筹划、谋划。

策划并不是现代社会特有的思想，中国古代的策划思想主要围绕着巩固国家进行。翻看史书我们能够找到许多有关"策划"的故事，如齐王与田忌赛马、孝公识贤轶变法、苏秦合纵抗秦、张仪连横破六国等，都是中国古代典型的策划案例。

2. 从现代的角度理解策划

现代人更多地将策划理解为关于整体和未来性的策略规划，是一种对未来采取的行为作决定的准备过程，是一种构思或理性思维程序。

概括来说，策划是指人们为了达成某种特定的目标，借助一定的科学方法和艺术，为决策、计划而构思、设计、制作策划方案的过程。

(二)广告策划的概念

广告策划这一战略思想最早是由英国伦敦波利特广告公司的创始人斯坦利·波利特在20世纪60年代提出的。随着现代广告业的发展，人们对广告策划也越来越重视。

广告策划一般有两种：一种是单独性的，即对一个或几个广告的运作全过程进行策划；另一种是系统性的，具有较大的规模，即为同一目标而做的一连串各种不同的广告运作的策划，也就是整体广告策划。

整体广告策划是根据广告主的营销计划和广告目标，在市场调查的基础上，制定出一个与市场情况、产品状态、消费群体相适应的经济、有效的广告计划方案，并加以评估、实施和检验，从而为广告主的整体经营提供良好服务的活动。

整体广告策划是以科学、客观的市场调查为基础，以富于创造性和效益性的定位策略、诉求策略、表现策略、媒介策略为核心内容，以具有可操作性的广告策划文本为直接结果，以广告活动的效果调查为终结，追求广告活动进程的合理化和广告效果的最大化。

整体广告策划是广告公司内部业务运作的一个重要环节，是广告策划发展的必然趋势。

二、广告策划的作用

1. 保证广告活动的计划性

现代意义上的广告活动必须具有高度的计划性，必须预先设计好广告资金的数额及分配、广告推出的时机、广告媒体的选择与搭配、广告内容的创意与制作和广告推出方式的选择等。而这一切，都必须通过策划来保证和实施。科学的广告策划，对于广告活动计划性的保证作用主要体现在以下三个方面。

(1) 可以选择和确定广告目标和追求对象，使整个广告活动目的明确，对象具体，防止盲目。

(2) 可以有比较地选择广告媒体和最佳推广方式。

(3) 可以有计划地安排广告活动的进程和次序，合理分配、使用广告经费，争取最大效益。

总之，通过广告策划，可以保证广告活动自始至终都有条不紊地进行。

2. 保证广告活动的连续性

广告最根本的目的是在促进产品销售的同时提升企业形象。而要完全实现这一目的，仅仅通过一两次广告活动是不可能的，必须经过长期不懈的努力和持之以恒的追求，逐步积累广告效果，才能实现广告的最终目的。

企业处在不同时期，发展目标不同，广告的目的也不同。精心的广告策划可以配合企业在不同时期的品牌营造，可以确保企业在长期的发展中整个广告活动的不间断，还可以设计形式更加新颖、在广告内容与主题上同之前所策划的广告活动相比有一定相关性的广告活动，能使前后的广告策划活动相互连续、相互补充，达到广告效果的有效积累，最终实现广告目标。

3. 保证广告活动的创造性

广告策划活动是策划人员集体创造的智慧成果。通过策划，可以把各层次、各领域的创意高手聚集在一起集思广益，互相取长补短，激发他们的想象和创新能力，从而保证广告活动各环节都有创意。

4. 确保广告活动的最佳效果

通过广告策划，可以使广告活动自发地沿着一条最简捷、最顺利、最迅速的路径进行，可以自发地使广告内容的特性表现得最强烈、最突出，也可以自发地使广告功能发挥得最充分、最彻底，从而降低成本，节约广告费用，形成广告规模效应和累积效应，确保在最短的时间内，以最经济的投入，追求到最高额的经济效益和社会效益。

总之，追求技术参数上的最优化程度，保证最佳效益，是广告策划的重要目的。

三、广告策划的原则

广告策划是指导广告人如何开展广告活动的，其运作有着自己的客观规律性。进行广告策划，必须遵循以下几大基本原则。

04

1. 系统性原则

广告策划是作为一个整体出现的，它可以是对于一个产品一段时期的广告宣传计划，也可以是一种产品的长期宣传计划，但都是一个有机的系统。即广告活动的各个环节、各个要素在总体广告目标的约束下相互协调、相互依存，各种广告策略系统组合、科学安排、合理运用，成为一个严密的系统。这样才能防止广告策略之间、广告媒介之间的矛盾冲突，才能克服广告运动中的盲目性和随意性，取得较好的经济效果。

 【案例4-1】

可口可乐广告主题的提炼

可口可乐自诞生之日起在不同时期推出过不同的广告主题，以下节选部分实例。

1886年，刚上市，提神美味的新饮料；

1889年，味美爽口，醒脑提神；

1890年，可口可乐——令你精神爽朗，回味无穷；

1907年，可口可乐，南方的圣水；

1923年，令人精神爽朗的时刻；

遍及每一个角落；

使炎热的天气变得凉爽；

四季都会口渴；

1925 年，一天喝 6 000 000 瓶；

1929 年，要想提神请留步；

1936 年，喝新鲜饮料，干新鲜事儿；

1944 年，可口可乐，全球性的符号；

1953 年，恢复您的精神；

好味道的标志；

真正的清凉饮品；

60 年代，享受可口可乐；

只有可口可乐，才是真正的可乐；

喝一口可口可乐，你就会展露笑容；

80 年代，微笑的可口可乐；

90 年代，如此感觉无与伦比；

挡不住的感觉。

案例解析

由可口可乐的这些广告主题我们可以发现，虽然各时期广告主题都有变化，但总是延续了有关提神醒脑、凉爽、清凉、让人快乐这些本质内容，有一定的连贯性，而且口号的变化是逐步进行的，有着从具体物质利益到抽象精神利益发展的一个过程，使消费者易于接受，体现了系统性原则。

2. 调适性原则

广告策划方案必须有足够的应变能力，确保广告活动能根据形势的变化作出反应。当然任何人都难以预测未来会发生什么事情，但要求广告策划能随着一蹴而就的进展而随时做出相应的调整，而不至于遇到问题时束手无策，无法应对。

广告策划一定要在系统性原则的指导下，面对一些特殊情况能及时调适。这些特殊情况主要有以下几种。

1) 广告对象发生变化

当广告信息的接受者——广告对象发生变化时，广告策划就要做相应的调整。

肯德基在 2002 年时推出了"全家桶"，"全家桶"的推出意味着肯德基的目标市场发生了变化，从单一的儿童和青年群体扩充到不再有年龄限制的群体。肯德基在广告策划活动中根据产品和广告对象的变化，及时调整广告目标，把广告目标受众转向家庭群体。

2) 创意发生偏差

创意是广告策划的灵魂，当创意发生偏差，或者创意缺乏冲击力，或者创意不能完美实现广告目标时，广告策划就要进行适当的修正。

3) 广告策略发生变化

原先确定的广告发布时机、广告发布地域、广告发布方式、广告发布媒体等不恰当，或者出现新情况时，广告策划也要加以调整。

燕京食品饮料公司一直以来采取的是跟进竞争对手"康师傅"推广绿茶的广告策略，对燕京公司的绿茶以及茉莉花茶等饮料进行广告策划。但是燕京公司的茉莉花茶等饮料的广告创意性和冲击力不够，未能引起目标消费者的关注和偏好。针对这一情况，燕京公司通过进行市场调查及时地调整了广告策略，利用北京丰富的饮食文化背景，开拓传统饮料，2007年确定了"九龙斋"酸梅汤的品牌定位，占据了饮料市场。

由此可见，广告策划不仅要根据复杂多变的市场环境、公众的需求而变化，还要根据自身的优势和竞争对手的优势与劣势适时调整，抓住能够区别于竞争对手的定位，调整广告策划战略。

3. 针对性原则

广告策划是针对特定的广告活动而言的，不是针对所有的活动。它要按照广告主的特定要求，为解决广告主的问题而做，要充分考虑广告活动的有效性。任何广告运动都应当针对特定的广告目标，强调广告效益。广告效益既包括企业产品销售的经济效果，也包括远期的潜在效果。要获得实际效果，达到特定的广告目标，就必须具备针对性。这是由广告策划的根本目的决定的。

一些企业总想在一次广告策划活动中把自己的产品或是服务表现得面面俱到，还有的企业想通过广告策划赢得所有层次的消费者，这是不可能的，特定的产品只能为特定的人群而做，广告策划方案应正确体现广告所要针对的对象。当然也需要广告策划人员与企业进行深层次沟通，避免出现盲目的广告策划活动。

4. 操作性原则

广告策划不只是做出策略性决策，它同时也是一系列实施计划。操作性原则要求它必须符合市场环境和现实条件的许可，符合广告主的实际负担和产品销售的可能，便于广告实施人员具体执行，这样才能保证广告运动的有效展开。操作性原则强调在广告策划中必须重视以下三点。

(1) 必须重视达到策划目标的现实性与可能性。商业广告是企业的一种投资，广告策划不能脱离企业的实际，否则，再好的广告对企业来说都是纸上谈兵。

(2) 策划出来的每个环节、每个步骤、每个方案都是具体可行的、能够实际操作的。

例如，某广告公司曾给"熊猫"热水器代理广告，其策划和创意人员曾有这样一个创意：从动物园请来一只熊猫，让其用"熊猫"热水器沐浴洗澡。创意很新颖，也有其策划主旨和策略，但是因为国宝熊猫有很多保护措施，此广告创意不具备可操作性，只能搁浅。

(3) 策划人员应充分估计策划方案在实施过程中可能遇到的阻力，并准备好相应的解决方案。这些阻力可能是来自消费者的，也可能来自竞争对手，还可能来自媒体或行政管理部门等。例如，有的广告信息冒犯了消费者的尊严，或者广告中出现非常夸张的虚假承诺，遭到消费者的抵制，此时广告策划人员应有应对策略，不应任由事态发展。

5. 经济性原则

广告策划坚持经济性原则的目的是要给广告主带来效益。广告费用是企业的生产成本支出之一，广告策划要使企业产出大于投入。所以广告策划既要以消费者为统筹活动的中心，又要兼顾广告主的经济利益和社会效益。

 【案例4-2】

"十年免费保修"卖房

我国房地产市场竞争激烈。在这个市场中出现了较有名气的房产楼盘，其中很多策划活动都很有新意。但归纳起来，房地产策划往往侧重于"软销"和炒作"概念"，即以情感、氛围、文化等"软件因素"为广告的主要卖点。

但也有独到而实在的策划。2002年广州元邦·航空家园以地段、质量、价格、配套等硬件因素为主要卖点的广告帮助企业迅速打开了市场。其广告宣传"十年免费保修"，独特而实际，确保房地产消费者拥有一个可靠的、没有后顾之忧的居住环境，给业主吃了一个定心丸。

这个承诺一出，立刻在广州引起了巨大波澜，经过媒体的炒作，这一口号很快成为广州人买房的新标准，房子很快卖出。

案例解析

这个房地产策划案的成功关键在于其从消费者的实际需求出发，以经济实惠的承诺为主要诉求，突破其他楼盘的什么"生态园林"、"教育配套"、"文化艺术"、"运动健康"等概念宣传，坚持了经济性原则，既给消费者带来了经济利益，也给广告主带来了经济效益。

上述广告策划的原则，既有相对独立性，又是相互渗透、相互补充、相互作用的，并综合体现于广告策划的全过程。

第二节　广告策划的思维方式

一、创新性策划思维

广告策划是一种极具创新性的活动。因为广告策划之所以存在，很大程度上是为了与众不同、未雨绸缪、出其不意。要使自己的宣传推广活动深入人心，必然要求广告策划独具一格、独特新颖。因此创新性思维对于广告策划比起其他思维更为重要。

创新性思维并不是要求推翻一切经验式的东西，而是指不要用老套路去考虑问题，要摆脱思维定势，换个角度思考问题。有许多成功的策划案例都是从其他角度考虑问题实现的突破。

【案例4-3】

百事可乐广告的创新

1886年，美国南方药剂师潘伯顿调配出可口可乐。四年后，一位叫卜拉汉的北方药剂师则调配出了百事可乐。此后，可口可乐与百事可乐狭路相逢，演出了一系列商业史上蔚为大观的争夺战。在20世纪60年代，可口可乐还不把百事可乐看成什么了不起的对手，只是到百事可乐天风浩荡般亮出了"新生代的选择"这一旗帜时，可口可乐才慌了手脚。

所谓"新生代"是指第二次世界大战后生长的一代，这一代人，有三个明显特征。

新生代，是在家庭教育、学校教育以及社会规范约束日渐松散的环境下成长的一代。他们身处美国历史上价值最为混乱的时代，种族问题、冷战、越战、学潮，使他们迷茫，没头苍蝇似地东碰西撞。这种环境，造成了新生代崇尚个性、弘扬自我的叛逆性格。他们既反抗一切束缚，又渴望引人注目。

新生代，又是在影视文化熏陶下成长的一代，也是手头宽裕的一代。新生代与其父辈之间的"代沟"，不仅仅意味着因价值观的摩擦而形成的心理隔阂，而且还孕育着十分诱人的商业机会。

百事可乐摒弃可口可乐不分男女老少"全面覆盖"的广告战略，极具洞察力地抓住"代沟"，从年轻人入手，建立"新生代选择"这一概念，对可口可乐实施了"侧翼"攻击，堪称"伟大的创意"。

"新生代的选择"这一概念，发轫于1961年，成熟于1964年。可惜的是，百事可乐的决策者于1965年换马，致使这一伟大的创意搁浅。直至1970年约翰·司库里任营销主任时，才重新举起"新生代的选择"这面旗帜。在传播"新生代的选择"这一概念时，百事可乐使了两记"杀手锏"。

其一，抓住新生代崇拜影视偶像的心理特征，以巨资聘请流行音乐巨星作广告代言人。

其二，以充满火药味的比较广告，紧紧咬住对手不放。比较的主题，一言以蔽之，无非是可口可乐是"老迈、落伍、过时"，而百事可乐则是"年轻、活泼、时代的象征"。

下面是BBDO广告公司围绕着"百事可乐，新一代的选择"广告主题，所创作的几则极富想象力的电视广告。

"鲨鱼"：一支鱼鳍划过挤满遮阳伞的海滩，并伴以电影"大白鲨"的音乐，只有在结尾处人们才看到，百事可乐的顾客不是一条鲨鱼，而是一个抱着冲浪板的弄潮儿。

"地下室来客"：人们看到一位母亲正在叱责她的女儿，因为她喝了那么多百事可乐。镜头一换，女儿来到自己的衣橱边上，告诉躲在里面的外星人朋友，别喝得太多。

"广告车"：一个有创业精神的孩子坐在一辆面包车里，播放着百事可乐在瓶子里发出的"嘶嘶"作响的声音广播，车外面围着成千上万热汗淋淋的海滩游客。

"反射"：伴随着低声吟唱，一个摩托车的油箱闪闪发光，接着是后视镜，后视镜里显现出一罐百事可乐，驾车的竟然是百事可乐！

"太空船"：一阵强风吹向大街，灯光忽明忽暗，给人以不祥之感，空中传来低沉的轰鸣。一艘飞碟在下降，它在两台自动售货机的上空停住，从两台售货机上各提起一罐可乐。

04

过了一会儿，这只飞碟慢慢地将百事可乐自动售货机提升起来，送进舱内，而将可口可乐自动售货机留在原处。

"考古"：时间是未来，一群青年人，人手一瓶百事可乐，簇拥着一位考古学家来到一个错层的牧场。考古学家在泥土中找出一只棒球和一把电吉他，一一予以辨认。此后一位学生又发现一样满是灰尘的东西，考古教授把它放入一台机器中，洗去其几个世纪留下的尘土——一只绿色的可口可乐瓶子，这是20世纪的文物。"这是什么，教授？"学生边喝着百事可乐边问，教授再次陷入沉思。"我想不出来。"他回答。

(案例来源：http://www.scopen.net/new_col/ggzppx/dzjg.php)

案例解析

百事可乐如果总是步可口可乐之后尘，没有新的思路恐怕不会有今天的成功和发展。百事可乐的每一部广告片都是极富想象力的，但都没有离开其广告策划的根本宗旨——系统性和针对性，所针对的就是战后高峰期出生的美国青年。他们通过对这些青年人心理及行为特征的分析，把握到他们独树一帜的消费方式，鲜明地和老一代划清界限的叛逆心理，从而提出"新一代的选择"这一广告主题，倡导为青年人所喜爱的消费品位及生活方式。结果使百事可乐的销量扶摇直上。

二、战略化策划思维

SWOT分析法又称为"态势分析法"，它是由旧金山大学的管理学教授韦里克于20世纪80年代初提出来的，是一种能够较客观而准确地分析和研究一个组织现实情况的方法。SWOT四个英文字母分别代表：优势(Strength)、劣势(Weakness)、机会(Opportunity)和威胁(Threat)。

从整体上看，SWOT可以分为两部分：第一部分为SW，主要用来分析内部条件；第二部分为OT，主要用来分析外部条件。将调查得出的各种因素根据轻重缓急或影响程度等排序，构造出SWOT矩阵，如图4-1所示。在完成环境因素分析和SWOT矩阵的构造后，便可以制定出相应的计划。

企业	优 势	A 收割型广告	B 进攻型广告
	劣 势	C 紧缩型广告	D 稳定型广告
市场环境		威 胁	机 会

图4-1　SWOT矩阵

制订计划的基本思路是：发挥优势因素，克服劣势因素，利用机会因素，化解威胁因素；考虑过去，立足当前，着眼未来。运用系统分析的综合分析方法，将排列与考虑的各种环境因素相互匹配起来加以组合，得出一系列公司未来发展的可选择对策。

A状态：企业面临环境威胁的同时又有较大的发展优势。

可采用：收割型广告策略——通过策划促销、公关等活动，引导公众批量购买，最大限度地获利。

B状态：企业内外部环境良好。

可采用：进攻型广告策略——密集广告宣传，创造市场需求，强化企业市场领导地位。

C状态：企业内外部环境发展相对紧张。

可采用：紧缩型广告策略——采取与原来广告模式迥然不同的策略，为企业再发展创造市场。

D状态：企业外部环境较好，自身缺乏优势。

可采用：稳定型广告策略——广告、公关等活动延续前期广告发展主题和模式。

【案例4-4】

可口可乐演绎人文关怀

望着孩子们在街头点燃鞭炮闹新春，坐在车里的刘翔表情凝重，在他最为困难的时候，父亲鼓励他说："你知道你跨了多少个栏吗？10万零6个，这不过是又一个栏而已。"父亲的话再一次回荡在他耳边。"新年第一瓶可口可乐，我一定要跟爸爸分享！"在可口可乐2009年贺岁广告片中，刘翔父子演绎了一段父子情深的故事。这个广告片以"你想与谁分享新年第一瓶可口可乐"为主题，展开了刘翔身处逆境时，父亲给予儿子的无限关爱和鼓励，以及在新年来临之际，刘翔对父亲的感恩和回馈。

"新年第一瓶可口可乐，代表着一种平凡而又特别的新年祝福。"可口可乐这一百年品牌早已超越了其作为饮料的范畴，更多展现的是它在人文层面的关怀。可口可乐打的这张感情牌在拉近了与受众心理距离的同时，毫无疑问强化了消费者对其品牌的认知。

（案例来源：新营销，2009年第3期）

案例解析

2008年是让每一位中国人难以忘怀的一年，在这一年中，中国汶川发生大地震，中国人期盼百年的奥运会在中国举行，然而就在这场举世瞩目的奥运会上，刘翔因脚伤而退赛。所有这一切对可口可乐来说都是不利的威胁。但可口可乐的广告从这一外部威胁中找到突破口，采取进攻型广告策略，强化其市场领导地位。在这部广告中，可口可乐在产品功能性诉求的基础上，进一步强化了可口可乐恒久的情感和内涵。

可口可乐的成功不是偶然的。近百年来，在人们多次面临重大挑战的时候，可口可乐都会站出来，激励人们积极向上。2008年中国汶川地震，可口可乐给予捐赠；北京奥运会，可口可乐给予赞助；刘翔的退赛，可口可乐给予理解与鼓励，所有这些都让中国人难以忘怀。

三、谋略化策划思维

广告策划中运用谋略化方法，能够引发受众对广告活动的关注。谋略化策划主要是指对"时"、"势"、"术"三者的应用。"时"是指运用谋略的时间；"势"是指运用谋略的空间局势和社会局势；"术"是指解决问题的方法。三者相互关联又相互制约，策划中一旦一个因素出现不利情况，另外两个因素所发挥的作用也相对减弱。

（一）对"时"的把握

对"时"的把握主要是指"先知"、"先算"和"先选"。可以根据当前社会的发展趋势和公众的变化态势进行事先的科学预测,通过预先把握社会上重大节日的排期、有影响力事件的举办时间或某类产品的销售旺季等对广告策划活动推行的时间进行最佳安排和选择。在今天的市场上,做广告的时机非常重要,抓住广告时机,广告效果才能出奇制胜。

【案例4-5】

"统一润滑油"广告捕捉时机

2003年3月20日10:34,伊拉克战争爆发,统一润滑油反应迅速。3月21日凌晨2:00,"多一些润滑,少一些摩擦"的全新电视广告片连夜完成。

距伊拉克战争爆发不到24小时,"多一些润滑,少一些摩擦"的广告语第一次与全国观众见面,在战争报道中开始有了来自统一润滑油呼唤和平的声音。

案例解析

在关键时刻刊播关键广告。该广告以极其鲜明的语言暗示,融润滑油的产品特性于人们对和平的渴望中,短短的5秒钟却如此撼动人心,加深了"统一润滑油"的受众印象,使品牌认知及好感度通过此次广告活动得到了大幅提升。

(二)对"势"的把握

对"势"的把握主要是指利用局势增强公众对广告的支持。可以通过以下几个因素发挥"势"的作用。

1.借势

借势就是把广告的宣传、推广活动与明星人物、社会知名人物或社会重大事件联系起来,借此提高广告在公众心中的影响力。

例如,在1998年法国世界足球锦标赛之际,世界各大知名厂商都云集法国借势宣传。法国电信利用"手机和足球都能让人们相互沟通"的共同特点来进行电视广告的构思;阿迪达斯在巴黎特罗卡泰罗广场建立起阿迪达斯主题公园;耐克的代言人罗纳尔多的形象搬到了巴黎的高墙上;菲亚特在新款汽车上市之机,在电视中展出了别开生面的汽车足球赛。

事 件 营 销

事件营销在英文里叫作 Event Marketing。事件营销是企业通过策划、组织和利用具有名人效应、新闻价值以及社会影响的人物或事件,引起媒体、社会团体和消费者的兴趣与关注,以求提高企业或产品的知名度、美誉度,树立良好品牌形象,并最终促成产品或服务的销售目的的手段和方式。

【案例4-6】

"王老吉"借"地震"之势塑造爱国形象

2008年5月12日，中国四川境内汶川发生8.0级的大地震，此时人们的目光被"地震"、"捐款"这几个字眼所吸引。众多商家利用这一场大灾难来展开营销攻势。

5月18日晚，中央电视台举办的"爱的奉献——2008抗震救灾募捐晚会"上，王老吉主管代表企业捐出1亿元人民币，并且表示加多宝集团、王老吉的每位员工都为灾区人民祈福。此举瞬时间引起了人们的关注，搜狐、网易等几大论坛中都能看到网友倡议喝王老吉的帖子。

案例解析

企业巧妙地借社会上的重大事件来进行广告活动策划，树立形象、提高威望，产生的社会效益和广告效益往往是不可估量的。

2．组势

组势就是把同行业或相关行业的力量组合起来，组建专题化广告阵势，影响公众心理活动，以此来提高企业威望。

从20世纪80年代中期的迈克尔·杰克逊到90年代的珍妮·杰克逊，以及拉丁王子瑞奇·马丁，再到香港的郭富城、王菲，百事可乐采用巡回音乐演唱会这种输送通道同目标消费群体进行对话。百事可乐将音乐与自己的产品进行组合，来传达百事文化和百事营销理念。通过时尚、流行的音乐专题化广告，百事可乐拥有了自己的"新一代的选择"。

3．定势

定势就是选择公众市场中具有示范效应，属于商业"制高点"的大都市、大商场作为广告宣传阵地。

4．炒势

炒势就是利用新闻媒介在公众心中的权威形象和传播优势，组织新闻稿件，开展新闻传播活动来进行宣传。

5．造势

造势就是在广告推广战略前，企业自己组织、策划相关活动，扩大声势，营造气氛。

【案例4-7】

美国联合碳化钙公司的"鸽子事件"

美国联合碳化钙公司一幢新造的52层高的总部大楼竣工了。一大群鸽子竟飞进了总部大楼的一个房间，把这个房间作为它们的栖息之处。不多久，鸽子粪、羽毛就把这个房间弄

04

得很脏。有的管理人员建议将这个房间所有的窗子打开把鸽子赶走了事，但公司的公关顾问则认为这是扩大公司影响的一个好机会。他认为，举行一个记者招待会，设计一次专题性活动，散发介绍性的小册子等，都可以把总部大楼竣工的消息传播给公众。但这些方法太一般，很难引起轰动效应，最佳的方法应该是做到使公众产生浓厚兴趣，以至他们迫切地想听、想看。现在一大群鸽子飞进52层高的大楼内，这本身就是一件很吸引人的事，如果能够巧妙地在这件事上做文章，那么一定能产生很大的轰动效应。于是下令关闭所有门窗，不让一只鸽子飞走，并采取了以下一系列行动。

他们首先通知了动物保护委员会，请其速派人前来处理这件有关保护动物的大事。动物委员会接到电话后居然十分重视，答应立即派人携带网兜来捕鸽。然后公司又通知新闻机构：为保护动物，"动物保护委员会将派工作人员前往联合碳化钙公司新落成的总部大楼捕鸽"。新闻界认为这是一条有价值的新闻，于是电台、电视台、报社等传播媒介纷纷派出记者进行现场采访和报道。

从捕捉第一只鸽子到最后一只鸽子落网，前后共花了3天时间。在这3天中，各新闻媒介进行了连续报道，通过消息、特写、专访、评论等形式，引起了社会公众浓厚的兴趣，吸引了广大公众争相了解这个事件的全过程，自然也就把公众的注意力吸引到联合碳化钙公司以及公司刚竣工的大楼上来了。而公司高层领导也充分利用在荧屏上亮相的机会，向公众介绍公司的宗旨和情况，加深和扩大了公众对公司的了解，从而大大提高了公司的知名度和美誉度。

(案例来源：张金海. 经典广告案例评析. 武汉大学出版社，2000)

案例解析

在广告策划中，通过精心的新闻策划，巧妙地进行新闻推广，往往能获得比广告传播更好的效果，达到扩大声势、营造良好营销氛围的目的。这样做不但可以节约大量的广告费用，还能利用新闻传播的特点，提高公司在社会中的威望和公信力。这就是谋略化策划思维的妙处。

(三)对"术"的把握

对"术"的把握主要是指选择最佳的途径和方法。方式、方法恰当就能最大限度地引起公众的关注。

四、商品生命化策划思维

商品生命周期理论是美国的西奥多·李维特提出的。根据市场销售增长率和获利能力，他把商品生命周期分为四个阶段，即导入期、成长期、成熟期和衰退期，如图4-2所示。广告策划应该关注商品的生命周期，有效进行策划。

商品处于生命周期的不同阶段，商品的知名度、美誉度和认可度的高低则不同，与之相适应的广告策划也就不尽相同，如表4-1所示。

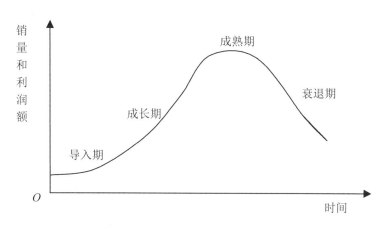

图 4-2　商品生命周期模型

表 4-1　商品生命周期与广告策划重点

周　期	企业竞争状况	企业经营状况	广告策划重点
导入期	消费者不了解产品功能； 产品品牌未给消费者留下任何印象； 销售增长缓慢	无利经营； 费用最大	以信息型广告为主； 增加广告投入，提高产品知名度
成长期	产品在目标市场上已有一定的知名度； 产品建立初步品牌认识； 销售网络基本建成	销售利润逐渐增加； 费用减少	信息型转向个性诉求； 大规模的广告宣传，强化知名度，提高品牌忠诚度
成熟期	竞争加剧； 竞争达到白热化	利润达到最大化； 费用反弹	利用多种媒体进行广告宣传； 提升品牌形象，展示品牌附加价值，反复宣传，强化品牌忠诚度
衰退期	开发新品； 竞争对手纷纷转产	销售量大幅度下降； 利润大幅度减少； 费用减少	提醒式广告； 衰退初期提升品牌形象； 晚期宣传品牌形象，为新产品上市奠定基础

【案例 4-8】

万科房产的广告策略

万科房产随着发展已经进入了产品的成熟期，广告策划的重点已从单一的产品广告转向企业形象广告，来强化品牌忠诚度。

万科房产平面广告"鹅卵石篇"(见图4-3)和"路灯篇"(见图4-4)中的广告文案这样写道："潮流来来去去，生活本质永恒，时至今日，朴实无华的自然情趣也没有半点贬值的迹象。我们深信那是让人内心宁静的永恒之美，而怎样的喧嚣浮华与荣耀，都终将归于平常。多年来万科珍视自然给予的每一份馈赠，努力营造充满美好本质的社区环境和人文氛围，正如你之所见。"

图4-3　万科房产——鹅卵石篇

图4-4　万科房产——路灯篇

(案例来源：http://www.bobd.cn/design/graphic/works/ad/fdc/200603/5537.html)

案例解析

产品处于不同的时期，广告策划的重点有所不同。在商品处于成熟期时，不用再宣传产品的功能、产品的优质，而应重在宣传企业的形象、企业的文化理念。万科房产的这两个广告作品，无论是"鹅卵石篇"，还是"路灯篇"平面广告，都体现了万科关注人与自然的和谐美，对中国传统生活细节与现代人生活品位所作的创新，从而树立了万科令人信服的品牌形象。

五、营销策划思维

广告是营销战略的一部分，在策划导向、价值理念、宣传内容等方面体现企业的整体营销思维。营销策划模式主要从以下几个方面入手。

(1) 明确企业的市场定位和产品的公众定位策略。

(2) 构建企业的营销管理体系。

(3) 制定产品、品牌和包装策略。

(4) 制定合理的价格策略。

(5) 确定市场销售方式和组合策略。

(6) 制定企业的售前、售中和售后服务制度。

(7) 策划产品的促销活动。

只要产品有独特的存在和推广策略，策划中的产品并不一定非是"实物"，甚至可以是虚拟的。月球中的土地、网络游戏中虚拟的人物装备、淘宝的店铺等都可以成为策划的对象。

【案例4-9】

"联想"扬天电脑新品上市的营销策划

一、广告运动的目标

1. 联想新扬天上市，高调进入中小企业市场。在中小企业中建立品牌知名度及美誉度。

2. 通过对产品特性的系列推广以及年度促销拉动产品的销售。

二、目标对象

目标消费群：中小企业、Soho 一族等。

他们追求企业的成长，注重效率的提升，认可信息技术是提升企业竞争力的关键，但由于知识水平有限，他们缺乏掌控科技的能力。

三、创意策略

新扬天"领先、易用"的产品定位是针对中小企业使用电脑的现状制定的。中小企业常常觉得电脑不好用、不易用，硬件故障、病毒攻击等安全问题使企业觉得风险很大。如果出了问题，不仅会影响工作效率，甚至会对企业造成致命打击。它们渴望信息化，希望能够有一个全面的解决方案，而不仅仅是在某一个环节提供某一个产品。中小企业对电脑的需求，既有别于家庭消费客户，又有别于大客户，需要使用"特制"的电脑。新扬天是联想为中小企业量身定制的第一款商用 PC，希望通过产品创新，最大限度地解决商用 PC 不好用和不易用的问题。

在扬天的年度(2005 年 7 月—2006 年 6 月)创意策略中，通过产品创新点，即一键杀毒等进行由浅入深的逐步推广，以形成目标消费群对扬天的"好用"、"易用"的认知、认可。通过运用名人代言及事件炒作在短期内提升品牌知名度及信任度。

2005 年 10—12 月，奥运促销推广系列广告启动。时值冬奥会前期，联想是奥运会指定计算技术设备顶级赞助商。作为联想整合传播的一部分，夺冠热门人物申雪、赵宏博、杨扬、李妮娜签约联想。扬天适时运用了奥运形象资源，快速提升了品牌知名度。

2006 年 4—5 月，扬天在海外上市，配合公关活动，推出平面广告，进一步提升了品牌的知名度。紧接着，又推出了"双操作系统，彻底的安全保障"概念的广告战役，进一步让目标消费群对扬天的科技含量充满信任。

2006 年，世界杯前期，联想签约小罗作为其形象代言人，扬天的知名度再次提升。

四、媒介策略

针对中小企业用户、Soho 一族的收看习惯及 IT 购买的习惯，媒介重点集中在平面(IT类、商务类、航空类)，辅以户外(CBD、机场)及卖场 POP，在重点城市进行了广播广告，运用了企业彩铃这一新媒介平台，扩大了沟通的渠道。

在平面广告投放中，进行了特殊创意投放，使广告效果最大化。这与扬天倡导的创新理念相匹配。

04

五、营销手段

1. 2005年底商用促销

联想扬天2005年底推出"相约意大利都灵"促销活动。2005年10月20日—12月31日期间,凡购买扬天系列产品的顾客,均有参加抽奖获得亲临冬奥赛场的机会。

促销效果:扬天销量同比增长31%。

2. 2006年春季促销

2006年2月13日—3月31日期间,凡一次购买三台扬天电脑,即可获得价值999元的卡西欧高级腕表一只。

促销效果:活动期间,扬天销售量同比增长42.1%,销售额同比增长28.43%,利润同比增长17.39%。

六、效果证明

根据客户提供的资料,联想扬天取得了2.5倍的高速增长和34%的市场份额,成为SMB市场的领军品牌。

(案例来源:穆虹,李文龙. 实战广告案例. 中国人民大学出版社,2007)

案例解析

联想扬天在营销策划活动中,始终做到一切从消费者的角度出发考虑问题。不管是产品研发、事件的切入,还是代言人的选择,联想扬天的推广都把握住目标群体的需求,创意策略新颖,而且有着清晰的实施步骤。它利用有针对性的体育事件进行营销,加上独到的媒介策略和营销手段,从而实现了不俗的销售业绩。

六、整合化策划思维

整合化策划思维是 IMC(整合营销传播)策略在广告策划中的具体运用,其基本目标就是谋求广告工作的规模效应。

整 合 营 销

"整合营销"概念最初是以整合营销传播(Integrated Marketing Communication,IMC)的形式出现的。1995年,保斯蒂安·库德首次提出了整合营销的概念,他认为:"整合营销就是根据目标设计(企业的)战略,并支配(企业各种)资源以达到企业目标。"

一般来说,整合营销含水平整合和垂直整合。水平整合包括三个方面:信息内容的整合;传播工具的整合;传播要素资源的整合。垂直整合包括四个方面:市场定位整合;传播目标的整合;品牌形象整合;产品、价格、渠道、促销的整合。

(一)整合化策划思维的具体要求

1.广告内容的规模效应

广告策划中应注意广告宣传内容的主题性，有主题又有内容的互补和衬托，才能增强广告的冲击力。

2.广告媒介的规模效应

策划广告宣传媒介时应注意各种广告媒介的协调性和相互配合性，树立媒介组合意识，形成有冲击力的媒介集合。

3.广告宣传活动的规模效应

应注意形成有层次的不同形式的系列性广告活动，来影响不同类型的公众，使宣传活动最大化地达到轰动效应。

4.广告时间的规模效应

应注意各个广告作品宣传时间的计划性和连续性，在时间上创造规模效应，扩大影响。

【案例4-10】

IBM 重塑品牌，整合传播

IBM 成立于1914年，是具有90年历史的全球最大的信息技术公司。20世纪50年代至80年代初，世界计算机发展经历了大型电脑到小型电脑的转变阶段，IBM 在此期间一直处于霸主的地位。20世纪80年代初至90年代，个人电脑和网络时代来临，尽管 IBM 公司率先推出了个人电脑，但由于外部激烈的竞争和内部管理机制问题，IBM 没有了昔日的光环。1990—1993年其纯收入一路下滑，同时市场占有率和股价也趋于下跌。1994年 IBM 决定将其全球广告业务全部交给奥美公司，由奥美在全球范围全权进行整合营销传播。

首先，对组织结构进行重大改革。将各分支机构改变成为利润中心，同时削减层级，使组织结构分权化、网络化和扁平化，充分发挥各个成员的主观能动性和专业技能。这样 IBM 从一艘战舰转变为一支船队，更灵活、更有效地面对用户的需求和市场变化。如 IBM 在大中华区(包括中国香港地区和台湾地区)设有企划部，既管对外沟通又负责对内沟通，其主要职能是强化市场功能，使外界真正了解、熟悉 IBM。在对外宣传方面众口一词，主要有三个主题：技术、网络、客户解决方案。其运作模式采取"整合式企业组织传播"。即企划部以总协调师的角色，综合考虑公司各个部门有关企业组织传播的需要，据此拟订具体计划，最后做出全方位的传播方案。

其次，对 IBM 进行"品牌写真"，把 IBM 描述为"你可以信赖的神奇魔力"(因为著名作家克拉克在其著作《二零零一失落的世界》中有言，任何"堪称为先进的科技与魔术无异")，以此定义公司的每项活动，包括宣传、所有与客户的互动关系，以及公司所进行的每件事和所说的每句话。

IBM 品牌整合传播的中心思想是，在实现与消费者沟通的过程中，以统一的传播目标来运用和协调各种不同的传播手段，使不同的传播工具在每一阶段发挥出最佳的、统一的、集中的作用，其目的是协助品牌建立与消费者之间维系不变的长期关系。品牌核心要素必须在所有传播中得到一致性运用。在广告上以及其他传播上力求清晰、感性，不用专门术语，以便能抓住消费者的心。

其三，"由外而内"确定传播模式。改变过去那种一味把先进技术向客户扔过去，力图将客户"拖到"许多昂贵商品上的做法，转为能从不同的产品系列找到适合自己需要的产品，进而找到一个合适的满足需要的方案。

因特网出现后，IBM 将自己定位于"全球性网络提供者"，积极推动网络计算机、电子商务等新兴业务，在广告上强调"解决某某之道"。

IBM 整合营销取得了显著成效。1996 年底，IBM 公司的营业收入高达 759 亿美元，纯利润 54 亿美元，股价涨幅达 4.4 倍。1997 年 IBM 赢利 62 亿美元。1997 年在中国 PC 市场上，其占有率居第一位。

案例解析

随着现代化的高速发展，科技进步日新月异，各项技术应用蒸蒸日上，企业在市场竞争之中，技术、产品、营销手段趋向同质化，尤其是市场从卖方市场转为买方市场，商品趋于饱和的态势下，竞争者互相克隆，竞争对手很快就能获取你的技术信息、营销策略，马上模仿，推出性能接近、成本相当的产品。并且行销通路也一一效仿，甚至在同一超市上，同类的产品摆上货架，营销手段、销售服务都如出一辙，促销手法更是你登台唱罢我再登台推出。消费者眼花缭乱，难分优劣。就是在这种情况下，显示出市场营销、营销传播不再那么有效，广告已再不是我们所认知的"广而告之"了。用什么样的方法，才能有效地传播，快捷地直入消费者的内心，树立鲜明一致的品牌形象，这也正是整合营销传播所要探讨的问题。IBM 审时度势，通过对自身资源及内部结构的整合，形成了核心竞争力，综合协调地使用各种形式的传播方式，以统一的目标和统一的传播形象，传递一致的产品信息，实现了消费者的双向沟通，树立起品牌在消费者心目中的地位，建立了品牌与消费者长期密切的关系，有效地达到了广告传播和产品营销的目的。从而使企业利润持续增长是必然。

(二)系列广告策划

整合策划思维强调的是一种全新的广告模式，即系列广告。系列广告是指根据商品形象特性，构思出不同的广告故事，通过连续的广告攻势，强化公众对产品的印象，建立独特的品牌形象。

在系列广告策划中，讲究通过内容上的相关性、风格上的一致性、结构上的相似性和关系上的并列或递进，来塑造商品的独特性。常见的系列广告策略有形式系列策略、主题系列策略、功效系列策略和产品系列策略等。

【案例4-11】

绝对伏特加的系列广告策划

1. 绝对伏特加酒文化背景溯源

"绝对"伏特加(ABSOLUT VODKA)的品牌于1879年在瑞典创建,并很快跻身于世界顶级伏特加酒的行列。"ABSOLUT"具有双重意思:瑞典文"绝对"是品牌名称;英文"绝对"是绝对的、十足的、全然的意思。它的成功不仅是由于工艺精湛、口味纯正,更得益于其特殊的系列广告。

2. 绝对伏特加系列招贴广告——体现"物象美"

所谓物象美,是指客观物质世界中,自然物呈现的形象美。通过设计的手段,把物象美的真实本质真切地呈现在生活面前,赋予其活的生命形象,从而带给人快乐的审美感觉,这是绝对伏特加酒系列广告的主要特征。

绝对伏特加的广告从一个创意点出发,以伏特加瓶子外形为设计元素,展开联想。系列招贴广告不仅涉及服装、电影、音乐、摄影、工业产品、文学、时势新闻等各个领域,同时又将此造型元素与销售国文化之间相联系,既突出这些国家地方特色的建筑、特产等特有的文化,又使绝对伏特加的瓶子外形与其巧妙地融为一体,如图4-5和图4-6所示。

图4-5 绝对伏特加"话题"广告(一)

图4-6 绝对伏特加"话题"广告(二)

这些既具有广度又具有深度的创意广告系列,让此品牌在世界上享受无上的殊荣。而在这些所有的招贴广告中,最主要是从自然中寻找灵感,抛开商品化的概念,追求一种最本质的美。下面以三个类别的广告为代表,分析它所体现的物象美。

(1) 自然界植物——绝对清新,如图4-7和图4-8所示。

图4-7 绝对伏特加"口味"广告

图4-8 绝对伏特加"趣味"广告

图4-7所示的"绝对柠檬",把酒瓶作为柠檬的高光部分处理,将两者完全融合在一起,延续了以瓶子外形作为创意出发点的一贯风格,又把一个光亮新鲜将要喷射出汁水的柠檬呈现出来。

图4-8所示的"绝对趣味"中,擦过的柠檬汁水残留在厨具上呈现出绝对伏特加酒瓶的形状,将加入柠檬味道的伏特加酒给人们带来无比清新的感受和刚刚用来擦过水果并余下残留物的日常厨具所留下的新鲜感联系在一起进行创意,增添生活情趣。

(2) 建筑物——绝对建筑,如图4-9和图4-10所示。

图4-9　绝对伏特加"城市"广告(一)

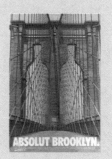

图4-10　绝对伏特加"城市"广告(二)

图4-9所示的"绝对布鲁塞尔"中,被伏特加酒替换掉的是被称作"布鲁塞尔第一公民"的于连雕像,古代传说中一个用尿液浇灭导火索保卫布鲁塞尔城池的卷毛小子。置换的表现技法很容易让人们把这个民族英雄的崇高形象同伏特加酒在本国市场所处的重要位置相联想。而且酒瓶的喷水构想,既保留了原作中小孩喷洒尿液的场景画面,又赋予了酒广告幽默感的视觉形式。背后的佛兰德斯式的欧洲建筑风格,向人们传递了伏特加酒在欧洲市场作宣传的广告特点。

图4-10所示的"绝对布鲁克林",为美国的布鲁克林大桥,原本中间是两个拱形的桥洞,现在矗立在桥上的是一对伏特加酒瓶的外形。布鲁克林大桥作为纽约市的著名地标代表了城市文化的一部分,是第一座横跨曼克顿市和布鲁克林区的老建筑。伏特加酒瓶的置换,体现出广告创意的切入点是伏特加酒也像布鲁克林大桥一样能改善人们的生活,提高生活品质,从而给观者一个遐想的空间。

(3) 人物——绝对认可,如图4-11和图4-12所示。

图4-11　绝对伏特加"绝对北京"

图4-12　绝对伏特加"绝对戴安娜"

图4-11所示的"绝对北京"中,绝对伏特加酒的瓶形出现在代表忠义之士的红色脸谱上,代表此种酒是人们的忠义之友,同时贴近中国的平民文化。

图4-12所示的"绝对戴安娜"中,将镶满钻的伏特加瓶形皇冠处于视觉中心的位置,彰显了王妃的地位和富贵。广告借助人物形象的配饰来宣传产品的品牌,反映了伏特加酒既贴近平民文化又贴近皇室贵族文化。

(案例来源:http://www.dolcn.com/data/cns_1/article_31/paper_311/pgra_3112/2007-03/1174532015.html)

绝对伏特加酒正是采用了系列广告策略，才给人们留下了足够的冲击力和震撼力。该系列广告的素材来源于生活，将旧元素进行新组合，表现了物象本身的形式美感，也附加了品牌自身的价值。

第三节　广告策划的主要内容

一、确立广告目标

(一)广告目标的含义

广告目标就是企业通过广告活动所要达到的目的。

广告策划首先要有明确的广告目标，广告目标规定了广告活动的方向，也是衡量广告效果的重要依据。广告目标应尽可能具体，努力解决以下基本问题。

(1) 要争取哪一部分市场？

(2) 把哪些人作为广告活动的目标？为什么把它列为目标，广告对象的特征是什么？

(3) 把产品定位于何处？该产品会给消费者带来哪些利益？

(4) 诉求重点是什么？与竞争产品的差异是什么？

(5) 广告活动应取得什么样的效果？

【案例 4-12】

冰冻炸薯条的广告目标

一家食品行销公司曾推出一个新产品：冰冻炸薯条。公司为广告活动确定了市场占有率的目标：

(1) 在炸薯条购买者中达到 80% 的知名度。

(2) 在了解者中，有 70% 的人知道这是高品质产品。

(3) 在这些了解者中，达到 60% 的偏好度。

(4) 在偏好者中，有 45% 的人购买本产品。

案例解析

这个案例中广告目标确立得非常简单而清晰，而且不断升级和深化，每一个目标都给出了量化的指标，容易操作，也为后期广告效果测定确定了参考的标准。

(二)如何确立广告目标

1. 确立广告目标重点要考虑两个问题

(1) 广告目标要服从营销目标的规定。明确广告在企业营销中做什么。广告是营销推广的手段，不能偏离营销目标。广告目标要符合营销战略的总体规定性。

(2) 要考虑广告传播特征的规定性，必须知道广告能做什么。广告是实现营销目的的手段之一，而不是全部，不是实现营销目标的唯一手段。营销目标的达成是受多种因素影响的，如产品本身的问题、渠道的问题、价格的问题、公关的问题等，其中任何一个因素的变化都会影响到营销目标的达成。因此，不能简单地以营销目标作为广告目标，把营销效果作为广告成功与否的评价标准，广告是重要的，但广告不是万能的。

多数广告都鼓励潜在消费者采取一定的行动，但因此就将销售的目标加入到广告中并不太现实。实际销售成果的获得由很多因素构成，广告只是其中的一部分。这就要求我们在设立广告目标时，应根据实际可以完成的任务进行设定。

2. 广告目标的分类

大体上广告目标可分为行动目标和传播目标。在确立目标时，要记住这一格言——"营销是卖，广告是讲"。换句话说，广告目标应该是传播目标，即传播效果的获得。

从广告所能达到的效果而言，可借用广告金字塔来说明广告目标的确立。美国广告学家路易斯 1893 年指出，消费者在接受广告信息时遵循的顺序是知晓、理解、信服、欲求、行动，于是形成金字塔模型，如图 4-13 所示。信息传递按照广告金字塔形式有一个逐次散漏的过程。这样广告信息最终能引起购买行为的人数是非常有限的。按路易斯的思想推算，一个广告最终能引起人们真正购买广告产品的仅是目标受众的 1.75%。

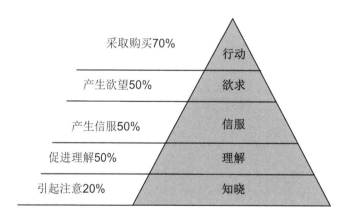

图 4-13　信息传递的顺序及散漏情况

要达到营销目标，促使目标消费者能采取行动，广告的目标一般必须经过知晓、理解、信服、欲望直到行动这几个步骤，要想使广告一开始就达到促进购买的目标几乎是不可能的。

因此广告的目标应按照以下顺序确定：①创造品牌的知名度，让消费者知道你的公司、产品、服务或品牌；②促进理解，即传递充分的产品信息，使知晓的消费者有一定百分比的人认识到产品的功能、形象、位置和某种特点；③传递足够的信息让人信服，即让一定数量的人相信产品的价值，在信服的人中，要打动一部分人期望得到这个产品；④在期望得到这个产品的人中又有一部分会采取行动——索取额外信息、送回优惠券、光顾商店或购买产品。

【案例4-13】

土星轿车的广告目标

土星轿车是美国通用汽车公司生产的一种向日本车和其他进口车挑战的新品牌车，它小巧、经济、安全、舒适。1992年通用给这种车型制定的广告目标可以表述如下。

(1) 两年内向50多万每年购买外国经济车的人中的一半传递土星轿车上市的消息。

(2) 让上述知晓群中2/3的人知道土星轿车是一种技术优越的经济车，有多种设计、安全和性能上的特点，而这些是建立在一流服务、质量、价值的基础上的。只通过特约经销商出售。

(3) 让2/3的知情人相信土星轿车是一种高质量的汽车，可靠、经济、开起来乐趣无穷。

(4) 在信服的人群中，激发2/3的人试车的欲望。

(5) 促使2/3的期望人群光顾某家经销商，试一次车。

案例解析

土星轿车的广告目标遵循信息传播规律，在时间和程度上都很具体，而且务实，像营销目标一样进行了量化，量化的目标为广告传播效果测评提供了标准。

(三)制定广告目标的要求

1. 广告目标要具体明确

如果广告目标只是空泛地说"提高市场占有率"是没有实际意义的，要明确陈述出提高多少知名度，克服哪些偏见，增加什么用途。广告目标越具体越好，尽可能量化。

2. 广告目标要切合实际

确定广告目标时要认识到，一次广告活动所能发挥的功效是有限的，不要期望它能够解决营销中的所有问题。目标越是集中，传播效果会越好。广告的目标越多，范围越大，其影响力就越分散，结果可能一事无成。所以最好是一次广告设定一个目标，只解决一个问题。饭要一口一口吃，千万不要企求"毕其功于一役"。

3. 广告目标具有合理性和可行性

任何广告目标的确立都不是主观臆想出来的。策划者要从实际出发，将目标建立在确实可行的基础上。同时要留有余地，既不要过高也不要过低，过高让人生畏，过低会损害广告主的利益，影响广告人员积极性的发挥，要使人通过努力可以达到。

二、确定目标市场与目标视听众

确定目标市场与目标视听众就是解决广告对谁说的问题，具体思考：本次广告针对的是谁？

广告是企业对消费者所进行的信息沟通。谁是产品的顾客？他们有什么特征？不同的产品会有不同类型的顾客，即不同的目标市场。广告策划过程中，在确定了广告目标后，重要的一环就是正确确定目标市场。也就是广告要找对人，说对话，避免对牛弹琴。

所谓找对人，就是要针对特定的对象进行沟通；所谓说对话，就是要在广告中，用目标市场消费者的语言，说出能够打动消费者心灵的话。

要做好找对人的工作，企业要借助市场营销学的市场细分理论和传播学的受众理论。

(一)市场细分

1．市场细分的含义

所谓市场细分就是将某一个整体市场按照一定的因素划分为若干个子市场，并从中选择出目标市场的过程。

一个市场往往由许多细分市场构成，企业也许会针对每个细分市场采用不同的产品营销战略，也许会集中所有的营销活动只针对一个或几个细分市场。

2．市场细分的依据

1) 地理细分

地理细分是市场细分最简便的方法。企业在分析地理资料时，会按地区、国家大小、城市大小、特定位置等来研究其营销方案，有些产品在城市相当好卖，但到郊区或乡村就不好卖；反之亦然。这些信息对制定广告策略非常重要，尤其是媒介策略的选择，因为广告预算是有限的，只有向潜力最大的市场进行广告宣传，才会获得最大的利益。

2) 人口统计细分

人口统计细分是指根据不同地区、不同群体人口的年龄、性别、阶层、职业、收入等方面的差异细分市场。

例如，性别不同，其市场消费需求就有明显的差异，广告策划可以通过分析人口因素中的性别差异细分市场，进而针对某一市场确定广告策略。

【案例4-14】

宝马公司针对女性开发的汽车

长期以来，在豪华汽车市场上，大多数企业都以男性为主要营销目标，而对女性究竟想要什么几乎一无所知。有些汽车制造商试图在他们为男性所作的广告中把女性也一网打尽，但事实证明是行不通的。迄今仍有许多车展把女性当作陪衬对待。但汽车的消费中有45%的市场份额是属于女性的。如何理解和适应这个市场？宝马公司认为应对职业女性进行深入分析，要专门为她们设计汽车。通过调查研究他们发现，女性与男性在对汽车的基本要求上是相同的，她们想要的也是安全、可靠和经久耐用的汽车。但在更深刻的消费动机上，女性更倾向于为满足她们自己的需求而购买汽车，男性则更倾向于从整个家庭的需要出发而购买汽车。利用这些资料宝马公司强调了展现在女性面前的汽车款式和性能。最后宝马公司获得了成功。

案例解析

宝马公司通过对人口因素的分析针对女性开展汽车的广告攻势，最终获得了成功。为什么汽车不能轻视女性驾驶者呢？因为在购车者中女性细腻、理性，更何况现代的职业女性已经不满足于始终坐在乘客的位置上。25～50岁的女性拥有积极的生活态度和生活方式，而且她们也有较熟练的驾驶技术。职业女性应是汽车企业的目标顾客。

人口因素变化很快，需要及时了解。在进行人口因素分析时，策划人员也应注意人口资料虽然能提供有关市场的信息，却很难提供有关个体心理方面的信息。企业要影响现有或潜在顾客，还需分析不同消费者的电视收视习惯，分析消费者的购买行为特征等资料。

3）消费心理细分

消费心理细分指是根据人们的心理因素——价值观、态度、个性和生活方式，将消费者归类，把人视为有感情、有倾向的个体，并按照他们的感觉、信仰、生活方式以及他们所使用的产品、服务和媒介对市场进行划分。

4）行为细分

行为细分即按消费者的购买行为特征对市场进行分类。可根据消费者的购买时机、利益追求、用户身份和使用率等变量对市场进行行为细分，从而揭示谁是企业目前的顾客、他们何时购买产品、为什么购买产品、消费多少产品。

【案例4-15】

牙膏市场的利益细分

在牙膏市场，企业可以根据人们所追求的利益点进行市场细分，如表4-2所示。

表4-2 牙膏消费所追求的利益倾向

利益细分	人口统计特征	行为特征	心理特征	符合利益的品牌
经济实惠	男性	大量使用者	自主性强者	大减价的品牌
防治牙病	大家庭	大量使用者	忧虑保守者	品牌A、E
洁齿美容	青少年	吸烟者	社交活动多者	品牌B
口味清爽	儿童	薄荷爱好者	喜好享乐者	品牌C

案例解析

企业在根据消费者所追求的利益点的差异对牙膏市场进行细分后，就会发现市场的空白点，从而确定自己的营销策略和广告策略。因此，利益细分是目前广告策划时常用的方法。

3．市场聚合

市场聚合就是为目标市场勾勒出一个特征轮廓，作为广告战略发展的依据。

广告策划人员首先要选择对产品用途具有相同要求的人群，然后根据他们的购买潜力和利润潜力，将他们重新聚合成稍大的细分市场。这时的细分市场便将成为广告的目标市场。

例如，李维牛仔裤在选择目标市场时发现，李维牛仔裤在美国的潜在顾客市场相当庞大，包括学生、蓝领工人、单身青年、专业人士、家庭主妇等，于是他们按照人口因素、生活方式和购买特点测定和分析各主要零售区域的家庭群体，将他们划分为50种不同的地理人口细分市场，如现有富人、游离者、恋家者、定居者、单身者、风华正茂者、城市少数民族组合等。所有这些人都有服装上的要求，但是其中有些人可能是喜欢李维的款式，有些人是仰慕其品牌的声望，有些人则是欣赏它的结实耐用，那么这些具有相同爱好的人就可以被聚合成一个大的目标群体。

市场细分是为营销目标服务的，同时也是广告目标市场确立的依据。

4．市场细分的意义

市场细分不是对产品进行分类，而是对消费者的需求进行分类，因而对做好广告策划有着重要的意义。

(1) 市场细分有利于广告策划人员帮助广告主发现市场的"真空"地带，有助于提出有针对性的营销策划方案。

(2) 市场细分有助于将广告诉求重点对准广告目标。广告策划首先要解决的就是将广告诉求重点对准广告目标，通过市场细分可充分了解目标市场的消费需求特征，为广告诉求重点的确定奠定基础。

(3) 市场细分有助于确定最理想的广告对象。任何一个广告都要针对一个特有的对象，通过市场细分可了解每一个消费群体的消费倾向，从中选择合适的一个或几个作为本企业产品的目标市场。成功的广告要做给有着特定需求的人看，这更有助于广告目标的达成。

(二)目标市场与目标视听众的关系

1．目标市场

所谓目标市场是指在市场细分之后，选择一个或几个细分市场，作为设计、实施营销组合策略的对象。目标市场是企业所提供的产品或服务所要满足的特定消费群体。

我们知道，任何企业都不可能满足所有消费者的需求，不可能垄断整个市场。因此，需要确定与企业相适应的目标市场。在广告的传播活动中，目标市场包括两个层次：一是企业的目标市场，即目标消费群；二是在此基础上的广告目标市场，即目标视听众。

2．目标视听众

目标视听众即广告信息的接受者。一般情况下，企业的目标消费者应是广告诉求的对象，是广告的目标受众。但是，由于广告在不同时期、不同市场有着不同的目标，广告的目标受众也应相应地有所不同，于是就出现了消费者—目标消费者—广告受众的多重关系。不同阶段为实现不同的目标进行的广告活动，需要从全体目标消费者中筛选撷取其中的一部分作为传播对象和诉求重点，而这些诉求对象又要与媒体受众联系在一起，才可能成为广告受众。

3．目标消费者与目标视听众的差异性

广告目标视听众就是广告活动特定的诉求对象。广告要取得理想的传播效果，基础在于正确地从整体消费市场中分离出目标消费者，同时力争媒体受众与这些目标消费者接近、一致，从而使目标消费者、媒体受众和广告视听众能够三位一体。

广告策划人员要注意的是，并不是在所有的时候，广告的目标市场和目标视听众都与企业的营销目标市场和目标消费者完全重合。例如，宝洁的洗衣粉营销目标市场可能是全球几十个国家和地区，目标消费者既包括这些国家和地区的城市居民，又包括其农村人口，但它在某个时间所策划的某一次广告运动却可能只是针对某一个国家的某几个省份的农村地区。广告策划

应确认自己"此一次"广告运动所针对的目标市场与目标视听众是哪些。

三、确定为达成广告目标的策略手段

(一)确定核心战略

企业在确立了目标市场后，就会根据市场细分情况来确立市场营销战略，主要有无差异性市场营销战略、差异性市场营销战略、集中性或密集性市场营销战略等。广告策划人员可以根据营销战略的不同，安排广告战略。

核心战略确定下来，广告运动才会有清晰的思路和统帅的核心。它在整个广告策划工作中处于核心地位，指导和约束着广告策划的其他各个具体环节的努力方向、时间进度和步骤安排。

1. 无差异性广告战略

在无差异性营销战略中，只使用单一的营销策略来开拓市场，即推出一种产品，采用一种价格，使用相同的分销渠道，因而在广告战略上也是对于整个市场采取统一的广告策略，应用相同的广告设计和广告宣传。例如，可口可乐过去一直是采取单一瓶装、一种口味、单一广告主题"真正的可乐"，将产品推销于世界。这种战略是建立在以生产观念或推销观念为指导思想的基础上的，而且企业竞争性品牌少，即使有竞争者也不足以构成威胁。但在市场的进一步发展中，将整个市场视为一个完全相同的大目标市场，很容易忽视消费者需求的差异，不能有针对性地进行广告诉求，往往在竞争对手加入，并展开激烈的市场竞争时，企业会改变此种战略。可口可乐就是在百事可乐的竞争压力下，提出了多品牌的差异性战略。

2. 差异性广告战略

差异性营销战略是将整个大的市场细分为不同的市场群，选择目标市场，根据不同的目标市场采取不同的营销策略，设计不同的产品适应不同的细分市场，采用不同的分销渠道。因而反映在广告战略上就是应用多种广告设计和广告媒体，去满足不同顾客的需求。

差异性广告战略是科学发展和企业间竞争的结果。西方许多企业采用这一战略。如可口可乐公司现已经生产出多种瓶装和罐装的饮料，使用多种广告主题，实行多种定价策略。又如福特汽车公司采用多种品种、多种颜色、多种款式、多种价格、多种分销渠道、多种广告形式来满足不同细分市场对于汽车的需要。

3. 集中性或密集性广告战略

无论是无差异性营销战略，还是差异性营销战略，企业总是以追求整个市场为目标，跟着整个市场转。而密集性营销战略不是把力量分散在广大市场上，而是集中在某一个或几个市场部分，实行专业化生产和销售。一般来说，这是资源有限的中小企业经常采用的方式，它们所追求的不是在较大市场上占有较小的份额，而是在较小细分市场上占有较大的份额。

因此，相对应的广告战略就是选择一到几个细分市场，主要针对细分市场内消费者常接触的媒体，以消费者便于接受的表现方式来做广告。例如，在中国的日化市场，外资品牌独领风骚，中资品牌要与日化行业巨头宝洁直接抗争难有出头之日。在这样的形势下，索芙特将其几类商品集中于某一细分市场，通过满足特殊对象的需求，实现差异化或低成本，赢得了消费者青睐。如香皂推出木瓜香皂，强调减肥；洗面奶强调瘦脸。独特的产品和独特的广告表现让人耳目一新。在洗发水市场上，索芙特推出防脱洗发露，引起了市场的轰动，并在功能洗发水市场占据了重要位置。

(二)具体的行动方案

1. 广告讯息策略

广告讯息策略就是确定广告应说什么，应向目标消费者提供哪些信息，在这些信息中重点强调什么，即确定什么样的广告主题。广告策划就是在确定广告讯息的过程中发展一个有效的广告推广概念。这个工作看起来简单，实际做起来很难，需要借助一些科学有效的方法和一些广告大师们总结出的理论知识。确定广告说什么的方法和理论很多，具体的有以下几个。

1) USP 理论

USP 是 Unique Selling Proposition 三个英文单词的缩写，意思为"独特的销售主题"。USP 是广告大师罗瑟·瑞夫斯于 20 世纪 60 年代提出的，是广告发展史上最早一个具有广泛影响的广告理论，对广告界产生了经久不衰的影响。

瑞夫斯将 USP 理论定义为三部分：①明确的销售主题。广告必须对消费者有一个明确的销售主题，必须对受众说明：买这样的商品，你将得到怎样的特殊利益。②这一项主题必须是独一无二的，它应该是竞争对手无法提出，也不能提出的。它最好没有被其他竞争者宣传过。③这项主题必须很强烈，足以影响上百万社会大众的购买决策，必须能够推动销售。

瑞夫斯运用这一独特理论策划了经典的广告案例。

【案例 4-16】

M&M 巧克力豆的 USP

1954 年，美国玛氏公司苦于新开发的巧克力豆不能打开销路，于是找到瑞夫斯。玛氏公司在美国是有些名气的私人企业，尤其在巧克力的生产上具有相当的优势。但公司新开发的巧克力豆，由于广告做得不成功，在销售上没有取得太大效果。公司希望瑞夫斯能构想出一个使 M&M 巧克力豆与众不同的广告，从而打开销路。瑞夫斯认为，一个商品成功的因素就蕴藏在商品本身之中，而 M&M 巧克力豆是当时美国唯一用糖衣包裹的巧克力。有了这个与众不同的特点，又何愁写不出打动消费者的广告呢？瑞夫斯仅仅花了 10 分钟，便形成了广告的构想——M&M 巧克力豆"只溶在口，不溶在手"。广告语言简意赅，朗朗上口，特点鲜明。

随后，瑞夫斯为 M&M 巧克力豆策划了电视广告片。画面：一只脏手，一只干净的手。画外音：哪只手里有 M&M 巧克力豆？不是脏手，而是这只干净的手。因为 M&M 巧克力豆，只溶在口，不溶在手。简单而清晰的广告语，只用了 8 个字，就使得 M&M 巧克力豆不粘手的特点深入人心，并且名声大振，家喻户晓，成为人们争相购买的糖果。50 多年后，"只溶在口，不溶在手"这条广告语仍然作为 M&M 巧克力豆的促销主题，一直流传至今，把 M&M 巧克力豆送到了各国消费者的心中。而玛氏公司也成为年销售额达 40～50 亿美元的跨国集团。

案例解析

USP 理论立足于产品本身，认为只要找到产品突出的个性，就尽可能地把它坚持下去，就一定有效果。瑞夫斯一直认为，广告的成功与否取决于商品是否过硬，是否有自己的特点。他说："M&M巧克力豆之所以不溶化，是因为有糖衣。发现这一事实是世界上最容易的事情，而事实已经存在于商品本身之中。"广告策划人员必须找到产品的超越性事实。他解释道："消费者只从一则广告中记取一件东西，一个强有力的许诺，或者一个强有力的概念。"

在现实的策划中，USP理论得到最为广泛的应用，不仅帮助许多企业显著增加产品销售，也使一些企业因此成为拥有一定实力的知名企业。例如，美国宝洁公司的洗发水广告就挥洒自如地运用了USP：海飞丝诉求去头屑；潘婷强调含维生素原B5，令头发营养，加倍亮泽；飘柔则洗发护发双效合一，令头发更加飘逸柔顺。三个不同的品牌，分别提出三个不同的销售主张，鲜明有力，三个品牌的销售额在中国的洗发水市场上占据前三名。再如"农夫山泉有点甜"、"乐百氏纯净水27层过滤"、"怕上火喝王老吉"等中国企业产品USP的传播，也使它们成为中国饮料市场的佼佼者。

2) 品牌形象理论

品牌形象理论是大卫·奥格威于20世纪60年代提出的创意观念，是广告创意策略理论中的一个重要流派。在此策略理论影响下，出现了大量优秀的、成功的广告作品。奥格威认为，产品如同一个人，一个人有一个人的个性，一个产品也可以有它的个性形象。这个形象可以根据广告策划者、产品的个性及其消费对象的审美情趣而设计出来。广告宣传不说产品的特性、功效，而是通过表现消费者享用这种产品时的风度、形象或生活气氛，给人以心理冲击。消费者与其说是为了满足某种需要而购买产品，倒不如说是为了享受该产品所表现出来的一种形象、一种追求、一种心理的愉悦和满足。在这一理论思想的指导下，奥格威成功策划了海赛威衬衫、劳斯莱斯汽车等广告。

3) 定位理论

定位理论是阿尔里斯和杰克·特劳特共同创立的，他们在其合著的《定位》一书中指出，定位要从一个产品开始，可能是一种商品、一项服务、一个机构甚至是一个人，也许就是你自己。但是，定位不是要你对产品做什么事，定位是要你对预期客户做的事，换句话说，你要在预期客户的头脑里给产品定位，确保产品在预期客户头脑里占据一个真正有价值的地位。定位不是要琢磨产品，而是要洞悉消费者心中的想法，要抓住消费者的心。消费者的心智才是营销的终极战场。

定位理论主张在广告策略中运用一种新的沟通方法，创造更有效的传播效果。就广告定位来说，其基本主张可以概括为以下几点：①广告的目标是使某一品牌、公司或产品在消费者心目中获得一个据点，一个认定的区域位置，或者占有一席之地。②广告应将火力集中在一个狭窄的目标上，在消费者的心智上下功夫，要创造出一个心理的位置。③应该运用广告创造出独有的位置，特别是"第一说法，第一事件，第一位置"，因为创造第一，才能在消费者心中形成难以忘怀的、不易混淆的优势效果。④广告表现出的差异性，并不是指出产品具体、特殊的功能利益，而是要显示和实现出品牌之间的类的区别。⑤这样的定位一旦建立，无论何时何地，只要消费者产生相关的需求，就会自动地首先想到广告中的这种品牌、这家公司或产品，达到"先入为主"的效果。

【案例4-17】

江中健胃消食片的定位策略

2002年，由于一些客观原因，江中药业寄予厚望的新产品被延期上市。同时，健胃消食片的"国家中药品种保护"即将被终止(即国家不再限制其他制药企业生产健胃消食片)，使江中健胃消食片的市场受到威胁。为了巩固江中的市场，加之依然看好其市场潜力，江中药业的总裁力主将江中健胃消食片作为新增长点。

任何品牌都不是在真空中获得市场份额的，周围的竞争者们都有着各自的地盘，要评估江中健胃消食片的增长空间，并建立江中健胃消食片的品牌定位，从而区隔于其他品牌，第一步工作就是需要分析行业环境。通过环境分析发现以下三点。

(1) 消化不良用药市场并未成熟。

在研究中，策划人员发现消化不良用药市场的行业集中度并不高，并没有形成垄断格局。在权威机构公布的各地统计数据中，一些没有品牌的酵母片、乳酶生、多酶片等销售数量惊人，如零售价格仅为每包1元钱的干酵母片，其销售额在全国消化系统用药零售市场位居前十，其排名仅次于吗丁啉。同时，各地市场普遍存在区域产品，其中用于治疗儿童消化不良的产品更是数不胜数。这两类产品的广泛存在和销售良好，预示着尚有大量未被开采的"空白市场"。

(2) 消化不良用药市场还有第二品牌的空间。

策划人员研究发现，在消费者的认知中，消化不良用药仅有一个强势品牌吗丁啉，没有明显的第二品牌、第三品牌，市场格局并不清晰。而从长远看，任何市场最终将形成两大主要品牌(非两大厂家)进行竞争的局面，如胶卷中的柯达与富士，可乐中的可口可乐与百事可乐。它们的市场份额最终将形成二比一，领导品牌占有40%左右，第二品牌约占20%。而消化不良用药市场吗丁啉一枝独秀，再无其他强势品牌，也进一步证实了消化不良用药市场远未成熟。江中健胃消食片至少可以争取成为第二品牌。

(3) 消化不良患者用药率低，需求未被满足。

策划人员还发现，消化不良用药市场的用药率较低，部分消费者出现消化不良症状(肚子胀、不消化)时，用药需求未被唤起，多采取揉揉肚子或散散步等方法来缓解。其中，儿童市场用药率低的情况尤为突出。儿童由于脾胃尚未发育完全，消化不良的发病率高于其他人群，主要症状是挑食、厌食。这时家长一方面担心消化不良会影响其生长发育，另一方面，又担心药品毒副作用会伤害到儿童的身体健康，在用药选择上非常谨慎。很多家长因为找不到合适的药，而多采用一些民间土方、食疗等解决。最终造成儿童发病率高，需求最迫切，但用药率低的怪圈。

从上述三个方面得出结论，消费者需求未能得到很好的满足，消化不良用药市场远未成熟，存在较大的空白市场。

在发现助消化药市场存在巨大的空白后，策划人员提出江中健胃消食片的品牌定位——"日常助消化用药"。这一定位避开了与吗丁啉的直接竞争，向无人防御，且市场容量巨大的消化酶、地方品牌夺取市场，同时也在地域上填补"吗丁啉"的空白市场，从而满足江中药业的现实需要。

　　江中健胃消食片的现有消费群集中在儿童与中老年，他们购买江中健胃消食片主要是用来缓解日常生活中多发的"胃胀"、"食欲不振"等症状。显然，定位在"日常助消化用药"完全吻合这些现有顾客的认识和需求，并能有效巩固江中健胃消食片原有的市场份额。

　　由于本身避开了和吗丁啉等竞争，面对的是需求未被满足的空白市场，因此广告只需反复告知消费者，江中健胃消食片是什么，它能起什么作用，就能不断吸引消费者尝试和购买，从而开拓这个品类市场。策划人员为江中健胃消食片制定了广告语"胃胀腹胀，不消化，用江中牌健胃消食片"。广告传播上尽量凸现江中健胃消食片作为"日常用药、小药"，广告风格则相对轻松、生活化，而不采用药品广告中常用的恐怖或权威认证式的诉求。

　　在广告片创作中，策划人员为江中健胃消食片选择了一个和品牌定位的风格、形象趋于一致的代言人——小品和影视演员郭冬临，这主要是看中他以往的作品中塑造的大多是健康、亲切、关爱他人，轻松幽默又不落于纯粹滑稽可笑的形象。而且当时郭冬临拍摄的广告片数量较少，消费者不易混淆。同时，郭冬临一人演绎了江中健胃消食片的"成人"、"儿童"两部广告片，避免消费者误认为是两个产品，从而加强两部片之间的关联。

　　在推广力度上，江中药业深知，仅有一个好产品与好定位是不够的，一定要把这个产品所代表的概念或价值构筑在消费者的心智中，才会完成"惊险的一跳"，实现商业价值。所以江中健胃消食片需要采用狂风暴雨式的推广，迅速进入消费者心智。正因为企业上下都具备了这一意识，江中健胃消食片很快得到了集团在财力上的最大力度支持，在2002年就投入了过亿广告费用，为迅速抢占"日常助消化用药"市场打下坚实基础。市场也给了企业丰厚的回报，当年销售额就直线上升到了3亿多元，比2001年翻了近三番！终于突破了江中健胃消食片年销量不过2亿元的销售瓶颈。

　　江中健胃消食片的重新定位与传播，不仅获得了销量的飞升，仅用5年时间成为国内OTC药品单品销量第一，更重要的是，在助消化用药市场，江中健胃消食片已抢先进入了消费者心智，从而占据了宝贵的心智资源，得以有力量主导这个新兴市场。

（案例来源：http://baike.baidu.com/view/1121676.htm）

案例解析

　　在竞争日益激烈的药品市场上，一个品牌要取得根本性胜利，其关键所在就是其品牌定位战略的制定与实施。江中健胃消食片在策划人员科学的环境分析和准确定位策略下，通过有效的广告传播，使其在市场上完全确立了"日常助消化用药"市场的领导地位。现在，对消费者而言，江中健胃消食片几乎成为了解决"胃胀腹胀不消化"的代名词。江中健胃消食片的成功给我们这样一个启示：定位的过程就是创造顾客、打造品牌的过程。定位成功的关键是对消费者需求状况的分析，消费者是更重要的，没有消费者就不会有竞争，定位策略制定就是满足消费者的需要和需求。

　　江中健胃消食片的案例也告诉我们，营销之战不是事实之战，不是产品之战，不是市场之战，而是认知之战。商战的地点不是事实，不是产品，不是市场，而是心智。坚持占据顾客心智是定位理论的一个基本点。定位就是选择、占据心智认知上最有利的位置，通过广告策划实现这一目的。商战在顾客的心智中进行，心智是你获胜的地方，也是你落败的地方，心智决定成败。商战中没有事实，只有认知，认知即事实，认知决定成败。

04

定位理论的应用策略

定位理论对广告策划的运作产生了重大的影响,在具体的广告策划中,策划人员通过对环境的分析以及营销目标的要求,进一步提出了一些具体的定位策略,比如心理定位、逆向定位、是非定位、比附定位等。

1. 心理定位

心理定位着眼于产品带给消费者某种心理满足和精神享受,往往采用象征和暗示,赋予产品某种气质性归属,借以强化消费者的主观感受,如凯迪拉克、奔驰、宝马,都以其豪华气派营造名流象征。法国洋酒在中国市场推广中,为了撑起其价格昂贵的神话,在诉求上采取心理暗示,试图树立起高贵气派的观念,人头马、轩尼诗莫不如此。"人头马一开,好事自然来",没有任何实质性承诺,完全是心理暗示。

2. 逆向定位

逆向定位是借助有名气的竞争对手的声誉来引起消费者对自己的关注、同情和支持,以便在市场竞争中占有一席之地的广告产品定位策略。郭德纲对自己的定位采取了逆向定位的方式,他根据时下流行的"草根文化"趋势,针对著名相声演员,把自己定位于"非著名相声演员",赢得了观众的喜爱。

3. 是非定位

是非定位就是按照肯定或否定的简单模式对产品与市场进行最简单的逻辑区分,使之呈现为"是什么,不是什么"的状态,借以形成有利于自己的判断,这就是是非定位的核心所在。美国七喜汽水为了能在可乐之后取得相对优势,为自己进行了巧妙的定位:七喜,非可乐。直接将饮料分为两大类:可乐型和非可乐型。要么喝可乐,要么喝非可乐,而明确强调自己是非可乐的只有七喜。

4. 比附定位

比附定位是通过与竞争品牌的比较来确定自身市场地位的一种定位策略。其实质是一种借势定位。借竞争者之势,衬托自身的品牌形象。在比附定位中,参照对象的选择是一个重要问题。一般来说,只有与知名度、美誉度高的品牌作比较,才能借势抬高自己的身价。

5. 使用者定位

使用者定位就是将产品与特定用户群联系起来的定位策略,它直接以使用者为诉求对象,突出产品专为其服务,并让他们对产品产生一种独特的感觉。许多大品牌的成功源于对此定位策略的运用。

路易·威登(Louis Vuitton)是身份地位的象征。在路易·威登(以下简称LV)的广告策划中,它一直宣传其有长达150年的历史,如创始人路易·威登以制造旅行用的行李箱、袋子和配件而成名,而当时社会只有非常富有的人才能去度假,旅游无疑是个奢华品牌的最高联想。路易·威登还利用名人的宣传支持。比如路易·威登一生中,尤金妮皇后(拿破仑三世的妻子)或许是他最出名的顾客。路易·威登的儿子乔治·威登在20世纪上半叶为各式各样的电影明星和王公贵族提供服务。之后,影星奥黛丽·赫本经常拿着LV的旅行箱。2003年珍妮佛·洛佩兹开始为LV进行广告宣传。LV还经常赞助体育活动,常与美国的帆船赛连在一起。经过150年的品牌发展,LV成就了人们心中渴望奢华、尊贵、有较高社会地位象征的品牌。

2. 广告表现策略

(1) 广告表现策略就是确定将广告讯息以什么样的形式传达出去，也就是解决广告应该怎么说的问题。

(2) 广告表现是语言与艺术的联姻。大体上说广告表现包括两大内容：其一是文字上的表现，即广告文案；其二是艺术上的表现，即广告设计。

广告文案表现与广告艺术表现在广告表现过程中的重要性是一样的，它们应该相辅相成、珠联璧合地为整体的广告效果而努力。广告表现集中作用于人们的视觉、听觉，甚至嗅觉、味觉，使人们能从表现中体味到广告创意的魅力，从而受到感染，并产生深刻印象。

如九华痔疮栓的广告名为"屁股笑了"。画面是白底上用水墨寥寥几笔勾画出一张小的弯弯嘴，嘴又分成两半，让人觉得像个圆圆的屁股。简单、有趣的视觉要素立刻吸引了受众的注意，再配上文字说明"屁股笑了"，画面与文字的结合相得益彰，让人忍俊不禁。

文字与艺术在广告中的作用可谓不相上下，在一个具体的广告作品里，它们往往一个充当表现创意的主角，一个充当配角。但无论是主角还是配角，选择的依据是创意的需要。两者需要相互配合，达到最佳效果。

(3) 广告表现的信息陈述形式。广告中信息的陈述形式大致可以分为三种：其一是感性诉求。主要是"以境动人"，营造理想化、实体化的意境画面，刺激公众感官系统，引导公众进入一种浪漫化的境界。其二是理性化诉求。主要是"以理服人"，作用于讲究实用的理性思维的公众，通过准确传达商品与服务的客观信息，引导公众理智地做出判断。其三是情感化诉求。主要是"以情感人"，利用公众的情感生活施加影响，可以通过爱情、亲情、成就感、恐惧感等情感因素营造气氛，刺激公众情感，引导公众对商品留下印象。

(4) 广告表现的符号呈现形式。符号是指代一定意义的意向，可以是图像和文字的组合，也可以是声音信号、建筑造型，甚至可以是一种文化、一种思想、一个时势。

要人们记住广告的全部情节或者代言某种产品的明星的名字可能有些困难，但是人们会很容易地记住达利食品公司的"好吃点"的饼干代言人是个"大眼睛"的女孩，惠普电脑的广告中出现了一个"绿色怪人"，想起了可口可乐就想起了"红色"，提到大红鹰就忘不了那个胜利的标识"V"。

符号的呈现策略是丰富的。颜色、音乐、建筑造型，或是社会的热点话题、流行服饰和语言、演员的某种表情，或是一个思维、一种生活方式等都可以成为符号。关键是在众多的符号中寻找到适合自己的核心符号，升华为一种精神。确定符号的策略主要有：创造产品名称的符号；广告语符号；代言人符号；代言人的个性与品牌个性相互融入；资源符号；精神符号等等。

3. 广告媒介策略

现代广告影响公众的基本途径是媒介，广告媒介策划就是解决广告通过什么渠道传播的问题。广告媒介策划在整个广告策划中充当着一种寻找通往市场之门的作用。如果说，丰富而广阔的消费者市场对于广告主而言是其致力挖掘的宝藏，出色的广告创意是开门的钥匙，那么，广告媒介策划则是找到这个门的关键。

广告媒介策略主要包括媒介选择、确定广告发布日程和方式等。

(1) 媒介选择。广告媒介选择实际上是在尽可能有效地接触目标受众和广告费用的支出等条件的约束下进行的。需要考虑各种媒介的传播特点和局限性，考虑广告商品的特性、消费者接触媒介的方式和习惯、广告目标的要求、市场竞争的状况、广告费用的支出等各种因素。在此基础上，按一定步骤对媒介进行选择。一般来说，先提出媒介选择的目标，然后确定媒介类型；在选定的媒介类型中，再选定具体的媒介；确定在媒介上发布广告的方式以及进行媒介组合方案；最后提请广告主审定媒介选择方案。

(2) 确定广告发布日程和方式。主要确定广告在什么时间发布，持续多长时间，在不同媒介上的发布方式、时段选择、空间布局等。

广告媒介策划的具体实施会在后面章节中细讲，这里暂略。

4．编制广告预算

广告预算是广告主投入广告活动的费用计划。制定广告预算，主要是为了更有计划地使用广告经费，减少浪费，使广告更有效率。正确编制广告预算，是广告策划的重要内容之一，是广告主的广告活动得以顺利开展的保证。这部分内容将在第四节中具体介绍。

5．建立一整套事中检测与事后评估方案

广告发布后效果如何？这是广告主非常关心的内容。事中检测和事后评估方案的制定是广告策划不可缺少的内容，是反映广告策划科学规范的一个重要指标。

事中检测是关于广告执行的控制。其所要完成的工作主要包括：其一是监测广告的执行是否偏离了预先的安排，其二是处理广告策划方案在执行过程中可能出现的问题。

事后评估是对广告效果的测定，是对整个广告运动做出的最终评价，并为下次广告运动提供参考。事后评估包括对广告活动的传播效果、销售效果、心理效果等进行的测定和评价。

由于不同的广告要实现的目标不同，用来解决的问题也不同，因而广告效果评估的标准也不一样。加上广告主的主观要求，如有的广告主就以销售效果作为唯一的评价标准，有的则更注重品牌形象的维护效果等；广告公司的策划人员的偏重点的差异，更使广告效果评估的现实标准呈现出多种多样的态势。

具体如何进行广告效果的测评会在后面章节中细讲，这里暂略。

四、广告策划的工作流程

一般来说，广告策划是集体智慧的成果，广告策划人员通常按照广告运作的流程进行策划。一个完整的广告策划主要可以分为以下几个阶段。

(1) 成立广告策划小组。

(2) 向有关部门下达任务。

(3) 商讨此次广告活动的战略战术，进行具体策划工作。

(4) 撰写广告策划报告。

(5) 向客户递交广告策划报告并由其审核。

(6) 将策划意图交职能部门实施。

第四节　广 告 预 算

在广告策划中，广告预算限制广告策划人能做什么，要求以尽可能少的经费达到尽可能好的广告效果。确定广告预算，不仅直接影响到广告活动的效益，而且影响到企业整体效益。

一、广告预算概述

(一)广告预算的概念

广告预算是企业和广告部门对广告活动所需费用的计划和匡算，它规定了广告计划期内广告活动所需的费用总额、使用范围和使用方法。

美国广告学专家肯尼思·朗曼(Kenneth Longman)经过长期研究于 1971 年提出了一个广告投资模式，如图 4-14 所示。朗曼认为，理想的广告宣传活动应该是以最小的投入取得最大的广告效果，当广告效果达到一定效果时，追加的广告投入就是一种资源的浪费。

根据西方经济学中的边际效用递减规律，后投入的一个单位的广告费用所产生的效用总是小于前一个单位投入的效用。因此，广告投入的总效用一定有一个最高点，到达这个最高点以后，更多的广告投入也只能使广告总效用下降。朗曼认为，没有任何广告投入也会产生一定程度的销售。广告投入在 A 点以前几乎不能产生什么影响，这是因为广告的力度小的原因。当广告投入到达 B 点以后，销售量也不会再增加。因此，朗曼认为在 AB 两点之间，广告投入与销售量会产生正比例的关系。

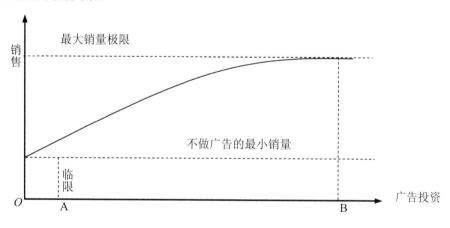

图 4-14　广告投资模式

(二)广告预算的内容

1983 年，国家工商行政管理局和财政部在《关于企业广告费用开支问题的若干规定》中，已明确将广告费列入企业销售成本中。

财务费用中，可以列入广告预算的费用一般有以下几种。

1. 广告媒体费

广告媒体费主要是指购买媒体的时间和空间的费用，约占广告费用总额的80%～85%。

2. 广告设计制作费

广告设计制作费主要包括广告设计人员的报酬、广告设计制作的材料费用、工艺费用、运输费用等，占广告费用总额的5%～15%。

3. 广告调查研究费

广告调查研究费包括广告调研、咨询费用，购买统计部门和调研机构的资料所支付的费用，广告效果检测费用等，这一部分经费约占广告费用总额的5%。

4. 广告部门行政费用

广告部门行政费用包括广告人员的工资费、办公费，广告活动业务费，公关费，与其他营销活动的协调费用等，占广告费用总额的2%～7%。

(三)广告预算书的基本格式

广告预算书的基本格式和内容不可能千篇一律，要视具体的业务项目而定。

广告预算书的基本格式如表4-3所示。

表4-3　广告预算书

广告预算书				
预算委托单位：		负责人：		
预算单位：		负责人：		
广告预算项目：		期　限：		
广告预算总额：		预算员：		
广告预算时间：		预算书编号：		
项　目	开支内容	费　用	执行时间	备　注
市场调研费 1. 文献检索 2. 实地调查 3. 研究分析 …… 其他				
广告设计费 1. 报纸 2. 杂志 3. 电视 …… 其他				

续表

广告制作费 1. 印刷 2. 摄制 …… 其他				
媒体租金 1. 报纸 2. 杂志 …… 其他				
公关促销费 1. 公关 2. 促销 …… 其他				
服务费				
管理费				
其他杂费				
机动费用				
总计				

04

二、影响广告预算的因素

编制广告预算时，除了确定广告费用的范围，明确广告预算的内容外，还必须了解有哪些影响因素。

1. 商品生命周期

产品在市场上都要经过引入期、成长期、成熟期和衰退期四个阶段，处于不同阶段的同一产品，其广告预算的费用有很大的差别。企业要在市场上推出一种新的产品，广告预算的费用无疑要大一些，以使产品被大众所接受。当产品进入成熟期，广告预算的费用则应稳定在一定的水平上，以保持产品的畅销状态。而一旦产品进入衰退期，广告费用将大幅消减。

2. 销售量与利润率因素

企业为了增加销售量，往往会采取增加广告投入的方式。一般情况下，广告费增加了，企业的销售量和利润率也相应地增加和提高。反之，如果增加广告投入，销售量和利润率却上不去，那么肯定要挫伤企业的积极性，从而减少广告投入，消减广告预算。因此，广告产品的销售量与利润率因素也是影响广告预算的一个方面。

3. 竞争对手因素

广告是企业进行市场竞争的一个手段，因而广告预算也受到竞争对手的影响。竞争对手之间进行市场竞争，往往以广告宣传的形式表现出来，在一定程度上，广告的竞争就变为广告预算的竞争，即竞争对手增加广告预算，企业为与其抗衡，也会迅速做出反应。

4. 企业实力因素

广告预算的高低，受企业的财力状况、技术水平、生产能力和人员素质的影响。企业规模大、实力强、产量高、资金雄厚，当然可以把广告预算制定得规模宏大。反之，如果企业的资金、产品规模都比较小，则在编制广告预算时，应量力而行。

5. 消费者因素

消费者是市场的主体，也是广告宣传的受众，消费者的行为不仅影响市场的走向，也影响广告预算的制定。当消费者对某种商品较为冷淡时，企业应该加大广告宣传的力度，刺激消费，使消费者逐渐认识商品；当广告商品已被消费者认同，在消费者心目中有较高的地位时，企业可以适当地控制或减少广告预算的规模。

6. 媒体因素

不同的传播媒体有不同的广告受众、不同的广告效果和不同的媒体价格。一般来说，电视广告的费用最高，其次是报纸、广播和杂志，因特网上的广告费用相对较低；而依据电视和广播节目覆盖范围的大小、收视率的高低，报纸杂志发行量的大小，以及这些媒体的权威性、最佳播出时间和最佳版面等的不同，其广告的价格费用也有明显的差别。因此，在制定广告预算时，必然要考虑媒体因素的影响。

影响广告预算的因素还有很多，如广告的制作水平、企业的声誉和形象、企业领导者的决策水平以及社会经济发展水平等，它们对广告预算的影响程度不一，在此不再列出。

三、广告预算的分配

一般来说，广告预算的分配主要有以下几种方法。

1. 按广告时间分配

按广告时间分配是指按照广告各项活动的时间安排，有所侧重地分配广告经费。它又可以分为两种情况。

(1) 按广告活动期限进行经费分配。不同的广告活动，对时间长短有不同的要求。长期的广告活动，有年度广告经费分配；中短期的广告活动，则有季度、月度的广告经费分配。

(2) 按广告信息传播时机进行经费分配。许多产品的销售经常随着时间和季节的变化而变化，尤其是服装、空调、冰箱、冷饮等季节性产品。对这类产品合理地把握广告时机是抢占市场制高点的关键。

2. 按市场区域分配

按市场区域分配是指企业将整个目标市场分解成若干部分，而后按各个区域来分配广告经费。一般来说，广告经费在产品销售有基础的地区要比在新开发的地区少，在人口密度大的地区要比在密度小的地区多，全国性市场的广告经费要大于地方性市场的广告经费。当然，由于各地区情况不同，企业在每一地区的广告目标也有所区别。

3. 按产品类别分配

按产品类别分配是指企业在对其生产产品组合进行评价分析之后，针对不同类型的产品分别确定相应的广告预算。不同的产品，由于其行业发展前景不同、市场占有率不同、市场竞争状况不同及产品所处的生命周期不同，其销售潜力、利润水平和产品在企业产品体系中所处的地位也是不一样的，这就使得企业在分配广告经费时应有所侧重。一般来说，广告预算的这种分配方法对企业的发展具有战略意义。

4. 按广告对象分配

按广告对象分配是指企业按照广告计划中的不同广告对象，即广告产品的消费者，分别确定相应的广告预算。一般来说，以工商企业、社会团体用户为对象的广告，可以少使用广告费；而以最终消费者为对象的广告，所占广告预算费用比重较大。

5. 按传播媒体分配

按传播媒体分配就是根据广告计划所选择的广告媒体以及媒体刊播频次，分配广告经费的方法。分配方法一般有两种形式：其一，传播媒体之间的分配，即根据广告计划所选定的各种媒体进行广告费用的分配；其二，传播媒体之内的分配，即根据对同一媒体不同时期的广告需求来分配广告经费。

按传播媒体分配广告费用，要根据产品的种类和定位、产品的销售区域、媒体的使用价格等综合考虑，在广告预算中，首先应该保证的是广告媒体的使用经费。

四、确定广告预算的方法

1. 目标达成法

目标达成法(目标任务法)是指根据企业的营销战略和营销目标，具体确定广告规划和广告目标，再根据广告目标编制广告计划，确定企业的广告预算总额。其计算公式为

广告费=目标人数×平均每人每次广告到达费用×广告次数

目标任务法是在广告调研的基础上确定的广告预算总额，它的科学性较强，但比较繁琐。在计算过程中，如果有一步计算不准确，最后得出的广告预算总额就会有较大的偏差。

2. 销售额百分比法

销售额百分比法是以一定期限内的销售额的一定比率，预算的方法。由于执行标准不同，销售额百分比法又可细分为计划销售额百分比法、上年度销售额百分比法、平均销售额百分比法及计划销售增加额百分比法四种。其计算公式为

广告费用=销售总额×广告费用与销售总额的百分比

例如，某公司上年度的销售总额为100万元，今年拟投入的广告费用占销售总额的4%，那么，今年的广告预算为

广告费用=100×4%=4(万元)

这种方法简单易行，其优点是：计算简单，广告支出与产品销售状况直接挂钩，销售状况越好，广告费用也越高，企业不至于感到财务压力。但该方法也有很大缺陷，即因果倒置。广

告活动的目的是要创造消费，提高销售额，而不是以销售额来决定广告费用。

3. 利润百分比法

利润百分比法是根据一定期限内的利润总额比率来确定广告预算的方法。根据利润额的不同含义，利润百分比法又分为净利润百分比法和毛利润百分比法，其广告费用的计算公式与销售额百分比法相同。

利润百分比法把广告费用和利润直接挂钩，适合于不同产品之间的广告分配。但该方法不是以广告促进销售作为出发点，而是首先考虑利润多少。利润多，便多支出一些广告费；利润少，便少支出一些广告费。如果企业因为没有利润就停止广告宣传，则显然是不适合的。如新产品上市初期，尽管利润尚未实现，却仍需支出大量的广告费，以宣传和推销新产品。所以，利润额百分比法是一种比较被动的方法，应慎重采用。

4. 销售单位法

销售单位法是根据每一销售单位投入的广告费来确定广告预算的方法。其计算公式为

广告费用=单位产品分摊广告费×本年度计划产品销售数量

例如，某饮料生产企业上年销售饮料10万箱，广告投入10万元。今年计划销售15万箱，则广告投入为

$$(10÷10)×15=15(万元)$$

销售单位法对于经营产品比较单一或专业化程度比较高的企业来说，非常简单易行。但这种方法的缺陷也比较明显，如果对于那些生产、经营多元化的企业来说，这种方法计算手续繁杂，且灵活性较差，将广告支出和销售情况因果倒置，没有考虑到市场上的变化因素。

5. 竞争对抗法

竞争对抗法是根据广告产品的竞争对手的广告费开支来确定本企业的广告预算的方法。在这里，广告主明确地把广告当成了进行市场竞争的工具。其具体的计算方法又有两种：一种是市场占有率法，另一种是增减百分比法。

市场占有率法的计算公式如下：

广告预算=(对手广告费用÷对手市场占有率)×本企业预期市场占有率

增减百分比法的计算公式如下：

广告预算=(1±竞争者广告费增减率)×上年广告费

运用竞争对抗法确定广告预算的主要缺点是广告费用大，容易造成浪费。其次，由于竞争对手对其广告费用情况的封锁，使信息不实，容易造成失误。资金不足的中小企业在采用这种方法时要特别慎重。如果企业的资金雄厚，为了在市场上建立强有力的地位，企业运用这种方法是行之有效的。

6. 支出可能额法

支出可能额法是指企业根据自己的经济实力，即财务承受能力来确定广告费用总额的方法。这种方法也称"量体裁衣法"，许多中小企业都采用这种方法。"量力而行"是指企业将所有不可避免的投资和开支除去之后，再根据剩余资金来确定广告预算的规模。

第五节　广告策划书的撰写

广告策划书实际上是把广告调查分析的结论、广告目标决策、广告的定位策略、媒介策略、诉求策略、创意成果、宣传文案、表现策略、广告预算等以书面文字的形式表现出来。

一、广告策划报告的基本结构

广告策划报告基本包括标题、正文和署名三大部分。

1. 标题

标题可以采用常用的公文格式，如"(沃美广告公司)关于'舒蕾杯'南航空姐新人赛广告策划书"。标题也可采用正标题、副标题共同使用的形式，如"百花争妍，迎新春——泰丰家纺新春策划书。"正标题的作用是说明文书，即广告策划书的中心主题；副标题的作用是说明广告文书的内容和性质。

2. 正文

正文是广告策划书的中心主体。

3. 署名

署名部分主要包括：撰写广告策划书的主要单位及写作时间；为广告策划而进行的市场调查的应用性文本和其他需要提供给广告主的相关资料：市场调查问卷；市场调查访谈提纲和市场调查报告等。

二、广告策划书正文的内容

第一部分　前言

主要介绍广告策划项目的由来、经历的时间、指导思想、理论依据、事实依据和广告策划书的目录等相关内容。

第二部分　市场分析

主要是将广告调查、分析结论表述出来。

(一)营销环境分析

1. 企业市场营销环境中的宏观制约因素
2. 企业市场营销环境中的微观制约因素
3. 市场概况
4. 营销环境分析总结

(二)消费者分析

1. 消费者的总体消费态势
2. 现有消费者分析
3. 潜在消费者分析

4. 目标消费者分析

(三)产品分析

1. 产品特征分析

2. 产品生命周期分析

3. 产品品牌形象分析

4. 产品定位分析

5. 产品分析的总结

(四)企业和竞争对手的竞争状况分析

1. 企业在竞争中的地位

2. 企业的竞争对手

3. 企业和竞争对手的比较

(五)企业和竞争对手的广告分析

1. 企业和竞争对手以往的广告活动的概况

2. 企业和竞争对手以往的广告目标市场策略

3. 企业和竞争对手的产品定位策略

4. 企业和竞争对手以往的广告诉求策略

5. 企业和竞争对手以往的广告表现策略

6. 企业和竞争对手以往的广告媒介策略

7. 广告效果

8. 总结

第三部分 广告策略

(六)广告的目标

1. 企业提出的目标

2. 根据市场情况可以达到的目标

3. 对广告目标的表述

(七)目标市场策略

1. 企业原来市场观点的分析与评价

2. 市场细分

3. 企业的目标市场策略

(八)产品定位策略

1. 对企业以往的定位策略的分析与评价

2. 企业的产品定位策略

(九)广告诉求策略

1. 广告的诉求对象

2. 广告的诉求重点

3. 诉求方法策略

(十)广告表现策略

1. 广告主题策略

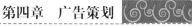

2. 广告创意策略

3. 广告表现的其他内容

(十一)广告媒介策略

1. 对媒介策略的总体表述

2. 媒介的地域

3. 媒介的类型

4. 媒介的选择

5. 媒介的组合策略

6. 广告发布时机策略

7. 广告发布频率策略

第四部分 广告计划

(十二)广告工作计划

1. 广告调查、创意、策划、设计的时间安排

2. 广告制作和实施的时间安排

(十三)广告发布计划

1. 广告发布的媒介

2. 各媒介的广告规格

3. 广告媒介发布排期表

(十四)其他活动计划

1. 促销活动计划

2. 公共关系活动计划

3. 其他活动计划

(十五)广告费用预算

1. 广告的策划创意费用

2. 广告设计费用

3. 广告制作费用

4. 广告媒介费用

5. 其他活动所需要的费用

6. 机动费用

7. 费用总额

第五部分 广告活动的效果预测和监控

(十六)广告效果的预测

1. 广告主题测试

2. 广告创意测试

3. 广告文案测试

4. 广告作品测试

(十七)广告效果的监控

1. 广告媒介发布的监控

2. 广告效果的监控与反馈

附录

在策划文本的附录中，可以包括为广告策划而进行的市场调查的相关资料。

1. 市场调查问卷

2. 市场调查访谈提纲

3. 市场调查报告

 **本章小结**

(1) 广告策划是根据广告主的营销计划和广告目标，在市场调查的基础上，制定出一个与市场情况、产品状态、消费群体相适应的经济、有效的广告计划方案，并加以评估、实施和检验，从而为广告主的整体经营提供良好服务的活动。

(2) 广告策划的主要内容是：开展广告市场调查；进行广告目标决策；制定广告定位策略；拟订广告媒介策略；确定广告诉求策略；创造广告宣传意境；创作广告宣传文案；决定广告表现策略；确定广告预算方案；进行广告效果测定。

(3) 广告预算是企业和广告部门对广告活动所需费用的计划和匡算，它规定了广告计划期内广告活动所需的费用总额、使用范围和使用方法。

(4) 广告策划书实际上是把广告调查分析的结论、广告目标决策、广告的定位策略、媒介策略、诉求策略、创意成果、宣传文案、表现策略、广告预算等以书面文字的形式表现出来。广告策划报告基本包括标题、正文和署名三大部分。

 **实训课堂**

一、简答题

1. 广告策划的原则是什么？

2. 广告策划的思维方式有哪几种？

3. 确定广告诉求策略需要具体考虑哪些因素？

4. 广告预算分配的依据是什么？

二、计算题

某企业的竞争对手在某地的市场占有率为 20%，广告费用为 100 万元，本企业如果希望自己的市场占有率达到 30%，那么其广告预算应为多少？

三、实训题

1. 请分析"蒙牛"作为非奥运赞助商，如何借助奥运进行营销策划。

2. 假设生产牛奶的新公司"麦琪"要对自己的产品进行上市推广。公司要针对目前的牛奶市场，进行广告调查，请设计调查问卷，并撰写广告策划报告。

宝洁公司——总有一款适合你

一、全方位定位

提起宝洁公司，人们脑海中便会出现一个又一个耳熟能详的牌子：头屑去无踪、秀发更出众的"海飞丝"，让头发飘逸柔顺，洗发护发二合一的"飘柔"，含有维生素B5、令头发健康、加倍亮泽的"潘婷"；防止蛀牙的"佳洁士"牙膏；洁肤杀菌、关爱全家健康的"舒肤佳"香皂；对污渍、油渍有强力去污功能的"碧浪"洗衣粉；滋润青春肌肤、蕴含青春美的"玉兰油"……宝洁公司提供的产品可谓是日常消费品大全，宝洁公司的全方位定位，让你总能找到一款适合自己的产品。

二、实施多品牌战略

多品牌战略是指一个企业同时经营两个以上相互独立、彼此没有太大联系的品牌战略。多品牌产品可以最大限度地占有市场，对消费者实施交叉覆盖，既为消费者提供多项选择机会，又降低了企业的经营风险。多品牌比单一品牌更灵活，更便于市场细分。

宝洁公司正是通过实施多品牌战略来扩展品牌知名度的。它旗下将近80多种品牌，从香皂、洗涤剂到咖啡、土豆片，再到卫生巾、感冒药，横跨多种行业，这些品牌都是相互独立的。宝洁的内部竞争法则是：如果某一种类的市场还有空间，最好那些"其他品牌"也是宝洁公司的。因此宝洁公司在不同种类的产品间设立品牌，在相同类型的产品间也大打品牌战。

宝洁的多品牌策略不单是把同类型的产品贴上不同的品牌标识，更是侧重同类产品不同品牌之间的差异，包括功能、包装、广告宣传等诸方面，使每个品牌都具有鲜明的品牌个性。针对不同消费群体的不同需求，例如洗衣粉，有些人喜欢强力去污，有些人喜欢气味芳香，有些人则喜欢衣物柔顺，宝洁公司将洗衣粉市场细分为9个市场，并推出9种不同的品牌，满足不同层次、不同需求的各类消费者的需求，从而培养消费者对品牌的偏好和忠诚度。同样，宝洁公司根据不同人的需要设计出了多个洗发水品牌，潘婷定位于对头发的营养保护，海飞丝定位于去屑，飘柔定位于让头发柔顺，沙宣定位于解决头发分叉问题，伊卡璐定位于富含纯天然草本精华，返璞归真。仅飘柔、海飞丝和潘婷的市场占有率就达到了66.7%。

三、进行市场细分

从宝洁公司的市场细分可以看出，其分类标准除了价格和功能的定位，更主要的是通过广告诉求给予消费者不同的心理暗示，让消费者对某种产品产生亲切和信任感。

宝洁公司看到人们对健康的重视，推出的佳洁士的广告就结合"全国牙防组"推广"根部防蛀"的护牙理念，突出品牌的健齿功效；看到青年人为工作而奔波，飘柔洗发水就打出了自信的概念，通过系列广告"飘柔指挥家篇"、"飘柔老师篇"等广告进行"自信"的品牌诉求，还相继推出了"职场新人"、"说出你的自信"等系列活动强化"自信"概念，提高品牌价值。

(案例来源：颜炳荣. 世界著名企业的品牌攻略. 北京：中国纺织出版社，2006)

案例点评：

宝洁公司不断在相同领域推出不同品牌的做法值得借鉴。广告策略的关键是攻心策略，因为市场是多元化的，消费者的性格、爱好、需求和心理不同，谁能最大化地满足消费者的需求，并进行独特的市场细分和定位，抓住消费者的心理，谁就能像宝洁一样成功。

讨论题：

1. 宝洁公司对不同品牌的洗发水产品的定位依据是什么？

2. 宝洁公司的多品牌战略有哪些优势和不足？

第五章

广告创意与表现

学习要点及目标

- 了解广告主题的含义及确立广告主题的基本要求
- 掌握广告创意的概念和特征及基本要求
- 理解并掌握广告创意的原则
- 理解广告创意的思考方法
- 掌握广告表现的含义及其原则
- 理解情感诉求的时机把握
- 理解并掌握理性诉求的基本策略

核心概念

广告主题　广告创意　USP　感性诉求　理性诉求

引导案例

05

独到创意引来强烈反响

平庸的广告只能做到"信不信由你"，出色的广告则能做到"不由你不信"。要使一则广告成功，不仅要有正确的广告策略，而且要有完美的广告技巧。

1983 年，美国的一个厂商生产了一种叫作"超级三号"的强粘胶液，他想将该产品打入法国市场，于是委托巴黎的奥布尔维和马瑟广告公司的设计师制作广告。如何突破传统广告平铺直叙的风格，做出让人信服的广告呢？设计师绞尽脑汁，终于设计出了一则惊险的广告：在电视画面上，有一个男人在鞋底上点了 4 滴"超级三号"，然后被倒粘在天花板上，足足倒立保持了 10 秒钟，并有公证人当场监督鉴定。这个广告播出后，立刻引起了强烈的反响，不到一周这种粘胶液销售出 50 万支，1983 年总销售量为 600 万支。

这则广告的绝妙之处在于：让电视观众在提心吊胆地观看过程中，真正信服了"超级三号"的可靠性。历来人们相信耳听为虚，眼见为实，这种惊险广告的效果比起那种长篇大论，作口头宣传的广告好多了。

香港有一家专营粘胶剂的商店，也推出一种新的"强力万能胶水"。店主另辟新径，想出一个奇招。他请人定制了一枚价值 4500 美元的金币，并用强力胶水把这枚金币粘在墙上。然后宣布谁能把金币揭下来，就归谁所有。一时观众如云，登场一试者不乏其人。然而，许多"大力士"费尽九牛二虎之力，仍然只能是"望币兴叹"。据说，更有一位自诩能"力拔千钧"的气功师，专程来店一展身手，闻讯而至的顾客，把小小店铺围得水泄不通，连当地电视台记者也赶来采访。只见那位气功师运足了气，双手把住金币，"嘿"的一声，金币四周墙皮脱落，而金币"岿然不动"，气功师也丧气而去。于是，这种粘胶水通过目睹者的传播，名声远扬。这家商店的"强力万能胶水"很快便打开了销路。

在文学作品创作中，第一个将姑娘比作鲜花的是天才，第二个将姑娘比作鲜花的是庸才，第三个将姑娘比作鲜花的是蠢材。在广告创作中也同样如此，最忌拾人牙慧，千人一面，不动脑筋，人云亦云的雷同化。广告创意贵在创、贵在新，要与众不同，才能有吸引力。

第一节　广告主题的确定

一、广告主题的含义

广告主题，是广告为达到某一目的所要说明和所要传播的最基本的观点，是广告宣传的重点和中心思想，也是整个广告活动的灵魂所在。

广告主题像一根红线，贯穿于广告活动中，使广告的各个要素有机地组合在一起合成一则完整的广告。一则好的广告必须主题鲜明、突出，使人们接触广告后，很容易理解和接受。任何一则广告都必须首先确定广告主题，即确定一个商品究竟要在广告中告诉受众什么信息。广告主题是广告创意的主要材料和依据，广告表现是广告主题的艺术化。

二、广告主题的基本要求

1. 鲜明突出

广告主题必须观点明确、概念清晰、重点突出，使人一目了然，鲜明地表达销售的概念。成功的广告主题应具有结构简单、表达单一明确、目标集中的特点。隐晦和不明确的广告主题，概念模糊、繁杂松散，销售重点不明确的主题，会使消费者产生认识上的混乱，甚至产生错误认识。

2. 新颖独特

广告主题要有自己独特的新意，广告传达的信息要有与其他同类产品不同的销售主张。只有主题个性新颖，才能突出广告产品与众不同的特点，在市场竞争中让消费者注意自己，并留下深刻的印象。

3. 寓意深刻

广告主题要有一定的思想深度，能从平凡生活的细节中挖掘出让人激动的意蕴，使之蕴含深邃的思想价值和生活哲理。

三、广告主题的确立

广告主题是广告活动的核心，如何确立广告主题是广告运作中最为重要的工作。一般可以从以下几个角度进行分析。

1. 分析商品特点是确立广告主题的基础

商品和服务的独特性，是确定广告主题的重要依据。在科学技术高速发展的今天，新产品、同类产品层出不穷，广告策划要使自己的广告与同类产品的广告区分开来，就要善于找出同类产品所没有的、目前又可以满足消费者需求的特色，在广告中加以突出。这样才能在众多的商品中，树立起自己商品的形象，吸引广大消费者。

【案例5-1】

日本汽车进入美国市场的诀窍

20世纪60年代末，日本轿车刚刚进入欧美市场时，在当地大力宣传日本车"外形美观，价格低廉"，由于主题没有突出商品的特点，很难打动一般消费者，反被讥讽为带壳的四轮摩托车。

70年代末，欧美遇到了严重的石油危机，日本厂商抓住机会，改变广告主题，重新定位，突出日本汽车节油的特点，终于赢得了为油荒所困的欧美消费者的青睐。

案例解析

利用产品的特点及时进行广告传播不失为聪明之举。当然，商品确有突出特点，对构思广告主题而言，是最理想的，但目前这类商品不是很多。如果本商品与其他商品差异不大，而厂家一时又难以改进其产品，那么就需要广告策划人员展开想象，从多个角度挖掘出商品与众不同的特点来。

【案例5-2】

霍普金斯的另类创作

著名广告大师克罗德·霍普金斯为一家啤酒生产企业作广告策划，他实在难以发现其产品的特点，于是他参观这家啤酒企业的生产过程，除了麦芽与啤酒花加工外，他惊奇地发现空瓶子都用蒸汽来消毒杀菌。厂家告诉他，这没什么，每家啤酒厂都是这样的。

霍普金斯却认为，虽然大家都这么做，但还没有一个人把这点作为广告诉求重点，所以这一点非常重要(因广大消费者并不了解别的厂家是怎么做的)。他拟定了一则引人注目的，后来证明是很成功的广告："我们的酒瓶是用蒸汽洗净的"。他的广告"言人所未言"，给消费者留下了深刻的印象。

案例解析

善于发现别人难以发现的卖点，并大胆而又及时地进行广告传播体现了广告人的智慧。广告卖点的挖掘不是在办公室，也不是在广告人的头脑中，而是在生活中，在市场中，在企业经营的每一个环节中。广告人深入企业实践是十分必要的。

2．消费者心理的分析是关键

消费者购买某种商品或接受一项服务的动机，都是为了满足某一方面的需要。不同层次的消费者有着不同的消费需求和心理特征。广告主题只有洞悉消费者的心理，才能使广告诉求满足消费者的心理需求，使消费者从广告主题中体会到产品跟他们的利益密切相关。

【案例5-3】

民族主题使裕隆公司获得成功

在 1981 年以前，台湾几乎没有自己的汽车工业，为改变这种现状，台湾裕隆公司从 1981 年起，耗巨资开发自己的小汽车。新车尚未问世，该公司做的先导广告是：在各国名牌车的商标下面，引人注目地提出一个问题，"这些都是别人的……我们的在哪里？"然后醒目地回答，"让裕隆告诉您，我们的车在那里。"

这则广告融进了民族的感情，也充分显示了新车是中国人独立设计、自行开发的特点。裕隆公司的新车后来在台湾一炮打响，超过了一些世界名车的销售量。

案例解析

消费者受宏观环境及历史积淀的一些因素的影响，往往也存在着一些民族情结和情感，广告主题如果能够关注到民族情结的影响力和感召力，会使广告达到意想不到的效果。

3．市场需求分析不可缺少

消费市场的构成因素是人口和购买力，因此确定广告主题时还要考虑市场需求，即人口和购买力的因素。

人口因素按地区不同，可分为农村市场、城镇市场；按性别可分为男性市场、女性市场；按年龄可分为儿童市场、青年市场、中老年市场。由于消费者的性别、年龄、消费心理、消费习惯不同，所需的商品也大不一样。如对服装的需求，有的追求舒适美观、朴素大方；有的讲究新颖、时髦；有的讲究经济实惠；有的则要求高档华贵。

不同消费者的购买力也是不同的。高明的厂家注意生产品种多、档次全的产品，并在广告宣传中针对人们购买力的不同，突出不同档次商品的特点，以满足不同层次消费者的需要。

4．企业形象和品牌形象分析

企业形象和品牌形象分析也是确定广告主题的关键步骤。企业竞争力来自三个方面，即商品力、销售力和形象力。三者紧密相关。广告可以用来宣传企业形象，而良好的企业形象又可以促进产品的销售。如果一个企业拥有良好的形象基础，那么以这种形象为主题的广告，也可以实现促销的目的。因此企业形象分析对确立广告主题有着重要意义。

品牌形象分析主要有两方面的内容：一是有形的内容，一是无形的内容。品牌形象的有形

05

内容是与品牌产品或服务相联系的特征，这一特征把产品或服务提供给消费者的功能性满足与品牌形象紧紧联系起来，使人们一接触品牌，便可以马上将其功能性特征与品牌形象有机结合起来，形成感性的认识。品牌形象的无形内容主要指品牌的独特魅力，是营销者赋予品牌的，并为消费者感知、接受的个性特征。这一特征反映了人们的情感，显示了人们的身份、地位、心理等个性化要求。广告主题的确立应结合品牌形象的特征，有利于形成品牌忠诚。

5．广告目标分析

广告目标是广告战略的核心，广告主题必须为实现广告目标服务，要依照广告目标的要求体现广告主题。背离广告目标而确立的广告主题是错误的广告主题，会导致整个广告活动的失败。

四、确立广告主题的方法

1．方程式法

方程式法是指根据一定程式来安排广告内容，提炼广告主题的方法。它往往根据程式产品原料→制造方法→产品效用→产品价值，来提炼广告主题。

2．要点法

要点法是指以最能反映商品特点的要点来确定广告主题。该方法一般从以下几个要点来考虑广告主题：商品本身的历史，生产商品所用的原材料、制造工艺与过程，生产者与经营者的声誉，市场的供求、竞争状况，消费者的地位、年龄、文化程度、生活环境和购买习惯等特点。

第二节　广　告　创　意

一、广告创意的概念及特征

(一)广告创意的概念

1．对广告创意的理解

广告创意是广告创作的首要任务之一。大卫·奥格威说过，要吸引消费者的注意，同时让他们来买你的产品，非要有很好的点子不可，除非你的广告有很好的点子，不然它就像被黑暗吞噬的船只。这个点子，就是人们所认为的广告创意。

广告创意是一种创造性主意，它是以一种突破常规的思维方式对广告题材的选择、对广告主题的提炼、对形象的典型化、对文字的精练，对构图和意境以及表现方式、风格等进行的总体思考和想象。

2．广告创意的含义

广告创意有广义与狭义之分。从广义上说，广告创意是对广告战略、策略和广告运作每个环节的创造性构想。

从狭义上说，广告创意是表现广告主题的，能有效与受众沟通的艺术构想。

(二)广告创意的特征

1．广告创意必须紧密围绕广告主题

广告策划首先要确定广告主题，但广告主题仅仅是一种思想或概念，如何把广告主题表现出来，怎样表现得更准确，更有感染力，这是广告创意的宗旨。如果没有很好的表现广告主题的广告创意，广告就很难引起人们注意，很难达到应有的广告效果。

广告创意与广告主题策划有紧密的联系，但又有区别。二者都是创造性的思维活动。但广告主题策划是选择、确定广告的中心思想或要说明的基本观念；广告创意则是把该中心或基本观念通过一定的艺术构思表现出来。广告创意必须先有广告主题，否则谈不上广告创意的开展。

2．广告创意必须是与受众有效沟通的艺术构想

简单化的构思也能表现广告主题，但却算不上是广告创意，或者只能说创意低劣。艺术构想的基本特征是具有创造性和艺术美。这种艺术构想还要能让受众看得懂、听得明白，从而使受众受到感染并引发共鸣，这样的创意才能称为是好的创意。

3．广告创意是广告制作的前提

广告制作是把创意构思出的主题形象、意境通过艺术手段鲜活地体现出来的活动。广告创意是把广告主题如何形象化、艺术化表现出来的思考，广告制作则是把创意思考成果具体化、物质化直至完成作品的加工过程。没有广告创意就谈不上广告制作，而广告创意则需要通过广告制作来具体表现。

二、广告创意的要求

据统计，在被收看的广告中，只有 1/3 的广告能给观众留下一些印象，而这 1/3 的广告中只有 1/2 的内容能被观众正确理解，仅有 5%的广告能在 24 小时内被观众记住。显然，一个广告如果没有一个好的创意，只会被湮没在信息的海洋之中。

那么，什么样的广告创意才能称为是好的创意呢？广告大师伯恩巴克创立的 DDB 广告公司对好的广告创意总结出以下几点要求。

1．相关性

相关性是指广告创意必须与商品个性、目标消费者和企业相关联。

广告的目的是为了推销商品、劳务或观念，广告创意只能在此基础上展开。广告创意与科学发明、文学创作的最大不同就在于，它始终贯穿着营销观念，是一种商业促销活动。所以广

告创意一定要找出商品最能满足消费者需求的利益点,这是相关性的要旨。这个利益点可以分为理性利益点和感性利益点。一般来说,理性利益点与商品的特性相关,比较容易找出,感性利益点就要下一番功夫,在商品与情感之间寻找其奥妙的关联点。

【案例5-4】

雕牌洗衣粉的广告创意

雕牌洗衣粉的电视广告画面是这样的:一个下岗女工,满脸愁云地在贴满招工启事的广告前徘徊,心中充满了忧虑。

下岗女工的女儿,一个小女孩,诉说着"妈妈下岗了,整天愁眉苦脸,一大早就出去找工作……"

小女孩从抽屉里拿出雕牌洗衣粉洗衣服,并且吃力地把洗干净的衣服晾到了绳上。

小女孩给妈妈留了个纸条,上面歪歪扭扭地写着:"妈妈,我能帮您干活了。"

下岗女工从外面疲惫而归,看到已经熟睡的女儿和女儿留下的纸条,眼泪止不住夺眶而出……

画外音同时响起:只买对的,不买贵的。

案例解析

这则电视广告播出后感动了成千上万的下岗职工。也正是因为这份感动,使雕牌洗衣粉的销售快速增长,市场份额一下子增长到15%。该广告成功的重要之点,就是抓住了消费者最关心的利益点,这个利益点既有物质的利益点:只需一点点,衣服就能洗干净;也有精神的利益点:对下岗女工的关心与体谅。这种体谅正是目标消费者想要的。

广告创意一定要与目标消费者相关联,如果消费者从广告创意中得出结论,这正是他所需要的,是与他的生活息息相关的,那这就是一个好的创意;如果消费者觉得这正是他梦寐以求的,那么这个创意就实在是太好了;如果消费者感到这与他无关,那么这个创意就是一个极为失败的创意。

【案例5-5】

广告与明星代言

"太太血乐"的平面广告如图5-1所示。"太太血乐"的成分和功能是用于产后、术后补血,主要适宜人群为术后、产后的中年女性。显然此品牌给人的感觉应该是一位仪静体闲、柔情绰态、温润如玉的高贵成熟的女性形象。然而广告中代言人却是超女周笔畅,无论从年龄、个性、气质等各方面周笔畅都与成熟女性相去甚远,更难以让人把她与太太二字联系在一起。

图 5-1　周笔畅代言的"太太血乐"广告

案例解析

广告中使用明星代言是利用人们爱屋及乌的心理，即利用明星的社会号召力来增强品牌的市场号召力。但明星的使用不能脱离创意的相关性原则，这就意味着代言人的艺术形象要与目标市场接近，否则会引起消费者对品牌的误解或产生品牌认知上的矛盾。我们知道，代言人，是品牌气质的具象化，因此代言人的气质一定要与品牌产品的特质接近。

2. 原创性

广告创意贵在创，贵在新，要做到这一点，就要突破常规，出人意料，切忌似曾相识。没有原创性，广告就失去了吸引力和生命力。

【案例 5-6】

伯恩巴克的经典之作——柠檬

广告大师伯恩巴克为大众金龟车做的"柠檬"广告创意堪称发挥原创性的经典之作。在这则广告中，伯恩巴克没有像通常的广告那样自夸，说自己的车如何好，而是突破常规地说"这是一个不合格的车"。广告画面是一辆车和一个标题"Lemon"（柠檬），如图 5-2 所示，意为"次品"、"不合格"。

广告从来都是自卖自夸，这个广告突然说自己的坏话，不免引起人们的好奇。当人们不由自主地看过文案后，诚实的说辞就钻进了人们的脑海：原来这部车之所以不合格，是因为严格的质检员发现了车门某处有连肉眼都难以发现的划痕。有如此微伤都不能过关，其质量不言而喻，这则广告的效果大家可想而知。

图 5-2　伯恩巴克为大众金龟车做的"柠檬篇"广告

05

案例解析

伯恩巴克的这个作品堪称发挥原创性的经典之作。其成功的原因之一在于借助逆向思维方法。其实广告创意的思维方法很多，根本点在于突破原有的思维框架，突破原有的观念和经验，从市场需求出发，从消费者的内心欲求出发，就可产生具有原创性的好的创意。

3. 震撼力

震撼力是指广告创意要能深入到受众的心灵深处，对他们产生强烈的冲击。没有震撼力，广告就很难给人留下深刻的印象。产生震撼力的方法很多，可以是正面的，也可以是负面的。不一定要靠爆炸，不一定要血淋淋，关键是出人意料。

【案例5-7】

"白加黑"感冒药的电视广告创意

白加黑电视广告情节是这样的：五彩缤纷的电视画面突然消失了，屏幕上一半黑一半白，而且信号极不稳定。此画面一下子引起人们的注意，"怎么了，电视坏了？"正当人们着急的时候，突然看到屏幕上出现一行字，"感冒了，怎么办？你可以选择白加黑呀！"人们紧张的神情这才松弛下来，而下面的广告信息已经乘机钻进人们的脑海：白天服白片不瞌睡，晚上服黑片睡得香，治疗感冒，黑白分明！

案例解析

白加黑感冒药的这则电视广告，不但引人注意，且给人印象深刻，其成功之处，正在于出人意料，打破现状，使人感到惊奇。所以震撼力的产生不一定要借助恐怖的手法，或者故弄玄虚，只要出人意料，就能达到应有的效果。

4. 简洁性

广告创意必须简单明了，纯真质朴，切中主题。只有这样，才能让人过目不忘，印象深刻。广告大师伯恩巴克说道："在创意表现上，只是求新、求变、与众不同还不够，杰出的广告既不夸大，也不是虚饰，而是要竭尽你的智慧，使广告信息单纯化、清晰化、戏剧化，使它在消费者脑海里留下难以磨灭的记忆。"最好的创意往往是最简单的创意，好的广告一次只说明一个问题，并把问题表达得淋漓尽致。

【案例5-8】

可口可乐换瓶广告创意

1995年可口可乐推出塑料瓶包装时，它的电视广告是这样表现的：一个女高音在唱歌，旁边放着一只玻璃瓶，她"啊"的一声高喊，瓶子炸了；再放一只，"啊"的一声又炸了；再放一只，"啊"的一声又炸了；再放一只，"啊"的一声没炸。一直唱到歌手晕倒了都没炸。一只手一捏这只瓶子：软的，塑料瓶！整个广告就这样简单明了，并且只有一个诉求点：玻璃瓶换成塑料瓶了。干净利落、清清楚楚，让人过目不忘。绝不再添加"可口可乐风行世界"、"最受年轻人欢迎"等多余的话。

案例解析

可口可乐的这则广告充分说明，最好的创意往往往是最简单的创意，好的广告一次只说明一个问题，并把问题表达得淋漓尽致。相反有些广告总想通过短短的 15 秒，或者有限的版面把信息说得更丰富些，没想到反而让消费者不知所云，更难以让消费者记住广告的主要信息。

5．合规性

广告创意必须符合广告法规和广告发布的伦理道德、风俗习惯。由于各个国家的广告法规和风俗习惯都有所不同，因此，在广告创意时，一定要做到符合规范。如有些国家不允许在公共场合发布香烟广告，我国不允许做性用品广告，在科威特禁止女性做广告模特等。广告创意如果违背这些规范，会被禁止发布。

文化习俗上的差异

一个身穿泳装的少女形象，在欧美文化中通常意味着健美与青春，而在阿拉伯国家却被看成是放荡。汉民族通常认为狗意味着下贱(走狗)，而欧洲人则表现出对狗的宠爱。在基督教文化里，蛇是魔鬼的化身，是邪恶的象征。而在中国古代，蛇被用来形容女人的美；在现代，水蛇腰绝不是表扬一个人的身材苗条。

广告创意的合规性还意味着，广告创意既要大胆想象，也要符合逻辑，追求一种"意料之外，情理之中"的效果，而不是天马行空。

三、广告创意的过程

广告创意并非一刹那的灵光，而是要经过一个复杂而曲折的过程。广告大师韦伯·扬将创意的产生比喻为"魔岛的浮现"，是长期知识和信息积累的结果。为了科学地阐述广告创意的过程，韦伯·扬将广告创意过程划分为以下五个阶段。

(一)收集资料

这是广告创意的准备阶段，这一阶段的核心是为广告创意收集、整理、分析信息、事实和材料。广告创意需要收集的资料主要包括两部分。

1．特定资料

特定资料指与广告创意直接相关的产品、服务、消费者及竞争者等方面的资料。这是广告创意的主要依据。创意者对其必须有全面而深刻的了解和认识，才有可能发现产品与目标消费者的相关性，才能激发创意的产生。

【案例5-9】

无咖啡因广告战的资料收集

"七喜"发动非可乐战役之后,虽然有一段时间的辉煌,可整个美国饮料市场汽水销售还是很不景气。为此,"七喜"试图再发动一场广告攻势。于是他们找到广告策划人魏斯曼。魏斯曼开始广泛搜集美国近两年的消费者资料。终于在《消费者导报》上获得一个重要消息:"美国人民日益关心咖啡因的摄取量,有66%的成年人希望能减少或完全消除食品中的咖啡因。"

接着他请教专家,进一步了解到:在饮料中,每12盎司可口可乐中含有咖啡因34毫克,12盎司百事可乐中含有咖啡因37毫克。"七喜"汽水不含咖啡因,与两大可乐不同,"七喜"不含有任何人工香料、防腐剂和色素,是一种成分完美的饮料。

魏斯曼发现,食品中咖啡因的含量是消费者的关心点,于是他选择此点作为突破口,一个绝妙的创意出来了:"你不愿意你的孩子喝咖啡,那么为什么还要给你的孩子喝含有等量咖啡因的可乐呢?给他非可乐,不含咖啡因的饮料——七喜!"由于针对人们的消费心理,此广告一发出,击中了两大可乐的要害,产生了强烈的冲击波,"七喜"的销售量不断上升。

案例解析

广告创意的产生其实是一件非常辛苦的工作,没有什么捷径可走,即使是一些广告大师,也要通过烦琐的资料收集和分析工作,才能产生相应的灵感,创作出优秀的广告作品来。

2. 一般资料

一般资料指广告创意人员必须具备的知识和信息,包括一切令你感兴趣的日常琐事,这是产生好的创意的基本条件。广告创意人员一定要广泛阅读,要有渊博的知识,才能在创作中产生灵感,作出正确的选择。

【案例5-10】

去烟渍牙膏的广告创意

广告创意源自于生活,广告人要善于观察生活,捕捉生活中的信息。如有个广告人观察到,总抽烟的人牙齿粘满了烟渍,想开怀大笑,又怕别人耻笑。于是"喜洁强效牙膏"的广告创意产生了:"爱好吸烟的人士,每每因牙齿上的烟渍而不敢开怀露齿,误给人一种拘谨印象。事实上,烟渍又'何足挂齿',因为有最新'喜洁'强效牙膏,能够彻底将烟渍清除,保持牙齿洁白。它清洁的薄荷香味,更令您每日两次刷牙的例行公事成为享受,使用喜洁牙膏无忧无虑,想笑便笑。"

案例解析

这则广告很巧妙，也很幽默。它的成功也充分说明广告创意源自于生活，广告人要善于观察生活，捕捉生活中的信息。否则信息枯竭，如何使好"点子"层出不穷呢？

(二)分析资料

收集到的资料未必都是有价值的，这就要进行分析、归纳和整理，从中找出商品或服务最有特色的地方，即找出广告的诉求点，找出消费者最感兴趣的地方，这样广告创意的基本概念就清楚了。

在这个阶段，创意者要用自己的心智，从人性需求和产品特质的关联处去寻求创意，如果能在毫无联系处看到联系，找到关联性，会产生更为精彩的创意。

(三)酝酿阶段

在对有关资料进行分析后，就开始为提出新的创意作准备。广告创意应是独特的、新奇的，这就要求创作人员有独特的创造性。因此在这一阶段，创作人员往往为想一个好的"点子"而苦思冥想，甚至到了废寝忘食的地步。这一阶段需要的时间可长可短，有时会突发灵感，迸发出思想火花，一个绝妙的主意油然而生。有时可能会有"众里寻他千百度，蓦然回首，那人却在灯火阑珊处"的收获。

(四)顿悟阶段

这是广告创意的产生阶段，即灵感闪现阶段。经过酝酿之后，创造性思想如"柳暗花明"似的豁然开朗。常以突发式的醒悟，偶然性的获得，无中生有式的闪现或戏剧性的巧遇为其表现形式。

尤里卡效应

2000多年前，古希腊科学家阿基米德遇到一个难题：在不能有任何损伤的情况下鉴定皇冠的真假。他百思不得其解，疲劳至极，便出去放松一下，到浴室洗个澡。他躺在浴盆中，当水从盆中溢出时，突然他脑子一亮：通过称量皇冠排出的水量来确定其总的体积，进而算出比重，不就能鉴定其真假了吗？于是他高兴地跑了出来，高呼"尤里卡，尤里卡！"，意为"我想出来了，我想出来了！"。这种创意的产生方式被后世称为"尤里卡效应"。

(五)验证阶段

这是发展广告创意的阶段。创意刚出现时常常是模糊的、粗糙的和支离破碎的。它往往只是一个十分粗糙的雏形，含有不尽合理的部分。因此还需要下一番功夫，仔细推敲和进行必要的调查和完善。

【案例5-11】

大卫·奥格威的创意验证

大卫·奥格威是位了不起的广告大师，但他产生和确认的任何一个创意之前都热衷于与他人商讨。比如，他为劳斯莱斯汽车创作广告时，写了26个不同的标题，请了6位同仁来审评，最后选出最好的一个："这辆新款劳斯莱斯时速60英里时，最大的噪声是来自电子钟。"写好后，他又找来三四位文案人员来评论，反复修改，最后才定稿。

案例解析

广告大师们给我们留下的不仅是优秀的广告作品，更是他们一丝不苟的精神。

广告创意的五部曲对今天的广告创作人员来说仍非常有用，它描述了广告创意的大致过程。当然具体到每个创作人员可能会存在一些差异，这就需要创意人员在实践中根据具体情况而定。

四、广告创意人员需要注意的问题

1. 忌分工

广告创意最需要团队的合作，所谓忌分工是说创意工作人员不要各干各的，不交流。比如，文案写好标题给设计要求配画面，或者设计想好画面给文案要求配标题，这都是绝对错误的。创意人员要互相讨论，彼此分享对方的想法，使两条或更多条的思路能够交叉衔接，这才是创意人员最有效的互动工作模式。

2. 忌自恋

很多做创意的人意志都很脆弱，当想法遭到挑战，或蒙受批评时，容易出现自我防卫的语言和行为。其实每个创意人员都有急于辩解和回避批评的倾向。广告创意人员一定要克服这种倾向，要有把自己呕心沥血的作品摊出来让众人检视的勇气，要学会理性地看自己的作品。

3. 忌客气

在广告创作过程中，直接否定别人的想法会伤人，可以用比较间接委婉的措辞，再加上充足的理由，甚至给出积极的建议，这样才能使创意得到提升。但不能因为客气就不忍批评，如果这样，最终会受到广告主激烈的批评甚至丧失工作机会。

4. 忌认命

不能轻视自己，不要低估自己的能力。每个人都有巨大的潜力可以开发，关键看如何激励自己。许多优秀的广告大师都是在不断的磨炼中，创作出不朽的佳作的。

五、广告创意的基本原则

(一)科学性原则

广告创意的科学性原则，是指广告创意必须符合广告主营销目标的规定性，必须符合整体广告战略与策略上的规定性。

广告创意要从消费者的角度出发，以调查研究为基础，这是众多广告大师为我们留下的宝贵经验。具有广告教皇之称的大卫·奥格威推崇科学性原则，他在《一个广告人的自白》中讲道："真正决定消费者购买或不购买的是你的广告的内容，而不是它的形式"，"你重要的工作是决定你怎样来说明产品，你承诺些什么好处"。

【案例5-12】

"戴眼罩的男爵"

"戴眼罩的男爵"是广告大师大卫·奥格威为海赛威衬衫做的平面广告，如图5-3所示。海赛威衬衫厂是一个老衬衫厂，也是一个无名的小厂，当时的广告预算仅3万美元。其他衬衫厂的广告预算都在几百万美元。奥格威为海赛威做了18种设想，最后确定"戴眼罩的男爵"，广告登在《纽约人》杂志上，立刻获得成功，轰动全美。

图5-3　奥格威创作的"海赛威衬衫"广告

案例解析

从奥格威的这则广告中我们看到，这位戴着黑眼罩的男爵，给人以浪漫、超凡脱俗之感，赋予了"海赛威"衬衫与众不同的、别具一格的形象。广告传达给人们的利益非常清楚：这是一件能够增加你的魅力的衬衫，你能拒绝吗？奥格威在创作这个作品时坚持他的科学性原则。在创作这个作品时，他深入进行消费者需求分析，把握消费者的接受心理，在提出多个创意构想后，反复推敲，最后才确定这个方案。

(二)艺术性原则

广告创意的艺术性原则就是让广告具有感染消费者的魅力，从而达到有效沟通的创意原则。广告创意要有一定的艺术构想，才能达到效果。广告是人与人沟通、交流的活动，而艺术是人性、人心、人情的显现。真正具有艺术性的广告，才能有独特的魅力，能有效地与消费者进行沟通。

广告大师李奥·贝纳推崇广告创意的艺术性，他指出："每件商品都有与生俱来的戏剧性的一面，当务之急就是要替商品发掘出来其特点，然后令商品戏剧化地成为广告里的英雄。"李奥·贝纳在长达半个多世纪的广告生涯中，创作了许多不朽杰作。

【案例5-13】

李奥·贝纳的广告作品——"肉"

李奥·贝纳接受美国肉类研究所的委托，为其创作有利于肉类销售的广告。于是一幅平面广告出现了，如图5-4所示：在红色的背景上，两块鲜嫩的猪排占据了画面的主要部分。画面上方是主标题——"肉"，副标题为"使你吸收所需的蛋白质成为一种乐趣"。正文为"你能不能听到它们在锅里嘶嘶响——是那么好吃，那么丰富的B1，那么合适的蛋白质。这类蛋白质对正在长大的孩子会帮助其发育，对成年人能再造你的健康，像一切肉的蛋白质一样，它们都合乎每一种蛋白质所需的标准。"

这是一件具有划时代意义的杰作，因为它充分体现了李奥·贝纳的创意观——寻求与生俱来的戏剧性。

图5-4 肉

当接到美国肉类研究所的委托时，李奥·贝纳的想法是，肉的映像应该是强而有力的，最好是用红色来表现。红色背景把鲜肉衬托得更加鲜艳，它增加了红色的概念、活力以及他们想要着力显示的有关肉的一切其他东西。广告主也为之喝彩，并把这则广告刊登了很长时间，收到了很好的广告效果。李奥·贝纳说："这就是与生俱来的戏剧性。"

案例解析

李奥·贝纳的这个作品是具有划时代意义的杰作，因为它充分体现了李奥·贝纳的创意观——寻求与生俱来的戏剧性。如何才能挖掘出商品本身的戏剧性？李奥·贝纳指出，要了解商品满足人们某些欲望的特性，能够使人们发生兴趣的魔力。这对我们有着重大的启示。

艺术派广告创意强调情感在广告中的特殊重要性，强调广告的趣味性和冲击力，重视消费者的感觉与心灵。

在现实的广告创作中，广告创意的科学性和艺术性是不能截然分开，对立起来的，应是相互影响、相互渗透、共同发挥作用的。

奥格威是广告创意科学性原则的倡导者，但他也没舍弃艺术性。奥格威谙熟故事诉求法，他明白，"在照片中注入的故事越多，读你的广告的人也就越多"。奥格威曾说，他看到过一些戴眼罩的人的照片，那个形象非常吸引他，一种形象能吸引他，为什么不能吸引别人呢？这是广告史上最杰出的创意之一。

广告大师伯恩巴克也强调广告创意的艺术性原则，他指出，广告的本质是艺术。广告是说服，说服常常不是科学而是艺术，广告是说服的艺术。但他在为大众汽车创作广告前，还是对产品和消费者进行了深入的考察，认定这是一种价格便宜、性能可靠的车子。他还运用科学调查的方法，验证他的广告产生的效果。

小贴士

创意最佳的广告，一定是科学性与艺术性的结晶。

(三)创新性原则

广告创意的创新性原则是指独出心裁地挑战众所周知的看法，给大众意料之外而又在情理之中的感觉。人们对大量平凡老套的广告往往视而不见，但具有创新性的广告却让人眼前一亮，记忆犹新。

【案例5-14】

日产新霹雳马汽车的电视广告

片子拍摄的背景是一片荒凉的空旷地带，配以男性低沉的旁白声音："在你一辈子里，大约有六年的时间待在车上，被恶行恶状开车的家伙呵斥过大约400次；你们有40%的人腰酸背痛；30%的人曾经一边开车一边打瞌睡。车子的表现并不是最重要的，重要的是开着这部车子的人。所以我们设计的重点，在于适合你的身体，还有你自己。"

与一般汽车广告不同，这里出现的是一群裸体的人，而不是汽车的画面。我们看到一个小女孩蹲在水塘边玩水；一个浑身肌肉、面目狰狞的男人对着镜头吐口水；小女孩背对着镜头，伸展着她的身体；一个老人打着瞌睡，瞌睡到昏倒在地；然后我们才看到镜头优雅地拍到主角——日产新霹雳马。

案例解析

这个60秒的广告是在冰岛拍的，在欧洲中部的国家播出。这则日产新霹雳马汽车电视广告不同于一般汽车广告，一般汽车广告常出现，一辆汽车在阳光普照的意大利中部蜿蜒的山路里穿梭的情景。传统的表现手法都是美丽的山川、峰回路转的景致，这些未必是汽车消费者所期望的。

(四)实效性原则

广告创意的实效性原则，就是要用尽可能绝妙的创意与消费者沟通，通过广告活动促进广告营销目标的达成，为广告主创造尽可能大的经济效益，推动社会经济良性运行与发展。

广告的实效性是企业发展的强劲动力。天津一品科技公司，在短短两年时间内就把"背背佳"产品的年销售额提高到接近 3 亿元，利润超过销售额的 10%。能产生这样的创业神话，广告功效不言而喻。市场调查显示，在消费者的购买因素中，大概有 40%是因为喜欢背背佳广告，才选择了这个品牌的产品。

六、广告创意的思考方法

广告创意追求新颖独特、别具一格。遵循一定的方法、运用适当的技巧，是广告创意获得圆满成功的保证。一百多年来，无数广告人的创作实践，总结出一些行之有效的创意方法。了解、掌握并运用这些方法，会对广告从业人员提供巨大的帮助。

(一)"集脑会商思考"法

1．含义

集脑会商思考法，又称为头脑风暴法，由美国 BBDO 广告公司负责人奥斯本于 20 世纪 40 年代提出。它通常采用会议方法，针对某一议题进行广泛讨论，深入挖掘，直至产生优秀的广告创意。几十年来，这种方法被世界各国广告机构普遍采用，也被一些大学、研究所、银行、议会、政府等采用，不失为一种吸纳集体智慧的思考方法。

2．操作程序

1）　确定议题

动脑会议不是制定广告战略或策略，而是产生具体的广告创意。因此会议议题应尽量明确、单一，议题越小越好，如设计一句广告语，越是具体，越容易产生创意。

2）　召集人员

动脑会议是一种较特殊的会议，与会人数 5 至 10 人，人数太多不利于充分发表意见。参加会议的人员最好内行、外行都有。应当提前通知与会者，使他们有所准备。会议要限定题目范围，以免偏离方向。

3）　确定主持人和记录员

会议主持人是会议成功的关键，他必须幽默风趣，能控制局面，为与会者创造一个轻松的充满竞争的氛围。确定一名记录员，记录所有方案和设想。

4）　会议时间

会议以 1 小时为限，在半小时到 1 小时之间，开会时思想要高度集中，时间太长，大脑容易疲倦。

5）　会议地点

选择安静的不受外界干扰的场所，切断电话，谢绝会客。

6) 筛选评估

动脑会议上虽然提出的设想很多，但有的可能质量并不高，有的想法平淡，有的甚至荒诞、不具有可行性，这就需要筛选，直到满意为止。筛选可通过二次脑力激荡法，一般两三天再激荡一次效果会更好。

3．原则

1) 自由畅想原则

与会者大胆敞开思维，排除一切障碍，无所顾忌地"胡思乱想"、"异想天开"，想法越新奇越好。

2) 延迟批评原则

这是极关键的原则。动脑会议期间不允许提出任何怀疑和反驳意见，无论是动作上还是语言上都不能批评、否定自己或别人的想法，违反这一原则，自由畅想就失去了保证。

3) 结合改善原则

鼓励在别人构想的基础上联想、发挥、修饰，从而衍生出新的构想，这样才能引发群体思维的链式反应，产生脑力激荡的效果。

4) 以量生质原则

构想越多，获得好的构想的可能性就越大。因此构想无论好坏，一律认真记录下来。

4．头脑风暴法的改进

头脑风暴法具有时间短、见效快的优点，但也有很多局限性。如广告创意受与会者的知识、经验的深度和广度、创造性思维能力等方面的制约。一些喜欢沉思并颇有创造力的人难以发挥其优势。延迟批评原则给构想的筛选和评估带来了一定困难。为此，人们提出了头脑风暴法的两种改进方法。

1) 默写式头脑风暴法

一般由主持人宣布议题，然后发给每个人几张卡片，每张卡片上标有序号。在第一个 5 分钟里，每人针对议题填写 3 个设想，然后再把几张卡片传给另一个人。在下一个 5 分钟里，每个人又在他人的卡片上针对其所提设想再提 3 个设想，以此类推，直到卡片传递 6 次，产生 108 个设想，再在此基础上形成创意。

2) 卡片式头脑风暴法

先由主持人宣布议题，与会者(3～8 人)根据议题填写卡片，每人持的卡片 50 张，然后每个人宣读自己的构想并回答他人的质询，最后在相互讨论中诱发新的构想。

(二)垂直思考法

它是指以现存的理论知识和经验以及传统观念为基础，对某一问题，从垂直的角度深入分析研究的一种思考方法。垂直思考是指在一定的范围内，按一个既定的方向进行的思考。

这种思考方法由于是从已知求未知，因而往往囿于旧知识和旧经验的束缚，思维局限于一个方向、一个角度，不易突破。正因为这一局限性，一些人认为，垂直思考法不适合广告创意。其实只要运用得当，垂直思考照样能产生好的创意。垂直思考法的特点是，不断追问"下一步会怎样？"逐步深入下去，从而获得一个成功的创意。

【案例5-15】

"西裤使审判中断"的广告创意

　　国外有一则广告，广告画面上，一个人站在法庭上受审，但法官及其他人的目光全都集中在这个人的西裤上。意为此西裤使人富有魅力，它吸引着所有的人，以至审判都不能正常进行了。这个创意可以说独具匠心。这个创意的产生就是借助了垂直思考法。

案例解析

　　这个创意的产生就是借助了垂直思考法，可谓独具匠心。这则广告的诉求点是突出西裤的款式新颖、潇洒、引人注目，创意者并没有停留在简单地介绍西裤的特点上，而是追问："新颖、潇洒又会如何呢?"，"简直可以使审判中断"。

　　垂直思考法虽然能创造出一些成功之作，但其缺点也是明显的。由于思维集中于一个方向，相对而言难以突破，因此，在广告创意中使用最多的还是水平思考法。

(三)水平思考法

1. 含义

　　水平思考法是指从另一个新角度对某一事物重新思考的方法。这种思考方法最早由英国心理学家爱德华·戴勃诺博士提出。水平思考法强调思维的多向性，善于从多个方面来观察事物，从不同角度来思考问题，思维途径从一维到多维，属于发散思维，因而在思考问题时能摆脱旧知识、旧经验的约束，打破常规，创造出新的意念。在广告创意时，水平思考法可以弥补垂直思考法的不足。

2. 运用水平思考法需要注意的问题

(1) 敢于打破占主导地位的观念，避免模仿，摆脱人们最常用的创意角度和方法。
(2) 多方位思考，提出对问题的各种不同的见解。
(3) 善于摆脱旧意识、旧经验的约束。
(4) 要抓住偶然一闪的构想，深入发掘新的创意。

【案例5-16】

日本"日清"杯面的广告创意

　　日本日清食品有一则电视广告是1996年夏纳国际广告艺术节获奖作品，曾在日本国内外引起很大反响。广告内容是原始人一家三口由于饥饿到处寻食，他们来到一棵大苹果树下。孩子先举起大棒敲了一下树干，几个苹果散落在地。大人又敲了一下，更多的苹果落下，他们高兴极了。没想到等再敲的时候，突然一只豹子落了下来，三人大惊失色，豹子也饿极了，立即向他们扑去。

在豹子的追赶下，三人围着苹果树团团转。这时屏幕上相继出现字幕"饿了吗？"，以及日清杯面的特写镜头，最后是日清品牌形象。

案例解析

在许多食品广告都强调食品的营养、健康时，日清强调食品的最基本功能——充饥，这种返璞归真的方式在现代社会中反而给人眼前一亮的感觉。

(四)"二旧化一新"思考法

该方法由亚瑟·科斯勒提出。他认为，"创意的行动"，其精神实质就是"二旧化一新"，其基本含义是：新构想常出自两个想法相抵触的再组合，这种组合是以前从未考虑过、从未想到的。也就是说，两个原来相当普遍的概念，或两种想法、两种情况，把它们放在一起，结果会神奇地获得某种突破性的新组合。

依据"二旧化一新"的基本原则，有限的元素通过不同的组合，可以形成无限的新构想。

【案例5-17】

日本先锋音响的广告创意

日本先锋音响广告为了突出高昂、激越、雄壮有力的音响效果，构思了一个令人叹为观止的画面。把完全处于不同空间的、风马牛不相及的两个事物——尼亚加拉大瀑布和美国摩天大楼组合在一起，构成了一个神话般的、奇幻美丽的超现实画面：在广袤的天际下，举世闻名的尼亚加拉大瀑布从纽约摩天大楼群上奔腾而下，其宏伟气势、飞动的力量给人以强烈的视觉冲击力和听觉刺激。

案例解析

广告中的创意，常常可以通过对来自产品的"特定知识"加以重新组合。这种创意方法类似于万花筒中所发生的组合，万花筒中放置的色彩玻璃片越多，其构成令人印象深刻的新组合的可能性也就越大。同样人的心智中积累的旧元素越多，也就越有增加令人印象深刻的新组合或新创意的机会。

(五)逆向思考法

逆向思考法是指有意识地从常规思维的反向去思考，即倒过来思考问题。

在广告创意中，逆向思考往往能找出出奇制胜的新思路、新点子。广告史上许多经典的广告创意都是借助于逆向思考获得的。如伯恩伯克为大众汽车做的"柠檬"广告，在大家都说自己的产品好的时候，他在说这个产品"不好"，是"次品"；还有他为大众汽车做的"想想小的好处"的广告，在别人都说自己的产品如何"大"、"气派"时，他突出说"小"的好处。两个广告作品都大获成功。

在进行广告创意时，创意者常常仅从正面着眼，只想表达产品如何好，如何实惠。如果能转换一个方向，从事物的反面考虑，也能构想出一个意想不到的好的创意。

(六)李奥·贝纳的固有刺激法

李奥·贝纳认为，成功的广告创意秘诀在于，找出产品本身固有的刺激。"固有刺激法"也称为"与生俱来的戏剧性"。广告创意的重要任务就是把固有的刺激发掘出来并加以利用，也就是说要发现厂家生产这种产品的"原因"以及消费者购买这种产品的"原因"。一旦找到这个原因，广告创意的任务便是依据固有的刺激——产品与消费者的相互作用，创作出吸引人的、令人信服的广告。

按照这种方法，李奥·贝纳认为，在广告创作中，不论你要说什么，一般情况下，根据产品和消费者的情况，要做到恰当，如果只有一个能够表示它的字，只有一个动词能使它动，只有一个形容词去描述它，对于创意人员来说，一定要去寻找到这个字、这个动词及这个形容词。同时永远不要对"差不多"感到满足，也不要依赖闪烁的言辞去逃避困难。

李奥·贝纳运用固有刺激法作出了许多成功的广告，比较典型的是他为绿巨人公司所做的罐装豌豆广告，他抛弃了"新鲜罐装"的陈词滥调，抛弃了"在蔬菜王国中的大颗绿宝石"这类的虚夸之词，抛弃了"豌豆在大地，善意充满人间"一类的卖弄，而以充满浪漫气氛的标题——《月光下的收成》和简洁而自然的文案"无论日间或夜晚，绿巨人豌豆都在转瞬间选妥，风味绝佳……从产地到罐装不超过三个小时"，来表达商品的固有特性——"新鲜"，以及消费者对"新鲜"的渴望，于是该商品广告的戏剧性效果产生出来了。

(七)罗瑟·瑞夫斯的独特销售主张创意法

罗瑟·瑞夫斯是世界十大广告公司之一的达彼斯广告公司的老板。他认为，要想让广告获得成功，就必须依靠产品的独特销售主张(Unique Selling Proposition，USP)，独特的销售主张包含三部分内容。

(1) 每个广告针对消费者都必须有一个主张，每个广告都必须对受众说明："买这个商品，你将得到特殊的利益"。

(2) 该主张是竞争者所不能或不会提出的。它一定要独特——既可以体现品牌的独特性，也可以是说法的独特性。

(3) 这项主张必须具有很强的说服力，足以影响成千上万的大众，能让人来买你的商品。

瑞夫斯根据他的 USP 理论创作了 M&M 巧克力广告，几十年后打入中国市场，而其广告诉求和标题仍可保持不变。这证明了其持久的说服力。他的广告公司 25 年只丢失了一个客户，并且他的客户都是一些世界上最大、最精明的公司，就是因为他能创造广告实效。

在现阶段，USP 与形象巧妙结合，是竞争的重要武器。如重庆奥妮的 USP 是"植物洗发，益处多多"；其系列产品奥妮首乌"黑头发，中国货"，奥妮 100 年润发"青丝秀发，缘系百年"。

(八)奥格威的品牌形象创意法

该方法是 20 世纪 60 年代由大卫·奥格威提出的。奥格威在全球广告界颇负盛名，他认为，产品如同一个人，一个人有一个人的个性，一个产品也可以有它的个性形象。这个形象可以根据广告策划者、产品的个性及其消费对象的审美情趣而设计出来。广告宣传不说产品的特性、功效，而是通过表现消费者享用这种产品时的风度、形象或生活气氛，来给人以强烈的心理冲击。

很多情况下，消费者与其说是为了满足某种需要而购买产品，倒不如说是为享受该产品所表现出来的一种形象、一种追求、一种心理的愉悦和满足。在这些理论的指导下，奥格威成功策划了海特威衬衫、劳斯莱斯汽车等广告。

(九)艾尔·里斯和杰克·特劳特的定位法

20世纪70年代早期艾尔·里斯和杰克·特劳特提出定位理论。他们认为，创作广告的目的应当是替处于竞争中的产品树立一些便于记忆、新颖别致的东西，从而在消费者心中站稳脚跟。定位法强调，定位不是要琢磨产品，而是要洞悉消费者心中的想法，要抓住消费者的心。所以定位法也以怎么说为根本，一旦确定下来，便广为宣传，消费者便会在需要这种利益时或需要产品解决某种困难时回忆起来。

第三节 广 告 表 现

一、广告表现的含义

所谓广告表现就是将广告创意进行符合特定媒体语言的再创造，完成特定的信息编排与传达效果的创意执行过程。

广告表现并不是广告创意策略的简单铺陈，而是在贯彻创意方针的前提下，运用特定媒体形式的传达手段所具备的优势，去完善实现创意宗旨的创造性活动。

广告表现并不是狭义的广告制作，而是广告创意过程的延续，而且是非常关键的"临门一脚"。

二、广告表现的原则

(一)广告表现必须为广告目标服务

广告表现是广告创意的物化过程，必须了解广告目标的准确内容并以最为有效的艺术手段去阐释广告的创意。

广告表现的主要功能就是通过对信息的编排提高广告的说服力和推动力，让广告受众在愉快地接受广告信息的过程中，形成广告主所期待的心理感受，也就是达到广告目标，被广告所感染、所打动而最终认同广告的诉求。

广告表现如果偏离广告目标，一味追求离奇、形式的美感或轰动效应，没传达应该传达的信息，就违背了广告目标，这种广告表现是失败的。

(二)广告表现应符合媒体的特性

广告表现所担负的首要任务，是为表现广告创意寻找最具表现力和感染力的视觉和听觉语言符号，并由这些元素营造创意所要求的意境。不同的媒体其传播特性和表现力是不同的，广告表现要结合媒体特性来展开思维，有效地实现广告创意的要求。

不同媒体的表现特性

(1) 户外媒体易于实现充分表现大形象的视觉张力及诱惑力，以大面积展示汽车、药品、饮料、烟酒和时装等商品的外形，这类媒体的表现效果最强。

(2) 广告创意焦点如果在于展示格调或营造一种意境时，杂志媒体的精良印刷会使广告表现力更佳。重点在于推介商品品质优势的广告创意同样适宜于在杂志媒体上展示。

(3) 创意重点在于营造超现实意境、传达丰富联想时，广播媒体效果会让受众的想象力大为活跃。商场、电信业务、房地产、游乐餐饮等内容的广告，音效创意能刺激受众的兴趣。

(4) 需要以表演、情节来传达广告创意时，使用电视媒体的表现力最强。如食品、旅游、日用品和电器类的商品，用电视媒体表达创意最为生动。

(5) 当商品的功能、服务的细节以及销售网络等信息需要同时向受众传达时，报纸媒体的优势就显露出来。房地产、IT类商品、高科技产品的详细信息和消费理由，都会在报刊广告信息编排上得到有力的传达。

(6) 希望受众即时反馈并参与营销活动的广告创意时，使用互动性较强的网上广告最能迅速调动受众的情绪，吸引他们轻松地点击并参与网页上的宣传活动。

05

(三)广告表现应准确体现广告创意

广告表现要不折不扣地表现广告创意，着手解决广告创意要解决的最主要的问题。广告创意诞生后，寻找最佳的表现方式是创作者苦心思索的问题，所以广告表现也是一个再创造的过程。要以表现的创造性强化创意，使创意更精彩，更具说服力。

文案写作方面，文体的选择和修辞的运用，要看文字形态的表现力能否与广告创意相吻合，过分地追求文采或脱离创意去寻求文字游戏式的表现方式，都会使创意产生异化。如在一段时期中，广告界曾过分追求文字表现力，一时间大量的谐音、换字的广告文案出现在各种类型的广告作品中，如"泻停封"、"食全食美"等，严格地说，这种文字技巧不能构成有效的广告诉求。

平面广告的图形创意和电视广告的视觉表现，同样要站在体现创意要领的出发点上来寻找贴切的画面和情节。这一过程不是被动地图解创意，而是围绕核心创意的再创造。成功的广告作品能够将创作思维贯穿在表现过程中。

三、广告表现的类型

诉求与广告诉求

所谓诉求，就是诉以欲望或需要，博得关心或共鸣，最终达到诱致购买动机的目的。

所谓广告诉求，就是要在广告中告诉消费者，你有些什么需要，如何去满足这些需要，并敦促他们去为满足需要而购买广告商品或服务。

(一)感性诉求

1．感性诉求的含义

感性诉求是将广告诉求的重点以情绪沟通的方式进行表现，突出广告内容在格调、意境、心理情绪感受方面的优势，从情感和外在形式上打动消费者的广告创意表现方式。

2．感性诉求的特点

感性诉求的广告表现，不注重商品的具体功能以及价格优势，而是运用能够牵动目标受众情绪的艺术形式，对受众展开情感上的争取。感性诉求广告不能虚假做作、卖弄，情感内涵要丰富、要真诚，尽量以生活为背景。

感性诉求基本上是站在与受众平等的地位上的信息传播。广告中没有太多的"因为、所以"，也没有过多的说明和鼓动，广告只是向受众作提示和交流。

3．感性诉求中的情感表现

广告中的情感表现，就是利用富有人情味的各种表现手法，诉诸人的感情进行激发，即以情动人，使受众与广告产生情感共鸣，从而诱发购买动机。广告中常见的情感表现主要有以下几种。

(1) 亲热感。这种情感往往发生于有关家庭、朋友和恋人的关系体验。在这个维度上会使人感到温暖、真诚、安慰、友爱等。与亲热感相对应的情感表现形式有：人伦亲情诉求、爱情诉求等。

05

【案例5-18】

儿童鞋的情感表现

广告画面中一只红润圆实的儿童脚置放在一双年轻母亲的手心中，呈现了一种生命的稚嫩之美，让人感动，具有极大的视觉冲击力，如图5-5所示。

图5-5　凯兹牌儿童鞋广告

画面初看似乎与鞋无关，但小脚在母亲的手心中的感觉却是人人都可以意会的。母亲的手心，不但表现了母亲的爱心，而且表现了一种母爱的温柔和舒适感，这对年轻母亲极具感染力和诱惑力。广告正是抓住母爱这一情感因素，点明主题：柔软舒适，说明穿上凯兹牌儿童鞋后的感觉。

案例解析

这是一则非常杰出的情感诉求的广告作品，利用大众都能体会到的人伦亲情说明该品牌产品对儿童的关爱，抓住母爱这一情感，实现了与年轻母亲的有效沟通。

(2) 幽默感。幽默使人产生兴奋、愉快等情感体验。它的成功运用会促进受众产生对广告商品的积极认识。

(3) 惧怕感。通过特定的广告引起消费者惧怕的情感体验。如惊恐、厌恶和不适等。广告试图通过这样的表现，使消费者按照广告传播要求，改变态度和行为。如一些交通安全广告、吸烟有害健康等的公益广告。

【案例 5-19】

百事可乐广告对恐惧情感的运用

百事可乐曾有一则电视广告，情节是：世界大战后的纽约港变成了一片废墟，一艘美国潜艇浮出水面时突然又收到来自岸边的神秘信号。当官兵们百倍警惕地向前搜索时，信号在一家超市的残垣断壁处中断。近前一看，才知所谓的"敌情"不过是残存的窗帘钩住了一个空百事可乐罐，它随风摇摆时恰好撞击着窗台上的发报机，敲出一连串的信号。恐惧的悬念解除了，百事的标志也赫然放大在画面上。

案例解析

这则广告实际上演示了一种戏剧化的场景，它利用感官刺激产生恐惧，很少涉及要宣传的内容，只是以此吸引人看广告，只要使人随后看到广告中的品牌及产品即可。

(4) 美感。美的事物使人产生审美体验。这种体验有两个特点：第一，愉悦体验，包括喜剧和悲剧引起的美感；第二，倾向性体验，即对美好事物的迷恋，对丑的事物反感。

追求美是人共有的心态，善于以此进行情感诉求，有可能获得以情动人的效果。

4．感性诉求的具体形式

1) 故事

以故事情节吸引观众的广告表现形式，基本上循着感性的线路讲述产品或服务改善了广告中主人公的生活的故事。故事型的广告多以互助、关怀、家庭生活为题材，为了强化故事情节的感性表现力，广告往往结合音乐来营造气氛，故事的主角也可以由名人明星担纲。

如刘欢站在下岗工人中间唱出"心还在，梦就在，天地之间有真爱；看成败，人生豪迈，只不过是从头再来"。刘德华、张曼玉各自表述与情人的浪漫温情来推介洗涤用品的广告样式，无不在重复着家的主题。通过这些例子，我们会发现故事型广告表现所具有的以下规律。

（1）故事型广告表现的剧情一定要简明，不能让人产生误解。因为广告的时间限制容不下太多的起伏。

（2）故事的情节要真实可信，广告的诉求重点要融入故事中。

（3）故事如果体现了承诺，这一承诺一定是现实的、可实现的。

在使用故事诉求手法时，广告中的商品形象一般居于配角地位，但又是解决问题的关键或最终答案。这就需要准确地把握故事与商品的协调关系，既不能把二者割裂开来，又不能硬性地将二者捆绑起来，造成不可信或牵强附会的印象。

2）夸张

夸张是超越现实而又具有说服力的诉求技巧。成功的夸张型广告表现绝不会给人以虚假的印象，会使受众在吃惊之余留下深刻的记忆。

一个典型的、使用了夸张技巧的幽默广告，如图5-6所示。实际上，即使是再神速的快干油漆，估计油漆工也不敢这样潇洒地工作。这个广告巧妙的夸张，令人看完之后，禁不住哑然失笑，但又会对这个品牌的油漆产生深刻的印象。

3）悬念

悬念式广告表现方式，常常是把主信息藏在广告的正文中或者放在电视广告的结尾，目的是吸引观众进一步关注广告信息。相对复杂的广告内容往往不能引起受众的兴趣，当广告中的商品或服务的特质决定了广告诉求必须把信息充分展开才能说清问题时，创作人员常采用制造悬念追求神秘效果的手法，吸引受众对广告信息的进一步关注。

悬念广告的核心点在于让受众有"念"的欲望，绝不单是为了追求"悬"。

4）幽默

幽默的广告表现方式是追求最大的戏剧效果，在取悦受众的同时传递广告诉求。不同文化背景的人对幽默内容及方式会有不同的反应。幽默式广告表现需要从目标受众的文化层面以及价值观念入手，去寻找最能引发特定受众群体共鸣的幽默内容。针对目标受众设定幽默的尺度是非常重要的。由于成功的幽默不受地域文化的限制，所以有效地挖掘出共性很强的幽默题材的广告往往是非常成功的。

如图5-7所示的这个广告作品，使我们强烈地感受到一种戏剧效果：真要感谢可口可乐能量型饮料，这位鼠老弟不但免除了杀身之祸，还变害为利地把老鼠夹当作日常的健身器材，不失时宜地进行身体"充电"，广告作品的幽默元素让人忍俊不禁。

图5-6　快干油漆广告

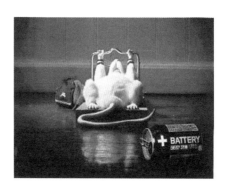

图5-7　可口可乐能量型饮料广告

如图 5-8 所示的这则广告，明丽的色彩加上开心地笑着的两张大嘴，让人们从直观上感受到了"开心加倍"是什么样子，同时两张嘴巴又有可以畅快地聊天的联想，就算你长了两张嘴，也不会因为花费的压力而无法畅快地打电话了！这就是"加加卡"所带给大家的轻松、快乐、夸张、幽默的广告宣传。

图 5-8　中国移动 神州行"加加卡"广告

5. 感性诉求的时机把握

1) 产品缺少特性时

有些产品，是没什么特性可言的，比如汽水。在广告中强调产品所能满足的具体需要，是不能吸引人去购买的。所以要通过广告激发产品所能满足的社会性动机或情感，赋予广告产品一定的附加价值，没有特性就用广告造出特性来。

【案例 5-20】

英国固体燃料公司的广告表现手法

20 世纪 80 年代末，随着煤气、电器等的普及，人们对燃煤取暖开始反感，认为用煤取暖又脏、又累、又麻烦，这使英国"固体燃料顾问公司"煤的销售受到影响。于是他们委托广告公司为他们策划了一则广告。通过对消费者进行调查，策划人员发现，消费者虽然不愿用煤取暖，但一提起壁炉都津津有味，十分动情。消费者普遍认为，煤火是真火，能创造独特的气氛，煤火能使房屋变成家，如果壁炉没生火，他们总觉得缺点什么。

基于这个调查结果，策划人员设计了一则广告，主题是将房屋变成家。广告情节：一只小狗走进房屋，被燃烧着的煤火所吸引，来到炉旁就座；跟着进来一只小猫，看到煤火便在小狗旁边坐下；再跟着走进一只老鼠，它也来到煤火前，并挨着小猫坐下。为了突出煤火的情感力量，即将敌人变成朋友，广告配有"你明天是否仍然爱我"的歌曲。广告还表现了小猫亲吻小狗，老鼠亲吻小猫的画面。最后旁白说道："现在您明白人们在真火中看到了什么。"

广告播出后，在消费者中引起了很大轰动，表示愿意使用煤火的消费者增加了 12%，将煤火与脏、黑、麻烦联系起来的消费者普遍减少，而将煤火与温暖、舒适、家庭气氛的增强联系起来。

案例解析

这则广告用感性诉求的手法，提高了煤火在消费者心中的地位，使消费者对煤产生了好感。煤本身没有什么特性，用感性诉求，使消费者产生某种情感体验，就能达到说服消费者，促进购买的广告目的。

2) 产品特性不足以吸引消费者时

有些产品有特性，但这种特性构不成促使消费者购买该产品的强大动力，或产品特性用理性诉求也难以让消费者的偏好转向你的品牌，这时不如在产品特性的基础上引申该产品所能满足的社会性情感，进而诱发消费者的购买动机。

如在洗发水广告中，不仅要说明它可以去污、去头屑、增加亮泽，还要说明，用后显得健康、有朝气，令朋友或其他人更喜欢等。

3)　产品特性太多无所适从时

有时太多的产品特性也会使广告创作无所适从。因此，不得不抛开一切具体特性，而在广告中着重强调产品的情感色彩。如手机的特性很多都可以向消费者说，究竟选择哪个更好呢？如果做电视广告，在短短的几秒钟内要想把一种新型手机的特性都介绍清楚实在太难。因而，爱立信手机干脆不说产品特性，而是用刘德华和关之琳演绎了一个爱情场景，用情感诉求手法强化了手机的魅力，如图5-9所示。

图5-9　爱立信手机广告

(二)理性诉求

1. 理性诉求的含义

理性诉求是指通过真实、准确地传达做广告的企业、产品、服务的客观情况，使受众通过判断、推理等思维过程，理智地做出购买决定的广告表现方法。

2. 理性诉求的特点

理性诉求更多地运用于消费者需要深思熟虑才能决定购买的商品，或者一些性能比较复杂的商品。因为理性诉求是以提供信息为重点，突出产品的功能特点，因此较适合于功能性强或技术含量非常高的商品，诉诸广告对象的理智，让消费者自己去权衡，并最终采取购买行动。

理性诉求以消费者的生理需要或基本需要为基础。调查表明，人们购买大多数商品，特别是生活必需品，主要是为了满足生活中的基本需要，如安全、舒适、健康、方便等。因此，在理性诉求的广告中，不仅要说明广告产品具有哪些重要特性，更要说明这些特性能满足消费者什么动机和需要。

3. 理性诉求的策略

(1)　改变消费者对广告品牌的某种错误观念。

当消费者受到某种外来宣传的影响，对广告品牌产生偏颇的认识时，需要通过理性诉求广告向其澄清事实，以使消费者对广告品牌产生正确的认识。

【案例5-21】

百事可乐巧用理性诉求广告解决难题

百事可乐公司在台湾的一次市场调查中发现，可乐类饮料销售量下降，其中主要原因是消费者认为，可乐饮料是化学原料制成，饮料颜色是褐色的，是色素造成的。这种认识对百事可乐极为不利。针对消费者的这种错误认识，百事可乐推出两则卡通饮料广告。其中一则广告的诉求重点是，可乐是用天然原料制成的。

在这则广告的画面上，有一些树，树上长着的一些褐色的果子落到地上，变成一瓶瓶可乐。其广告词的大意是：口渴的人都信赖清凉舒畅的百事可乐，在您需要时，带给您欢乐、舒畅，欢乐来自天然原料：它们是可乐子、香草豆、焦糖和蔗糖，还有纯净水。

另一则广告的诉求重点是：可乐为什么是褐色的。在这则广告的画面上有几棵树，树上分别长着颜色不同的果子，有黄色的、红色的、绿色的，还有褐色的。突然褐色的果子落到地上，渐渐变成一瓶瓶可乐。广告词的大意是：我是可乐子，它们都是我的朋友。它们是天然的，因为是生长在树上，我生长在可乐树上，也是新鲜天然的果子，你一定喜欢纯净天然的百事可乐。

案例解析

当消费者对广告产品存在着某种错误的认识时，运用理性诉求手法，介绍产品的成分及特性，往往可以在一定程度上化解消费者存在的一些认识误区。

(2) 强化消费者对广告品牌的某种肯定信息。

为了提高广告品牌的竞争力，可以在广告中通过理性诉求手法，进一步强化广告产品的优势，淡化其劣势。

【案例5-22】

本田汽车的广告策略

1981年美国面临能源危机，由于汽油短缺，汽车加油站每天只营业几个小时。为买到汽油，人们不得不提前排队等候加油。在汽油供不应求的情况下，如何吸引消费者购买自己的汽车呢？本田斯维克牌汽车推出了"平均每加仑54公里"的广告，旨在向消费者说明斯维克汽车的省油特性。此举赢得了消费者的好感，最终提高了本田汽车的销售量。

案例解析

此广告所采取的就是强化消费者品牌信念的策略。通过此策略，本田与美国汽车市场上其他竞争品牌展开较量。

（3）提高对广告品牌有利特性的重要评价。

任何产品都不可能十全十美，都会有或多或少的缺陷，当广告产品的一些缺陷不能回避时，可以强化广告产品的有利特性，通过理性诉求手法，让消费者理解这一特性给他带来的好处。

 【案例5-23】

凯迪拉克汽车的广告策略

美国凯迪拉克汽车面对石油危机采取了与本田不同的策略。凯迪拉克汽车并不省油，每加仑汽油只能行驶29公里，在这点上无法与本田竞争。怎么办？经过分析，他们发现消费者关心的是怎样解决排队加油的问题。

于是，凯迪拉克汽车便强调油箱公里数(即每箱油能行驶的公里数)的重要性。提出油箱公里数应是消费者选择汽车的重要标准，同时说明凯迪拉克汽车每箱油能行驶725公里，期望以此来吸引消费者。该广告在一定程度上提高了凯迪拉克汽车的销售量。

案例解析

此广告策略可谓极为聪明。美国凯迪拉克汽车面对石油危机，无法在省油上与本田竞争。怎么办？他们采取了与本田不同的策略——强化自身优势，而且这一优势也能解决消费者的一些困难。当然就能达到一定广告目的。

（4）降低对广告品牌不利特性的重要评价。

通过降低对广告品牌不利特性的重要评价，将广告品牌不能消除的弱点不作为品牌选择的重要标准，以形成消费者对广告品牌的良好的态度，这是高价产品常选用的广告宣传策略。例如，节食可口可乐比其他碳酸饮料价格高，于是他们在广告中强调"价格稍高，但低热量，有益于健康"，使价格因素的重要性相对下降。

（5）提出新的标准特性。

强调过去不认为是选择标准的特性，作为广告活动重要的标准。如强调饮料成分的"安全性"、"天然性"是选择饮料时必须考虑的重要特性，就可以使已经形成的消费观念发生变化，这是许多新产品采用的策略。例如在许多水饮料强调纯净时，农夫山泉则说"农夫山泉有点甜"的标准特性，意在说明其含有人体所必需的矿物质等营养成分。

4．理性诉求的具体形式

1）信息展示

该形式主要是针对那些敏感型消费者采用的方法。这类消费者遇事心有戒备，对广告宣传心有疑虑，只有用客观报道性的、纯净的信息，才能使他们消除疑虑。广告运用信息展示方法时，应不加任何修饰地、朴实无华地介绍商品的功能、特点，力求给受众一种真实的、不浮夸的印象。

【案例5-24】

玉兰油：巧用数字说服力

玉兰油洁面乳的报纸广告说道："它含有 BHA 活肤精华，可以彻底清除脸部肌肤灰尘和彩妆，只需 7 天就能让肌肤得到改善。"玉兰油多效修复霜的杂志广告声称"能帮助抵御 7 种岁月痕迹，令肌肤焕发青春光彩"。还写出一句非常出名的广告语"1 种减退秘诀，7 种岁月痕迹"，收到了非常好的广告效果。

案例解析

巧用数字进行说服是玉兰油广告诉求的诀窍。使用这一手法对消费者更有说服力，当然使用此手法也需要企业具有一定的技术实力，消费者相信该企业是有能力达到数字中所提到的相关问题的。

2) 实证演示

实证演示是通过现实的表演示范画面，向消费者展现商品的功能和使用知识，是消费者最容易理解和接受的方法。针对消费者使用新产品的多种顾虑，以及对高技术产品的安全性存在的疑问，实证演示广告最能用简单的事实来说明问题。如果使用得当，实证演示广告的说服力和促销力将非常强。

3) 比较

比较式诉求的核心是通过对自身优点的阐述来营造自己产品优于他人产品的印象。这种方式较容易激化竞争，引发争议。在相关法规的制约下，中国的广告把比较广告运用到自己产品的新旧对比上，强调新产品的进步效果。但这种方法的消极作用是对自己过去产品的自贬，容易使原有品牌忠诚消费者对自己的判断力出现动摇。在现实生活中，一些比较式诉求广告已经引起了不同的意见，因此应慎重使用这种方法。

4) 推荐

借助知名人士推荐产品，即品牌或产品代言人的广告诉求方式在市场上非常多。随着大众传播媒介的普及，使用名人、演艺界偶像人物作为产品代言的广告层出不穷。原因是明星更能引起人们的广泛关注，在广告中出现更可能受到追捧者的欢迎，也容易让消费者记住广告品牌。

5. 理性诉求说服效果的影响因素

1) 有关商品的影响因素

(1) 同质化程度。产品的同质化程度较低，不同品牌的产品的质量、性能、价格等方面的差异会很大，企业可以通过理性诉求手段，选择消费者关注的，又是本产品具有的利益点进行传播，可以收到很好的效果。

(2) 商品的购买风险水平。消费者购买商品时往往要面临一些购买风险。但不同类和不同档次的商品给消费者带来的购买风险是不同的。一般来说，价格低的，经常购买的，制造技术较成熟的商品，给消费者带来的风险较小。反之，价格昂贵的，偶尔购买的以及新开发的商品，消费者购买时往往面临很多不确定性因素，消费者需经仔细权衡之后才能决定是否购买。

(3) 商品的吸引力。对于容易引起他人注意的商品，消费者更注重其社会和心理价值，而不太引人注意的商品，消费者更加注重其实用性价值。因此对于这类商品运用理性诉求效果会更好。

2) 有关消费者的影响因素

(1) 消费者的有关知识和经验。消费者的有关知识和经验越多就越关心技术指标，较少冲动购买。运用理性诉求有效。

(2) 消费者的社会经济地位。社会地位高的消费者对产品的心理价值更感兴趣。社会地位较低者对实用性更感兴趣，因此对后者更应使用理性诉求手法。

(3) 消费者的购买预期。在近期内打算购买的消费者更关注产品的技术指标，更易受理性诉求的影响。

(1) 广告主题，是广告为达到某一目的所要说明和所要传播的最基本的观点，是广告宣传的重点和中心思想，也是整个广告活动的灵魂所在。

(2) 广告主题的基本要求：鲜明突出、新颖独特、寓意深刻。

(3) 广告创意是表现广告主题的，能有效与受众沟通的艺术构想。

(4) 广告创意的特征：广告创意必须紧密围绕广告主题；广告创意必须是与受众有效沟通的艺术构想；广告创意是广告制作的前提。

(5) 广告创意的要求：相关性、原创性、震撼力、简洁性和合规性。

(6) 广告创意的基本原则：科学性原则、艺术性原则、创新性原则和实效性原则。

(7) 广告创意的思考方法："集脑会商思考"法、垂直思考法、水平思考法、"二旧化一新"思考法、逆向思考法、李奥·贝纳的固有刺激法、罗瑟·瑞夫斯的独特销售主张创意法、奥格威的品牌形象创意法、艾尔·里斯和杰克·特劳特的定位法。

(8) 广告表现就是将广告创意进行符合特定媒体语言的再创造，完成特定的信息编排与传达效果的创意执行过程。

(9) 广告表现的原则：广告表现必须为广告目标服务；广告表现应符合媒体的特性；广告表现应准确体现广告创意。

(10) 感性诉求是将广告诉求的重点以情绪沟通的方式进行表现，突出广告内容在格调、意境、心理情绪感受方面的优势，从情感和外在形式上打动消费者的广告创意表现方式。

(11) 感性诉求的时机把握：当产品缺少特性时、产品特性不足以吸引消费者时、产品特性太多无所适从时，可以通过感性诉求手法，提升产品魅力，打动消费者。

(12) 理性诉求是指通过真实、准确传达做广告的企业、产品、服务的客观情况，使受众通过判断、推理等思维过程，理智地做出购买决定的广告表现方法。

(13) 理性诉求的策略：改变消费者对广告品牌的某种错误观念；强化消费者对产品品牌的某种肯定信息；提高对广告品牌有利特性的重要评价；降低对广告品牌不利特性的重要评价；

提出新的标准特性。

(14) 理性诉求说服效果的影响因素：有关商品的影响因素包括同质化程度、商品的购买风险水平、商品的吸引力；有关消费者的影响因素包括消费者的有关知识和经验、消费者的社会经济地位、消费者的购买预期。

一、单项选择题

1. 20世纪50年代，主要的广告学说是(   )。
   A. USP 理论   B. 企业形象理论
   C. 整合营销传播理论   D. 市场营销理论

2. 品牌形象理论的提出者是(   )。
   A. 李奥·贝纳   B. 伯恩巴克
   C. 大卫·奥格威   D. 罗瑟·瑞夫斯

3. 具有求异性特点的广告创意方法是(   )。
   A. 逆向创意法   B. 发散创意法
   C. 灵感创意法   D. 垂直创意法

4. 认为应该选择那些产品独具的东西或者其他同类产品都还没有说起过的东西作为诉求信息的广告学经典理论是(   )。
   A. 品牌个性理论   B. 品牌形象理论
   C. 定位理论   D. USP 理论

二、多项选择题

1. 测评广告主题，主要围绕着广告主题展开的问题有(   )。
   A. 是否明确
   B. 是否被认可
   C. 与目标消费者的关注点是否一致
   D. 诉求重点是否突出
   E. 能否引起注意，能否满足消费者的需求

2. 伯恩巴克为广告人提出的广告创意的基本要求包括(   )。
   A. 相关性与原创性   B. 创新性与规范性
   C. 震撼力与简洁性   D. 合规性与相关性
   E. 科学性与艺术性

3. 广告表现的原则有(   )。
   A. 广告表现必须为广告目标服务
   B. 广告表现必须符合广告主的要求
   C. 广告表现应符合媒体的特性
   D. 广告表现必须深入分析消费者的需要

05

E.　广告表现应准确体现广告创意

4.　20世纪60年代美国出现的两个创意流派是(　　)。

　　A.　以李奥·贝纳为代表的艺术哲学流派

　　B.　以伯恩巴克为代表的科学哲学流派

　　C.　以韦伯·扬为代表的艺术哲学流派

　　D.　以奥格威为代表的科学哲学流派

　　E.　以伯恩巴克为代表的艺术哲学流派

5.　目前在我国一些大型广告公司，普遍采用组织广告公司内各方面人员聚集在一起，在比较宽松的氛围中集体提出创意构想的创意方法，即(　　)。

　　A.　二旧化一新的方法　　　　　　　B.　水平思考法

　　C.　集脑会商思考法　　　　　　　　D.　发散思考法

　　E.　头脑风暴法

6.　广告创意的原则有(　　)。

　　A.　促进销售原则　　　　　　　　　B.　真实性原则

　　C.　科学性原则　　　　　　　　　　D.　独创性原则

　　E.　艺术性原则

7.　认为"'好的点子'即创意"的广告人有(　　)。

　　A.　詹姆斯·韦伯·扬　　　　　　　B.　叶茂中

　　C.　大卫·奥格威　　　　　　　　　D.　里斯和特劳特

　　E.　瑞夫斯

05

三、简答题

1. 什么是USP学说？它的内容是什么？

2. 广告创意的要求是什么？

四、综合应用题

1. 孔府家酒广告"回家篇"：广告一开始伴随着歌曲"千万里，千万里，我一定要回到我的家；我的家，我的家，永生永世不能忘"，一架海外归来的飞机落在停机坪上，海外游子回来，亲人们迎了上去，欢聚在一起共饮孔府家酒，一个大红纸上隶书"家"字的特写镜头出现，海外游子深有感触地说"孔府家酒，叫人想家。"

　　问：一部出色的情感诉求的广告片，应当如何做好与受众的"精神沟通"，以真情动人。

2. 百威啤酒被誉为世界啤酒之王，一直雄居世界最畅销和销售量最大的啤酒业霸主之位。百威啤酒在进入日本之前，首先对日本的啤酒市场、社会结构和消费者状况进行了细致的调查。日本经济的高速发展，使日本居民的消费水平空前高涨，特别是年青一代有很强的购买欲望和购买潜力。百威啤酒在随后的广告策略中，就充分体现了日本青年的特殊消费倾向。百威啤酒首先把广告对象进一步缩小范围，设定在25～35岁的男性，这个对象的设定与百威啤酒原来就具有"年轻人的"和"酒味清淡"的形象十分吻合。

　　在广告媒体的选择上，百威把重点放在杂志广告上，专攻年轻人市场，并推出特别印制的海报加以配合。由于日本青年受教育程度普遍较高，各种行业和社会事业都有相应的杂志，每一种杂志都有其特定的年轻读者群。日本男青年在工作后，晚上喜欢与朋友一起在外面喝酒娱乐，更突出群体性消费的特点。相对来说他们看电视时间少，个人性消费要少一些。所以百威啤酒首先攻占年轻人的文化阵地，并以独特的和扣人心弦的海报激发他们的视觉，进入他们的"圈子里"，使之成为一种时尚消费和身份地位的象征。

在杂志上获得成功后，百威向海报、报纸和促销活动进军，3年后才开始运用电视媒体。而这3年中，日本年轻人早已经把百威啤酒作为自己生活的一部分来接受了。百威从过去对追逐时间的新颖满足感转换为超前领先，引导了全日本的啤酒市场。"百威是我们的，是我们这个'圈子'的一部分，我们有责任让所有的人了解它、热爱它。"这就是百威啤酒的成功之处。这不仅让你享受了高品质的啤酒，还让你在心理上得到各种各样的满足和尊重。

讨论题：

请你用广告学理论分析百威啤酒成功的原因。

实训案例

"滥"广告为何卖得好

提起广告，圈里的人就拿一些"滥"广告调侃，其中比较典型的莫过于以下几条了。

金嗓子喉宝：能这么多年坚持下来，真是不容易，让消费者经年累月地看一条广告，翻过来掉过去，就是那一句话"保护嗓子，请用金嗓子喉宝"。不但如此，整条广告的制作也是略显粗糙，画面模糊，有时还有雪花。

和金嗓子喉宝几乎一个模子刻出来的是，三精牌葡萄糖酸钙，孔令辉在领奖台上挥舞着鲜花，然后生硬地来一句"补钙，请用三精葡萄糖酸钙"。

脑白金：无论是大山姜昆版的师徒情义送礼篇，还是"小丽呀"的小男人版，直至动画版，几乎就是送礼，"今年过节不收礼，收礼只收脑白金"，"送礼还送脑白金"。

还有就是投放地不如上述广告那么狂轰滥炸的解放卡车，广告语同样也是直截了当，"解放卡车，赚钱机器"。

……

不过有意思的是，这些产品的实际销售却个个是行业的老大。金嗓子喉宝在咽喉口腔用药市场中名列前茅；尽管今年太极推出睡宝，脑白金在保健品领域的地位依然还是老大；据称哈尔滨制药三厂的三精牌葡萄糖酸钙，1999年广告投放量约3个亿，在近百亿元的巨大市场中，占了10%，销售收入达12亿元，风头盖过盖中钙；一汽的解放卡车2002年1至6月累计实现销售量11万辆，同比增长33.7%，权威部门分析，这个数字已经超过世界卡车巨头奔驰和沃尔沃，跃居世界第一位。

为什么这些"滥"广告的产品能卖得这么好呢？

05

案例点评：

分析这些所谓的滥广告，说其滥无非是这样几点：第一，广告语直白，没有诗情画意的语言让人回味；第二，广告画面不讲究，既没有美轮美奂，也没有气壮山河的冲击力；第三，广告情节几乎谈不上，就是扯着嗓子干喊；第四，长时间就是这么一个片子，也不换一换口味。

大卫·奥格威曾经有一句话说，"我们的目的是销售，否则便不是做广告。"对于这一点，广告主打心底里喜欢。南北通咨询有限公司董事长秦全跃认为，最直接的往往最有效，"什么什么样，就怎么怎么样"的广告语，看起来是太直白了，但是你仔细想一想，这是一种排他性的说法，在产品同质化的情况下，这种排他性的影响力是相当有效的，这种方式尤其适用于处于市场成熟期的一些产品。如补钙产品，到了成熟期，腰酸背痛要补钙的概念已经大人孩子都知道了，怎么办？干脆点，直奔主题，不用花拳绣腿，就是补钙选用我吧，不仅广告时间短，投放费用低，而且由于这种排他性树立了"补钙就用我"的概念，当然更容易让消费者记住，更有利于产品的销售。

讨论题：

1. 结合此案例说明，好的广告创意关键点应是什么？艺术性更重要，还是科学性更重要？
2. 案例中列举的"滥"广告都在销售上获得了成功，这种创意策略是否值得推广呢？

05

第六章

广告媒体

学习要点及目标

- 了解媒体与广告媒体的概念
- 理解广告媒体的基本功能
- 掌握广告媒体的分类与特征
- 掌握评估广告媒体的标准
- 掌握广告媒体选择的原则及方法
- 掌握广告媒体策略

核心概念

广告媒体　　到达率　　收视(听)率　　媒体策略　　媒介排期

引导案例

招商银行电梯平面媒体形象广告投放

2006年,招商银行正式邀请世界著名钢琴家郎朗担任品牌代言人,由此也将招商银行以"高雅艺术"为诉求点的品牌塑造工程推到了新的高峰。招商银行总行办公室品牌经理袁晓愁经理介绍说,招商银行现在追求将"文化属性"注入品牌价值之中,赞助和投身高雅艺术活动,不仅体现招商银行对高雅文化事业的积极贡献,也能赢得消费者对招商银行文化形象上的认同。

在媒体投放上,选择电梯平面媒体是招商银行的品牌形象推广策略。平面广告投放在高档小区和写字楼中的电梯上,受众具有高学历、高职位、高收入、高消费这四大特点。

据CTR对北京市场的调查,招商银行在投放品牌形象广告周后,看过广告者和没有看过广告者的比较中,第一提及率、提示前提及率和提示后提及率分别上升了14%、24%和50%。调研数据显示,有的目标受众在看过招商银行电梯平面广告后提升了购买招商银行金融产品的意向,同时很多消费者在接受采访时反映,在无聊的电梯等候时间看看广告倒是一种消遣。

(案例来源:经营者,2007年第18期)

案例导学

就目前中国市场来说,银行之间的金融产品的服务差别多数还不是很大,产品区隔力也不高,竞争上更多的差异化还是在消费群体的特性上。招商银行的客户,多数都是各领域的高端用户,虽然很少有大众媒体能够全面地影响到他们,但是在生活和消费习惯上他们是存在共性的,比如喜欢高雅文化、居住在高档小区内,电梯平面媒体恰恰为影响他们提供了一条有效的渠道。招行的目标受众是那些生活在城市中,收入很好,生活无忧,追求生活品位的人,招行选择的媒体投放环境与其目标受众恰好符合，保证了广告信息高到达率的传播。

此外，电梯平面媒体的形式也比较适合承载"高雅文化"的内容，招商银行从大众中遴选出最有价值的目标用户，施加有效的品牌影响，让人们切实看到了电梯平面媒体的力量。

第一节　广告媒体概述

一个优秀的广告要经过市场调研、广告策划、广告创意等多个环节，无论调研数据多么精确，策划多么出色，创意多么新颖，也无论广告制作者的知识多么渊博，眼光多么敏锐，最终的广告作品都要通过广告媒体把信息传递给消费者，实现广告的沟通作用。

可以说，媒体是广告与消费者见面前的最后一道关卡，媒体的选择、媒体传播策略的制定直接关系到广告目标能否达成，广告主期待的广告效果能否实现。因此，媒体投放是广告活动中举足轻重的一环。

一、广告媒体的概念

(一)媒体

媒体又称媒介，是英文 Media 的音译，对于媒体的概念有以下两种说法。

(1) 媒体是指人们借助用来传递信息与获取信息的工具、渠道、载体、中介或技术手段。简单地说媒体就是传递信息的载体，凡是能够把信息从一个地方传递到另一个地方的东西都可称为媒体。从这一角度来说，古代的烽火台、信鸽都是媒体，现代的电视、广播、报纸、杂志也属于媒体范畴，媒体的范围比较广泛。

(2) 媒体是专门从事信息传播的组织机构。在日常应用中对媒体常常还有这样一种理解，认为电视台、广播电台、报社等是媒体，媒体也是一种进行传播活动的组织机构代名词。

我们这里所谈的媒体则主要是指第一种解释，即从作为工具、渠道、载体、中介和技术手段的角度来审视媒体。

进入 20 世纪以来，随着传播技术的发展和传媒从业人员专业化程度的提高，媒体得到了前所未有的迅速发展，以电视、报纸、广播、杂志为主的大众传播媒介在全世界范围内迅速而大量地进行传播活动，把现代的人们置身于信息海洋之中，媒体作为传递信息的中介在社会生活中发挥着举足轻重的作用，它传播新闻，提供娱乐，反映舆论意见，凝聚社会共识，对当代社会产生了广泛而深刻的影响。

(二)广告媒体

广告媒体是指借以实现广告主与广告对象之间信息联系的事物或工具，凡是能刊载广告作品，实现广告主与广告对象之间信息传播的事物均可称为广告媒体。对于广告媒体来说，必须具备两个基本要素：一是属于媒体范畴，二是传递广告信息，只要符合这两个条件都可以称做广告媒体。因此，大到广播、电视、报纸、杂志、互联网等大众传媒，小到一支笔、一件衣服、一张卡片，只要能够传递广告信息，都可以成为广告媒体。

(三)广告与媒体的关系

广告与媒体之间有着极为密切的联系，可以说是相互依赖、相互作用。

一方面广告依赖于媒体，需要借助媒体发挥影响力，到达最终受众。媒介是广告存在的必要条件，无论是媒介在广告支出中所占的比例及媒介对大众的影响力，还是广告作为一种经济或社会现象存在本身，都足以说明这点。

另一方面，广告又对媒体起反作用。广告业的发展，同时促进了大众传播事业的繁荣。广告活动可以给大众传播事业带来所需要的发展资金，可以使其更新设备，丰富内容，举办公益活动，为广大观众、听众或读者提供更优良的服务。而广告收入不足，则难以做到这一点，更谈不上发展。

二、广告媒体的基本功能

1. 吸引功能

吸引是广告产生传播功效的前提，一则广告只有吸引了一定数量受众的注意，才有进一步传播的机会，广告媒体的功能首先就在于吸引一定的社会公众，使他们接触媒体，从而接受媒体传播的信息。广告媒体的吸引力取决于以下两个方面：媒体本身的吸引力和广告作品的吸引力。

2. 传达功能

传达也是媒体的基本功能。借助媒体，广告媒体可以承载广告信息，打破时空的界限，将信息传达给众多的目标受众，使广告对象能看到或听到广告内容。广告的信息传达采用各种不同的形态，有图片、影像，也有声音，各种信息综合构成有意义的广告信息。许多广告经过媒体的传播，变成家喻户晓的知名广告。

3. 适应功能

广告媒体形式多样、特色各异，从而适应于不同广告信息的传播要求。如报纸以文案见长，适合于文字、数据较多的理性诉求；电视以形象见长，声形兼具，适合于感性诉求；广播以声音见长，适合发布及时的促销信息；杂志广告以印刷精美见长，适合进行精致的产品展示；霓虹灯以气势和闪动见长，适合于品牌或企业徽标的广告宣传。每一种媒体都有不同的特性，可适应不同类型的广告宣传。

三、广告媒体的分类

随着社会的发展和科技的进步，新媒体不断涌现，虽然传统的大众传媒依然保持着强大的优势，但新媒体的发展势头也不可小觑，数字杂志、手机短信、移动电视、数字电视、数字电影等新媒体正在迅速改变人们的生活，也必将改变媒体的竞争格局。新媒体的出现使广告媒体的分类日益复杂。我们可以按照不同的划分标准，把现有的广告媒体划分为以下几类。

(一)按照受众的数量划分

1. 大众媒体

大众媒体是指受众广泛、数量巨大的媒体，其受众没有明显的年龄、性别、职业、文化及消费层次的区分，如全国性的报纸、电视、杂志等。

2. 中众媒体

中众媒体是指在有限的地域内传播，受众小于大众媒体的媒体，如地区性的报纸、电视、杂志等。

3. 小众媒体

小众媒体是指针对很少一部分受众进行传播的媒体，如直邮广告(DM 广告)、售点广告(POP 广告)等。

(二)按照媒体传播的内容划分

1. 综合媒体

这一类型的媒体通常兼收并蓄各种不同种类、不同性质的信息，内容庞杂，其受众广泛、复杂，如广播、电视等。综合媒体能够把广告信息传播给较多的广告受众，但是不能把广告信息传播给特定的广告受众。因此，一般适用于发布大众需求的商品广告及塑造形象的广告。如综合性的日报、周报，门户网站，综合性的广播电视频道等都属于综合媒体。

2. 专业媒体

这种媒体具有科技和行业性专门指向，如专业性报纸、杂志，专业性的网站，专业性的广播电视频道等。现代社会的人们需求越来越个性化，为满足人们不同的需求，媒体也越来越细分化、专业化，最显著的特征是受众多为特定行业的领导、科技骨干和专业人士或爱好者，对特定领域的信息有着高度的兴趣。因此，专业媒体对特定受众的定位效果良好，一般适用于目标受众与媒体接触者重合或相近的情况。

(三)按照媒体传播范围大小划分

1. 全球性媒体

全球性媒体是指传播范围跨越国界，拥有不同国家的媒体接触者，例如卫星电视、电台，世界发行的出版物，国际的交通工具，国际性的广播等。

2. 全国性媒体

全国性媒体是指媒体信息覆盖全国，如全国发行的报纸、杂志，全国性的广播电视等。涵盖的广泛性是这类媒体的主要特征，适合做全国性市场的产品广告。

3. 区域性媒体

区域性媒体是指媒体信息覆盖在某一区域，比如华北地区、西南地区的媒体，或者某个省

(直辖市)如广东省、北京市的媒体。

4. 地方性媒体

地方性媒体是指以当地公众为媒体主要受众，信息内容侧重地方新闻和地方文化为主的媒体，如地、市、县级以下的地方性电视台、地方性报纸、户外媒体等。这类媒体涵盖区域明确，地方民俗性强，适合做地方市场的产品广告。

(四)按照媒体的归属权划分

1. 租用媒体

租用媒体是指非广告主所拥有，需要付费租用的媒体，如报纸、电视、交通工具等。大部分媒体都属于租用媒体，租用的可能是报纸杂志版面、电视广播的时间段、网络的广告位等。租用媒体在使用时需要付租金，而且受到一定限制，但是租用媒体一般影响力较大，覆盖面较广，传播较为迅速。

2. 自有媒体

自有媒体是指广告主自己拥有的媒体，如销售场所、橱窗、柜台等。广告主可以按照自己的意愿使用自有媒体，但传播面比较窄，影响力较小。

(五)按照媒体的自然属性划分

1. 印刷媒体

印刷媒体是指用印刷品实物的方式展示的媒体，如报纸、杂志、图片等。

2. 电子媒体

电子媒体是以电子器材和电子技术传播广告信息的媒体，例如电视、电影、广播、互联网、电子显示屏等。

3. 户外媒体

户外媒体是指设置在室外，让公众了解广告信息的一切传播手段，如路牌、灯箱、招贴、交通工具、气球、公共设施等。

4. 销售点广告媒体(POP 广告媒体)

这种媒体是指在销售场所设置传播广告信息的媒体，包括室内销售点广告媒体和室外销售点广告媒体。室内销售点广告媒体有柜台、货架布置、空中悬挂以及广告录音、录像等，室外销售点广告媒体有橱窗陈列、商店招牌、门面装饰等。

5. 直接邮寄广告媒体

直接邮寄广告媒体又称直邮广告媒体(DM 广告媒体)，是通过邮局直接寄发给广告目标对象的媒体，如商品目录、征订单、试用品等。

(六)按照受众对广告信息的接收形式划分

1. 视觉媒体

视觉媒体是指通过视觉符号传播广告信息，受众通过视觉接收信息的媒体，如报纸、户外广告媒体等。视觉媒体一般采用图文结合的形式进行广告的诉求和表现，较为直观形象。

2. 听觉媒体

听觉媒体是指通过声音这种听觉符号传播广告信息，受众通过听觉接收信息的媒体，如广播、电话、录音、宣传及其他音响等。

3. 视听综合媒体

视听综合媒体是指通过视觉和听觉综合的符号传播广告信息，受众通过视觉和听觉接受信息的广告媒体，如电视、互联网、电影、幻灯片及现场表演等。

4. 其他媒体

其他媒体是指没有或不能列入上述类别的媒体。例如包装物、馈赠品、菜单、火柴盒、模特等。

以上几种分类形式只是从不同的角度审视广告媒体所得出来的，对于一个具体的广告媒体来说，可能按不同的角度会有不同的分类。例如对于北京晚报来说，就同时属于大众媒体、综合性媒体、区域性媒体、租用媒体、印刷媒体和视觉媒体。

不同的媒体在广告中所发挥的作用也不一样，因而也在广告中占据不同的地位。这是由媒体的特点决定的，关于这一点，将在下一节详加讨论。

第二节　各类广告媒体的特点

广告媒体都有传达、吸引和适应等基本功能，因而能把广告信息传达到一定范围的公众中去。但是，由于媒体所采用的传播技术和手段不同，不同的媒体有不同的特点，有不同的适用范围。为了更有效地选择使用广告媒体，下面介绍几种主要广告媒体的特征及运用。

一、报纸媒体

报纸是最早传播广告信息的大众传播媒体，也是目前世界上比较主要的广告媒体。在媒介多样化的今天，报纸依然在广告领域占据重要地位，在广告媒体投放中一般都把报纸作为主流媒体选择。

(一)报纸媒体的优点

1. 覆盖范围广

报纸覆盖面涉及众多读者阶层，适合于任何一种商品和服务的广告宣传活动。报纸的大众化特点适合于任何阶层的读者，并且由于报价低廉，读者的数量也多。

2. 传播迅速

每份报纸都有自己的发行网和发行对象，影响面较宽，使广告能充分地发挥作用。广告主可以通过报纸以很低的成本触及各种地方或区域市场，有独特偏好的群体、种族或是民族团体，覆盖全国的各个层次、各个地方的读者，甚至发行海外。

3. 可信度高

报纸作为舆论工具和新闻媒体，在读者中享有较高的威信。报纸的可信度，是其他媒体无法比拟的。由于读者对报纸的一贯信任，使报纸广告显示出较高的可信任程度，因此在报纸上刊登的广告信息也会获得读者的信任。报纸的信誉，对报纸广告来说是至关重要的。

一般而言，严肃而公正的报纸可信度高，广告效果也好；而不严肃的和有失公允的报纸，因为其在公众中的可信度极差，致使读者对其广告也附带产生不信任情绪，使广告的效益降低。我国许多报纸是党政机关报，具有极高的权威性和影响力。

4. 篇幅多、版面大

报纸的版面大，篇幅多，可供广告主充分地进行选择和利用。凡是要向消费者作详细介绍的广告，利用报纸做广告是极为有利的，因为报纸可提供大版面的广告刊位，可以详细地刊登广告内容，或作具有相当声势的广告宣传。相对其他媒体来说，报纸可以向读者提供更多的信息量。

5. 便于阅读和存查

报纸具有保存价值，其内容无阅读时间的限制。由于是印刷品，报纸的购买、携带、阅读都十分灵活方便，读者可以快速阅读，也可以细细品味，甚至剪下加以保存，其广告宣传可作为人们查找翻阅的凭证。

6. 编排灵活、制作简便

广告改稿或换稿都比较方便。一般在报社开机印报前或在制版前赶到报社，即可对发现有错的广告进行更改或撤换。而且，报纸截稿期较晚，一般广告稿在开印前几个小时送达，即可保证准时印出。报纸在编辑上的这些特点，给广告主和广告专业公司提供了极大的方便。

(二)报纸媒体的不足

1. 生命周期短

报纸出版率高，日报、早报和晚报都是每天一份，周报周期较长，但也仅为一周。绝大多数读者只读当天的报纸，极少有人读隔日的报纸，因此报纸的有效期较短。由于报纸出报频繁，使每张报纸发挥的时效性都很短，一份日报的平均生命周期只有短短的 24 小时，很多读者在翻阅一遍之后即顺手弃置一边，因此，其生命周期是很短的，前一天的报纸在当天即成历史，再发挥广告效果的机会不多。

2. 干扰度高

报纸由于受版面限制，经常造成同一版面的广告拥挤，影响读者的阅读。报纸以新闻报道为主，除整版或半版广告外，广告往往难以占据突出位置，很多报纸因为刊登广告而显得杂乱不堪，过量的广告信息使单个广告湮没在信息的海洋之中，必然会影响读者的信息接收效果。

报纸上充满新闻报道，有大量的标题、副标题、图片和内文，这使广告面临着一个极为杂乱的环境。此外，读者阅读报纸主要目的是获得有用的信息，面对大量的信息必须作出取舍，大多数读者最注意的是新闻报道，除非有特定的需求，否则很难主动注意和接触广告信息，甚至有意地回避和跳过广告版面阅读，因此，报纸广告往往成为被忽略的对象，注意度较低。

3. 印刷质量不高

报纸广告印刷质量差，虽然有新的生产技术引入，但由于成本控制、纸张材料和印刷的限制，大多数报纸仍无法和杂志的印刷质量相媲美，广告印刷显得粗糙，精度不高。因此，许多报纸广告以文字为主，设计较为简单。

4. 对读者有文化水平的限制

报纸以文字为主要传播工具，读者必须是识字者，具备一定文化水平，这就对读者的文化素质提出了一定的要求，同时也在受众中造成一定的盲区，也就是说报纸对没有文字阅读能力的人(如儿童、文盲、盲人等)无法产生传播效果。

(三)报纸广告的类型

报纸一般以"栏"和"行"来计算版面面积。对开大报纸每版(页)一般为 8 栏，有的也有 9 栏；四开小报每版 4~6 栏。按版面大小，报纸广告可分为以下几种。

1. 通栏与半通栏广告

通栏广告是指规格为 1/5 或 1/6 版面高的广告，如图 6-1 所示。对开大报通栏一般为 8 厘米×35 厘米(1/6 版面高)，四开小报通栏为 6.6 厘米×23.5 厘米(1/5 版面高)。半通栏广告即 1/2 宽的通栏，大报为 8 厘米×17.5 厘米，小报为 6.6 厘米×11.5 厘米。

2. 双通栏与 1/2 双通栏广告

双通栏是指 2 个通栏高的版面广告，即大报为 16 厘米×35 厘米，小报为 13.5 厘米×23.5 厘米。1/2 双通栏广告是指 2 个通栏高、1/2 通栏宽的广告，大报为 16 厘米×17.5 厘米，小报为 13.5 厘米×11.5 厘米。

3. 整版和半版广告

整版广告，即利用一个完整的版面来刊登的广告。一般整版广告面积，大报为 50 厘米×35 厘米，四开小报为 34.5 厘米×23.5 厘米。半版广告是整版广告的一半，其面积大报为 25 厘米×35 厘米，四开小报为 17 厘米×23.5 厘米。也有竖半版广告形式，其面积大报为 50 厘米×17.5 厘米，四开小报为 34.5 厘米×11.5 厘米。

此外，还有小面积广告，面积大小比较灵活，一般不超过整版的 1/10，广告主可根据广告内容和广告预算的需要选择。

图6-1　报纸通栏广告

二、杂志媒体

杂志是视觉媒介中比较重要的媒介，与偏重新闻性报纸不同，杂志更加偏重知识性和教育性。杂志可以按其内容分为综合性杂志、专业性杂志和生活杂志；按其出版周期则可分为周刊、半月刊、月刊、双月刊、季刊及年度报告等；而按其发行范围又可分为国际性杂志、全国性杂志、地区性杂志等。

(一)杂志媒体的优点

1. 生命周期长

杂志是所有媒体中生命力较强的媒体。杂志具有比报纸优越得多的可保存性，杂志的出版周期一般在一周以上，文章内容有效时间长，且没有阅读时间的限制，可长期保存。杂志的重复阅读率和传阅率也比报纸高，一份杂志可能辗转经过多人之手，被重复阅读的次数较高，可以通过家人、朋友、顾客和同事得到更广泛的二次传播，有许多间接读者，广告效果持久。

2. 针对性强

杂志一般都有专业化的定位，拥有自己的目标受众定位，如医学杂志、科普杂志、各种技术杂志等，其发行对象是特定的社会阶层或群体。因此，对特定消费阶层的商品而言，在专业杂志上做广告具有突出的针对性，适于广告对象的理解力，有利于针对特定读者群的心理进行广告宣传，能产生深入的宣传效果。

3. 印刷精美

杂志通常使用高质量的纸张印刷，因此有很好的视觉效果，可以印出更加精美的图片和文字，适合对产品的形象和功能进行图文并茂的展示。精美的印刷不仅能逼真地表现产品形象，而且可给读者带来视觉上美的享受，进而产生心理认同。

4. 创意空间大

杂志能够利用的篇幅较多，可详尽地把广告信息完整地表达出来，这一点和报纸比较相似。封页、内页及插页都可做广告之用，在表现形式上，杂志可以有多页面、折页、插页、连页、变形和专栏等，对广告内容的安排，可做多种技巧性变化，从而使版式更富于创造性和多样化。

例如：联想公司在 2003 年投放的杂志广告，广告主题是"只要你想"，广告利用杂志媒体的特性，采用特殊的表现和印刷形式，前一页印刷的纸飞机被撕掉一半，露出后面一页的航天飞机，读者翻过第一页后会看到完整航天飞机图像，配合文案"没想法，就无法飞向未来"，如图 6-2 所示。该广告在利用纸张特性的同时也利用了读者的阅读动作，使有关品牌的信息传播形成了视觉和行动上的整合，充分表现了"有想法就能创新，有想象就能创造，只要你想，一切都有可能"的广告主题。

图 6-2　联想公司"只要你想"品牌形象广告

(二)杂志媒体的不足

1. 时效性不强

杂志出版周期长，不能刊载具有时间性要求的广告。同时，杂志的截稿日期较早，不能及时发布像报纸那样发布时效性较强的信息，例如短期招聘广告、促销广告等。

2. 影响面窄

由于杂志的专业性强，读者相对较少，同一杂志的读者往往集中在某一领域，因此影响面相对较小，无法形成较大规模上向社会各个层面的传播效果。

3. 广告费用较高

杂志广告费用包括广告制作费和刊物费用。由于精美的印刷需要较高的设计制作成本，加上杂志的影响面窄，因此广告收费比较高。

三、广播媒体

广播媒介发展于 20 世纪初，在其后的多种广告媒介的竞争中，广播凭着其独特的功能保持竞争力，在广告市场中占有相当地位，发挥着较为重要的作用。广播媒体是传播广告信息最快的媒体之一，在我国也是最大众化的广告媒体。

很多人会认为广播在所有主流媒体中最默默无闻，最没有影响力，但这种观点实际上与事实不符。对一些最老练的广告主来说，广播已经成了他们媒介计划中的一个必要成分。各行各业的广告主都把广播当作到达目标受众的重要手段，这是由广播本身具有的特性决定的。

(一)广播媒体的优点

1. 覆盖面广

广播以电波传递，传播速度快、范围广，基本上不受时间和空间的限制，无论城市、乡村都可以听到广播节目。在我国广大的农村，广播相当普及，因此目前乃至今后一段时间，广播仍将是重要传媒之一。

2. 收听方便

无线广播的接收简单，只需一部收音机就可以收听。广播通过声音传递信息，只要有一定听力的人，都能成为广播的收听者，不受环境、条件和文化的限制，因此广播成为一种可以"一心两用"的媒体而能够深入到各种场合。

3. 时效性强

大多数广播节目都是直播，具有非常强的时效性，因此，可以利用广播发布促销广告。在所有媒体中，广播截止期最短，文案可以直到播出前才交送，这样可以让广告主根据地方市场的情况、当前新闻事件甚至天气情况来作调整。

4. 费用低廉

广播是主流媒体中最便宜的媒体。首先广播时间成本很低，能被广泛地接收到；其次制作广播节目和广告的成本也很低，这两个方面使其成为非常好的广告辅助媒体。实际上，多数广播广告最恰当的地位是辅助性广告，作为其他媒体广告的辅助和补充，起到向消费者提示广告信息的作用。

(二)广播媒体的不足

1. 易被疏忽

广播主要是以声音传播，属于听觉媒体，作用时间短暂，转瞬即逝，很容易被漏掉或忘记，难以给人留下深刻的印象和较长久的记忆，很多人都把广播视为背景声音，而不去认真听它的内容。

2. 难以查存

广播的声音稍纵即逝，信息不易保存，这给受众对信息的记忆增加了一定的难度。

3. 有声无形

广播没有视觉形象，只能听不能看。声音的限制会阻碍广告创意的表现，广播很难表现商品的外在形象与内在质量，需要展示或观赏的产品并不适合做广播广告，因为消费者无法得到对商品外观和形象的清晰认识，会使广告效果受到一定程度的影响。

四、电视媒体

在四大媒体中，电视的发展历史最短，但却最具发展潜力，由于其发展势头的强劲，在广告市场上具有很强的竞争力，是当代最有影响、最有效力的广告媒体。

(一)电视媒体的优点

1. 声形兼备、冲击力强

电视同时诉诸视觉和听觉，给人以美的享受，同时有利于人们对商品的了解，突出商品的诉求重点。电视画面和声音的结合还可以产生强烈的冲击力。

2. 形式多样、感染力强

电视集声、形、色于一体，既可直接介绍产品，也可以把广告信息放在故事情节、歌曲、漫画、特技之中，形式灵活多变，让人耳目一新。电视也允许很大程度地创新，因为它将画面、声音、颜色、动作和戏剧结合起来。

3. 覆盖面广、收看率高

电视是以电波传递音像信息，不受时空限制，传播迅速，覆盖面广。在城市，几乎每个家庭都拥有一台电视机。由于电视具有综合性、服务性、娱乐性等特点，受不同层次、不同年龄、不同职业、不同兴趣的广大群众喜爱，收看率高。

(二)电视媒体的不足

1. 传播效果的一次性

电视信息转瞬即逝，不可逆转，因此大多数电视广告都是重复播出，以起到加深印象的作用。

2. 成本高、制作复杂

电视广告制作复杂，程序较多。电视广告的制作和播放的成本非常高。虽然人均成本低，但绝对费用可能很高，尤其是对于中小型公司来说。同时电视广告的播出费用也高，因而播放次数和广告时间长度都受到限制。

(三)电视广告的分类与运用

电视广告的形式多种多样，可以从它的播出方式和表现形式来分类。

1. 按播出形式划分

1) 插播广告

插播广告是在电视节目之间或某一节目中间插入播出的广告。插播广告可以自由选择播出时间，因而经常被企业采用，但收视率不稳定，传播效果较差。

2) 特约广告

特约广告是根据广告主的要求，在特定时间或节目中播出的广告。特约广告一般收费较高，但企业可以选择恰当的广告播出时间与节目，因而传播的效果较好。

3) 赞助广告

赞助广告是由广告主赞助电视台举办节目或组织活动，从中插播企业广告的一种广告形式。赞助广告分为独家赞助和多家赞助两种。

赞助广告有利于提高企业的知名度和美誉度，因而被众多广告主所青睐。

4) 节目广告

节目广告是指由广告主向电视台提供节目，并在节目中插入企业广告。节目广告是一种良好的广告形式，在国外被广泛应用，也日渐受到国内企业的重视。

2. 按表现形式划分

1) 新闻式

新闻式广告是用新闻报道的方式，将商品的使用情况真实地记录下来，以证明商品被广泛使用或深受欢迎的广告。

2) 告知式

告知式广告是将有关商品或劳务的信息直接告知观众的广告。告知广告是通过解说，阐明商品被广泛使用或深受欢迎。

3) 推荐式

推荐式广告是借助名人效应在电视上展示某个知名人士使用广告商品的习惯或推荐该商品，通常以介绍新产品或有特色的产品为主的广告。由于推荐人的知名度，广告易受观众注目，给观众留下深刻的印象。

4) 示范式

示范式广告是采用实证或操作演示的方式，让观众了解产品，诱导需求的广告。此类广告通过示范让观众目睹产品的特征、性能与使用方法，往往能产生良好的促销效果。

5) 故事式

故事式广告是将广告很自然地插入一个故事中的广告。通常是通过人们日常生活中的某一故事片段，很自然地带出商品的应用。常用于介绍日用品及礼品。

6) 幽默式

幽默式广告是利用人们普遍喜欢幽默风趣的心理特点创作的富含哲理的广告。幽默广告多用于玩具、药品与保健品的广告宣传。

7) 悬念式

悬念式广告是在广告中先提出消费者常遇到的难题，然后推出宣传的商品，使难题迎刃而解，从而使观众对广告商品留下难忘的印象。

8) 形象广告

形象广告是运用图像、音乐等手段诉诸观众的感观，从而对商品产生好感，树立商品的良好形象。

五、户外广告媒体

户外广告是指设置在露天里没有遮盖的各种广告形式。户外广告是历史最悠久的媒体，它以特有的形式在广告活动中发挥重要作用。

户外广告的使用十分广泛，在体育馆、超市、书店和食堂、购物商城、高速公路、建筑物上，都可以看到招牌或电子广告牌。

(一)户外广告媒体的优点

1．接触频度高

设置固定地点的户外广告，可以对经过的消费者产生多次接触，所以它可以在一定程度上达到较高的接触频度。

2．位置灵活性大

户外广告可以放置在公路两旁、商店附近，或者采取活动的广告牌的形式。只要是法律未禁止的场所，户外广告均可放置。这样就可以覆盖地方市场、地区市场甚至全国市场。

3．创意新颖

户外广告可以采用大幅印刷、多种色彩以及其他很多方式来吸引受众的注意力。

4．提高认知率

户外广告由于处在公共场所，要求信息尽量简洁，画面吸引注意力，便于接受，因而广告设计具有很强的冲击力，可以在长期内建立高水平的知名度，提升广告所宣传的产品或服务的认知度。

06

例如，耐克公司的户外广告就突破了传统户外媒体的形式，制作了巨大的印有 NIKE 标志的足球，分别砸在路边的汽车上，嵌入高楼大厦中，似乎是刚刚从高空坠落。广告极具视觉震撼力，有效地吸引了路人的目光，如图 6-3 所示。

图 6-3　耐克公司户外广告

5．成本效率很高

与其他媒体相比，户外媒体的千人成本低，非常具有竞争力。

6．制作能力强

户外广告设计制作较为简便，可以经常替换，因为现代科技缩减了制作的时间。

(二)户外广告媒体的不足

1. 信息容量小

由于大多数经过户外广告的受众行走速度较快，浏览广告的时间较短，因此户外广告的广告信息必须是几个字或一个简短概括。太长的诉求通常对受众效果不明显。

2. 易于损坏

由于设置在户外嘈杂的环境中，户外广告易于被天气或破坏性行为损害而显得陈旧或破损。

3. 广告效果评估困难

对户外广告的到达率、到达频度及其广告效果的评估的精确性是比较难于解决的问题。

(三)户外广告的类型

常见的户外媒体广告主要有以下几种。

1. 路牌广告

路牌广告也称看板广告，是在木头或金属制作的告示板上展示的广告，一般设置在交通要道口、公共场所、风景区等处。

2. 霓虹灯广告

霓虹灯广告是利用霓虹灯制作的广告，利用不断变换的绚丽色彩吸引消费者注意，借以传播广告信息。

3. 旗帜广告

旗帜广告是古代旗幌广告的发展，它是在悬挂的各种彩色旗帜上展示广告信息。这类广告由于形式新颖，成本低，又能起到渲染气氛的作用，常常受到企业的青睐。

六、销售点广告媒体

销售点广告也称售点广告，英文简写为POP，是指在销售地点或购物场所内的各种各样广告形式的总称，是一种综合性广告形式。

销售场所既是买卖交易的地点，也是买卖双方进行信息沟通与传递的极好场所，在消费者浏览和购物时，给予他们适当的信息，促使他们作出购买决策，是极好的广告形式。售点广告就是一个直接与消费者接触的媒体阵地，被称为"无声的导购员"。

(一)销售点广告媒体的优点

1. 美化购物环境，提高顾客的购买兴趣

巧妙、灵活的销售点广告既可将购物场所装点得舒适、美观，又使之显得生意兴隆，从而提高顾客的购买兴趣，调动他们的购买欲望。

2. 促使顾客就近观看商品

销售点广告大都是将产品实物衬以相应的装饰，有助于顾客近距离仔细观看甚至接触商品，可以直接提高顾客的购物兴趣。

(二)销售点广告媒体的不足

1. 设计要求高，成本费用大

销售点广告要吸引消费者、促进销售，就要在商品陈列和设计方面新颖独到，有一定的艺术水平，同时要有一定的物质作保证，成本费用较大。

2. 清洁度要求高

由于商店客流量大，灰尘多，如果不经常清洁，就会影响销售点广告的社会和经济效果，也会影响企业形象。因此要求有一定的人力物力来保持清洁。

(三)销售点广告的类型与运用

1. 柜台广告

柜台广告是设立在柜台上的各类立体的或动态的广告物，如图 6-4 所示。这种广告对引起消费者注意，对商品差别化的认识，引起购买冲动，都起到重要作用。

2. 货架广告

货架广告主要是利用货架的边框来设置的广告。由于广告与商品接近，最容易吸引消费者。

3. 店面广告

店面广告是利用商店内外的地面空间，放置商品陈列架、展示台、旋转台等，这是展示商品，刺激消费者购买冲动的良好形式，如图 6-4 所示。

4. 橱窗广告

橱窗广告包括放在橱窗内的所有广告物和装饰物。它可以随着季节、节日的不同而改变。

5. 悬挂广告

这是从天花板、梁柱上垂吊下来的展示物，如彩条、吊牌、饰物、小旗帜等，只要悬挂高度合适，造成各种形态，就能引起消费者注意和增强店面的装饰效果，如图 6-5 所示。

6. 动态广告

动态广告是指利用马达或热气上升原理使广告作品活动的广告形式，多数是一些立体广告物。广告物上下运动，回转运动，使广告具有动态感和立体感，从而增强广告效果。

7. 灯箱广告

灯箱广告是指在广告作品中放入各种光源，利用灯光照明技术，把广告商品衬托得更精美豪华，既宣传了商品又装饰了商场。

8. 招牌广告

它包括各种形状的招牌、旗帜、彩带、框子等,一般都装置于店面上方及建筑物四周,以增强直接的广告效果。

图 6-4　销售点广告——柜台广告　　　　　图 6-5　销售点广告——悬挂广告

七、交通广告媒体

交通广告媒体就是利用各种交通工具(如公共汽车、电车、火车、地铁、轮船等)的厢体或交通要道、场所设置或张贴广告以传播广告信息。

(一)交通广告媒体的优点

1. 接触率高

交通广告的主要优势在于广告可有较长的展露时间。对于一般交通工具而言,人们平均乘坐的时间为 30～40 分钟,因此交通广告可以有充足的时间来接触受众。交通广告可接触受众的数目是确定的,所以该广告形式的接触人数也就可确定。每年有数以万计的人使用大众交通工具,从而为交通广告提供了大量的潜在受众。

另外,由于人们每天的日程安排是固定的,所以经常乘坐公共汽车、地铁之类的交通工具的人们会重复接触到交通广告,而且车站和广告牌的位置也会带来较高的展露到达度。

2. 时效性强

许多消费者都会乘坐公共交通工具前去商店购物,所以某个特殊购物区的交通工具促销广告能够将产品信息非常及时地传播给受众。

3. 地区定位方便

特别是对地方广告主而言,交通广告的一个优势在于它能够将信息传递给某个地区的受众。具有某种伦理背景、人口特点等特性的消费者就会受到某地区卖点交通广告的影响。

4. 成本较低

无论从绝对还是相对角度而言,交通广告均是成本最低的广告媒体之一。在公共汽车车厢

两侧进行广告宣传的千人成本非常合理。

(二)交通广告媒体的不足

1. 覆盖率存在浪费

虽然交通广告具有地区可选性的优点，但并不是所有乘坐交通工具或者看到交通广告的人都是潜在顾客。如果某种产品并不具有十分特殊的地理细分特点，这种交通广告形式会带来很大的覆盖率浪费。

2. 广告创意和文案受局限

在车厢上或座位上画上色彩绚丽、具有吸引力的广告似乎是不可能的。车内广告牌固然可以展示更多的文案信息，但车身广告上的文案信息总是一闪而过，所以文案诉求点必须简洁明了，短小精悍。

(三)交通广告的类型与运用

从形式上看交通广告大致有以下五种类型。

1. 车内广告

车内广告是指设置在公共汽车、电车、地铁、火车等交通工具内部的广告，主要受众是乘客。其广告形式可以是张贴海报、广告牌、悬挂广告、小型灯箱，设置带有广告信息的扶手，以及火车广播、闭路电路等，如图6-6所示。

图6-6　车内广告

2. 车体广告

车体广告是设置在公共汽车、出租车或其他车辆车体(箱)外面的广告，主要受众是车外行人。好处是流动性大、传播面广、广告成本低。可绘制或电脑喷绘在广告牌上、钉在车体上或直接绘制在车身上，如图6-7所示。

3. 站牌广告

站牌广告通常是指设置在公共汽车站、火车站、地铁站的站台或候车室(亭)的广告。由于车站流动人口多，站牌的注意率高，广告效果较明显。

图6-7 车体广告

八、直邮广告媒体

直邮广告是指通过邮寄的方式直接送到用户或消费者手里的一种印刷广告。主要类型包括商品目录、商品说明书、商品价目表、宣传小册子、招贴画、明信片、展销会请柬、手抄传单等。直邮广告在各类媒介中具有与众不同的功能。如果对邮件进行精心设计，运用恰当，往往可以取得相当好的效果。

(一)直邮广告的优点

(1) 针对性强。广告主根据需要自主选定传播对象，并通过邮寄直接将广告信息传递到被选定的对象手中，避免浪费。

(2) 形式灵活。不受时间和地域的限制，也不受篇幅和版面的限制，在广告形式和方法上都具有较大的灵活性。

(3) 反馈直接性。反馈信息快且准确，易于掌握成交情况，有利于广告计划的制订和修改。

(二)直邮广告的不足

(1) 由于针对性强，推销产品的功利性就特别明显，往往使接受者反感，因此广告文稿要写得诚恳、亲切。

(2) 费时费力。直邮广告按对象逐个递送，流通中间费用高。

九、网络媒体

互联网是一种新型的广告媒体。截至2007年我国互联网上网人数已达1.44亿，按信息产业部"十一五"规划预测，到2010年，我国互联网网民数有望达到2亿，年均增长8%，普及率为15%。这表明人们利用因特网进行广告宣传已成为一种趋势。

(一)网络媒体的优点

1. 速度快并传播范围广

网络广告的传播不受时间和空间的限制，只要具备上网条件，任何人，在任何地点都可以阅读。这是传统媒体无法达到的。

2. 形式多种多样

随着计算机程序技术和多媒体的不断发展，网络广告可以采用多种形式，如文字、动画、声音、三维空间、全真图像、虚拟现实等，将广告产品全面真实地展示，使网络浏览者犹如身临其境。

3. 交互性强

交互性是互联网络媒体的最大优势，它不同于传统媒体的信息单向传播，而是信息互动传播，用户可以获取他们认为有用的信息，厂商也可以随时得到宝贵的用户反馈信息。广告主可以通过网络获取更多的客户信息，广告策划通过精美的平面创意、新颖的动画效果，为广告主赢得更多有效信息。

4. 非强迫性传送资讯

传统媒体都具有一定的强迫性，都是要千方百计吸引你的视觉和听觉，强行灌输到你的脑中。而网络广告则属于按需广告，具有报纸分类广告的性质却不需要你彻底浏览，它可让你自由查询，将你要找的资讯集中呈现给你，这样就节省了你的时间，避免无效的、被动的注意力集中。

5. 受众数量可准确统计

利用传统媒体做广告很难准确地知道有多少人接收到广告信息，而在互联网上可通过权威公正的访客流量统计系统，精确统计出每个客户的广告被多少个用户看过，以及这些用户查阅的时间分布和地域分布，从而有助于客户正确评估广告效果，审定广告投放策略。

6. 实时、灵活、成本低

在互联网上做广告，能按照需要及时变更广告内容。这样，经营决策的变化也能及时实施和推广。能随时变动广告投放，更改广告样式，根据客户需求，制订广告计划。 网络广告的费用约为大众媒体费用的3%，任何规模的企业都可进行网络广告宣传。

(二)网络媒体的不足

网络媒体的不足在于技术要求高。一方面，网络媒体要求广告人员具备英文、计算机、网络及广告等各方面素质，而大量的新名词也常常使广告主眼花缭乱，这在一定程度上限制了网络广告的发展；另一方面，网络媒体的高技术门槛也要求上网的人具备一定的文化水平和基本的计算机操作能力，一些年龄较大的人往往对互联网望而却步。不过随着科技的发展，电脑硬件和软件的设计越来越人性化，这种状况正在逐渐改变。

【案例6-1】

优衣库 Flash 时钟

日本东京 Projector 工作室为日本优衣库 Uniqlo(日本一个大众成衣品牌)创作的 Uniqlock 在 2008 年的网络上掀起一股热浪,这场广告战役除获得良好市场效应外,同时获得了数个重量级广告大奖的青睐,据不完全统计,它已获得:2008 D&AD 广告节黑铅笔奖、2008 年 5 月 CLIO 广告节上的互动全场大奖、2008 oneshow 广告节互动金铅笔奖、2008 戛纳广告节互动全场大奖和钛狮全场大奖。

Uniqlock 是一个 Flash 时钟,Uniqlo 通过它来进行自己的在线品牌推广,Uniqlock 可作为博客和网页上的小插件,也可作为电脑和手机的屏保。网友可以在 Uniqlo 网站下载代码,放在 BLOG 中作为时钟,或者也可以下载文件作为线下屏保使用。为了做这个 Flash 时钟,他们专门举办了一个海选,选了一批气质极佳的美女穿着 Uniqlo 的衣服,用跳舞的方式报时。如图 6-8 所示。

Uniqlock 无论是创意、音乐、模特、设计、舞蹈等都紧密结合了 Uniqlo 品牌的特点。清秀的舞者,舒适的服装,优美的动作,轻快的音乐,每显示 5 秒时间再插入 5 秒视频,让人看不够,每隔几个月就会出一个新版,既保持了用户的新鲜感,又可以配合当季其他推广活动的主题和方向。

清新可人的美女加上与时钟创意的结合,使 Uniqlock 吸引了很多网民的注意,也让 Uniqlo 有了一个每天 24 小时全天候展示公司品牌和产品的机会,在一张地图上可以看到它的用户遍布全球——76 个国家超过 27 000 的插件使用者;来自 209 个国家的 68 000 000 余次的网站访问量;Google 上从 0 到 619 000 的网页搜索结果。

Uniqlock 的成功显示了网络广告形式多样的特色,拓展了网络广告的创意空间,围绕年轻目标受众的喜好进行网络广告投放,在娱乐中培养了受众的品牌忠诚度。

图 6-8　优衣库的 Flash 时钟广告

案例解析

Uniqlock 的成功显示了网络广告形式多样的特色,拓展了网络广告的创意空间,充分发挥了计算机技术和网络媒体的优势。优衣库把原本单一的屏幕保护变成多媒体的广告传播载体,传递优衣库品牌一贯的核心价值,即"完美搭配,真我个性",围绕年轻目标受众的喜好进行网络广告投放,在娱乐中培养了受众的品牌忠诚度。

中国互联网发展相关数据

据 2013 年 7 月 17 日中国互联网络信息中心(CNNIC)发布的第 32 次《中国互联网络发展状况统计报告》显示，截至 2013 年 6 月底，我国网民规模达到 5.91 亿，较 2012 年底增加 2656 万人。互联网普及率为 44.1%，较 2012 年底提升 2%。手机网民规模达 4.64 亿，较 2012 年底增加 4379 万人，网民中使用手机上网的人群占比提升至 78.5%。即时通信网民规模达 4.97 亿，比 2012 年底增长了 2931 万人，是各应用中增长规模最大的应用。相较于 2012 年，各网络娱乐类应用的网民规模没有明显增长，使用率变化不大，整体行业发展放缓。手机成为各类应用规模增长的重要突破点。手机网络音乐、手机网络视频、手机网络游戏和手机网络文学的用户规模相比 2012 年底分别增长了 14.0%、18.9%、15.7% 和 12.0%，保持了相对较高的增长率。使用网上支付的网民规模达到 2.44 亿，与 2012 年 12 月底相比，网民规模增长 2373 万人，增长率为 10.8%。其中，手机在线支付网民规模较 2012 年增长了 43.0%。此外，手机购物、手机团购和手机网上银行等也有较大增长。

06

第三节　广告媒体的评价与选择

一、广告媒体的评价

(一)广告媒体的相关概念

在制定媒体战略和进行媒体计划时，我们一定会利用一些与之相关的概念作为评价媒体的指标，这些指标广泛适用于媒体的评估、选择及组合。下面作简略的介绍。

1. 到达率

到达率(Reach)指在特定期间广告目标受众(个人或家庭)暴露于某一信息至少一次的百分比。在这里，"暴露于"是指人们看到或听到该广告的"机会"存在。这就是说，只要广告在你面前出现，而你恰好在那儿，不管你是看到或听到，就算是一次暴露。

2. 收视(听)率

收视(听)率(Ratings)指接收某一特定电视节目或广播节目的人数(或户数)与拥有电视机(或收音机)的全部人数(或户数)之比。

3. 开机率

开机率(Homes Using Television，HUT)用于表示在某一特定时间拥有电视机的家庭中开机的比率。

4．节目视听众占有率

节目视听众占有率(Audience Share)指某一特定节目开机率的百分比。节目视听众占有率用于对电视或广播节目收视听的情况进行分析。

5．总视听率

总视听率(Gross Rating Points，GRP's)也称毛评点，它代表某一广告媒体在一定时期所送达的收视(听)率总和。对广电媒体它可以用收视(听)率乘以播出次数求得，对印刷媒体则可用到达率乘以刊出的次数求得。例如，某报的到达率是 25%，广告刊出 4 次/月，它的总视听率就是 100(也就是 100%)。

6．暴露频次

暴露频次(Frequency)通常指一个月内一则广告信息到达受众的次数。在上述例子中为 4 次/月。

7．视听众暴露度

视听众暴露度(Impressions)与总视听率相同，但以人数(或户数)来表示，表示全部广告暴露度的总数。在上述例子中，假设该报的到达人数为 8 万人，则视听众暴露度为：8 万人×4 次/月=32 万人次/月。广告千人成本(Cost Per Thousand，CPT)，它代表一则广告信息每 1000 个目标受众所花费的成本。计算公式为：CPT=广告费/视听众总暴露度×1000)覆盖域(Place)。它是指广告媒体发挥影响的区域范围或是媒体的普及状况。

电视收视率的调查流程

电视收视率数据是广告媒体决策的重要依据，也是决定广告价格的重要因素，它的调查流程大致可分为以下四个步骤。

1．基础研究

收视率调查是一种抽样调查，因而如何根据电视人口的总体特征，科学合理地设计抽样方案，以获得具有代表性的样本，就成为收视数据是否准确的决定性因素。基础研究的目的正是要取得有关收视行为的影响因素，如电视机及相关设备的拥有情况，电视频道的覆盖情况，电视观众的年龄、性别以及收入等方面的信息，为调查样本的抽取提供一个基础。同时基础研究的结果也为样本的调整及轮换提供一个决策的依据。

2．固定样本的抽取及维护

在基础研究的大样本中，按照随机原则抽取若干家庭作为固定样本，参与收视率的调查。在现场抽取固定样本时，要保持样本户的各个重要特征结构与基础研究的结果尽可能地相一致，以保证固定样本的最大代表性。

3．数据采集

目前普遍通过日记法和测量仪两种方法来采集收视率数据。日记法是指由样本户中的家

庭成员将每天收看电视的频道、时间段随时记录在日记卡上，以获取电视观众收视信息；测量仪法是在样本户中安装测量仪机顶盒，实时监测每个家庭成员的电视观看信息，是一种数字化的、较为精确的调查方法。

4．数据处理

收视调查的原始数据输入计算机之后，首先要进行数据的净化，以确保原始数据的完整及合理。经净化后的数据与样本背景资料库及节目资料库合并形成一个更全面的"收视率资料库"。在这个"收视率资料库"的基础上，对收视调查的原始数据进行各种加权计算，便产生各种收视率结果，并以产品形式提供给客户。

(二)评估广告媒体的标准

不同的广告媒体在覆盖区域、覆盖范围、受众数量、受众特性、对受众的作用和影响程度、媒体自身的风格等方面各有特点，但是媒体的某些特点只能够凭借经验进行定性的把握，比较难获得明确的量化指标，而某一种媒介的众多特性在进行媒体策略的策划时也难以尽述。评估广告媒体一般依照下面四个标准进行。

1．发行量和视听率

媒体的发行量主要针对印刷媒体而言，是衡量媒体的规模和影响面大小的一个重要尺度。它指的是印刷媒体每期发行(包括零售和订阅)的总份数。

视听率主要是针对广播和电视等电子媒体而言，它是收听或者收视的受众总量，它与接收设备的保有量和收听、收视率密切联系。

2．受众

某种媒体的受众是指接触这种媒体并且通过这种媒体获取信息的总人数。对于报纸、杂志、直接邮寄广告等媒体，受众包括直接接触者和通过传阅接触者，他们的数量和媒体的保存时间、媒体的传阅率密切联系，保存时间越长、传阅率越高，受众总量越大。对于广播和电视媒体，受众指听众和观众的总量。

3．有效受众

有效受众是指接触媒体的具有广告的诉求对象特点的受众人数。在所有接触某媒体所发布的广告的受众中，只有那些作为广告诉求对象的受众才是该媒体广告的有效受众。如果某一电视节目为某一特定的观众群体收看，而这一群体又恰好是在这个节目中插播的广告的诉求对象，那么这个节目的有效受众就比较多。因此，根据媒体和受众的特点预测有效受众的多少是进行媒体选择的重要任务。

4．每千人成本

每千人成本是指在某一媒体发布的广告接触到 1000 个受众所需要的费用，一般的计算公式是：广告费用除以媒体的受众总量再乘以 1000。

这个尺度可以明确地显示出在某一媒体发布广告的直接效益，因此常常作为评估媒体的重要量化标准。为了获得最低成本、最大效益，一般选择千人成本最低的媒体。

二、广告媒体的选择

(一)广告媒体选择的意义

1. 广告媒体选择是实现广告传播计划的关键

广告传播计划主要包括广告任务、广告预算、广告媒体的选择和组合、广告制作、广告效果测定等具体内容。广告媒体的选择和组合是处于广告策划和实施之间的关键环节,这项工作完成得好,广告任务才能得以实现,后续工作才能顺利进行,广告传播计划才有可能最终完成。

2. 广告媒体选择是取得最佳传播效果的保证

广告活动是有价的传播活动,它需要付出费用,而广告预算是有限的。因此,要在有限的费用里得到比较理想的传播效益,如何运用好广告媒介,便是一个关键问题。

广告主总是希望能以最少的代价,得到最好的经济效益。因此,广告主总是根据企业和广告活动的总体构想来进行广告预算。媒介的费用过多,即使十分适应广告传播的需要,也只能因预算有限而放弃。选定运用何类或何种媒介,还相应涉及广告制作的成本。在广告预算的范围内,恰当地进行广告媒介的组合使用,一方面成本可以降低,另一方面又能达到预期的广告目标。

(二)选择广告媒体的原则

选择广告媒体,并不是随意的行为,它必须遵循广告媒体选择的基本原则。归纳起来,广告媒体选择应遵循以下四项原则。

1. 目标原则

所谓目标原则,就是必须使选择的广告媒体与广告目标、广告战略协调一致,不能背离。目标原则是现代广告媒体策划的根本原则。

目标原则强调广告媒体的选择应当服从和服务于整体广告战略的需要,应当同广告目标保持一致。消费者群体不同,他们对于广告媒体的态度也会有所不同,而只有根据目标对象接触广告媒体的习惯和对媒体的态度来选定媒体,才能符合广告战略的要求,进而顺利达成广告目标,收到良好的广告效果。

从媒体自身而言,任何广告媒体都有其覆盖面和优劣势。因此,进行广告媒体策划时,必须认真分析各种媒体的特点,灵活协调组合,扬长避短,尽最大可能使广告媒体的目标对象与产品的目标对象保持高度一致。

2. 适应性原则

所谓适应性原则,就是根据情况的不断发展变化,及时调整媒体方案,使所选择的广告媒体与广告活动的其他诸要素保持最佳适应状态。

适应性原则强调,一方面广告媒体的选择要与广告产品的特性、消费者的特性以及广告信息的特性相适应。例如,消费品多以大众传播媒体为主,工业品多以促销媒体为主;有些消费者习惯于接受大众传播媒体的广告宣传,有些消费者却对其抱有冷淡态度,而对促销媒体深怀好感；有的广告信息适合以大众传播媒体予以传播，而有的却更适合以促销媒体予以传播等。另一方面，广告媒体的选择要与外部环境相适应。外部环境是指存在于广告媒体之外的客观原因或事物，如广告管理、广告法规、经济发展、市场竞争、宗教文化，以及媒体经营单位等。外部环境是不断发展变化的，媒体方案也要相应作出调整。

3．优化原则

所谓优化原则，就是要求选择传播效果最好的广告媒体，或作最佳的媒体组合。

优化原则强调，广告媒体的选择及其组合，应该尽可能寻求到达对象多、注意率高的传播媒体及组合方式。例如，报纸广告的注目率相对低一些，形象效果也较差，而电视广告在这些方面取得优势，但从记忆方面分析又不尽如人意。即使是同类同种的传播媒体也是各有长短的。

由此可见，无论是选择单一媒体，还是进行媒体组合，只能是努力趋优避劣，通过反复认真的比较权衡，两弊相权取其小，两利相衡选其大，从中选定最优化的方案。

4．效益原则

所谓效益原则，就是在适合广告主广告费用投入能力的前提下，以有限的投入抓住可以获得理想效益的广告媒体。

现代市场经济条件下，无论选择何种广告媒体都应该将广告效益放在首位，这就要求广告媒体策划应该始终围绕选择成本较低而又能够达到广告宣传预期目标的广告媒体这个中心来进行。选择运用何种广告媒体，固然有广告媒体策划者的心血和智慧，但还取决于广告主对于广告成本费用的投入能力。而媒体费用总有一定的限度，任何广告主无不希望以最小的投入获得最大的产出。所以效益原则强调广告媒体策划的成本费用应该同广告后所获得的利益成正比。

(三)选择广告媒体的方法

为了减少广告媒体选择中的偏差和失误，必须善于灵活巧妙地运用广告媒体选择的方法。进行媒体选择的方法很多，常用的主要有以下几种。

1．按目标市场选择的方法

任何产品总有其特定的目标市场，广告目标市场必须服从于产品的目标市场。因此，在进行广告媒体选择时必须对准这个目标市场，使广告宣传的范围与产品的销售范围相一致。

一般情况下，如果某种产品以全国范围为目标市场，就应在全国范围内展开广告宣传，其广告媒体渠道的选择应寻求覆盖面大、影响面广的传播媒体，一般选择全国性的电台、电视台、报纸、杂志及交通媒体最为理想；如果某种产品是以特定细分市场为目标市场，则应着重考虑何种传播媒体能够有效地覆盖与影响这一特定的目标市场，一般选择有影响的地方性报刊、电台、电视台、户外及交通媒体。

2．按产品特性选择的方法

当代市场产品的种类繁多，不同产品适用于不同的广告媒体，这就要求广告主应按产品特性慎重选择其传播媒体。一般来说，印刷类媒体适用于规格繁多、结构复杂的产品；色彩鲜艳并需要进行技术展示的产品最好运用电视媒体。

硬性产品(即工业品)属于理性型购买品,如果其技术性较强、价格昂贵、用户较少,通常选择专业杂志、专业报纸、直邮及展销现场媒体;如果其技术性一般、价格适中、用户较多,也可以选择电视和一般报刊。软性产品(即生活消费品)属情感型购买品,通常适宜选择电视、杂志、彩页媒体。

3. 按产品的消费者层选择的方法

任何产品都有相应的消费者层,即特定的使用对象。一般来说,软性产品均拥有其比较固定的消费者层。因此,广告媒体渠道的选择应根据其目标指向性,确定深受消费者喜欢的传播媒体。例如,广告产品为新型美容系列化妆品,其使用对象就应是女性,而其主要购买者必定是青年女性,那么,根据这一特征就必须选择年轻女性最喜欢的传播媒体。

如果广告产品是一种新型化肥,其目标市场是农村,其使用对象自然是农民,那么就应选择广大农民喜闻乐见的传播媒体,像广播、电视、报纸等。

4. 按消费者的记忆规律选择的方法

广告通过传递商品信息来促进商品销售,但广告是间接推销。人们接受广告传播的信息,却由于时间与空间的原因,一般不会听了或看了广告就立即去购买,总是经过一定时间之后才付诸行动。因此,广告应遵循消费者的记忆原理,不断加深与强化消费者对广告产品的记忆与印象,并起到指导购买的作用。

例如,某企业推出的产品是在全国范围内销售,那么这家企业除了选择全国最有影响的报纸媒体外,还应选择最有影响的电视媒体和广播媒体,并认真考虑传播广告信息的连续性,其目的就是为了强化消费者对广告产品的记忆。

5. 按广告预算选择的方法

每一个广告主的广告预算是不同的,有的可能高达百万元甚至更多,有的可能只有几千元,这就决定了广告主必须按其投入广告成本的额度进行媒体的选择。对广告主来说,广告是一项既有益又昂贵的投资,广告主对广告媒体的选择要量力而行,量体裁衣。

这就要求广告主在推出广告前,必须对选择的媒体价格进行精确的测算。如果广告价格高于广告后所取得的经济效益,就不要选择价格高的广告媒体。

6. 按广告效果选择的方法

广告效果是一个相当复杂而又难以估价的问题。一般来说,广告主在选择媒体时应坚持选择投资少而效果好的广告媒体。例如,在发行量为 400 万份的报纸上做广告,广告价格为 2000元,经计算可知,广告主在每张报纸上只花费 5 厘钱,即可将自己的产品信息传播给一个受众,比寄一封平信要便宜得多。在接受信息的 400 万人中,只需有 10%的人对广告作出反应,此广告就可收回广告费用。

(四)影响广告媒体选择的因素

1. 媒体的性质

传播效果不同的广告媒体,有不同的性质特点,传播范围有大有小,发行数量有多有寡。

这些都会直接影响到广告受众(听众、读者)的人数。媒体的社会威望高低,对广告的影响力及可信度有重要影响。媒体的信息生命周期长短以及媒体是否有某些方面的限制等都会影响到广告效果。

2．广告主体的特征

广告主在传递广告信息时,大都以宣传产品或劳务所具有的各种特性为主要内容,因此,在选择媒体时,必须考虑产品或劳务自身的特征。例如,能否以简短的话语使人大致了解该种产品的独特之处,如果可以,则可考虑用广播或电视。相反,如果简短的篇幅无法对产品进行介绍,那么最好选用出版广告媒体。

3．目标消费者的特点

目标消费者是广告信息的传播对象,是影响广告媒体选择的重要因素。媒体受众在年龄、性别、民族、文化水平、信仰、习惯、社会地位等方面的特性如何,以及经常接触何种媒体和接触媒体的习惯方式等,对媒体的选择及组合方式等有重要影响。例如广告信息的传播对象如果是青年人,那么诸如《青年一代》、《中国青年报》之类的报纸杂志当然就是理想的媒体。

4．媒体的费用支出

媒体的费用支出是广告媒体分析的重要内容,无论对广告主还是广告商,它直接决定广告成本的大小。不但任何广告都有费用控制和成本问题,而且更重要的是,任何广告都要力求以最小的费用取得最佳的效果。因此,研究并掌握媒体的费用,既是媒体研究的重要内容,也是做好广告预算的前提。

媒体费用一般分绝对费用和相对费用两类。绝对费用是指使用或租借媒体所需花费的总额。绝对费用一般分为媒体租金、设计费、制作费、发布费等。相对费用是指向每千人传播广告信息所支出的费用。

媒体的绝对费用与相对费用不是一回事。媒体的绝对费用高,并不等于相对费用也高。一般来说,相对费用的分析对于媒体费用分析更具有重要意义。因为只有相对费用才和广告效果挂起钩来,才能更真实地体现出广告媒体费用支出所取得的效果。但在实践中,相当一部分人特别是广告主,注重的仅是绝对费用,而忽视了对相对费用的分析,这是十分片面的。

5．市场竞争状况及国家的法律法规

"知己知彼,百战不殆",当竞争者强于自己,并且在媒体位置、时间等方面都已取得了优势时,我们通常采取的是侧面迂回策略,即避免竞争者占优势的媒体对象、发布时间、媒体版面和位置,选择我们能取得优势的媒体对象、时间和位置。在竞争者与我们不相上下的情况下,要先发制人,在媒体对象、时间、位置等方面抢先取得比对方有利的地位,使竞争者知难而退。

媒体策略的选择在有些情况下还要受到国家法律法规的制约。例如,香烟、烈性酒、麻醉药品等广告在我国和许多国家都有着严格的限制,尤其在发布媒体方面限制更多。有些伊斯兰教国家甚至禁止烟酒广告,而且对有些化妆品广告等也不允许在电视等媒体上发布。因此,在确定媒体策略时必须研究所在国家和地区的有关法律法规,避免引起不必要的法律纠纷。

6．消费"趋潮"

每一种新产品问世，消费者都会有一种在时空上变化发展的趋势，称之为消费"趋潮"。掌握这种消费过程变化发展的趋势，对于正确地选择广告媒介有着重要的意义。

消费"趋潮"在空间的变化规律一般表现为：

大城市→中小城市→小城镇→乡村

交通发达地区→交通较发达地区→交通欠发达地区→交通闭塞地区

消费"趋潮"在消费者的年龄和性别上的变化规律一般表现为：

青年人→中年人→老年人

时髦型女性→一般女性→时髦型男性→一般男性

研究和掌握消费过程的这种变化发展规律，就可根据消费趋潮的发展方向，选用能使产品信息快速传递给那些最愿意率先购买和使用这种产品的消费者，由他们去影响和带动其他消费者，由此形成一种消费潮流。

7．产品本身的特点

广告产品特性与广告媒体的选择密切相关。广告产品的性质如何，具有什么样的使用价值，质量如何，价格如何，包装如何，产品服务的措施与项目以及对媒体传播的要求等，这些对广告媒体的选择都有着直接或间接的影响。因此，必须针对产品特性来选择合适的广告媒体。

例如化妆品，常常需要展示产品的高贵品质及化妆效果，就需要借助具有强烈色彩性和视觉效果的宣传媒体，诸如杂志、电视媒体等就比较合适，而广播、报纸等媒体就不宜采用。

【案例6-2】

加多宝凉茶的媒体选择

2012年8月，大型专业音乐评论节目《中国好声音》登陆浙江卫视，引发了新一轮的选秀风潮，在短短一周内收视率就突破4%，在网络最热搜索词排行榜中占据首位。《中国好声音》在全国范围内的广泛关注为赞助商带来了优厚的回报，其中最大的赢家当属作为独家冠名的加多宝集团。加多宝凭借精确的媒体选择，伴随广告投放、渠道、供应链等一系列的成功运作，最大限度完成了更改名称的品牌转换，让"正宗好凉茶，正宗好声音"成为人们耳熟能详的广告口号，同时也实实在在地完成了销量的提升。以电视媒体为主，配合网络传播，加多宝打了一场漂亮的广告战。

作为《中国好声音》的冠名赞助商，加多宝拥有片头露出、主持人口播、现场植入、电视节目包装体现等权利，这些与其他节目的冠名赞助商没有什么不同，加多宝不满足于这些传统的宣传方式，在传统方式上做了许多创新。现场主持人频繁重复的"绕口令广告"成为电视观众热议的话题，现场大屏幕上、舞台地面上、评委座位旁边、选手入场的大门上到处都有加多宝的标识和产品，甚至连评委之间的调侃也离不开加多宝，与此同时，加多宝还在全国投放几万个加多宝终端海报，发起几千个产品路演活动，加多宝利用自己的所有终端、利用互联网，持续不断地加热《中国好声音》与加多宝的热度。

值得注意的是，在《中国好声音》节目播出期间，网络成为加多宝获取信息，并加以利用的重要渠道。在网络互动活动中，反复强调产品更名信息，强化记忆，借助节目的影响力，让这一信息充分形成受众认知。在活动官网平台上开展导师评选、晋级猜想、互动游戏等互动活动，在新浪、网易、优酷、迅雷等门户及视频网站上开设专题，借助这些网站的《加多宝中国好声音》专题进行电视与网络的联动。广告项目团队成员及时关注网友的话题热点，从节目中抓取可以利用的信息点，进行跟进传播。当主持人华少因其超快速口播广告而引发大量话题，并被冠以"中国好舌头"时，加多宝不失时机地在其官方微博推出了"PK华少"的活动，吸引了近40万网友参与。

其实，自从更名为加多宝以来，加多宝集团已采用了一系列组合拳式的营销手段来提升新的产品名称的曝光率和认知度，其中选择强势电视媒体的强势栏目，已经成为其媒体选择的重要原则之一，除了《中国好声音》，加多宝还赞助了诸如湖南卫视的《向上吧，少年》、安徽卫视的《势不可挡》等栏目。凭借准确的消费者洞察和媒体选择，加多宝不断强化自身的品牌形象，逐步建立了行业领导者的地位。

案例解析

在赞助《中国好声音》之前，加多宝集团已采用了一系列组合拳式的营销手段来提升新产品名称的曝光率和认知度，其中选择强势电视媒体的强势栏目，已经成为其媒体选择的重要原则之一，除了《中国好声音》，加多宝还赞助了诸如湖南卫视的《向上吧，少年》、安徽卫视的《势不可挡》等栏目。在与媒体的合作中加多宝把自己定位成"项目合作人"，而不仅仅是赞助商，通过与电视栏目的深度合作，让加多宝的品牌理念渗透到节目的方方面面。凭借准确的消费者洞察和媒体选择，再加上高超的终端推广能力和资源整合能力，加多宝不断强化自身的品牌形象，逐步建立了行业领导者的地位。

第四节　广告媒体策划

一、广告媒体策划的程序

广告媒体策划是一个由调查研究开始，经过构思、论证，直至实施的完整过程。只有按照科学程序依次展开，逐步深入，才能保证广告媒体策划的准确性和实效性。

1. 明确目标

在进行广告媒体策划前，应明确传播对象，使广告媒体的特定受众与广告产品的特定目标消费者层相一致；明确传播时间，考虑消费者购买商品的时间性和广告媒体自身的时间限制；明确传播方法，如广告媒体的受众率和频率、广告的表现形式等。

2. 媒体调查与分析

媒体策划要以媒体调查为先导，通过调查了解各媒体的性质、特点、地位和作用；分析各媒体传播的数量和质量；明确受众对各媒体的态度和偏好；比较各媒体的广告成本，为下一步进行的媒体选择打下基础。

3. 选择确定广告发布的主要媒体

在选择出来的多种媒体中，选择最接近广告目标受众、有效受众数量最多、对受众影响力最大的且较为经济的媒体作为广告发布的主要媒体。

4. 进行媒体组合

确定了最主要的广告媒体后，为达到最好的传播效果，需要选择几种辅助媒体，进行媒体组合。媒体组合力争覆盖大多数的广告目标受众，特别注意传播的影响力集中点要集中在重点目标顾客上，同时要考虑广告预算经费。

5. 对媒体组合方案进行评估与筛选

对媒体组合方案的分析主要包括三个方面：第一是从效益方面分析，衡量媒体组合方案能否产生积极的经济效益和社会效益，最好能在达成经济目标的同时发挥媒体正面的社会功能；第二是从危害性方面分析，充分评估方案实施后可能出现的不良后果；第三是从实施条件方面分析，评价媒体经营单位的广告制作水平、信息传播水平达到何种程度，客户与媒体经营单位的关系如何。

在分析评价的基础上，选择最适合广告及产品的媒体组合方案，确定一种最主要的媒体，确定媒体之间的组合。媒体组合时应注意以下问题。

(1) 组合媒体的覆盖面是否包括了所有的目标市场消费者。

(2) 组合媒体的影响力、集中点是否重叠在重点目标对象上。

(3) 媒体技巧运用、媒体排期是否合理。

6. 制作媒体排期方案

把所策划的媒体组合内容体现在媒体排期方案中，广告策划中常常是按照相应的广告排期表对此加以安排。

7. 组织实施

组织实施是广告媒体方案的具体落实，也是媒体选择程序的最后一个阶段。在这一阶段要与广告主签订媒体费用支付合同，购买广告媒体的版面和时段，在媒体上投放广告，并监督广告媒体策划的实施，搜集信息反馈，并对广告效果做出评价，及时对媒体方案提出修改建议。

媒体策划书的基本格式

一、标题、概要和目录

这一部分是对整个策划书的概括说明，简要介绍媒体计划的总体构想。

二、背景与环境分析

包括企业产品面对的市场状况、竞争情况、企业产品的特长和不利因素、目前相关产品的媒介市场占有情况等，具体包括：

(1) 市场形势和产品的特点。

(2) 与媒体相关的营销目标。

(3) 竞争对手的广告媒体运用情况，包括竞争品牌的投放量、成长率、占有率以及投放季节变化等。

三、媒体目标

所设定的媒体目标应该与企业营销目标相关联，目标内容要详尽，具体包括：

(1) 目标受众的详细情况，包括年龄、收入、职业、教育等人口统计要素以及消费者的价值观、生活态度、个人兴趣构成等心理层面的变量。

(2) 与受众沟通的重点与难点，以及解决的方式。

(3) 根据目前产品推广的特点，决定媒体的到达率和频次。

(4) 媒体投放时间、投放方式。

(5) 媒体投放的区域比重。

四、媒体策略

(1) 媒体类别的选择。

(2) 不同销售档期与媒体的选择。

五、媒体计划细节和说明

六、媒体流程

七、总结

二、广告媒体组合策略

广告媒体组合是指企业为了实现一定的广告目标而选择两个或两个以上的媒体进行搭配。

(一)广告媒体组合的目的

1. 扩大对目标消费者的影响

每一种广告媒体都有其长处和短处，运用单一媒体做广告，其效果远不如多个媒体组合同时做广告的效果。一则各媒体可以取长补短，互相协调配合，也容易营造声势；二则单一的媒体无法触及所有的目标消费者，而不同媒体的组合则可弥补这一缺陷，扩大对消费者的影响。

举例来说，儿童食品的购买者是其父母，食用者是儿童本人。因此，儿童食品的广告到达儿童及其父母，才能产生好的广告效果。而儿童所接触的媒体及具体的媒体栏目(时间)与其父母相差很大，这必然要求采用不同的媒体来针对两类不同的目标人群。

2. 弥补单一媒体的不足

由于受广告经费的制约，有的媒体尽管与目标市场有较大的接触范围，比如电视，但其费用太高，难以多次使用。这时采用广告费低一点的多种媒体组合，既可保证广告的接触范围，又能有较高的出现频率。

3. 增强广告效果

广告学家曾对广告媒体组合运用进行过研究和实验,发现广告媒体的交错使用,能够产生额外的效果。比如同一个广告内容传播给目标消费者,各接触三种媒体一次,比接触某种媒体三次的效果要好,这是一种相辅相成的效果。

再如,两种以上媒体同时向目标受众传播同一内容的广告信息,比一种媒体传播效果要好,这是一种相互补充的效果。比如,我们都看过雀巢咖啡电视广告的萨克斯篇或交谊舞篇,每当看到这两则电视广告,总会为美妙的音乐旋律和精美的动态画面所感染。

4. 保持广告信息的延续性

为达到应有的广告效果,广告需要连续不断地给目标消费者以反复的刺激。根据人的记忆规律,当一个人接受某信息后,5分钟后只能记得60%,一天之后只能记得30%,一周后,往往只剩下不到20%的印象。因此,广告必须给目标消费者以反复刺激,而这仅靠单一媒体是不易做到的,必须巧妙地利用媒体组合,运用大众传播广告、交通广告、路牌广告等,使人的记忆效果不因时空的变化而产生切断现象。

(二)广告媒体的组合原则

1. 互补性原则

各种媒体都有优势和局限,媒体组合要充分发挥各种媒体的长处,避其短处。例如,电视媒体长于展示形象、过程,长于以情动人,因此多用告知性信息。报纸、杂志媒体长于描述和说明,所以长于以理服人。可用报纸媒体补充电视媒体的信息深度不够的局限,用电视媒体补充报纸广告形象不足的局限。

2. 效益性原则

媒体的组合不是多种媒体的简单叠加,而是各种媒体的综合运用,产生的效果要远远大于各个媒体效果的总和。因此,媒体组合要充分考虑到带来的效益。不要重复覆盖,造成不必要的浪费。一般是在第一种媒体达到最大到达率后,再以较便宜的媒体提供额外的覆盖,以保持广告活动的连续性,实现规模效益。

(三)广告媒体的组合方式

1. 同类媒体的组合

同类媒体的组合即把属于同一类型的不同媒体组合起来使用,如同是报纸媒体,有全国性报纸、地方性报纸之分;有日报、晚报之分。运用两种以上不同的报纸或杂志刊登某一广告,即是一种组合。同样,在不同的电视频道播出同一广告,也是一种组合。

2. 不同类媒体的组合

这是经常采用的一种方案,如把报纸与电视组合,报纸与广播、电视组合等。这种组合,不仅能扩大触及的范围,而且可以有效地调动目标对象的感官,收到更为理想的传播效果。

3．主次媒体的组合

在企业所选择的几种媒体之中，应该有所侧重，确定哪些是主要媒体，哪些是辅助媒体，在预算分配上应有所区别，在广告发布的时间和频率上也要合理安排。特别是在内容表达上要结合各种媒体的特点，发挥它们各自的优势，以取得最大的协同效果。

例如，电视表现力丰富，适合表现商品的外形，款式、内部结构及使用效果，但在文字表现方面就稍逊一筹；而报纸可以容纳较多的文字信息，而且可以从容阅读，适合于对商品的有关性能、用途等进行详细的解释和说明。但如果将表达重点倒过来，让电视进行文字说明，用报纸刊登商品的照片，那就不能发挥这一媒体组合的效果。

4．自用与租用媒体的组合

即把需要购买的大众传播媒体与企业自用的促销媒体进行组合，如通过报纸、电视刊播，还同时利用企业自用的销售点广告等与之配合。

(四)广告媒体组合运用时应注意的问题

选用多种媒体进行组合，其总体考虑就是要尽可能触及所有的广告目标市场消费者，以及充分发挥各媒体的协同效应，因此在媒体组合运用时必须注意以下几个问题。

1．媒体组合如何能包括所有的目标市场消费者

可将所有选用的广告媒体的覆盖域加在一起，其总覆盖域是否可把绝大多数目标市场消费者归入广告可产生影响的范围内；再将选用的广告媒体的针对性累加起来，看广告对准的目标市场消费者是否都可以接收到广告信息。如果这两种形式累加组合尚不能达到，则应将遗漏的目标市场消费者，用再增加媒体的办法收入到广告影响的范围。

2．媒体组合运用如何选取影响力集中点

多种媒体组合，势必会发生两种或两种以上的媒体影响力重叠在一起的情况，因而就要分析媒体影响力重叠的形式所带来的问题。如果重叠在重点目标对象上，那么企业在媒体购买上花的费用就很合算；反之，媒体影响力重叠在不重要的目标对象上，甚至是在非目标对象上，则企业投入的这部分广告费就不合算。在媒体组合时，应考虑在哪些媒体上多投入广告费，以增加其对重点目标对象的影响力，同时削减另外一些媒体上的广告费，以免在非目标对象或非重点目标对象上花费过多的广告费。

3．注意选择运用广告媒体的技巧

一般来说，任何广告主都在运用一定的广告媒体，然而效果却大不一样。这里面就有一个技巧问题，即广告在媒体上推出时所采用的具体形式和技巧问题。常见的媒体运用技巧有：稳定推出法、重点推出法、波浪式推出法、大周期式推出法、渐强式推出法、渐弱式推出法、组合同时推出法等。

每一种媒体技巧，都只适用于一定条件下的广告活动需要。运用技巧本身既丰富生动，又无固定模式，要靠在广告活动实践中积累经验，灵活运用，不断采用和总结新的技巧。

【案例6-3】

Nike 围绕李娜法网夺冠的媒体组合

2011年6月5日，网球运动员李娜首次夺得法网冠军，成为亚洲首位网球大满贯女子单打选手。作为李娜的赞助商，Nike迅速启动了广告预案，借助李娜夺冠的热点新闻，通过不同媒体的组合传播，传递品牌价值，提升品牌形象。

李娜夺冠数小时之后，耐克官网就更换了李娜主题的首页，同时上线了全新平面广告"用运动改变一切"。当日出版的《北京青年报》就刊登了Nike这幅平面广告。Nike还通过SNS网站进行推广，李娜的微博、Nike相关的官方微博Nikewomen都更换了平面广告作为背景，同时在李娜的人人网公共主页开展一系列互动活动，为李娜庆祝。与此同时，Nike还在当天推出了李娜夺冠的庆祝T恤，在Nike官方的网上商城以及各大门店出售，还特别推出了冠军海报在全国57家门店免费赠送。此外网站上还提供壁纸下载。

所有这一切都在6月5日凌晨李娜夺冠数小时之内部署到位，借着新闻媒体铺天盖地的播报热潮，Nike也把这一轮李娜营销推上了巅峰。"用运动改变一切"这句广告语，和李娜的个人形象契合得也十分完美。

这次全媒体的广告活动是由Nike和W+K广告公司联手上演的速度传奇，短短数小时的执行时间，从团队作业到客户确认，再到方案落实，速度之快令人咋舌。

案例解析

Nike的广告快速反应和投放并非第一次，2008年北京奥运会上刘翔因伤退出比赛，Nike就曾快速推出新版平面广告，向这位杰出的运动员致敬，"爱运动，即使它伤了你的心"的感性诉求文案让众多消费者为之动容。

在这一案例中，Nike更是将广告快速反应发挥到极致，"用运动改变一切"这句广告语，和李娜的个人形象契合得十分完美。Nike采用不同类媒体的组合方式，整合线上和线下众多媒体资源，围绕同一广告主题，万箭齐发，形成传播的规模效应，也引发了媒体的关注热点。

三、广告发布时机与排期策略

广告媒体选择与组合方案完成之后，便要考虑广告信息何时在这些媒体上发布、发布持续时间长短、广告发布频率以及采用什么样的排期策略等问题，这便是广告发布时机与排期策略所要解决的问题。

（一）广告发布的时机策略

广告发布时机策略是指关于广告开始发布的时间、广告发布持续的时间、各媒介的广告发布顺序和广告发布频率等媒体计划要素的指导性方针，包括以下内容。

广告发布的时序是指广告发布和其他相关活动在时间上的配合，包括提前策略、同步策略和延迟策略三种主要类型。

1）提前策略

提前策略指广告在相关营销活动开始之前就开始发布，如产品尚未正式上市就开始发布上市广告、广告对促销活动进行提前预告等。这种策略有助于进行市场预热，比较适合新产品上市的广告。

2) 同步策略

同步策略指广告的发布与相关活动同步开始，如在产品上市的同时发布广告、在促销活动开始的同时发布广告等。这种策略可以使广告与其他活动密切配合，收到直接的促使消费者采取行动的效果，比较适合已经有一定的知名度和市场占有率的产品。

3) 延迟策略

延迟策略指广告在相关活动开始之后再通过媒介发布，如在产品正式上市之后发布广告。这种策略有助于消费者按照广告诉求指名购买产品，比较适合于那些需要提高忠诚度的产品。

【案例6-4】

乐事薯片的整合传播

2009 年 4 月至 6 月，乐事薯片以"100%天然"为核心理念和主要诉求点，在 SNS 社交网站和线下的电视媒体投放广告，发起活动，借助当年的全民"偷菜"热潮，着实地火了一把。

在人人网开心农场游戏 APP 中，用户可以免费领取乐事土豆种子，通过购买、种植、生产、出售等环节，深度体验乐事薯片 100%自然、纯粹、健康的信息，每一枚成长中的乐事土豆都带有乐事的 LOGO，标识着其独特的品牌属性，区别于农场中的一般土豆。用户可以把所收获的乐事土豆送给朋友，也可以对土豆进行再加工，只需在活动主页购买一个虚拟薯片工厂便可把土豆直接加工成乐事薯片。这一系列种植和人际互动的过程，一直围绕 100% 天然的核心理念，用户参与土豆的生产加工过程，从而对乐事的特性有了更加深入的了解，产生了不可磨灭的印象。

在社交网站活动开展的同时，乐事还通过与影响力巨大的电视媒体的配合强化受众的品牌印象。在同一时期乐事薯片的电视广告中，广告代言人张韶涵用指挥交响乐的方式让底下的土豆飞上天空，像礼花一样爆炸成为一片片薯片，落入人们的袋子中，这个好玩有趣的情节也同样传达了乐事简单、自然、100%天然的概念。虽然表现形式不同，但所传递的理念却是一致的，这一核心理念在不同媒体、不同场合与受众产生沟通，不断强化品牌印象，树立品牌个性。

最终，活动产生了良好的宣传效果，据人人网统计，活动开始两个月内参与种植土豆人数达 4 781 219 人，购买工厂人数为 3 853 294 人，参与生产薯片人数达 3 681 176 人。乐事也因此成为社交网站中最亮眼的植入广告明星，制造了受到社会广泛关注的热门话题。

案例解析

乐事薯片一直以来都着力传播产品"100%天然"的理念，本次人人网的互动广告更是围绕这一品牌价值展开，选择开心农场游戏最为火爆的发布时机，以游戏互动的形式将自己的品牌形象完美地植入目标消费者心中，通过提供一个虚拟的薯片生产体验过程拉近了与消费者的距离，间接暗示了"绿色食品"的健康价值，让消费者在享受互动的过程中，明确乐事与竞争对手的差异。在网络活动的同时，乐事采用同步策略在电视媒体播放广告，强化大众对品牌形象的认知。广告发布频率并不算高，但通过与网络的配合，有效放大了本次活动的影响力。

(二)广告发布的时限策略

广告发布的时限是指广告发布持续时间的长短。广告发布总的持续时间由广告运动(活动)总体的持续时间和广告主可能支付的广告费用决定。在总的时限内,广告的发布是否分成不同长度的时间单元,各单元的持续时间如何,则根据广告目标的要求来确定。

(三)广告发布的时点策略

广告发布的时点策略是指广告在某种媒体发布的具体的时间和时段。广告在不同媒体发布的时间要按照媒体组合的原则来确定,在各媒体发布的时段则按照不同时段的受众的媒体接触情况确定。一般来说,广告应该选择诉求对象媒体接触最为集中的时段发布。

(四)广告发布的频率策略

广告发布的频率是指在特定时间内广告在某一媒体上展露的次数。广告的诉求效果受广告发布频率的影响,但并不是广告发布频率越高,广告的诉求效果越好。因此,广告发布频率的决策应该根据对广告有效发布频率的研究结果来进行。

(五)广告的媒体排期策略

广告的媒体排期策略,是指在媒体上发布广告的时间安排。最有效的时间安排形式取决于产品的特性、目标消费者群、配销渠道策略和广告沟通目标等因素。

1. 广告媒体排期时应考虑的因素

在进行广告媒体排期时,除了要考虑影响媒体选择的因素外,还需要重点考虑以下三个因素。

1) 购买者流动率

购买者流动率即新的购买者在市场上出现的速率。这一速率越高,广告接触这些新顾客的次数就应该更连续。

2) 购买频率

购买频率指在特定时间内一般消费者购买产品的次数。购买频率越高,广告就应该越连续。

3) 遗忘率

遗忘率指消费者遗忘某品牌的速率。此速率越高,广告应该越连续。

2. 几种主要的媒体排期方法

媒体排期所需制定的是媒体在露出行程上的策略,如媒体应采取何种露出模式、何时露出及露出周期等。媒体在全年由露出与间断所组成的露出方式称为媒体排期模式。

讨论排期模式主要的目的是为品牌依行销及传播的需要以及遗忘曲线的差异,在固定资源的情况下,制定最有效的资源分配方式。它有三种主要的排期形式:连续式、起伏式和脉冲式。

1) 连续式

连续式媒体排期是指在一段时间内匀速投放广告的形式。其优点包括:可以覆盖整个媒体购买周期,减少遗忘机会;可以经常性地向消费者提示广告信息,维持知名度;可以获得媒体优势，如数量折扣、优越位置等。其缺点包括：必须要有大量的预算作支持，成本较高；潜伏着过度接触广告所产生的疲劳感。

连续式排期比较适合竞争较缓和、购买周期较长或周期不固定的品种类别广告，广告投资占有率较高的品牌，以及试图树立形象的广告活动。

2)　起伏式

起伏式媒体排期是在一段时间内大量投放广告(通常为期两周)，然后在一段时间内停止全部广告，又在下一个两周内大量投放广告。其优点包括：在有限的预算内可以集中财力，大批量购买媒体，以降低成本；由于大量投放，广告可以重复亮相，为品牌或产品建立知名度，从而取得有效的广告效果。其缺点包括：当间隔投放广告的时间过长时，容易给竞争对手留下更多机会；在非广告期内缺乏对促销讯息的认知、兴趣和记忆。

起伏式排期比较适合竞争激烈品类、购买周期较短且周期明显品类、预算有限的品牌，以及急于开展促销的广告活动。

3)　脉冲式

脉冲式媒体排期是将持续式和起伏式排期技巧结合到一起的一种媒体排期战略。广告主在连续一段时间内投放广告，但在其中的某些阶段加大投放量。

其优点包括：维持知名度；减少遗忘的机会；继续加强沟通；集中资源在主要季节。其缺点包括：必须要有大量的预算支持有效的到达率和频次。脉冲式排期最适合那些全年销售比较稳定，但又有季节性需求的产品，如服装类广告。

06

××白酒2012年7月电视广告排期表

××白酒2012年7月电视广告排期表																																			
广告周期：	2012年7月1日—7月31日																																			
类型	节目	时段	长度(秒)	7月																														天数
				1	2	3	4	5	6	7	8	9	10	11	12	13	14	15	16	17	18	19	20	21	22	23	24	25	26	27	28	29	30	31	
中央一套	《新闻30分》后	12:32	15	1		1		1		1		1		1		1		1		1		1		1		1		1		1		1		1	16天
浙江卫视	中央新闻联播前	18:57—19:00	15	1		1		1		1		1		1		1		1		1		1		1		1		1		1		1		1	16天
深圳卫视	《年代秀》栏目	首播周五约21:20	15							1							1							1							1				4次
		重播周五约23:50	15							1							1							1							1				4次
		重播周六约12:28	15								1							1							1							1			4次
		重播周日约12:28	15									1							1							1							1		4次
浙江卫视	赠播	08:00—17:00	15	1		1		1		1		1		1		1		1		1		1		1		1		1		1		1		1	16次
			15	1		1		1		1		1		1		1		1		1		1		1		1		1		1		1		1	16次
合计次数																																			80次

 本章小结

(1) 广告媒体是指借以实现广告主与广告对象之间信息联系的事物或工具。也就是说，凡是能刊载广告作品，实现广告主与广告对象之间信息传播的事物均可称为广告媒体。

(2) 按照不同的划分标准，广告媒体可划分为许多种类。

(3) 广告媒体都有传达、吸引和适应等基本功能，但是不同的媒体有不同的特点。不同类型的媒体的广告单位不同，价格差异较大。

(4) 媒体的定价政策由媒体的收视率、到达率、媒体价值等因素决定，同时也考虑具体的版面位置、时间段位以及广告排序等因素。

(5) 广告媒体策划，就是为了经济有效地实现广告目标，运用科学方法，对各种不同的广告媒体进行有计划的系统选择与优化组合，并掌握好广告发布的时机，安排广告的发布日期的过程。

(6) 评估广告媒体一般依照发行量和视听率、受众、有效受众、每千人成本四个标准进行，选择广告媒体要遵循一定的原则和方法。

(7) 广告媒体组合就是指在同一时期内，运用两种或两种以上的媒体发出大致相同的广告内容的广告传播方法。

(8) 在媒体组合中，一般应采用一个主要媒体和其他几个辅助媒体进行组合。

(9) 广告发布时机与排期策略是指广告信息何时在这些媒体上发布、发布持续时间长短、广告发布频率以及采用什么样的排期策略等问题。

 实训课堂

一、简答题

1. 什么是广告媒体？广告媒体具备哪些基本功能？

2. 各类广告媒体的主要特征是什么？

3. 广告媒体选择有哪些原则和方法？

4. 什么是广告媒体组合策略？有哪些常用的媒体组合形式？

5. 广告发布时机与排期策略有哪些？

二、案例分析题

阅读以下案例，并思考相关问题。

《游戏》是宝丽金电影娱乐公司发行的第一部影片，于1999年9月12日公映，7月初就打响了广告宣传的第一仗。户外广告牌上写着两句话："征集游戏玩家"和"你想从一个拥有一切的人那里得到什么？"7月25日，宝丽金电影公司在互联网上开通了一个网站，为游戏玩家们准备了与电影有关的6个游戏。当访问者进入网站后，先要回答几个问题，在答完问题之后，访问者却被拒绝进入下一阶段。正当人们莫名其妙时，电脑程序已将他们随机引入6个游戏之一。设计者们给游戏玩家设置了一个又一个的"陷阱"和"悬念"。

当他们认为已经胜券在握时，屏幕上显示的却是败局已定的语句。影迷们败兴而归后又意外地收到电子邮件，邀请他们再来玩新设置的第七个游戏，然而当他们兴致勃勃重返网站时，却发现"第7个游戏"仅仅是一个屏幕保护程序。正如营销人员所说："阴谋悬念是这部影片的主导因素，因此我们在广告宣传中也借用了这些手法，营造出神秘莫测的气氛。"8月17日前，任何广告都没有透露与影片直接相关的信息。尽管每天有75~80万人光临《游戏》网站，但他们绞尽脑汁也无法赢得这场游戏。影片还没上映，观众的胃口已被钓得十足。

8月17日后，电视广告全面展开。15秒、30秒和90秒的宣传片首先在地方电视台和有线电视台播出。9月7日宝丽金买下了全国几大无线电视网的黄金时段，同时播映一支30秒的广告。在影片公映前两天，即9月10日，所有曾光临《游戏》网站的访问者还都收到了电子邮件提醒他们去观看新片，亲自揭开"游戏"的谜底。

（案例来源：徐小娟.100个成功广告的广告策划.北京：机械工业出版社）

讨论题：

1. 在本案例中，宝丽金公司选择了哪些媒体？为什么选择这些媒体组合？
2. 宝丽金公司率先使用的媒体是什么？为什么做出这样的决策？

06

北京火车站媒体创意

对于绝大部分旅游者来说，北京站仅仅是他们匆匆而过的旅行入口，但在2007年的"十一黄金周"，这里成为令旅客流连忘返的"旅游景点"。经过一年多的策划与施工之后，总面积超过1500平方米、覆盖北京站主要候车厅的巨幅穹顶壁画在几万名旅客热烈的掌声中揭幕，由蒙牛乳业创意并实施的这幅巨型壁画，以"五大洲奔向中国北京、十三亿共享健康运动"为主题，让这座承载了国人骄傲的"首都十大建筑"，拥有了全新的"中国表情"。

北京火车站二层候车室通道上方，当红色帷幔徐徐飘落，拱形穹顶上一组壁画式广告展现眼前。在蓝天白云衬托下，运动员和五大洲标志性景观交相辉映，代表蒙牛的小奶人多多穿插其中，以勃勃生机，共同演绎着"迎接奥运四海一家"的主题。品牌标识居中布局，鲜明又不失稳重。连续五个穹顶，五幅画面，看上去颇有气势，如图6-9所示。

图6-9　火车站候车厅穹顶壁画广告

据了解，这幅"蒙牛穹顶"是我国目前最大规模的穹顶壁画作品。业内专家认为，这幅北京站"蒙牛穹顶"将成为对人类体育精神与健康活力最完美的诠释。

(案例来源：国际广告网站，品牌世家网站)

案例点评：

西方教堂传统的"穹顶壁画"引入中国，并营造成一个精彩的城市地标，是蒙牛继航天营销、超级女声、城市之间之后的又一精彩的整合营销策略。以市场营销的眼光看，蒙牛穹顶广告的意义在于，它利用媒体创新制造了一次营销事件，在最适当的时间和空间，以具有震撼力的形式，为品牌创造一次与消费者沟通的绝好机会。

从这个案例中我们可以看出，媒体有无限的创新可能，在资讯泛滥的年代，媒体的竞争日趋激烈，开发新媒体成为许多企业避敌锋芒、吸引注意的手段，无论采用何种创新的媒体投放形式，目的都是为了实现与目标受众的接触和沟通，达到预期的广告传播目标。

讨论题：

1. 一个优秀的广告创意要通过媒体得以实现，而不同的媒体具有各自不同的特点，试述蒙牛公司此次广告创意是运用了哪种广告媒体形式？

2. 结合蒙牛"穹顶壁画"火车站广告创意，请浅谈媒体在整合营销中的重要作用。

06

第七章

广告效果测定

学习要点及目标

- 了解广告效果的含义，理解广告效果的特性
- 掌握广告传播效果的测定
- 掌握广告销售效果的测定
- 掌握广告社会效果的测定

 核心概念

广告效果　广告传播效果　广告销售效果　广告社会效果

引导案例

分众广告效果遭客户质疑

液晶显示屏刚进写字楼，因其新鲜，仿佛增加了时尚气息，但随着楼宇乃至整个社会广告垃圾日益泛滥，分众的强制性传媒已引来越来越多的人反感，如今真正的高档写字楼已经开始驱逐过重的商业广告噪声。

一、分众之热

当初分众从商务楼宇广告切入时的初衷主要有两方面原因：一是因为亚洲人比欧美人更敬业，在办公楼里待的时间更长；二是中国的甲级写字楼少，电梯质量差，需要有很长的等待时间。在商务楼宇联网之后，分众先后通过自设或并购的形式进入了住宅、购物中心、电影院、公共汽车和休息室等各种场所，与此同时，还以两个大手笔的并购案收购了无线和互联网的广告发布平台。

当分众董事局主席江南春将分众的定位设定为"既不是电视媒体，也不是户外媒体，而是生活圈媒体，是新富阶层的主流媒体"时，分众用一张美妙绝伦的蓝图试图说服华尔街精明的投资者。如今，上市两年的分众依旧在资本市场上高歌猛进。

二、分众之惑

2003年，当楼宇视频广告LCD屏最初出现在市场上时，当年"受众会主动观看分众传媒的液晶广告"的比例高达93%，但这一数据在2005年降至64%，2006年继续下滑到44%。

1. 占有率

"从分众的发展轨迹来看，江南春一直试图在描绘一个'生活圈媒体'的蓝图，但这个'生活圈'一直是断裂的。除了在商务楼宇广告领域分众具有接近垄断的地位，在其他的生活圈环节，分众更多只是蜻蜓点水，也不具备市场垄断地位。"上海杰信营销咨询有限公司项目总监崔涛表示。

2. 客户细分

而在已经研究分众模式多年的上海播客文化传播有限公司执行总裁朱俊岗看来，即使在每

一个业务领域内，分众对受众的细分更多也只是粗线条式的，并没有挖掘到细分受众的价值所在。

3．有效到达率

目前针对分众广告有效性的监测，仅仅是以路过分众屏幕的人流量来计算，根据 CTR 曾经给过的调查数据，一天中 6000 个进出商务楼宇的人当中，最大可能的有效到达率就只有 126 人。在一个假设的理想环境下，分众楼宇广告是每 10 分钟完成一个广告组合的循环，而电梯的最长等待时间约 3 分钟。如果乘电梯的人当中只有 70%的人需要等待上 3 分钟的时间，有效到达率就只能是 30%×70%＝21%。

在周围环境干扰下，每 10 人当中注意力能在同一屏幕上停留 5 秒钟以上的人通常也只有 1 人，计算到达率时还需要将 21%×10%，因此，最终理想状态下分众广告的有效到达率也就只在 2.1%。对分众来说，更残酷的情况是，86%的人在上班期间是不流动的，下班时间从电梯间里走出的人中也几乎没有人回头看屏幕。

当分众把商务楼宇的这一套体系照搬到高档公寓住宅区时，对其效果的质疑则更多。在与分众的屏幕做短时间"见面"时，受众对广告的接受效果可能会更差。滚动播出的视频广告，很有可能当人们注意力短暂停留在屏幕上时，只是获得了广告的一个小片段，无法形成对产品和品牌的整体形象，而在受众记忆中形成"广告碎片"。

三、分众未来

户外广告的范畴很广也很复杂，街头、楼宇和卖场就是完全不同的情况。一方面，某些户外媒体形式或许将在其产品生命周期中走完上升通道，而步入衰退期。另一方面，客观政策上的规范和法律方面的调整对于户外视频广告市场将会有着不可预估的影响。整合，对于像雨后春笋般不断涌现的户外视频媒体而言，或许已经近在眼前了。

确实有一些户外视频媒体并不理想，从专业角度来看，在这些媒体上的广告投入不但不能产生积极效果，反而还会产生负面影响。客户对于户外视频广告的选择一定要慎重，投放也要讲策略，并不是把钱给了分众就是覆盖了户外视频媒体。

然而尽管针对分众广告效果的质疑一直都未停止过，但无论是季报还是年报，分众的财务报告总是能给资本市场和投资者带来新的惊喜，在 2007 年第一季度里，分众的业绩仍然超过分析师预期。很多广告主在投放广告到分众上其实并没有太多基于理性的计算，更多是看到竞争对手或别的广告主在分众上投放了，而比较感性地跟风投放，"更多是尝试性的，客户并没有忠诚度"。一位曾在分众工作过的周先生也告诉记者，曾经有一个大客户一年在分众投了 3000 多万广告之后，发现广告效果上没有达到他们的预期，也就没有再向分众下单。

(案例来源：第一财经日报，2007 年 6 月 7 日)

电视可以通过机顶盒来记录收视行为，报纸可以通过发行量来衡量受众数，从而计算千人成本，但现在整个户外广告中的一个困惑就在于，没有完善的系统或工具方法来区别什么是有效的，什么是无效的。当我们在看户外视频媒体时，通常从四个核心元素出发：一是媒体所处

的环境；二是媒体面对的受众；三是媒体类型；四是媒体上播放的信息内容。只有当这四个环节的配合适当时，才能传达出有效的广告信息。

随着市场经济的发展，市场竞争日益激烈，投入广告的费用也越来越大，广告主也更重视广告效果，测定广告效果已成为广告活动的重要组成部分。广告公司的工作水平、服务质量如何；整个广告策划是否成功，广告主是否感到满意和更有信心，都将以广告效果为依据作出评价。这项工作与开展市场调查相似，费时费力，而且应注意科学性。在预先考虑广告效果测定时，应考虑安排合适的测定方法以及计划等。

第一节　广告效果及其测定

广告效果有狭义和广义之分。狭义的广告效果是指广告所获得的经济效益，即广告传播促进产品销售的增加程度，也就是广告带来的销售效果。广义的广告效果则是广告通过媒体传播之后所产生的影响，即广告活动目的的实现程度，是广告信息在传播过程中所引起的直接或间接变化的总和，或者说媒体受众对广告效果的结果性反应。这种影响可以分为对媒体受众的心理影响、对媒体受众社会观念的影响以及对广告产品销售的影响。

广告效果测定，就是运用科学的方法来鉴定广告的效益。

一、广告效果的特性

广告活动的效果与其他经济活动的效果不同，主要表现在以下方面。

1. 时间的滞后性

广告对媒体受众的影响程度由经济、文化、风俗、习惯等多种因素综合决定。有的媒体受众可能反应快一些，有的则慢一些；有的可能是连贯的、继续的，有的则可能是间断的、迟效的。实际上，广告是短暂的，即便是招牌广告，由于媒体受众的流动性，广告留下的影响也可能是片刻之间的。在这短暂的时间里，有的消费者被激起了购买欲望，很快就购买了广告宣传的商品；有的则要等到时机成熟时才购买该商品。这就是广告效果在时间上的滞后性。

从一般产品的销售曲线来看，销售量的峰值在广告投入量的峰值之后。如果把销售量的增加看成是广告的效果的话，相对于广告的投入，效果的出现总是要滞后一个时段。

时间的滞后性使广告宣传的效果不能很快、很明显地显示出来。因此，评估广告宣传的效果首先要把握广告产生作用的周期，准确地确定效果发生的时间间隔，区别广告的即时性和迟效性。只有这样，才能准确地预测某次广告活动的效果。

2. 效果的积累性

广告活动是一个动态的过程，消费者接受信息的过程也是一个动态的过程。广告宣传活动往往是反复进行的。某一次广告宣传由于其传输信息的偶然性与易失性，很难立竿见影。某一时点的广告效果都是这一时点以前的多次广告宣传积累的结果。

某一广告给消费者以深刻印象，并对其产生影响，往往是该广告信息传播的累积结果。媒体受众由于受多种因素的影响而没有很快产生购买行为。这段时间就是广告效果的积累期。广告主要通过广告宣传，突出广告诉求点，以鲜明特色来打动消费者，使他们产生购买欲望，最终达成交易行为。

3．效果的复合性

广告活动的最终效果离不开企业市场营销的整体战略，因为广告活动只不过是企业营销体系的一个环节而已。产品销售业绩的好坏，离不开企业的产品开发策略、产品定价策略、销售渠道策略，以及其他推广策略等。从市场的情况来看，同类产品的竞争状况、消费者的消费习惯等都会影响到广告的效果。因此，广告活动的效果是由多种因素复合作用的结果。

由于广告效果具有复合性，某一时期的广告效果也许是多种媒体广而告之的结果。在测定广告效果时，要分清影响广告效果或决定广告效果的主要因素，以确保测定的客观性与真实性。

动态看板广告

动态看板广告是一种新形式的广告。这种广告又称为互动广告，是一种浮在水面上可以漂动的广告。1996年3月29日，美国第一联美银行的动态看板广告驶过旧金山湾，广告说："如果您对第一联美银行和富国银行合并不满的话，可以马上行动，挨到格伦代尔联邦银行。"（注：格伦代尔联邦银行是第一联美银行的竞争对手，势力逊于后者。）对这一广告形式当地各大新闻媒体都进行了报道，起到了很好的宣传效果。

4．效果的间接性

广告效果最直接的表现就是受众通过接触广告而产生欲望最终产生购买行为。然而，在许多情况下受众虽然已经接触到广告信息，并对广告建立了一定的认识，但没有实施购买行为，他们的表现可能是以后购买，也可能是介绍他人购买，这是广告效果的间接表现。

广告效果的间接性主要表现在两个方面：一方面，受广告宣传影响的消费者，在购买商品之后的使用或消费过程中，会对商品的质量和功能有一个全面认识，如果商品质量上乘并且价格合理，消费者就会对该品牌商品产生信任感，就会重复购买；另一方面，对某一品牌商品产生信任感的消费者会将该品牌推荐给亲朋好友，从而间接地扩大广告效果。

5．效果的层次性

广告效果是有层次的，即有经济效果与社会效果、眼前效果与长远效果之分。只有将它们很好地综合起来，才有利于广告主的发展，不能只顾眼前利益而进行虚假广告，更不能只要经济利益而不顾社会效果。

6．效果的耗散性

现代市场竞争极为激烈，众多同类产品为占领市场，都纷纷展开大规模的广告运动。这种广告大战，导致广告信息的膨胀，消费者对此会产生拒斥心理，从而造成广告效果的损耗。

二、广告效果测定的意义

1. 广告效果是整个广告活动经验的总结

广告效果测定是检验广告计划、广告活动合理与否的有效途径。在测定过程中，要求与计划方案设计的广告目标进行对比，衡量其实现的程度，从中总结经验，吸取教训，为下一阶段的广告促销打下良好基础。

2. 广告效果是广告主进行广告决策的依据

某一时期广告活动结束后，必须客观地测定广告效果，检查广告目标与企业目标、目标市场、营销目标的吻合程度，以正确把握下一阶段的广告促销活动。如果对广告活动的成效胸中无数，就会使广告主在经营决策上盲目行动，误入歧途。

3. 促进企业改进广告的设计与制作

通过广告效果的测定，可以了解消费者对广告作品的接受程度，鉴定广告主题是否突出，广告形象是否富有艺术感染力，广告语言是否简洁、鲜明、生动，是否符合消费者的心理需求，是否收到良好的心理效果等。这些都为企业未来的广告活动提供了参考资料，并有助于企业改进广告的设计和制作，使广告宣传的内容和表现形式的结合日臻完美，使广告的诉求更加有力。

4. 促进整体营销目标与计划的实现

广告效果测定能够比较客观地肯定广告活动所取得的效益，也可以找到除广告宣传因素外影响企业产品销售的原因，如产品的款式、包装、质量、价格等问题。企业可据此调整生产经营结构，开发新产品，生产适销对路的产品，实现经营目标，取得良好经济效益。

三、广告效果测定遵循的原则

为确保广告效果测定的科学、准确，在测定过程中要遵循以下原则。

1. 针对性原则

针对性原则是指测定广告效果时必须有明确具体的目标，广告效果测定的内容必须与所追求的目的相关，不可作空泛或无关的测定工作。只有确定了具体的测定目标，才能选择相应的手段与方法，测定的结果才准确可信。

倘若广告的目的在于推出新产品或改进原产品，那么广告测定的内容应针对消费者对品牌的印象；若广告的目的在于在已有的市场上扩大销售，则应将广告效果测定的重点放在改变消费者的态度上；若广告的目的在于和同类产品竞争，抵消竞争压力，则广告效果测定的内容应着重于产品的号召力和消费者对产品的信任感。

2. 可靠性原则

广告效果只有真实、可靠，才有助于企业进行决策，提高经济效益。可靠性原则是指前后测定的广告效果应该有连贯性，以证明其可靠。若多次测定的广告效果的结果相同，其可靠程度就高；否则，此项测定就会有问题。这就要求广告效果测定对象的条件和测定的方法必须前后一致，才能得到准确的答案。

在测定广告效果的过程中，要求抽取的调查样本有典型、代表意义；调查表的设计要合理，汇总分析的方法要科学、先进；考虑的影响因素要全面；测试要多次进行，反复验证。只有这样，才有可能取得可靠的测试结果。

3. 综合性原则

影响广告效果的因素多种多样，既有可控因素，也有不可控因素。

可控因素是指广告主能够改变的，如广告预算、媒体选择、广告刊播时间、广告播放频率等；不可控因素是指广告主无法控制的外部宏观因素，如国家有关法规的颁布、消费者的风俗习惯、目标市场的文化水平等。对于不可控因素，在测定广告效果时要充分预测它们对企业广告宣传活动的影响程度，做到心中有数。

在测定广告效果时，除了要对影响因素进行综合性分析外，还要考虑到媒体使用的并列性以及广告播放时间的交叉性。只有这样，才能排除片面性干扰，取得客观的测定效果。

4. 经常性原则

由于广告效果有时间上的滞后性、积累性、符合性以及间接性等特征，因此就不能抱有临时性或一次性测定的态度。本期的广告效果也许并不是本期广告宣传的结果，而是上期或者过去一段时间内企业广告促销活动的共同结果。因此，在测定广告效果时就必须坚持经常性原则，要定期或不定期地测定。

5. 经济性原则

进行广告效果测定，选取的样本数量、测定模式、地点、方法以及相关指标等既要有利于测定工作的展开，又要从广告主的经济实力出发，考虑测定费用的额度，充分利用有限资源为广告主多办事、办好事，否则广告效果测定就会成为广告主的一种负担或者是一种资源浪费。为此，就要搞好广告的经济核算工作，用较少的投入取得较高广告效果测定的产出，以提高广告主的经济效益，增强广告主的经营实力。

6. 有效性原则

有效性原则指测定工作必须要达到测定广告效果的目的，要以具体的结果而非空泛的评语来证明广告的有效性。它要求在测定广告效果时必须选定真实有效、确有代表性的答案来作为衡量的标准，否则，就失去了有效性。这就要求采用多种测定方法，多方面综合考察，广泛收集意见，得出客观的结论。

总之，广告效果测定的内容及其一切设计都应以解决问题为目标。此外，在广告效果测定工作正式开展之前，必须做好充分的准备工作，这样才能保证广告效果测定工作的顺利进行。

四、广告效果测定的程序

广告效果测定的程序大体上可以划分为确定效果测定的具体问题、搜集有关资料、整理和分析资料、论证分析结果和撰写测定分析报告等环节。

(一)确定效果测定的具体问题

由于广告效果具有层次性特点，因此测定研究问题不能漫无边际，而应事先决定研究的具体对象以及从哪些方面对该问题进行剖析。广告效果测定人员要把广告主广告宣传活动中存在的最关键和最迫切需要了解的效果问题作为测定重点，设立正式测定目标，选定测定课题。

广告效果测定的确定方法一般有两种。

1．归纳法

了解广告主广告促销的现状，根据广告主的要求确定分析研究的目标。

2．演绎法

其基本思路是根据广告主的发展目标来衡量企业广告促销的现状，即研究广告主发展目标、衡量企业广告促销现状、制作企业广告效果测定课题。

(二)搜集有关资料

这一阶段主要包括制订计划、组建调查研究组深入调查、搜集资料等内容。

1．制订计划

根据广告主与测定研究人员双方的洽谈协商，广告公司应该委派课题负责人，写出与实际情况相符的广告效果测定工作计划。该计划内容包括课题进行步骤、调查范围与内容、人员组织等。如果广告效果测定小组与广告主不存在隶属关系，就有必要签订有关协议。

按照测定要求，双方应在协商的基础上就广告效果测定研究的目的、范围、内容、质量要求、完成时间、费用酬金、双方应承担的权利与责任等内容订立正式的广告效果测定调查研究合同。

2．组建调查研究组深入调查

在确定广告效果测定课题并签订测定合同后，测定研究部门应根据广告主所提课题的要求和测定调查研究人员的构成情况，综合考虑，组建测定研究组。测定研究组应是由各类调查研究人员组成的优化组合群体，做到综合、专业测定人员相结合，高、中、低层次测定人员相结合，理论部门、实际部门专家相结合，老、中、青相结合。

这种"多种人员结合"的测定研究组，有利于理论与实际的统一，使课题分析比较全面，论证质量较高。

3．搜集资料

广告效果测定研究组成立后，要按照测定课题的要求搜集有关资料。企业外部资料主要是与企业广告促销活动有联系的政策、法规、计划及部分统计资料，企业所在地的经济状况，市场供求变化状况，主要媒体状况，目标市场上消费者的媒体习惯以及竞争企业的广告促销状况。企业内部资料包括企业近年来的销售、利润状况，广告预算状况，广告媒体选择情况等。

07

(三)整理和分析资料

整理和分析资料是对通过调查和其他方法所搜集的大量信息资料进行分类整理、综合分析和专题分析。资料归纳的基本方法有按时间序列分类、按问题分类、按专题分类、按因素分类等。在分类整理资料的基础上进行初步分析，摘出可用于广告效果测定的资料。

分析方法有综合分析和专题分析两类。综合分析是从企业的整体出发，综合分析企业的广告效果。例如，广告主的市场占有率分析、市场扩大率分析、企业知名度提高率分析等。专题分析是根据广告效果测定课题的要求，在对调查资料汇总以后，对企业广告效果的某一方面进行详尽的分析。

(四)论证分析结果

论证分析结果，即召开分析结果论证会。论证会应由广告效果测定研究组负责召开，邀请社会上有关专家、学者参加，广告主有关负责人出席，运用科学方法，对广告效果的测定结果进行全方位的评议论证，使测定结果进一步科学合理。常用的评议论证方法如下。

1. 判断分析法

判断分析法是由测定研究组召集课题组成员，邀请专家和广告主负责人员参加，对提供的分析结果进行研究和论证，然后由主持人集中起来，并根据参加讨论人员的身份、工作性质、发表意见的权威程度等因素确定一个综合权数，提出分析效果的改进意见。

2. 集体思考法

集体思考法是由测定研究组邀请专家、学者参加，对广告效果测定的结果进行讨论研究，发表独创性意见，尽量使会议参加者畅所欲言，集体修正，综合分析，并认真做好分析，以便会后整理。

07

关注广告投资陷阱

广告作为投资行为，同样也存在着一个边际收益问题。换言之，当广告投资达到了一定规模并基本上达成了预期目标时，如果再追加广告费用，其投资效果将会怎样呢？答案是：它必然会遵循经济学中的"边际收益递减规律"，如图7-1所示。

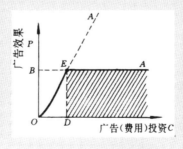

图7-1 广告投资陷阱

当广告投资效果函数处于 E 点时，也就是广告投资已达到了饱和的状态。图中的阴影部分就是"广告投资陷阱"，即出现了广告投资的边际收益递减。在分析广告的效果时，我们应当注意到"广告投资陷阱"的存在，从而更加科学、合理地制订广告的预算计划。

(五)撰写测定分析报告

广告策划者要对经过分析讨论并征得广告主同意的分析结果进行认真的文字加工，写成分析报告。企业广告效果测定分析报告主要包括以下内容。

(1) 绪言：要阐明测定广告效果的背景、目的与意义。

(2) 广告主概况：要说明广告主的人、财、物等资源状况，广告主广告促销的规模、范围和方法等。

(3) 内容：要说明广告效果测定的调查内容、范围与基本方法。

(4) 步骤：要给出广告效果测定的实际步骤。

(5) 结果：要说明广告效果测定的具体结果。

(6) 意见：要给出改善广告促销的具体意见。

第二节　广告传播效果测定

广告效果测定需要测定广告行为对广大受众直接产生的效果。传播效果是传播效力的直接反映，其好坏取决于表现效果和媒体效果的综合作用。

一、广告传播效果评估指标

广告的传播效果，又称"心理效果"或"接触效果"，是广告效果的核心，是指广告刊播后对受众产生的各种心理效应，如对知觉、记忆、理解、情感、欲求及行为等方面的影响。它包括广告到达的范围，广告到达的人群，受众对广告的注目程度。

广告传播效果测定的对象主要是广告传播后对受众心理的影响程度。广告信息作用于受众会引起一系列的心理反应。从心理反应过程来看，传播效果一般表现为注意感知、理解记忆、激发情感、态度改变及购买行动等相互继起的传播阶段和影响层面。在实际操作中可以用一系列心理测量学评估指标和客观性的生理性实验评估指标来反映。

(一)心理测量学评估指标

1. 广告感知记忆效果评估指标

广告感知记忆效果评估指标用于测定广告内容即广告主及其产品或服务、商标品牌等的认知程度，主要由阅读率或视听率及记忆程度等指标来反映。记忆程度指标有记忆效率与记忆广度两个方面。

2．广告认知理解效果评估指标

广告认知理解效果评估指标用于反映消费者对广告所传达的信息和观念的认知、理解程度及思维状态。

3．广告行为影响效果评估指标

广告信息传播的宗旨是通过影响消费者对产品、品牌及厂商的态度倾向，从而引导消费者选择和购买的行为方向。广告行为影响效果评估指标主要包括购买动机和购买行为这两个方面的衡量指标。

(二)生理性实验评估指标

生理性实验评估指标主要是视觉反应测试指标，通过视向仪测定观众对广告信息的顺序、时间长短以及瞳孔编号，以此来判断广告的视觉冲击力。主要包括以下几种。

1．眼动轨迹描记图指标

使用视线扫描器将眼动轨迹记录下来，形成眼动轨迹描记图，由此了解消费者观看广告时的注视次序与重点部位。

2．视觉反应时间指标

视觉反应时间是指在瞬间显露测验中，消费者观察或看清广告对象所需时间的长短，以此作为广告视觉效果的客观性评估指标。

3．瞳孔直径变化指标

人们接受广告信息时会产生不同的情绪，这会通过瞳孔放大或缩小的程度反映出来。利用瞳孔直径变化可以判断广告对受众心理的影响效果。

此外，还有一些其他的生理反应指标，如皮肤电反应指标(人们在接受广告信息时的情绪变化会出现排汗增减变化，通过生理电流仪可以观察到皮肤电阻发生的变化)、脑电波图变化(人们观看广告时，大脑会产生自发电活动，形成脑电波图变化指标)等。

二、广告传播效果的测定

(一)广告作品效果的测定方法

一个有效的广告作品是能够产生心理效果的作品，即能够影响消费者心理变化，引导消费者态度朝着既定的广告目标转变。因此，对广告作品应进行广告主题、创意、文案、表现手法等方面内容的测试，根据消费者的意见选择、修改广告作品，可发现更好的创造广告作品的构想。广告作品效果测定的常见方法有以下几种。

1．实验室测定法

在进行实验室测定时，首先要选择与目标相符的测定方法，并做好以下几项工作。

(1) 选择对象：召集广告对象的典型人物，即目标消费群体的代表，确定最少人数。

（2）广告展示方法：设计一个模拟符合测试要求的广告接触场所，如接近居家看电视的环境、模拟报纸等。

（3）测定项目：按照广告效果测定要求收集对象对广告的反应和意见。

（4）测定方法。

- 斯威林法。该方法是以开发这种调查法的公司命名的。这种方法是请被邀请的代表性观众持票入场，挑选自己喜欢的商品后观看广告，在广告播放后重新挑选商品，对比两次挑选的结果和变化，判断哪一个广告效果较好。还可以对观众进行提问，测试观众对广告作品的记忆程度。

- 仪器测试法。该方法主要在实验室场景内，在目标对象观看广告的过程中，使用不同的仪器设备测定不同目的的广告作品。例如，借助心理电测器检验评审者在阅读广告时出汗的程度，以此来评估广告的吸引力和感染力。阅读时出汗越多，说明广告越成功。测试仪器主要有程序分析仪器、眼睛照相机、皮肤反射测定仪、瞬间显示器和反应测定仪。

2．意见评定法

意见评定法可分为两种：一种是对广告作品的各个创作阶段进行测评，在不同的阶段严格选择合适的测评人员，对广告作品创作进行测评。例如，选择能够代表消费者态度的专家或直接选择目标对象。另一种是将同一商品制作多份广告原稿，请目标对象做出选择，测定哪一种广告作品的效果引人注意，给人印象最深。

3．评分法

评分法可用于事先和事后的测定，就是将广告的各部分逐项列表，让消费者分别打分，按照得分的高低来测定广告效果的好坏。评分法是将意见评定法进行量化处理，最后以统计方法进行测评。先列出对广告作品的评价项目，制定表格，然后请目标对象打分，以确定广告作品的实际效果。

4．实地访问调查法

实地访问调查法是由调查员访问样本户，获取对象对所观看广告的反应态度。这种方法的目的是尽量不加上人为操作因素，由派出人员调查消费者对广告的反应与评价。它包括电话法、日记法和访问法。

这些方法也有部分可应用于广告消费心理效果的测定。

(二)广告媒体效果的测定方法

广告媒体效果的测定，就是调查消费者对于各种媒体，如报纸、杂志、电台、电视、户外广告等的接触情形。广告媒体的调查通常根据三个测定标准进行：

（1）媒体分布，如报纸、杂志的发行量，电视、广播的到达范围，户外广告的设置情况；

（2）媒体的受众群，即读者群和收视群；

（3）广告的受众群，即对各媒体刊播的广告的接触群体。后两者的测量主要是考察媒体受众群与广告受众群之间的关系，以便做出更精确的媒体计划。

主要的测定方法根据媒体的不同特质分为两大类：印刷媒体和电子媒体。

1．印刷媒体的测定方法

印刷媒体主要是报纸、杂志以及户外招贴广告。常见的测定内容包括：报纸、杂志的发行量，读者对象，阅读状况。

目前国际上对报刊发行量的调查普遍使用的是报刊发行量核查制度(简称 ABC 机构)，以确保公正。美国首先于 1914 年成立了 ABC 机构，目前世界上已有 50 多个国家和地区成立了 ABC 组织。1963 年，国际 ABC 联盟成立，目的在于交换会员国之间的数据和经验，促进广告业的国际合作。我国目前还未设立 ABC 机构，大都由报刊自身宣称发行情况，也有的通过公证处证实其发行情况。为适应经济发展要求，与国际接轨，我国在这方面的管理实施亟待规范。

测定读者群和广告阅读状况有利于了解广告的认知效果。美国达尼爱尔·斯塔奇公司(1932年成立)在这方面可称为权威机构。日本的各大报社也对各自的报纸广告进行关于阅读率的调查，如朝日新闻社通过电话调查法针对前一天报纸的每一个广告进行电话询问。

阅读状况主要通过以下三个指标表明。

1) 注目率或视听率

注目率或视听率是指接触过广告的人数与读者人数的比率。测定公式为

$$注目率 = (接触过广告的人数 / 阅读报刊的读者人数) \times 100\% \tag{7-1}$$

2) 阅读率

通过向接触过广告的人提问广告的主要内容，如主题、商标、插图等元素，测定能记得这些元素的人数所占的比率，可得到阅读率。阅读程度不同，记住的广告信息也不同。当被调查者能够记住广告中一半以上的内容时，可称为达到精读率。阅读率的计算方法与注目率大致相同。

3) 阅读效率

阅读效率是指不同程度的广告阅读者的人数与支出的广告费用之间的比率。通过该指标测定出广告投入与取得广告效果之间的成本效益。测定公式为

$$阅读效率 = (报刊阅读人数 \times 每一种程度读者的百分比) / 支出的广告费用 \times 100\% \tag{7-2}$$

2．电子媒体的测定方法

广告电子媒体通常指的是广播和电视。主要是通过视听率调查来测定广告媒体的接触效果。目前通用的视听率调查方法有以下几种。

1) 日记调查法

由被调查者(抽样选出)将每天所看到或听到的节目一一填在调查问卷上，如表 7-1 所示。主要以家庭为单位，把全部成员收看(听)节目的情况按性别、年龄等类别填好。一般调查期间为一周或更长一点时间。在此期间，必须有专门的调查员按期上门督促填好问卷，调查结束后，收回问卷。经过统计分析得出的百分比，就是视听率。

表 7-1　个人视听率调查问卷表　　　　年　月　日(星期)

时　间	电视台、电台	节　目	4～12 岁	13～19 岁	20～34 岁	35 岁以上	全　体
19:00—20:00	CCTV-1						
	BTV-1						
	CCTV 新闻						

2)　记忆式调查法

在节目播出后当天,如果是下午或晚上的节目就在次日上午,调查人员立即进行访问调查,请被调查者回忆所看或听到的节目。从调查视听率角度而言,调查访问的时间离节目播出时间不能太久,以免有遗忘产生。从调查目标对象对节目或电视台的态度而言,这是个可行的办法。问卷设计在日记调查法的问卷基础上稍作修改即可。

3)　电话调查法

电话调查法即向目标对象打电话询问正在观看的节目。选定一个时间段(如19:00—20:00),请调查员同时向目标对象打电话,询问他们是否在看电视、看什么节目、有几个人在看等,并记录下访问结果。

记录表上要有电话号码以及被调查者姓名、性别、年龄段的记录,提问的问题要特别简单,时间不能太长,以免引起厌烦情绪,一般只设4~5个问题,如您是否在看电视?→(是)请问您在看哪个台?→请问您是不是常看这个节目?→请问您现在几个人在看电视?(或您是否在看电视?)→(否)请问您有否看过××节目?→(若回答"有")您认为这个节目好不好?

4)　机械调查法

较早采用机械装置进行收视率调查的公司,有美国尼尔森公司和日本电通广告公司。它们在目标对象家中安装自动记录装置,按照时间自动在装置内的软片上记录下目标对象所观看的电视频道、电视节目等。随着机械装置的不断发展,装置也能够自动识别收看电视者的性别、年龄等信息。该调查法可以家庭为单位进行统计,也可以个人为单位进行统计。

以上的视听率调查方法获得的信息既可以测量媒体或节目本身的收视情况,也可以从其中记录的收视群体信息(如年龄、性别等)的统计分析中,找到不同的目标受众,从而作为更为合理的投放广告的判断依据。

(三)广告心理效果的测定

1．广告心理效果指标

广告的作用在于引起消费者的注意,并使其产生心理变化,激起购买欲望,直至采取购买行动。一则广告的目的并不一定是直接获得销售效果,有时是为引起消费者的心理变化,改变消费者对品牌的态度,增加消费者对品牌的认知度、好感度直至对该品牌的忠诚度,保持持续购买的欲望。从各种心理变化效果的指标可以看出,消费者的心理变化大都经过这几个阶段,如表7-2所示。

表7-2　心理变化效果指标表

美国全国产业协会	R.J.拉比基	R.H.格利	爱德玛公式
	关于商品(未知)		1. 注意广告
认识商品	1. 知名	1. 知名	2. 关心广告
酿成接受商品的心理	2. 理解	2. 理解	3. 对商品产生需求
产生选择商品的愿望	3. 确信	3. 确信	4. 对商品有所记忆
唤起购买商品的意图	↓	↓	↓
	购买行动	购买行动	购买行动

2．DAGMAR 理论

美国学者 R.H.格利于 1961 年发表了《根据广告目标测定广告效果》，文中提出了测定广告心理效果的目标管理理论(Defining Advertising Goals for Measured Advertising Results)，即 DAGMAR 模式(达格玛模式)，也叫科利法。

这个理论是结合经营过程中的目标管理和广告心理效果的阶段理论而形成的。它是一种广告管理技术，而不是新的调查技术。理论中测定广告效果在于广告完成其传播任务的程度，即广告信息使消费者的态度向预期方向转变的程度。

例如，广告目标可定为：使某品牌的知名度由 5%达到 10%；消费者对某品牌的理解度提高 5%。在测定这些传播效果的过程中，要注意排除其他因素如人际介绍、促销活动、公关活动等的影响。

在 DAGMAR 理论的基础上发展出一种 ARF(Advertising Research Foundation)理论，它的模式是从媒体普及→"媒体接触"→广告接触→"广告认知"→广告的信息交流→销售效果。由 DAGMAR 和 ARF 理论发展出的这两种模式成为测定广告效果的基本模式。

3．测定方法

测定广告是否达到目标或者广告播出后取得了什么样的心理反应，常用的方法是态度量表和影射法。

1)　态度量表

态度量表是用于测量消费者的心理反应的尺度，列出广告的各种测量元素，请消费者按量度直接作出评价，可用评价语句测量，如表 7-3 所示；也可用打分的方法测量，如图 7-2 所示。

表 7-3　态度量表

评价元素	非常反对	反　对	无所谓	赞　成	非常赞成
很美的广告	√				
产品优良的广告		√			
有趣的广告				√	
……			√		

请给某个广告按以下指标打分，在您认可的分数下画"."(满分为 10 分)。

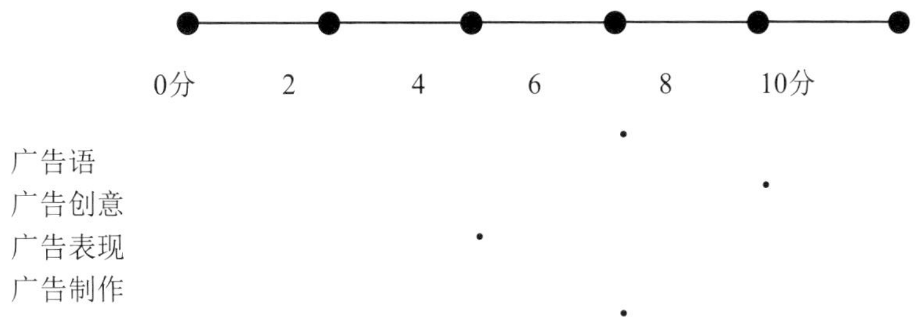

```
●————●————●————●————●————●
0分    2    4    6    8    10分

广告语                          ·
广告创意                     ·
广告表现              ·
广告制作                          ·
```

图 7-2　评分法示意图

2) 影射法

影射法是通过间接手段了解消费者的心理状态的方法。主要有以下四种。

(1) 文字联想法。提出几个词语，请消费者按顺序回答他们所能联想到的情形，多用于商品、企业名称、广告语等的态度调查。如"海尔"_____，_____，_____。

(2) 文句完成法。请消费者将不完整的句子填充好。如："我认为《百家讲坛》_____"；"当_____时，广告是必需的"。

(3) 绘画联想法。预先画好人物，将其中的一个人的讲话空出来，让受调查者填充空白部分。这一方法可以测定出难以表达的感受。

(4) 主题统觉测验。画一幅有购买情况的图画，请受访者将画中购买人的想法说出来，画面上没有任何提示信息，因此，受访者说出的情形就是他本人的想法。日本舆论科学协会曾用这个方法做过钢笔、钟表、照相机等购买动机的调查，收到很好的效果。

主题统觉测验也就是列出几个产品选择项，让消费者选择哪几项是属于哪个公司的产品，并询问其有关产品信息的获得是否来自该产品的广告传播。此法虽然限制了答案的范围，但易于获得较明确的答案。

值得说明的是，无论运用以上哪一种方法来测定广告效果，都要求有消费者的切实合作。

第三节　广告销售效果的测定

一、广告销售效果测定的含义

以广告发布前后商品销售量增减的幅度作为衡量广告效果的标准，称为广告销售效果测定。

由于对广告销售效果的测定有一个时滞因素，所以对广告销售效果的分析是比较困难的。由于广告的努力对企业销售额的影响是长期的，而其他促销因素的努力在现实中又带有很大的偶然性(如有奖销售、季节性削价等因素)，所以在分析广告销售效果时可以把那些因素排除在外。

销售量的增减变化是各种销售手段综合作用的结果，以产品销售额与广告费用之比，大致可看出广告活动最为直接最为短期的效果。这当中排除了其他影响销售额的因素。所以，以销售量的增减变化只是测定广告效果的一个参考，并不能完全准确地反映广告效果。用它来衡量广告效果的好坏是不准确、不客观的。但是，这种广告效果测定方法比较简易直观，是从广告主内部来测定的，深受广告主欢迎。所以，广告销售效果测定是广告主最常拿来衡量广告活动效果的尺度，运用较普遍。

二、广告销售效果测定的方法

企业进行各种广告宣传的目的，不外乎是为了树立企业的信誉，推销本企业的产品，力争增加产品销售量。广告销售效果的测定方法主要有以下几种。

(一)统计法

统计法是运用有关统计原理和运算方法推算广告费与商品销售的比率,以测定广告的销售效果。广告的销售效果主要反映在广告费用与商品销售量(额)之间的比例关系,它的测定是以商品销售量(额)增减幅度作为衡量标准的。

统计法测定方法主要有以下五种。

1．广告费比率法

广告费比率是指一定时期内广告费在商品销售量(额)中所占的比率,可用来测定计划期内广告费用对产品销售量(额)的影响。

其计算公式为

$$广告费比率=(广告费/销售量(额))×100\% \tag{7-3}$$

广告费比率越低,表明广告销售效果越好;反之则越差。

2．广告效益法

广告效益法包括两种计算方法。

1) 广告费用增销率法

广告费用增销率法用来测定计划期内广告费用增减对广告商品销售量(额)的影响。它表现的是一定时期内每增加单位广告费所带动的销售额的增加量。

其计算公式为

$$广告费用增销率=(销售增加额/广告费增加额)×100\% \tag{7-4}$$

广告费用增销率越大,表明广告销售效果越好;反之则越差。

2) 单位广告费用增销法

单位广告费用增销量(额)用来测定单位广告费用对商品销售的增益程度。它表现的是本期广告投资引起销售额的增减变化情况。

其计算公式为

$$单位广告费用增销量(额)=[(报告期销售量(额)-基期销售量(额))/$$
$$本期广告费用]×100\% \tag{7-5}$$

单位广告费用增销量(额)越大,表明广告销售效果越好;反之则越差。

3．广告效果比率法

广告效果比率法用销售量(额)的增量与广告费的增量之间的比率关系来测定广告的效果。广告效果比率法的计算公式是

$$广告费用增销率=(销售量(额)增长率/广告费增长率)×100\%,即 \Delta Q/\Delta P×100\% \tag{7-6}$$

由此可见,在广告费的增量不变的前提下,销售量(额)的增量越大,广告销售效果越好。在销售量(额)的增量不变的前提下,广告费销售增量越小,广告销售效果越好。广告费增长率越低或者销售量(额)增长率越高,则广告销售效果越好;反之则越差。

4．单位费用促销法

单位费用促销法用来测定单位广告费用促销商品的数量或金额。

其计算公式为

$$单位广告费用促销额(量)=销售额(量)/广告费用 \quad (7-7)$$

单位广告费用促销额(量)越大,表明广告销售效果越好;反之则越差。

(二)历史法

历史法又称为历史销售效果测定法,它通常是通过刊出广告前后商品销售情况的变化来说明广告效果的好坏。它一般不属于定量测定。

使用历史销售效果测定法时,可以在零售商店或超市的货架上直接进行调查;例如:在卖场展示 POP 或在购物环境中播放广告片,请商品推销员或导购员在现场派发产品说明书和附加购买回函广告单,从现场的销售情况就可以直观看出广告的效果。

(三)市场实验法

市场实验法是通过有计划地进行实地的广告试验来考察广告效果的方法,因而又称为现实销售效果测定法。实验法一般是在进行大规模广告运动之前,通过不同试验手段测定和比较销售状况的变化,从而决定广告费投入规模、媒介选择或文本选优的一种广告效果测定方法。市场实验法属于效果的事前测定,同时又是对销售情况的测定,属于广告销售效果测定的范围。

采用实验法必须选择与目标销售区域或对象具有类似特征的实验范围与对象。对于接受实验者来说,一切都必须是全新的,不带任何假想的,甚至是一无所知地接受实验,这样才能使所获结果尽量接近真实。市场实验法具体包括以下几种方法。

1.费用比较法

费用比较法是通过对不同现场安排不同的广告投资,以测定不同现场的销售差异,从而确定销售效果与广告费之间关系的一种方法。测定目的是确定广告费的投入规模。

费用比较法的典型操作方法是:首先选定几个市场条件相近的地区,安排发布同一个广告;但不同地区安排的广告费投入不同,如试验地区有三个,A 区按标准投资,B 区按高出标准 50%的规模投资,C 区按低于标准 50%的规模投资;最后比较广告销售效果的差异,以确定最有利的广告费投入规模。

这种方法是利用现场广告投资的不同,来考察广告费用与广告效果之间的关系。例如,某公司在市场条件比较接近的三个地区发布同一广告,在第一个地区投入标准广告预算,在第二个地区投入的广告费是标准预算的一倍,而在第三个地区投入的广告费则是标准预算的一半。经过一段时间以后,统计三个地区该产品的销售量,计算不同广告投入对三个地区产品销售的影响。

2.区域比较法

区域比较法又称销售地区实验法,是指先选择两个大体条件相同的地区,其中一个地区进行广告活动,称为测验区;另一个地区不进行广告活动,称为比较区,然后通过比较两个地区销售额的变化来检测广告销售效果的方法。

3.媒体组合法

媒体组合法是指通过选定几个条件类似的地区,在不同地区安排不同媒体组合的广告,以

测定广告销售效果的方法。测定目的是对媒体组合方案选优。

例如，选定条件类似的 A、B、C、D 四市，A 市安排电视和广播广告，B 市安排广播和报纸广告，C 市安排电视和报纸广告，D 市则安排户外、电视和广播广告。在广告刊出或播出一段时间后，比较分析四城市的销售变化。假如 C 市销售增长率最高，那么就可以基本判定电视和报纸的广告媒体组合效果最好。

运用媒体组合法测定销售效果时，如果各地区不同媒体组合广告花费相差悬殊，那么在分析了销售增长情况后，还必须借助广告销售效果的统计测定法，进一步计算并比较不同地区不同媒体组合的广告效益，然后对广告媒体组合进行选优并确定最佳规模的广告费投入。

4．分割接触法

分割接触法又称分刊测定法，是指在同一期报纸或杂志销往两个地区时，用机械印刷办法使同一期报纸或杂志的半数刊上 A 广告，另一半刊上 B 广告，而且 A 广告发往甲市，B 广告发往乙市，然后测定广告销售效果的方法。

分割接触法的目的是，通过测定 A 广告在甲市、B 广告在乙市的销售效果来对 A 和 B 两个广告文案进行选优。使用该方法应特别注意一点，就是甲、乙两市的销售效果一定要有可比性，否则，所得结论也不可信。

(四)促销法

促销法是指首先选定两个地区，其中一个地区只发布广告而停止其他任何促销活动，另一个地区则既发布广告又进行其他促销活动，然后通过比较两地区销售量的变化来测定广告销售效果的一种方法。

促销法可用于测定广告在整个促销组合中的销售效果，也可用于测定不同促销组合的销售效果。

运用促销法时同样要注意的是，两地区的销售效果必须有可比性，而且市场条件相近。

采用上述方法测算出的广告销售效果，只能作为衡量广告效果的参数。这是因为商品销售量的增减及增长的快慢，是由商品的质量、价格、市场因素等多种因素决定的，广告的促销效果只是诸因素之一，不可能把广告因素单独抽取出来分析销售效果。因此，对广告销售效果的测定不如对广告自身传播效果的测定更能说明广告效果。

第四节　广告社会效果测定

广告的社会效果是指广告刊播以后对社会产生的影响，即其社会教育作用。广告反映了社会观念、信仰和社会标准。透过广告我们可以看出，人们的预期是什么，当今流行的是什么，等等。

一、广告社会效果测定的内容

广告宣传的社会效果是指广告刊播以后对社会某些方面的影响。这种影响既包括正面的影响，也包括负面的影响。这种影响不同于广告的心理效果或经济效果。广告策划者无法用数量指标来衡量这种影响，只能依靠社会公众长期建立起来的价值观念来评判。

广告的社会效果应该体现在以下几方面。

1. 是否有利于树立正确的价值观念

正确的价值观念涉及社会伦理道德、风俗习惯、宗教信仰等意识形态领域。一则广告要有利于改革开放和建立完善的社会主义市场经济体制，为社会公众服务，为消费者服务。近几年来，我国台湾地区的广告活动多以"新儒学"为策划内容，倡导一种合乎理性的家庭价值观念，对广大青少年来说很有教育意义。

2. 是否有利于树立正确的消费观念

广告的属性是取得最大利益的经济行为，广告的最终目标就是吸引消费者更多地购买或使用广告产品。但是，在达到这一目的的过程中，如果广告歪曲了正确的消费观念或者蛊惑不健康的消费理念，那么对消费者个人、对社会、对国家都会造成很大的伤害。因此，不利于培养正确消费观念的广告应该停止。正确的消费观念是宏观经济健康发展的思想基础，也是确保正常经济秩序的基础。

3. 是否有利于培育良好的社会风气

广告要重视教育、爱护环境、节约资源、遵守公共秩序、遵纪守法等。广告的劝服、诱导性行为容易激发消费者的注意和学习，甚至以实际行动相迎合。因此，测定广告的社会效果，要看它是否与社会的道德观念、伦理价值、文化精髓等社会道德体系的规范相符合，如果广告产生了违反社会道德规范的不良效果，就应该立即停止。

广告在对目标受众产生特定影响的同时，对社会公众也产生各种侧面影响，广告社会效果的好坏，不但对整个社会影响重大(因为它对社会风气的形成有着潜移默化的作用)，而且对广告公司和广告主也有着十分重要的影响(因为它影响和制约着广告沟通效果和经济效果的发挥)。因此，对社会效果也应十分重视。

4. 是否有利于社会市场环境的良性竞争

同类广告之间的商家竞争非常激烈，即使是在这种情况下，广告也要维护市场的良性竞争。通过发布虚假信息、模糊信息压制对方或完全不顾市场规范的广告行为都会产生恶劣的社会效应，应当被禁止。

广告社会效果的测定方法

广告发布之后，其社会效果可采用来函反响统计测定法进行。这种方法以广告后不同顾客所作出的各种反响为依据，测定广告的社会效果。它要求企业把广告宣传后收到的来函逐项详细登记，据以分析用户接受广告宣传的反响。

例如，北京红星炊事机械商店登出广告后，将600多封来函逐一统计，发现70%是县供销社经营的饭馆，10%是饮食服务公司和饭店，其余20%是厂矿、部队的食堂。从这里可以看出广告对社会各方面的影响程度。

二、广告社会效果测定的原则

广告策划者在测定广告宣传的社会效果时，应该遵循以下原则。

1. 真实性原则

广告的社会效果，首先体现在广告必须具备真实性。真实性原则是指广告宣传的内容必须客观真实地反映商品的功能与特性，实事求是地向媒体受众传播有关广告产品或企业的信息。

 【案例7-1】

双面宣传更可信

广告如果过分地单方宣传，常会引起消费者的反感，因为它带有虚伪性；若此时进行客观而全面的宣传，反而会产生意想不到的社会效果。

日本有家钟表企业某年推出一种新型手表，但市场上问津者寥寥无几，后来他们登了一个"揭短"广告："这种手表走得不太准确，24小时会慢24秒，请君购买时务必三思。"此广告产生了意想不到的效果。

案例解析

广告是社会文化的重要组成部分，随着市场经济的发展，广告成了一种无孔不入、无时不在的文化艺术形式。形式必须服从内容。广告的内容必须客观真实地反映产品、服务、企业形象等各种信息，全面真实地介绍产品，既要说明产品的优点、功能、价格，也应如实地说明产品的不足之处和应注意的问题等。在广告宣传中不能搞形式主义和华而不实的做法，只报喜，不报忧。

2. 社会道德原则

广告的画面、语言、文字、音乐、人物形象要给人以精神的提高、满足，对社会的精神文明建设起促进作用，对人的思想道德、高尚的情操、尊老爱幼的良好风俗等起着潜移默化的影响。在广告中不能有低级庸俗、色情的内容和不健康的情调，更不能宣扬暴力、迷信、腐朽落后的东西。在广告中要尊重妇女，做到男女平等。

3. 社会规范原则

广告宣传要符合社会规范，如语言规律、文字书写规律等。广告语、文字语言、标题等都要按照标准的用语方式进行，不能滥用谐音，妄改成语，不遵守遣词造句的规律，破坏汉语的严密性；汉字要规范书写，自造简化汉字要从广告的文案中取缔、消灭。

广告策划者在测定某一广告的社会效果时，要以一定的社会规范为评判标准来衡量广告的社会效果。如以法律规范、社会道德规范、语言规范、行为规范等为衡量依据。

4．民族性原则

广告创作与表现必须继承民族文化，尊重民族感情，讲求民族风格，对国外先进、合理的艺术表演风格与创作手法要大胆地学习和借鉴，但不能盲目模仿或照搬，应把外国的表演技巧、诉求方式与我们的民族性相结合，形成具有中华民族特色的广告表现方法。在创作和表现上力求风格明快，文字言简意赅，一语中的，切忌晦涩，使用不易理解和不易接受的表现手法，从而造成人力、财力和物力的浪费。

三、广告社会效果测定的指标

（一）法律规范指标

利用广告法规来管理广告是世界各国对广告进行制约的普遍方法。这一指标具有权威性、概括性、规范性、强制性的特点，适用于衡量广告中存在共性的一般问题。所谓广告社会效果的测定，即是根据一定的政治观点、法律法规和道德规范的要求来衡量广告效果。在我国，检验广告社会效果的政治标准是必须坚持四项基本原则，必须有利于改革开放大局，必须为发展社会主义市场经济服务，必须为人民大众服务，广告的内容要有利于人民的身心健康，有利于社会主义精神文明建设。

我国广告社会效果评估的主要依据是《中华人民共和国广告法》、《广告管理条例》、《广告审查标准》、《广告管理条例施行细则》、《国际广告法规条例》，此外还有一些社会规范等。

（二）文化艺术指标

广告的创作必须符合一定的文化艺术标准。不同民族的文化都有自己的特殊性和历史的延续性，每个国家都有着自己特殊的文化传统和风俗习惯，形成各自不同的文化艺术观念，广告创作必须符合这一观念的要求。如在我国，广告创作必须遵循形式服从内容这一要求，不能搞形式主义，华而不实的广告作品难以取得好的社会效果；而且，广告的图文不能有低级庸俗、不健康的内容出现，以免对社会风气起不良影响。当然，尊重文化传统并不等于自我封闭，我们应当积极加强与外界的联系，借鉴与学习世界先进的科技手段，提高广告创作的艺术水准和广告传媒的水平。

利用文化艺术标准来衡量广告作品，首先要看广告的画面、语言、文字是否能鲜明地表现广告主题，不能有低级庸俗、不健康的内容和情调；广告创作是否尊重民族情感、讲究民族风格，是否有利于弘扬优秀的民族文化。其次，要看广告内容和表现形式是否有低级庸俗、不健康的东西。广告创作与表现，必须继承民族文化，尊重民族习惯，讲求民族风格，同时要有选择地借鉴国外先进的、合理的艺术表现形式与创作手法等。在我国，广告的形式必须服从内容的要求，不能搞华而不实的形式主义。

（三）伦理道德指标

社会的伦理道德标准是人们普遍遵从的价值取向。在一定时期、一定的社会意识形态下，特定的伦理道德标准，表明了人们普遍的价值取向。这一标准受到民族特性、宗教信仰、风俗习惯、教育水平等社会文化因素的影响。一则广告要取得好的沟通效果和经济效果，必须能在情感上引起公众的共鸣，要得到公众的好评才能被接受，而要得到公众的好评，就必须在内容和表现形式上都符合社会伦理道德的要求。

对广告社会效果的测评一般采用事前测定法，在广告发布之前对其所产生的社会效果进行预测和评估。通常采用专家意见审定法，通过有关专家对广告的内容及表现形式进行多角度的测评，看其是否有悖于国家的政治取向，是否违反了广告管理法规，是否符合社会的伦理道德要求，有没有违反民族习惯，是否违背各民族的宗教信仰。

广告社会效果的测定方法

广告社会效果的测定分为两种情况。

第一种情况是测定广告的短期社会效果，可采用事前、事后测量法。通过接触广告前后的消费者在认知、记忆、理解以及态度反应方面的差异比较，可测定出广告的短期社会效应。具体的操作手段与测定广告传播效果的方法大体相同。

第二种情况是测定广告的长期社会效果，这需要运用较为宏观的、综合的、长期跟踪的调查方法来测定。长期社会效果包含对短期效果的研究，但是还远不止这些，同时要考虑广告在复杂多变的社会环境中所产生的社会效果。这方面的研究更多属于人文科学范畴。

当然，广告的社会效果不能简单地以某种指标的数量大小来衡量，而是要通过对社会效果的一些公认的、基本的指标进行测定和评价，并结合其他社会环境因素进行综合考察，这才是完整和必要的。

本章小结

(1) 广义的广告效果是指广告通过媒体传播之后所产生的影响，即广告活动目的的实现程度，是广告信息在传播过程中所引起的直接或间接变化的总和，或者说媒体受众对广告效果的结果性反应。

(2) 广告效果测定，就是运用科学的方法来鉴定广告的效益。

(3) 广告活动的效果与其他经济活动的效果不同，主要表现在以下方面：时间的滞后性、效果的积累性、效果的复合性、效果的间接性、效果的层次性和效果的耗散性。

(4) 为确保广告效果测定的科学、准确，在测定过程中要遵循以下原则：针对性原则、可靠性原则、综合性原则、经常性原则、经济性原则、有效性原则。

(5) 广告的传播效果，又称"心理效果"或"接触效果"，是广告效果的核心，是指广告刊播后对受众产生的各种心理效应，如对知觉、记忆、理解、情感、欲求及行为等方面的影响。

(6) 广告传播效果测定可以用一系列心理测量学评估指标和客观性的生理性实验评估指标来反映。其中，心理测量学评估指标包括广告感知记忆效果评估指标、广告认知理解效果评估

指标、广告行为影响效果评估指标。生理性实验评估指标主要包括眼动轨迹描记图指标、视觉反应时间指标、瞳孔直径变化指标等。

(7) 广告作品效果的测定方法有实验室测定法、意见评定法、评分法、实地访问调查法。

(8) 广告媒体效果的测定方法根据媒体的不同特质分为两大类：印刷媒体和电子媒体。

(9) 以广告发布前后商品销售量增减的幅度作为衡量广告效果的标准，称为广告销售效果测定。

(10) 广告销售效果的测定方法主要有统计法、历史法、市场实验法、促销法。

(11) 广告的社会效果是指广告刊播以后对社会产生的影响，即其社会教育作用。

(12) 广告的社会效果应该体现在以下几方面：是否有利于树立正确的价值观念；是否有利于树立正确的消费观念；是否有利于培育良好的社会风气；是否有利于社会市场环境的良性竞争。

 实训课堂

一、名词解释

1. 广告效果
2. 广告传播效果
3. 广告销售效果
4. 广告社会效果

二、简答题

1. 广告效果的含义和特征是什么？
2. 广告效果的测定程序是什么？
3. 广告社会效果的测定要把握哪几个方面？
4. 广告作品效果的测定方法有哪几种？

三、论述题

1. 广告销售效果的测定方法主要有什么？
2. 广告传播效果的测定方法有几类？具体方法有哪些？

四、计算题

设有关广告营销效果的一次调查数据如表7-4所示。

表7-4 调查数据表

	接触广告者		未接触广告者		总 计	
	人 数	比 重	人 数	比 重	人 数	比 重
购买者	700		600			
非购买者	1300		2400			
总计	2000		3000		5000	

试根据数据计算广告效果指数(AEI)。

五、案例分析题

案例：网络广告达到的效果

网络广告产生的效果受到多个因素的影响，这些因素分别包括：时段、受众群，以及广告布置和互动性。有很多负责品牌网络营销的市场人员在做了网络广告案例后就希望产品的销量增加和提高用户忠诚度。

1. 网络广告时段

对于传统电视广告来说，黄金时段就是指饭后的 9 点到 11 点，电视广告在这个时间段投放可以触及更多的潜在客户，自然价格也更贵。在网络上，不像电视一样有着明显的黄金时段。用户在他需要信息的时候上网寻找，与传统黄金时段相比，每个人都有他自己的黄金时段；而对于大部分时间在上网的人来说，基本上是没有黄金时段的。

有研究显示了人们在哪些时候最容易接受网络品牌广告。例如，对于在家里不用上班的人，他们对家居设计内容感兴趣，下午两点是一个比较好的时间；而如果是喜欢极品咖啡的朝九晚五的上班族，则中午的中饭时间和晚上七点以后是比较好的网络广告时间。

2. 细分受众群

在网络上，受众的背景和兴趣等资料都很容易掌握，那么在什么地方、什么时间，用什么产品来吸引他们呢？广告效果测评人员可以集中精力于三类型的用户：潜在广告受众、实际浏览广告观众、点击了广告的观众。

3. 网络广告布置

广告布置远不止广告在网站上的具体放置位置那么简单，实际上，广告的布置还包括广告内容的确定与设计，从数量和质量上提高网络广告效果。

4. 网络广告内容

如果用户进来网站是在看时尚频道，当中有一篇文章是关于某位名人带着某个东西的描绘，这对用户的吸引力是很大的，在这当中就有广告在里面，可以说某名人在用着某款手提包，或者穿着什么鞋，这类的广告内容一般更加有效。

其他的问题：内容质量——更好的内容，更好的效果；内容的新鲜度——越新的内容吸引更多的流量；广告内容位置——广告与读者用户的相关性越高，效果越好。

5. 互动性

对于品牌网络广告的展示，用户不需要去点击参与，他们只要看就行了。但互动性可以帮助品牌推广，应该被鼓励和测量。研究用户行为模式是促成互动的其中一个重要的前提。

(案例来源：广告买卖网，http://www.admaimai.com/zhuanti/Detail6659.htm)

网络广告是新生代的广告媒介，它随着国际互联网的发展而逐步兴起，既具有传统媒介广告的所有优点，又具有传统媒介广告所无法比拟的优势，并已经被越来越多的广告从业人员所认可。请在认真阅读该案例后思考或讨论下面三个问题。

1. 你是如何评价网络广告的？

2. 谈谈网络广告对产品销售的作用的认识。

3. 在竞争异常激烈的广告市场，你认为网络广告的未来发展会怎么样？

实训案例

脑白金广告烦归烦，效果才是硬道理

"如果脑白金让你睡得更香，请你告诉10位亲友脑白金好；

今年过节不收礼，收礼只收脑白金；

……

如果脑白金对你没效果，那就请你告诉100位亲友脑白金不好。"

相信很多人对上述广告语已经不会陌生，在"今年过节不收礼，收礼只收脑白金"之后，记者注意到，脑白金的广告诉求已经从送礼转变到疗效。新广告场面恢弘，热闹至极，在一直表现平静的电视广告中依然个性十足。广告的最后，一片欢呼声中，脑白金用强有力的声音喊出了"有效才会有道理"、"脑白金请广大市民作证"的口号。

脑白金从来都是新闻的产生地，其广告更是争议的焦点。2002年1月，脑白金就因"送礼篇"这个"不受欢迎的广告"，首度在四川打出广告向电视观众致歉，并承诺不仅要制造好产品，更要拍摄较高水准的电视广告。也许这一次就是脑白金为观众制作的高水准的电视广告。但许多受众反映，这个广告并不能改变脑白金已经在消费者心中形成的品牌形象。"广告是打得多，但就因为太多了，所以人们对此有了免疫力，所谓物极必反也。该调整一下广告策略了，也让'脑白金'休息一下，它不累，我们看着都累啊！一件事物看久了都会对它产生反感，品牌广告播久了，只会让人讨厌它。虽然知名度高，但顾客也跟着慢慢没了。"一位网友这样评价脑白金的新广告。

在律师事务所工作的解小姐对记者说："其实脑白金采用如此招数无非是想让人们记住它，从这一点上来说，厂家的确达到目的了，但让观众铭记就是好广告吗？起码我和我的同事们就不会去买脑白金的产品，即使它的效果的确很好，但品牌的好感度还是不行，何况效果只是它自己在吹嘘，广告的可信度并不是很大。"

当然，从脑白金的策略来看，大中城市并不是它的主要市场。记者注意到，此次新广告的投放也反映了脑白金策略上的改变。中央电视台广告部的宋文敬告诉记者，以前脑白金的"送礼篇"广告曾经在中央电视台热播过一阵，而如今它的新广告都是在省级卫视台投放的，而且时间段都是自己选取的。

从这一点上来看，脑白金的销售区域还是在二级、三级市场，受众的层次是中等偏下，因此广告从"卖点"的角度出发，对于这些区域的市场应该说还是有一定说服力的。但业内人士也指出，广告会直接影响到品牌形象，这样的"卖点"虽然在一定时期、一定区域对销售有作用，但其表现手法和频繁的出现率都会损伤品牌形象，对于品牌的长远建设没有好处。

脑白金广告创意确实难以恭维，但创意不好并不意味着效果不好，而且对创意的理解每个人都有不同的看法。从脑白金以前的广告来看，其创意也只是差强人意，但脑白金舍得花钱，以量取胜，以频繁的露面和全国范围的大规模投放，收到了良好的效果，销量节节攀升。他们非常了解保健品广告的运作之道。这次新版广告虽然风格有所变化，但广告为的就是提高销量

这种理念没有变，所以做出这样的广告来不足为奇。

　　创意是广告的一个方面，但可以肯定的是脑白金尽力营造的绝对是它产品及企业的影响力。影响力之一就是脑白金广告的播放频率，高频率地在地方台曝光，给受众的感觉无非是脑白金非常有实力，能够不惜重金在电视台投放如此高频度的广告。而事实上，据记者了解，如果广告主购买的时段和时间很长，那么电视台尤其是地方台给予企业的折扣会非常可观，有的甚至能够达到1折的程度。从这一点上看，脑白金不但没有"破财"做广告，反而做了一件"一本万利"的事情，而且在全国造成了很大的影响力。

　　第二个影响力就是脑白金对消费者价值取向的影响。从整个保健品行业来看，这个行业很多产品都是不需要做成长线的，正如陈培爱教授说的，保健品与其他产品不同，大都是短命的，大概5年左右就要死掉，很难有维持到10年的。保健品广告为的就是促销，为的就是在短期内赚大把的钱，这个行业很少有人去做品牌，所以从行业特点来说，脑白金要的也许不是品牌，而只是在消费群中的影响。当人们对它的广告语耳熟能详之后，往往会在人与人之间造成一定的影响力，从而对消费产生影响。利用这种"卖点"，广告量大而且制作场面宏大，从某种程度上说是延长了脑白金的生命周期。

（案例来源：成都大势管理咨询网，http://www.dashi123.com/ReadNews.asp?NewsID=5232）

案例点评：

　　脑白金广告采用新颖的广告制作手法，通俗的语言，紧紧抓住消费者的深层次心理需求，引导消费者自然地做出购买决策，在推出铺天盖地的电视广告的同时，通过报纸、杂志等媒体的软文广告，实现了对消费者的立体轰炸，最后成功地促进了产品销售并在目标消费者心中建立了品牌形象，优化了广告传播效果。

讨论题：

1. 你是如何评价脑白金广告的？
2. 谈谈脑白金广告对产品销售的作用。
3. 在竞争异常激烈的广告市场，你是否认为讨论广告的社会效益太奢侈了？

第八章

广告受众分析

学习要点及目标

- 了解受众的含义、类型与特点
- 掌握广告受众的含义与特点
- 理解广告受众分析的内容
- 了解信息传播过程及受众的角色
- 理解接收广告信息传播的制约因素及受众的碎片化
- 掌握广告受众的心理特征及过程

核心概念

受众　广告受众　媒介受众　目标受众　受众心理

引导案例

李宁更换口号和LOGO "90后李宁"踏上新征程

2010年6月30日，李宁公司正式宣布推出新的LOGO和口号(如图8-1所示)，这一"变脸"的背后，是一家带有鲜明中国制造烙印的公司，如何变年轻去迎合"90后"，以及希望更加国际化的意图。

图8-1 李宁品牌新标识

(图片来源：http://www.nipic.com/show/3/82/8808fa51c2c1ed0b.html)

自1990年成立以来，李宁公司的品牌标识一直被质疑与耐克类似。新标识按照李宁公司的说法是用"更具有国际观感的设计语言"对原标识的经典元素进行了现代化表达，不但传承了原标识经典的视觉资产，还抽象了李宁本人原创的"李宁交叉"动作，以"人"字形来诠释运动价值观，鼓励每个人透过运动表达自我、实现自我。

除更换标识外，此次李宁品牌更启用了全新口号"Make the Change"(让改变发生)。尽管多年来，李宁品牌的口号"Anything is possible"(一切皆有可能)深入人心，但始终被认为与阿迪达斯的"Nothing is impossible"雷同。

如果说过去的"效仿"源于自己的立场——市场上的"挑战者"，那么此次李宁公司更换口号，则更像是转挑战为竞争，与同级别的国际巨头正面对攻。

根据李宁公司2006—2007年对消费者的市场调查报告显示，李宁品牌实际消费人群整体偏大，35～40岁的人群超过50％，而对体育用品企业来说，14～25岁的年轻人群是更为理想的消费者群体。另一方面，消费者尤其是年轻消费者，对李宁品牌的印象上，"积极向上"、"有潜力"、"中国特色"、"认同度"等方面得分很高，而"酷"、"时尚"、"国际感"等特质则相较国际品牌略逊一筹。

李宁公司实际消费人群的偏移，是促使李宁公司开始着手研究品牌重塑课题、启动品牌重塑工程的起因。事实上，产品定位不明确和品牌个性不鲜明是阻碍公司快速增长的主要原因，而品牌重塑利于公司重新产品定位及品牌个性。更换标识改变了原有品牌的"老化感"，在新的品牌标志中加入更多橙色元素，增添时尚感，重现了品牌的年轻与活力。品牌标语定为"Make the Change"，则更多地体现了"90后"不断求变的心理。

根据计划，李宁公司2010年将在北京、上海、广州、深圳等地开设70家第六代旗舰店，也预示着它将与耐克、阿迪达斯在一线市场展开更为激烈的阵地争夺战。

(案例来源：粉丝网论坛、http://news.ifensi.com/chanye/2010-08-27/article-290956.html，2010-08-27)

产品或品牌信息的传播要借助于广告，而广告能否被传播对象认可、接纳并记住，取决于广告策划人对其受众需求特点的把握程度。只有充分地认识清楚产品的目标受众是哪些人，他们有怎样的需求和特点，才能制作出受众乐于接纳、传播，并能影响其购买行为的好广告，与受众实现有效沟通。

对于广告活动来说离开了广告受众，就失去了"向谁说"这一接受者，广告过程就中断了，广告的作用就失去了。因此分析广告受众是现代广告学中的一项重要内容。

第一节　广告受众分析概述

一、受众的特点及类型

(一)受众的含义及特点

1. 受众的含义

受众一词来自传播学，是指大众传媒的信息接受者或传播对象。受众是一个模糊的集合概念，它并不特指社会的某个阶层或群体，而是社会上所有的"一般人"。任何人无论其性别、年龄、社会地位、职业、文化层次如何，只要他接触大众传播的信息，便是受众的一员。具体而言，包括报刊书籍的读者、广播的听众、电视电影戏剧的观众、体育比赛的观众、演讲的听众、网络的浏览者等。

如果从广义的角度来理解，受众可以指一切在信息交流活动中的信息接受方。受众是信息的"目的地"，又是传播过程的"反馈源"。受众既是信息的受传者，也是反馈信息的发布者，同时也是积极主动的"觅信者"。

2. 受众的特点

如果从群体的角度来看待受众，则受众所表现出的特点是：数量众多、分散分布、不断流动、自然与社会属性千差万别、对于传播者呈隐匿状态等。

如果从信息接收过程的角度来看待受众，则受众具有以下三个特点。

1) 自主性

受众的自主性是指受众中的每一个人，都是十分具体的感性生命个体，他们在接收来自传播媒介的信息时，不会不假思索地全盘接受，而是有着强烈的自主意识、创造意识、自尊意识和自己对信息作品的选择、理解和判断能力，并不轻易为传播者所左右或支配。

受众虽然位于信息传播的归宿点，但他们的信息接收活动并不是被动的、消极的，而是积极的、主动的。一方面，他们对扑面而来的信息进行自己的选择、理解和判断，不为传播者所任意左右和支配；另一方面，他们也能对信息作出直接或间接的反馈，向传播者提示对传播内容和方式的意见和建议。

受众对媒介机构的反馈方式包括：个人以来电、来信、来访的方式直接提出看法；结成受众团体，以群体运作的方式对媒介活动施加影响；对媒介的违法行为或虚假报道诉诸法律手段；影响媒介的发行量和收视率。

2) 归属性

受众虽然数量众多，呈自发、松散的分散状态，但由于个性特征、兴趣爱好、社会文化背景等因素的差异，受众个体又会自觉或不自觉地将自己划归于某些社会类型，形成特定的信息接收群体。

受众的归属性，要求媒介机构能针对不同的信息接收群体，分别提供相应的信息服务。

3) 自述性

所谓自述性是指受众对信息内容的感知与认识不全由传播者限定，他们往往对接收到的媒介信息作出独特的个人解释，然后将自己理解和解释的信息通过人际渠道进行再次传播。

受众自述性特点会显著地影响媒介信息的传播效果，可以是增强，也可以是减弱。如果是受众中的意见领袖，其自述的影响将更为明显，有可能超过媒介的直接作用。

(二)受众的类型

受众的自然属性和社会属性虽然千差万别，但从不同的角度，可以分为不同的层次和类别。现根据受众接收信息的状态和行为，把受众分为以下类别。

1. 积极选择型与随意旁观型

积极选择型的受众由于以往的经验、人际交流的影响等原因，期待并相信某些媒介传播内容能够满足其需求，因而在接收信息时，对这些媒介内容采取积极主动的行为。

随意旁观型的受众没有预先形成某种接收期待、接收定向和接收需要，可能因为没有选择、无法避免或尊重某种惯例等原因，而偶然、随意接触浏览某些媒介内容。

在实际的信息接收行为中，许多人可能同时具备这两种状况，在某些情况下是积极主动的，而在另一些情况下则是随意旁观的。

2.纯粹受众与介质受众

纯粹受众是只接收信息而不再进一步扩大的受众。他们只受不传，处于信息传播的终点。

介质受众则具有双重身份，他们既是受传者，也是传播者。例如意见领袖，他们与大众传播媒介保持密切接触，并乐于将从媒介中接收到的信息通过人际渠道再传递给周围的人。介质受众介于传播者与纯粹受众之间，他们既是译码者，又是编码者，是信息传播中的中转站。

3. 预期受众、现实受众与潜在受众

预期受众是传播者在编码过程中预先设定的"收件人"，是想象中的信息接受者。这类受众存在于传播者的意识或潜意识中，会影响或参与信息的编码和播报。

现实受众是在现实状态下正在活动着的接收信息"成品"的人。他们参与对符号意义的挖掘和创造，参与传播过程的反馈活动。这部分受众使传播媒介有了现实的作用对象，促进传播媒介的进步和发展。

潜在受众是潜藏、内含在信息作品之中或传播过程之中，但并没有充分显现出来，或者即将成为现实受众的群体。他们是传播者需要争取和发展的对象。

4. 俯视型受众、仰视型受众与平视型受众

俯视型受众常居高临下，大都以评估者、指导者的身份和心态出现，具有一定的权威性。

仰视型受众则尊敬、仰慕、遵从传播者以及所传递的信息。

平视型受众与传播者平等相对，情感和理智较为平稳，是日常生活中最常见、人数最多的受众。

(三)受众在传播活动中的基本权利

在传播活动中，受众享有知晓权、表达权、反论权、隐私权和监督权等基本权利。

1. 知晓权

知晓权或者称为知情权，指能够获得知悉有关自身所处的环境及变化的信息、保障社会生活所需的各种有用信息的权利。具体来说，就是有权了解有关政府等行政机构的公告信息，国内外新近发生的重大的、有意义的事件和涉及影响个体日常工作生活等方面的信息。

2. 表达权

表达权是指有权通过一切合法手段和渠道，把自己的思想、观点、认识和见解等，运用各种方式如言论、著述、创作等表达出来。利用大众传播媒体进行表达，传统上是重要渠道，网络媒体出现以后，受众表达自己意见的方式和途径发生了很大变化，需要深入地加以研究。

3. 反论权

这种权利涉及受众接近大众传媒的权利。当个人或集团受到传媒方面以新闻和广告等形式的攻击或歪曲报道时，有权要求传媒为自身作公开反驳，以澄清事实真相。外国新闻界如美国、日本等国家都有这方面的事例。这种权利根本在于要求传媒应该客观、公正、真实、全面地传递信息，报道新闻。传媒是"社会的公器"、"公众的讲坛"，而不是某些人或集团的工具。我国实行市场经济，大众传媒逐渐成为经营实体，也需要警惕损害社会公众权利和利益的问题。

4. 隐私权

隐私权指受众享有个人独处，私生活与公众利益和事务无关时，不受新闻媒体干扰，个人名义和利益不受伤害的权利。这种权利受到法律保护。受众的隐私权与他的知名度成反比。一般来说，公众人物的隐私权就比普通社会成员小。

5. 监督权

受众有权监督大众传媒的运作和传播者的行为，以避免信息传播产生不良后果。受众监督传媒有起诉、写信、停止订阅、舆论声张等多种形式，这是一种更为有效、更为权威的监督。

二、广告受众的含义与特点

(一)广告受众的含义

广告受众，就是广告信息的接收者，是广告信息传播和影响的对象。首先，它属于传播学范畴，具有受众的一般意义。另一方面，它又是特定的，指传播过程中的广告信息接收方。

从表面上看，承载广告的媒介的所有受众都能成为广告作用的对象，但广告的目的并不是针对所有人群进行的，而是针对特定的人群进行诉求，并对他们产生作用。因此，对于广告受众，应该从两个层次上进行理解：一是媒介受众，二是目标受众。

1. 广告的媒介受众

通过某一种或某几种媒介接触到广告信息的受众，称为广告的媒介受众。广告是一种非人际的信息传播种类，需要运用一定的媒体，由媒介种类定义受众则可以包括报纸广告受众、电视广告受众和户外广告受众等。

广告活动与其媒介受众之间存在着充分的互动关系。一方面，广告能改变其媒介受众的媒介接触心理和接触行为，这与广告的发展紧密联系。广告量的增加、广告所传达的有用信息、广告制作的日益精良，使媒介受众从反感广告，逐渐变为认同广告，甚至依赖广告。

另一方面，广告要有效地传播信息，就必须依据媒介受众的媒介接触心理、媒介接触行为和媒介接触习惯来制定自己的传播策略。相对于广告对媒介受众的影响来说，媒介受众对广告的反作用要更大。广告必须根据不同受众群体在媒介接触行为方面的区别和媒介受众的发展变化，及时调整自己的传播策略。媒介受众对广告活动的影响如图8-2所示。

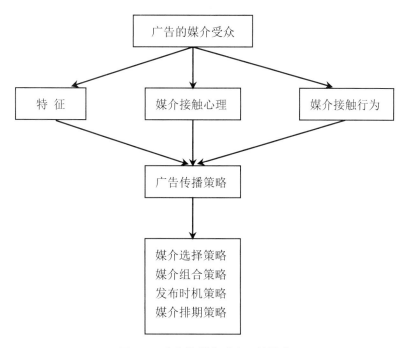

图 8-2　广告的媒介受众及其影响

2. 广告的目标受众

广告的目标受众，是指广告活动所希望影响到的人群，包括以下三层含义。

一是广告产品的最终消费者，他们是广告主最希望到达的具体人群。

二是对最终消费者极富影响力的人群，如流通渠道成员的经销商、零售商(他们接不接受该货、把不把货放在醒目位置，他们向不向消费者推荐，都是非常影响产品的销售和购买的)，以及为孩子购买产品的家长(虽然孩子是实际消费者，但做出购买决定的是父母)。

三是可能会对广告信息进行主动传播的人群，即病毒营销中所称的"喷嚏者"，如教授广告学的教师、网络社区里的"斑竹"等活跃分子。

目标受众决定着传播渠道和传播活动形式，同时又为传播内容提供方向和依据。广告的选择特性决定了其要根据广告目标的要求，来确定某项广告活动特定的诉求对象；同时，网络时代的每一个受众都可能成为信息传播者，成为几何倍数传播的主力，因此，广告活动的策划不得不将他们作为一个重要因素加以认真考虑。

由于目标受众的需求、心理和行为是不断变化的，广告也就必须根据所针对群体的不同，以及不同时期的不同观念和行为，调整其说服策略。目标受众对广告活动的影响见图8-3。

3. 广告受众与受众的关系

广告受众与受众既有联系又有区别。当我们讨论受众时，受众是以大众传播信息的接受者的角色出现的，是大众传播活动的指向对象。但广告的传播不仅通过大众传播媒介，也通过非大众传播媒介。也就是说，广告受众不仅包括大众传播媒介的广告信息接受者，还包括通过其他非大众传播方式接收到广告信息的群体。

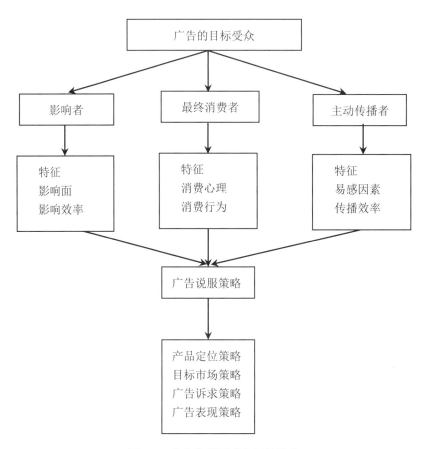

图 8-3　广告的目标受众及其影响

4. 广告媒介受众与广告目标受众的关系

广告受众首先是媒介受众，是媒介信息的主动接受者，但一般情况下是广告信息的被动接受者。大多数媒介受众一般不会主动成为广告受众而接收广告信息，广告信息只有在接触媒介的过程中被接收到。在广告活动中，一切出发点都是广告的目标受众。但是，广告的媒介受众并不简单地等同于广告的目标受众，他们之间存在以下几种关系。

(1) 二者在数量和特性上完全等同。

在实际的广告运作中，这是非常理想的情况，却是很难做到的。这需要对媒介进行精心选择并有机组合，力争最大限度地接近这一目标。

(2) 二者在特性上相同，但媒介受众在数量上少于目标受众。

这说明广告的有效覆盖不足，需要对媒介选择及其组合进行调整，以达到比较理想的覆盖面。

(3) 二者在特性上相同，但媒介受众在数量上大于目标受众。

这说明媒介的购买存在资金上的浪费，仍然需要进一步调整媒介组合，避免资金浪费。但是，如果我们在看待广告效果时不仅仅局限于广告造成的实际销售效果，而是同时看到广告传播带来的受众认知效果，从这个意义上来说，广告的媒介受众面应该越广越好，这为进一步在受众认知的前提下诱导受众成为实际消费者打下基础。

(4) 广告媒介受众与目标受众部分交叉。

这种情况的出现导致媒介受众中只有部分是目标受众，而存在相当数量的目标受众并没有被媒介所覆盖。这说明媒介选择出现偏差，需要调整。

(5) 广告媒介受众与目标受众没有联系。

一旦出现这种情况，表明媒介策略严重失误，必须重新调整。

 【案例8-1】

错误的广告定位

许多企业广告定位搞错了目标消费者。如××洗发水广告：其一，长发女子满脸笑容在餐厅等待男友来临，男友一落座，便皱眉道："唔……有头屑，真没形象。"女子无奈摇头。改用××洗发水之后，重新恢复神采与男友亲密交谈。推出广告产品——某某洗发水。其二，公共汽车上，青年男子紧挨长发女子侧坐，女子不觉其无礼，反而感觉良好，将长发轻撩起，男子立即变脸，起身离座。字幕提问："你今天洗头了吗？"其三，女子就自己的形象改变征求男友意见，各种改变都被接受，而女子提出剪发时，男友断然制止。广告语："还是喜欢长发的你，××人参洗发露。"这几则广告的问题都出在一点：搞错了目标消费者。它们无一例外地将男性的欣赏作为诉求的重点，而把产品的真正消费者——女性放在次要位置。

(案例来源：纪也宜，王美玲. 如何根据受众心理为广告准确定位. 科技资讯网，2007-10-17)

案例解析

好广告不仅要有传播效果，更要有营销效果。而只有能打动最终消费者的广告才能有好的营销效果。上述广告错将男性作为了广告诉求对象，殊不知，这种以男性的欣赏作为诉求点的广告，可能会引起真正目标消费群——女性的反感。在女性自主意识逐渐增强的时代，还拿男性的欣赏来说服女性的选择，显然达不成营销目标。并且，广告中男性的某些语言和行为也显得很没有绅士风度，也可能会招致一些男性的反感。不了解受众心理而进行传播，尴尬的并不仅仅是作品中的女士们，更是那些广告的所谓创意人员了。

(二)广告受众的特点

广告受众是广告传播的客体，是广告作用的对象。在广告传播活动中，广告受众具有以下几个特征。

1. 多重角色的扮演者

广告受众是一个多重角色的综合体，主要扮演了"社会人"、"消费者"和"传播受众"三种角色。

1) "社会人"的角色

广告受众首先是作为社会生活中的人而存在，"社会人"是广告受众最基本的角色。

作为"社会人"的广告受众，生活在特定的社会环境中，与周围的人和事发生着各种各样的联系，扮演着相应的特定角色，并形成与其角色相联系的心理和行为。而特定的心理和行为

08

决定他们的特定需求及满足需求的方式。这一基本角色的特点决定了他们在扮演"消费者"和"传播受众"角色时的心理和行为特征。

2) "消费者"的角色

广告受众是企业市场营销的对象,因此"消费者"是广告受众的核心角色。

作为消费者的广告受众,他们有着特定的消费需求、消费心理和消费行为,直接作用于企业产品的销售和广告的效果。

3) "传播受众"的角色

广告是一种传播活动,广告受众是广告传播的对象,同时也是大众传播的对象。"传播受众"的角色是因为广告的"传播"本质而进入广告受众的角色群中的,所以成为广告受众的延伸角色。"传播受众"的角色也可以被称为"媒介受众"的角色。

广告受众的这三种主要角色之间的联系,可以用图8-4来说明。

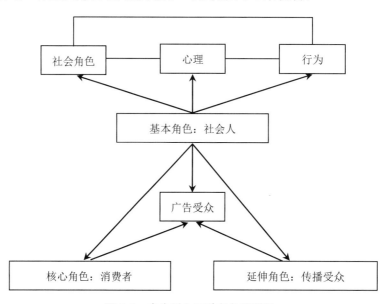

图8-4 广告受众三种角色的联系

2. 占有主导地位

在广告传播过程中,虽然广告受众是广告信息传播和作用的对象,但他们并不是被动的信息接受者,而是对广告活动具有举足轻重作用的群体。他们虽然在广告传播活动中处于客体的地位,但对广告信息的成功传播起着主导作用。

【案例8-2】

GP 超霸电池的广告

GP 超霸电池,全篇没有一则文案,但却似无声胜有声,一个强劲的、震撼的画面:钢柱被电池所驱动的玩具车撞弯曲。这强大的背后是什么?正是受众思考的方向牵引到产品本身所具有的特点和属性:动力强劲。

案例解析

　　作为广告受众中的每一个人，虽然是信息传播的宿点，但他们的接受活动从来就不是强制的、被动的和消极的、盲从的，而是自觉自愿的、积极主动的、自主自由的。此案例中的广告正是给受众留下了思考的空间，满足了受众发挥主动性的需求，才给受众留下了深刻的印象。

　　3. 具有互动性

　　在广告传播过程中，广告受众是广告信息作用和影响的对象，但广告受众不是被动的，而是对广告主体具有能动作用，它与广告主、广告公司和媒介公司之间形成作用与反作用的互动关系。

　　对作为消费者的广告受众来说，广告会影响消费者的消费观念和消费行为，引导消费者去想广告主预期的目标。但消费者需求的扩展、消费欲望的增加，以及消费心理和行为的改变，又促使广告主生产和销售的革新，广告策略的调整，广告信息质量的提高。

　　对作为媒介受众的广告受众来说，媒介大量的、反复的广告信息传递，不仅沟通了信息，促进了广告主与广告目标受众之间的交流，同时也培养了广告受众的广告意识。另一方面，媒介又必须适应广告受众的需求，根据广告受众对媒介的接触心理和接触行为调整传播策略，最大可能地满足广告受众在信息方面的消费。广告受众对媒介的发展进步起到了很大的促进作用。

　　对作为社会人的广告受众来说，广告无时不在、无处不在，已经成为一种社会文化现象，成为社会文化的组成部分。广告对社会大众的价值观念、道德观念和社会行为等，都有着潜移默化的影响。而社会成员的观念和行为的改变，又直接影响消费观念和消费行为的变化，推动企业和媒介的发展，促进社会的进步。

　　4. 具有群体特点

　　作为社会人的广告受众，由于受社会、经济、文化、个体特征、人际网络等诸多因素的影响，会形成观念和行为相近的社会群体，这些群体会产生相近的消费特征，形成不同的消费群体。

　　不同的消费群体形成不同企业的目标市场，即广告诉求的不同传播对象。广告受众的群体特点为企业的市场定位提供依据，成为进行广告定位、制定广告策略的重要因素。因此，应该从群体的概念出发，来研究和把握广告受众。

三、广告受众分析的内容

　　在进行广告媒介受众分析时，主要应该弄清楚以下问题：媒介受众是哪些人？媒介受众在人口统计(如性别、年龄、学历、收入等)及区域地理方面有怎样的特征？规模有多大？成长性如何？媒介受众对媒介的依赖度？媒介受众对传播媒介的需求？接触媒介的习惯(如时间、地点、应用行为等)？通过媒介获取信息的行为方式？媒介受众对广告的倾向度？在众多媒介受众中，核心受众、重要受众又是哪些人？各类媒介受众群体的心理特征如何？哪类媒介受众的营销价值最高？哪类媒介受众的传播价值最高？

在进行广告目标受众分析时，就需要从以下几个方面来进行。

(1) 对目标消费群体进行分析。因此，所有消费者分析的内容都应包含在内。

(2) 对影响者进行分析。这些影响者的特征是什么？与目标消费者的关系如何？影响面有多大？通过何种途径或方式影响目标消费者？在目标消费者的购买决定中有多大的影响度？

(3) 对主动传播者进行分析。他们的兴趣点和需求是什么？对什么样的广告信息会主动传播？传播行为和传播方式如何？

同时，还要分析广告目标受众的信息来源，目标受众的媒介接触习惯，目标受众对媒介的信任度、对广告的倾向度、对广告内容的兴趣和偏好，目标受众的需求和状态，目标受众的心理特征及心理过程等。

核心受众与重要受众

根据受众对广告的关注和信任度可将受众分为核心受众、重要受众、普通受众、边缘受众。其中，前两类受众的营销价值较高。

核心受众：关注并信任广告的群体。

重要受众：关注广告但信任度不足的群体。

普通受众：不主动关注也不排斥广告的群体。

边缘受众：排斥广告的群体。

08

【案例 8-3】

公交滚动字幕广告受众分析

交通——作为人们必要的生活元素，它的受众广泛性是毋庸置疑的。让我们来看一看什么样的人对滚动字幕比较感兴趣。

谁是广告受众？

第一类：上班族。调查显示有 55.9% 的上班族的主要交通工具是公交车。上班，是一个稳定的活动现象，基本上每天每辆车上每个时间段的上班族都是固定的，变动率比较低。

第二类：学生群体。学生，是一个城市文化的象征和最为活跃的群体，他们掌握了近 90% 的时尚元素。

第三类：普通人群。普通人群是最不稳定的人群，却是最有竞争力的人群。数量最大，人的类别最多，年龄域最广，财富区别最明显。

怎样开发受众群体？简单地说，开发受众群体就是"因地因时制宜"，按行业、按季节、按时间选择不同的客户。简单地说：

按行业：路线是关键，经过什么样的站，什么性质的站，途中都有什么样的人群。

按季节：产品是关键，羽绒服(冬季)、装饰装修(春季)等类似。

按时间：早晨，上午，中午，下午，晚上。

第二节　广告受众与信息传播

一、受众在信息传播过程中的角色

广告本质上是一种非常典型的传播行为。广告传播者通过广告策划和广告的设计制作，将广告信息转化为广告作品并通过各种广告媒介发布出去；广告受众则通过接触媒介接收到广告作品，并对广告所负载的广告讯息形成一定的理解。

广告传播的构成要素包括发信者、编码、信息、媒介、译码、受众、反馈、噪声等八个要素。其中，发信者和受众是传播过程的参与者，信息和媒介是参与者借助的传播载体，编码、译码和反馈是传播过程的功能，噪声是妨碍传播效果的因素。广告传播过程如图8-5所示。

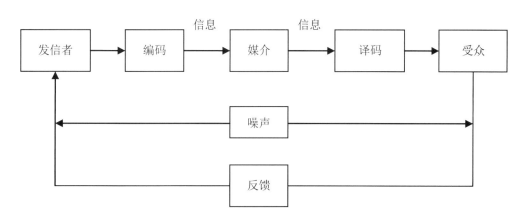

图 8-5　广告信息传播过程示意图

受众作为构成传播过程的两极中的一极，在传播中占有十分突出的地位，扮演着非常重要的角色。

1. 传播活动的参与者

正因为有了受众对编码、传播过程的先期介入和对信息产品的现时选择、主动参与、积极理解，具体的信息产品才不至于只是一串串语言符号，而变成了真正完全意义上的精神食粮。

2. 传播符号的"译码者"

受众对符号进行译读理解，必须首先要识码(如识字、识谱)，其次要有一定的知识和共同的经验范围，否则，就无法共享信息、彼此沟通。因此，发信者要想取得预期的效果，就必须了解受众所具有的知识和经验范围,了解受众的需求。受众会把个人的全部生活经验带入译码活动,并且,有时是头脑清醒、逻辑严密的,有时又不受理智支配,全凭感情用事。

3. 信息产品的消费者

作为消费者,受众收听和接受大众传播媒介中的信息,亦即消费信息产品,必须付出一定的金钱或代价。

4. 传播效果的反馈者

信息的传播过程,不是单向传递而是双向沟通,不是强行灌输而是合作互动,受众也不是消极吸收而有积极反馈。因此,媒介和传播者必须认真对待受众的反馈信息,甚至有必要花钱了解或征求受众的想法和意见。

二、受众的媒介接触方式

广告传播的一个重要任务,就是要让目标消费者或者媒介受众成为广告受众,这样才可能使广告主与目标受众进行有效沟通。而这一目标的实现,前提是要目标消费者接触到相关媒介,才可能接受有关的信息包括广告信息内容,才可能完成角色转换。

(一)媒介传播环境

受众接触媒介首先受到媒介传播环境的影响。良好的媒介传播环境能使受众得到更多的接触机会,反之就会少。因此,受众能否成为广告受众,先要看其所处的媒介传播环境。

媒介传播环境包括以下两个方面。

1. 社会的媒介传播环境

社会的媒介传播环境是指媒介的种类、数量、分布、传播条件、管制等各个方面。大众传播媒介方面,有报纸杂志的种类、数量、销量、发行范围、方式、份数等,广播电视发射台的数量、频道、覆盖域等。小众传播媒介方面,有路牌、电子显示板、交通广告等在消费者所处的社区、经常活动的场所、线路等的数量、位置等。在以信息技术和网络为主要特征的今天,手机、网络媒介、数字电视、微博等新媒介不断涌现,互联网的发达程度与覆盖程度,也是要认真考察的。在基础通信设施以及互联网发展较快的地区,相应的媒介接触程度就要高一些。

2. 家庭的媒介传播环境

家庭的媒介传播环境分为物质和精神两个方面。物质方面主要是家庭所拥有的媒介状况,包括电视、收音机、报纸杂志、电脑、智能手机等的占有数,收视收听、阅读的条件,是否联网等;精神方面主要是家庭成员的构成、文化程度、价值观、对媒介的喜好以及接触媒介的氛围等。

(二)不同媒介的接受传播方式

不同媒介有着不同的传播特点,也使受众在接触媒介时有着不同的接受传播方式(简称受传方式)。

1. 读者的受传方式

印刷媒体主要以文字符号传递有关的信息内容,读者则以阅读的方式接触印刷媒体,主要运用视觉器官。

阅读可以思维的参与程度、视线的移动状况和认读单位来进行区分，有浏览和研读之分，有一次性阅读和反复多次阅读之别，也有点读和略读的情况。对于报纸来说，读者大多数采取的是浏览、一次性阅读的方式，除非有非常重要的内容或者极感兴趣的内容，也很少有点读的情况。杂志的阅读与报纸要好一些，读者往往要投入一些，但不可避免地也会出现扫描式、放射式阅读，从而降低阅读的质量。而读者在阅读报纸杂志的广告时，更多的情况是视而不见，或者跳读，或是翻阅。因此，要使读者变成广告受众，要注意研究读者的阅读方式，特别是阅读广告的方式，强迫、吸引读者阅读有关信息。

2. 观众的受传方式

电视以声音和图像两种方式刺激观众的视觉器官和听觉器官。观众只要这两种器官健康，就能有能力接触电视。由于付出的成本较小，所得到的刺激较强，观众接触电视的频度较高。

观众收视电视多带有娱乐性，希望从中得到放松、获取愉悦，同时也得到信息、知识。收视电视多是在家庭中发生的，环境比较宽松，没有多少约束力，观众注意力可不集中，而且会受到一定的干扰。虽然从纵向上观众对电视节目没有选择性，只能听从某一频道的节目顺序安排，但在横向上却可生杀予夺，手中的遥控器使其能随时点杀，稍不中意便换台、换频道。从这个意义上来看，怎样吸引并保留观众的注意力，是电视节目编排的一个重要课题。特别是在插播广告时，能够吸引观众观看广告而不至于调换其他的节目内容，其中蕴含着无限的技巧。

3. 听众的收听方式

作为广播的受众，听众的收听方式与观众的收视方式近似。所不同的是，广播主要对听众的听觉器官起作用，听众在收听有关信息时随意性更强，不受场所、时间等的限制，随时随地可以收听，但注意力更为分散。听众有时会按时收听自己钟爱的节目，有更强的目的性。汽车内装广播的听众是一特殊群体，他们收听广播的方式与在家庭或其他场所听广播是不一样的。驾驶者在驾车时，收听广播精力比较集中，比较留意播出的信息。随着家用轿车越来越多，有车族群体也在不断壮大，这是一个值得关注的听众群体，是有着巨大市场潜力的广告受众。

4. 网民的上网方式

互联网向广大网民展示出变幻莫测的虚拟世界，也吸引着众多受众进入，网民在上网时心无他用，主动性、目的性都很强，或查询信息，或消遣娱乐，或进行沟通。"网民"有事会在网上停留好长时间，也会因为某种需求去点击广告。

5. 其他类型的接触方式

随着新媒体的不断涌现，受众也以不同角色、身份接触有关媒体。如作为乘客接触交通媒体，作为行人接触户外媒体，作为顾客接触销售现场媒体，作为住户接触楼宇媒体，等等。这些接触方式，往往带有一些共同的特点：扮演着"兼职"的角色，没有明确的目标性，受众接触媒体时的注意力不够集中的。而媒体所传递的信息主要是广告，具有直接性。要使这些角色成为广告受众，需要运用策略和技巧。

根据 CTR 市场研究对全国 36 个城市读者的调查，近几年来，除电视观众基本稳定外，其他三大媒体日到达率明显降低，特别是高品质的核心受众，对于传统媒体的日接触时间明显减少。而网络媒体的日接触时间则足足增长了1.7倍,且还在呈现上升趋势。有关数据表明,受众在媒体选择上正逐渐倾向于网络媒体,接触媒体的方式正在发生着巨大变化。这是需要正视的事实。

三、受众接收广告信息传播的制约因素

受众在接收广告信息传播时会受到多重因素的制约,概括起来,主要有媒介接触时间、译码能力、兴趣与偏好、广告意识四种。

(一)媒介接触时间

受众的媒介接触时间与受众的闲暇时间关系密切。随着社会的进步和生活质量的提高,人们的闲暇时间越来越多,这就意味着人们接触媒介、接受信息的时间增多了。而随着时间的推移和媒介的日新月异,受众对媒介的接触时间总体呈增长趋势,但对各类媒介的接触时长发生了新的变化。

【案例8-4】

2011年城市居民媒介接触时间的变化

2011年,全国城市居民对于四大媒体的接触时间呈现和以往不同的趋势。和之前每种媒体接触时长均有不同程度的提高不同,2011年,报纸和电视的接触时间有一定幅度的减少,尤其是电视接触时长。然而,通过不同媒体接触时长的横向比较,可以发现:电视仍然是接触时间最长的媒体类型,其次为互联网。相比之下,报纸、广播的日均接触时长要短很多。

从受众媒介接触时间来看,受众对电视的接触时间逐年下滑,而对互联网的接触时间逐年上升。受众对电视的接触时间从2008年的182分钟下降至2011年的170分钟,其中35岁以下受众的降幅更加明显,从日均154分钟下降至122分钟。相反,受众对互联网的接触时间呈逐年上升趋势,平均日接触时间从2008年的75分钟涨至2011年的95分钟。这一现象表明,互联网不仅争夺着传统电视媒体的受众数量,而且也越来越多地侵占着受众看电视的时间。

(案例来源:沈颖,封璟.2011年受众媒介接触习惯的主要变化.中国网,2012-12-12,部分节选)

第九次全国国民阅读调查结果

2012年4月23日,"'文明中国'全民阅读活动"启动仪式在京举行。在启动仪式上,中国新闻出版研究院发布了第九次全国国民阅读调查的最近成果。其中一项结论为,国民传统纸质媒介和电波媒介接触时长均有所减少,但数字媒体接触时长有所增加。

从我国18~70周岁国民每天接触各类媒介的时长来看,2011年,传统纸质媒介(图书、报纸、期刊)和传统电波媒介(电视、广播)的接触时长均比2010年有所减少;但新兴数字媒介(互联网、手机阅读、电子阅读器)的接触时长均比2010年有所增加。

传统媒介中报纸的接触时间最长,我国18~70周岁国民人均每天读报时长为22.00分钟,但比2010年的23.69分钟减少了1.69分钟;人均每天读书时长为14.85分钟,比2010年的

16.78 分钟减少了 1.93 分钟；人均每天阅读期刊时长为 11.80 分钟，比 2010 年的 13.66 分钟减少了 1.86 分钟。人均每天看电视时长为 95.41 分钟，比 2010 年的 98.90 分钟减少了 3.49 分钟；人均每天听广播的时长为 11.24 分钟，比 2010 年的 11.57 分钟略有减少。

从新兴媒介来看，互联网的接触时长最长，我国 18～70 周岁国民人均每天上网时长为 47.53 分钟，比 2010 年的 42.73 分钟增加了 4.80 分钟；人均每天手机阅读时长为 13.53 分钟，比 2010 年的 10.32 分钟增加了 3.21 分钟；人均每天电子阅读器阅读时长为 3.11 分钟，比 2010 年的 1.75 分钟增加了 1.36 分钟。从新兴媒介的增长幅度来看，手机阅读和电子阅读器的接触时长增幅相对较大，分别为 31.1% 和 77.7%。

(案例来源："第九次全国国民阅读调查"十大结论. 中国文明网，2012-4-2.)

案例解析

从以上两个案例不难看出，随着互联网的普及和技术的更新，新的媒介越来越多，并以其主动选择性、互动性、便利性的优势博得了受众的青睐。受众在媒介接触时间上的变化，使得广告策划人员不得不深入研究各种媒介的受众特点，精准选择新媒介，并不断学习新技术，进行广告方案的策划，以有效到达目标受众。

现代人把大量的闲暇时间花费在媒介身上，这为广告传播提供了巨大的机会和空间。因为广告受众首先是媒介受众，媒介受众在大量接触媒介信息的同时，才有可能进一步转换为广告的目标受众。

媒介技术的飞速发展使得媒介的种类和数量日益丰富，而不同媒介不仅在功能上具有互补性，而且在接触时间上也形成互补。各种媒介在消费过程中的有机组合可以更好帮助消费者理解产品或品牌，促使其产生购买欲望。

目前，多媒介组合受众的规模呈上升趋势，一天之内接触三种以上媒介的比例由 2003 年的 58.8% 上升至 2007 年的 61.8%。多媒介组合吸引高质量的受众群体，接触媒介越多的受众中，具有较高社会影响力的人也越多，比如，接触 5 种及以上媒体的人中，高学历和白领的比例则分别高达 62.5% 和 64.6%；而接触媒介越多，消费就越活跃。

(二)译码能力

在广告传播过程中，受众要对接收到的信息符号进行还原、译码，才能还原信息本来的意义并完成个人的独特理解。但是，由于受教育程度、文化素养、知识背景、性格特征、心理构成等诸多因素的不同，不同受众的这种译码能力是不一样的，并且在传播过程中，或形成障碍，或加以推动。文化水平高的人可能对各类媒介都有接触的欲望和需求，而文化水平较低的人，则只会倾心于广播与电视等。广告要想取得预期的传播效果，就必须符合受众的译码能力，使受众独特的个人理解尽可能无限地靠近广告所想要传达的真正意思。

(三)兴趣与偏好

当媒介传播环境有变化，受众能够自主选择时，受众的兴趣、偏好就会凸显，进而影响对媒介的接触。年龄、性别、性格、文化程度、价值观、社会角色等，都可能影响受众产生对某些或某个媒介的兴趣和偏好，这就会使受众出现分流。例如，一些人对新闻频道感兴趣，另一些人则喜爱文艺频道;女性多喜欢读时尚杂志,男性大都关心体育赛事等。受众对媒介的兴趣和偏好,很多情况下需要媒介的引导和培养,才能逐渐形成习惯性接触和定传性。

(四)广告意识

广告意识是社会公众对广告传播的认识、看法和评价,直接影响受众能否成为广告受众。受众的广告意识是可以培养和加强的,这需要广告传播者在认真细致地研究消费者心理和行为的基础上,使广告活动更好地切合消费者的需求和兴趣,从而促使更多的受众认同并接受广告,顺利实现受众向广告受众的角色转变。

【案例8-5】

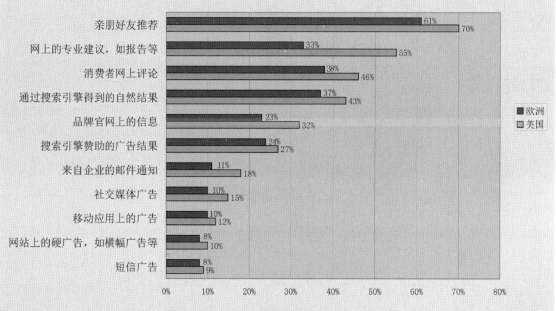

消费者对广告态度调查:亲友提议最靠谱

Forrester 发布了一个市场报告,将人们对各个平台上的广告信任度进行了调查,受访人员是5.7 万多的北美网上消费者和 1.5 万多的欧洲网上消费者。结果如图 8-6 所示。

图8-6 网上消费者对广告的态度

报告显示,传统的亲朋好友对品牌的建议依旧最具信任度,北美的比例达到 70%,欧洲则是61%。其次则是网上专业的建议,比如报告等,获得的信任度在北美和欧洲分别是 55% 和 33%。

接下来从第三到第七的排名就是消费者的网上评论、通过搜索引擎得到的自然结果、品牌官网上的信息、搜索引擎赞助的广告结果以及来自企业的邮件通知。

比较令人吃惊的是,社交媒体的普及并没有提高人们对社交媒体广告的信任度。相反,调查结果显示北美消费者和欧洲消费者信任社交媒体广告的比例只有 15% 和 10%。而移动应用上的广告也不受待见,在北美和欧洲消费者间的信任比例只有 12% 和 10%。

而之前最传统的网站上的横幅(Banner)广告在信任度上的排名是倒数第二，在北美和欧洲的比例分别是 10%和 8%，可能的原因是网络用户一般看到横幅广告，都会选择关闭、忽视或者遗忘。不过信任度最差的是短信广告。

虽然北美和欧洲消费者对不同类型广告和营销方式的态度不一样，但是无论是哪种方式，欧洲消费者对广告的信任度都低于北美，保持一贯的谨慎风格。

报告的负责人 TracyStokes 表示："单纯的通过品牌引导的线上或线下广告已经失去了诱惑力，因为现在的消费者可以自己决定何时、何地并如何参与品牌广告。如今人们有多种移动设备，一直在线的消费者在选择时也可自行决定是否参与。现在消费者自己拥有有史以来最多的媒体渠道，这意味着市场营销人员通过广告赢得消费者的难度变大。"(爱范儿)

(案例来源：网上轻纺城，http://www.tnc.com.cn/info/c-013001-d-3308017-p1.html，2013-3-26)

案例解析

广告的营销效果与消费者对广告的态度有直接关系，如果消费者不信任广告，那么广告创意即使再好，也只能是只有感染力而没有销售力。从上面的调查可以看出，网上消费者对各种类型的广告方式信任度有较明显的差异，而最信任的还是亲友推荐。广告公司要想制定精准的媒介策略和广告创意，还需认真分析消费者对各类广告的信任度，特别是剖析消费者对广告不信任的原因，才能制定出消费者愿意接受和认可并信任的广告。

四、受众的碎片化

(一)受众"碎片化"现象

1. "碎片化"的由来

"碎片化"是近年来社会学领域的一个关注焦点，当社会阶层分化的时候，各个分化的阶层内部也在不断分化成社会地位和利益要求各不相同的群体。在消费领域同样也存在这样的"碎片化"趋势。所谓"碎片化"，英文为 Fragmentation，原意为完整的东西破成诸多零块儿。随着社会经济的发展，人们生活水平不断提高，消费选择不断扩大，生活方式及意识形态呈现多样化趋向。即使是年龄、教育、收入基本相同的消费阶层内部也可能由于态度观念的不同，呈现出逐步分化离散的状态，这种状态被称为"碎片化"。

2. 中国传播环境的"碎片化"

"碎片化"也非常适合描述当前中国社会传播环境。当今的中国，报纸、广播、电视、杂志四大媒介统治天下的时代已经结束了，新媒介的层出不穷，媒介种类的增加，各种媒介数量的不断增加，都使受众不断被稀释。特别是互联网的出现与普及，更加速了受众的细化趋势。

Web2.0 完全成为了信息生产制造和传播共享的平台，在这个平台上，受众可以相对自由地参与信息的生产和传播，其互动性、及时性使得与传统媒介相比具有很大的优势。其实，网络只是一类媒介的统称。搜索引擎、门户网站、即时聊天工具、社区网站、博客、播客、微博等各种细分的网络传播平台的出现不仅大大丰富了网络传播的渠道，而且进一步细分了网络媒介受众。

受众的细分化就形成了许多受传者群落的"碎片"，这种碎片，不仅表现在媒介接触方面，受众在内容偏好、接触习惯等方面的个性化越来越强；也表现在受众成分上，越来越难以凭借简单的年龄、学历等指标去区分受众。人们的注意力被极度分散，本来稀缺的注意力进一步被稀释。如何克服传播受众的"碎片化"，就成为营销传播理论和实践的一个热门话题。

(二)应对受众"碎片化"的方法

为了应对受众的"碎片化"所带来的难题，不少专家学者提出"聚合"的观点，希望能够通过有效的方式聚合受众。

1. 内容聚合

所谓内容聚合，就是用内容粘合受众，使之聚合在一起。受众接触媒介的动机之一就是获取他们想了解的信息，因此，要获取受众，就需要广泛的优质的信息资源，需要有足够的内容向受众提供，以备选择。这包括两个方面：一是内容产品的生产要专业化、精品化，重视原创；二是做好信息资源的整合，对信息内容进行优化处理，更方便受众获取和使用。互联网上，信息海量充斥，受众接收起来相当困难，有的甚至内容空泛，信息混杂，这样是无法聚合受众的。

2. 渠道聚合

渠道聚合有两个层面的意思：一是加强传播渠道建设，走"专业、精细、特色"的道路，尽可能地吸引、抓住受众，设置一些能够引起受众兴趣、吸引其参与的平台，增加受众接触、互动的机会；二是向媒介融合方向努力。"媒介融合"其本意是指各种媒介呈现出多功能一体化的趋势，现在更多是强调各个媒介之间的合作和联盟，不仅包括媒介形态的融合，还包括媒介功能、传播手段、所有权、组织结构等要素的融合。通过融合，增强为受众服务的能力，使消费者能够用无所不能的终端通过无所不在的网络，获取各自所需要的服务。

3. "社区"聚合

进入 Web 2.0 时代，网络社区可能成为主流。它能够突破时空地域的限制，将具有相同消费习惯、类似爱好或价值观、相似生活形态的受众聚合在一起，从而组成一个个虚拟社区，形成一个个细分的社区群体受众，在你来我往的互动中，就会逐步形成一个细分化的聚合圈。

受众在"碎片化"背景下开始重新聚合，拥有相似生活形态的受众逐渐聚集，形成分众群体。他们对新媒介的趋向促进了新媒介的发展。同时，新媒介的发展又加速了"分众化"趋势。"分众化"为市场再细分提供了依据，能否提高营销活动、广告活动的精准度，直击目标，是衡量媒介价值的重要标准。对于广电媒介而言，要大众化与个人化、个性化并存；而平面媒介要向细分化、专业化演变；以户外电视广告为主的空间媒介则要锁定特定空间。媒介的演变趋势将从规模化的"吸引"到零细化"追逐"，再度回到规模化的"狙击"。

新媒介

新媒介是新的技术支撑体系下出现的媒介形态，如数字杂志、数字报纸、数字广播、手机短信、移动电视、网络、桌面视窗、数字电视、数字电影、触摸媒介等。相对于报刊、户外、广播、电视四大传统意义上的媒介，新媒介被形象地称为"第五媒介"。

第三节　广告受众的社会心理特征及心理过程

广告要取得好的效果，离不开对广告受众心理的理解和把握。尤其在营销以消费者为中心，传播以受众为导向的今天，企业如果对广告受众的心理一无所知，对影响广告受众心理的各种因素一无所知，将无法使其产品发挥应有的市场效应。所以在策划广告时，首先要根据受众心理来给广告定位。

一、广告受众的社会心理特征

人生活在社会、组织和群体之中，其心理状态和心理现象不是孤立的、个体性的，而是社会性的。这种社会性的心理，以及在此基础上发展起来的人生态度，对广告信息的传播效果有着根本性的影响。因此，不仅要了解广告受众的个性心理特征，更要把握其社会心理特征。

研究表明，个人在群体行为过程中，往往会失去个人应当具有的或者在个人情境下具有的个人的本性；在群体心理过程压力下，个人会做出个人情境下一般不会采取的行动。这就是失个性化。广告受众在接受广告信息的传播时，会明显地产生失个性化心理现象，受到群体心理过程的影响。而在群体情景下接受广告信息就有其特有的规律和现象，主要有相互模仿、相互感染、社会遵从等。

1. 模仿

模仿是社会心理学的一个重要方面，许多社会性行为都是模仿性的，模仿性行为具有普遍性。例如，儿童会模仿他们的长辈，青少年会模仿他们所能接触的其他人。国外有句格言"模仿是最真挚的奉承形式"，就反映了这种现象。从市场的产品销售、广告传播来看，在繁华街头设摊售货、设置广告，会招致人们更多的注意。这种群体行为是自发产生的，往往依赖于参与者的相互刺激，这种相互刺激首先就是模仿。利用这一点，新产品上市，就可运用电视广告，大量列举用户的情况，说明产品被消费的情景，刺激人们模仿，加入到消费者使用者的行列。

2. 感染

感染是一种群众性的模仿，即使感情或行为人群中的一个参加者蔓延到另一个参加者，它是群体行为赖以存在、发展的另一种刺激。感染又分为情绪感染和行为感染。

情绪感染指的是把一群人的情感统一起来，使个人放弃平常抑制其行为的社会准则，个人行动主要由自己的情绪发动。如果所有参与者的态度、信念和价值都基本一致，情绪感染便容易发生，会促进个体间的模仿。例如，在端午、中秋节到来前播放粽子、月饼等食品的广告，会使消费者个体受到节日气氛的感染，获得较好的传播效果。当所有参与者的注意力都集中在一个特定的人或事物上时，就会加剧情绪感染。如请当红明星做广告，利用当前流行话题推销产品，消费者个体往往易于接受这些情绪暗示，实施购买行为。

行为感染是指以行为方式从一个人向另一个人乃至更多人的传播。应用在广告传播中，就是不要使广告信息仅停留在说服的阶段,而且要想办法让广告产品动起来。为此,应该进行整合营销传播,把广告传播与促销活动有机结合起来,这样才更能感染目标消费者,取得更好的传播效果。

3. 遵从

遵从是个人与他人或群体意见、观念和态度之间寻求一致性的倾向,由于这种倾向导致的行为就是遵从行为。这是影响、决定人们的更为深刻的社会心理现象。

遵从之所以会产生,主要由于人受到信息方面的压力和规范方面的压力。因为有关客观世界的许多信息,甚至是关于人们自身的信息,都来自于别人。旅行迷了路,要询问别人;不会使用电脑,就要请教别人。广告受众收看收听广告,其中一个目的,也是想学习,获取有关的消费知识。广告信息有助于广告受众实现这个目的,这就是由于信息缺乏而形成的遵从。此外,人们总有一种遵从规范、同化于群体的内在倾向,这就是规范压力形成的遵从。广告传播者需要关心的是,广告传播的信息能否使受众产生遵从行为。

4. 角色

角色是人们期待某一特定社会位置上的个人所具有的一种行为模式。角色是系统而稳定地影响广告传播的一个重要因素。在广告传播中,利用角色是一种常见策略,如起用球星、影星、歌星等各种角色来带动服装、化妆品的消费。把产品和具有一定社会地位的角色联系起来,是利用人们的角色期待和角色标定。

对角色进行划分,有助于深入分析广告传播对象。不同的广告受众实际上就是社会群体中的不同角色,对广告信息会有不同的接受和理解状况。因此,如能对传播对象及其角色特征有深入了解,包括他们接触广告的行为规律,就可以主动地、有目的地针对不同的角色,制定相应的广告策略。

二、广告受众的心理过程

广告受众的心理活动过程,是指广告受众的广告心理活动发生和发展的全过程,是广告受众的不同心理活动现象对广告现象的动态反映。由于每个人的知识、经验、情感、心理等存在差异,因此,对同一广告各人的理解会产生不同的结果。因此,广告要达到预期的效果,必须要研究广告受众的心理活动过程,掌握广告受众的心理活动规律。

(一)广告与感觉、知觉

广告受众购买行为的心理过程是从对商品的认知过程开始的。这一过程构成了广告受众对购买商品的认知阶段和知觉阶段,是广告受众购买行为的重要基础。这一过程中,广告受众通过自身的感觉、知觉等心理活动,来完成认知过程的全部内容。

1. 感觉与广告

感觉器官对事物或现象的个别属性反映的心理现象,是整个心理过程的基础。在市场销售中,消费者对产品或服务的第一印象是十分重要的。对产品或服务的评价,消费者首先相信的是自己的感觉。正因为如此,有经验的厂商在设计、宣传自己生产或经营的产品时,总是千方百计突出自己产品与众不同的地方。

【案例8-6】

巨型面包广告牌

美国的一家食品公司在底特律城郊竖立了一块高24.8米、长30.48米的巨型面包广告牌，不仅能播放介绍面包的音乐，还释放出一种"神奇的混合面包"香味，引起路人的食欲，使其面包销路大开。实际上，这就是消费者的先验心理的作用。

(案例来源：作者不详.百度文库,http://wenku.baidu.com/view/47272dec856a561252d36f00.html)

案例解析

所谓先验心理，是由于人的直接感觉而产生的连锁心理反应。正因为如此，广告的策划设计，必须注意广告给受众造成的第一印象，追求一见钟情的效果。而要达到这样的效果，最好能够调动受众的多种感官，如上述案例中，就调动了受众的视觉、听觉和嗅觉三种感觉器官，让受众留下极其深刻的印象。

【案例8-7】

让你冰爽到底的创意

"让你冰爽到底"的平面广告如图8-7所示。

(a)　　　　　　　　　　　　　(b)

图8-7 "让你冰爽到底"的平面广告

(图片来源：http://doc.mbalib.com/view/88c036c48ad6a51453021e24e5caeca3.html)

案例解析

图8-7平面广告虽然只有两个装有饮料的透明玻璃杯，但在饮料里畅爽翻滚的人才是最吸引人的。画面里有着大块的冰块，不断往上冒着气泡，人物尽情享受的表情，都对受众产生了巨大的影响。让人也渴望喝一口，体会里面人物的那种畅爽无比、冰凉舒适的感觉。这则平面广告拥有非常强的视觉冲击，而且能够让人产生通感，仅看广告，就感觉到了一丝凉意。

2. 知觉与广告

尽管感觉器官以感觉的形式对商品的个别属性进行直接的反映,现实中的商品的各个属性并不能脱离具体物体而独立存在。由于大脑是在经过对来自各器官所获得的信息进行加工之后才形成知觉的,知觉是选择、组织和解释感觉刺激,使之成为一个有意义的和连贯的现实映像过程,所以知觉具有整体性和解释性,却并不是感觉的简单总和。

知觉的整体性,是指知觉把有关信息的各个部分有机地结合在一起的特性。忽视知觉的整体性,可能给广告带来不良后果。知觉的解释性,是指对感觉信息整合后的结果所作的比较、推理,它依赖于消费者先前的经验、动机、情绪、态度等因素。因此,广告传播必须注意其内容的全面性与综合性,满足知觉的整体性要求;必须注意其继承性与发展趋势要求,满足知觉的解释性要求。

【案例8-8】

利用图画"残缺"来突出广告主题

如一广告中画面上无车架,只有两个车轮和一个人骑车的姿势,这种"残缺"的画面却使人形成完整的印象,突出了车轮——广告所要推销的产品。因此在广告设计中,设计者利用这种原则特意在画面上空着一部分信息,让观者自己去完善,这会引起人们的兴趣。

(案例来源:世界大学城. 广告中的感知觉理论及其应用.
http://www.worlduc.com/blog2012.aspx?bid=4596323,2012-3-20)

案例解析

这则广告就是利用了知觉的整体性,虽然画面上只有两个车轮和一个人骑车的姿势,但人们知觉它时却能根据以往经验把它还原成一个整体。而画面上的残缺,正好突出了所要推销的车轮。在广告设计中,可以适当利用残缺来突出广告主题,但一定要注意符合受众的知觉整体性特征,否则会让受众难以理解广告信息。

(二)广告与注意

注意是心理或意识活动对一定对象的指向和集中。指向性和集中性是注意的两个特点。例如,消费者在看电视广告时,他的心理活动不仅离开一切与看广告无关的对象,而且抑制与看广告活动无关的甚至有碍的活动,比较长久地坚持指向广告内容。这样,对广告内容就能得到鲜明清晰的反映。

引起注意乃是受众对广告作品好坏评价的一个重要因素,不管是电视广告,还是报纸广告,都是如此。引起注意,是任何一个商业广告成功的基础。

心理学根据引起和保持注意时有无目的性和意志努力的程度,把注意分为无意注意和有意注意。无意注意也称不随意注意,是没有预定的目的,也不需要作意志努力的注意。引起无意注意的原因可以分为两类:一是刺激物的特点,如刺激物的强度、对比关系,活动和变化、新奇性等；二是人的主观状态，如人对事物的需要、兴趣和态度，人当时的情绪和精神状态等。

引起注意的常见手法

在广告设计中，大标题、明亮色彩的印刷广告、响亮的广播声、大屏幕显示、新奇的刺激物、形状、版面位置等，都可以引起人们的注意。

例如，"印刷品上的黑体字"容易引起人的注意。又如，霓虹灯广告一亮一暗，很容易引起人的注意。在广播广告中，播音员把音量的大小与快慢结合起来，抑扬顿挫，就是最常用的手法之一。

户外广告中，也有诸多实例。例如，堪称世界广告之最的瑞士钟表广告，该广告所用的表长107米，直径16米、重6吨，垂挂在东京一座新落成的摩天大楼上。

又如，美国印第安纳州的辛辛那提五金公司的建筑物，远远看去就像是一把巨大的扳钳广告。这些巨型广告一般都位于交通要道，特别醒目，来往人群很多，可吸引众多的消费者。

图8-8中的巨型可口可乐与周围建筑物融为一体，高高耸立，绝对吸引人的注意。

图8-8 巨型可口可乐广告

引起注意，是任何一个商业广告成功的基础。但同时，引起注意在成功的广告活动中只能称为一种手段，而不是目的，这种手段决不能分散广告的注意力，不能让人最终停留在"注意"上，而不是商品信息上。刘易斯将成功广告的作用概括为"AIDA"法则(A 为 Attention，I 为 Interest，D 为 Desire，A 为 Action)。

【案例8-9】

果粒奶优的广告

2011年，一则"Never say no to panda"的广告在优酷网上点击率颇高。该广告的情节大致是这样的，一只很酷、很拽也很憨的熊猫，只要人们不选择它的牛奶起司，它就发飙：挡路、破坏、暴力……该广告的目的就是让人们在惊奇的同时，记住这只很固执和有些憨态的熊猫，而这个"熊猫"实际上就成为了人们要购买的产品或者在顾客与产品之间形成记忆点和联系。其实广告是要在一种看似滑稽和搞笑的氛围中让受众接受这个产品或者至少能关注这个产品。

(Never say no to panda 广告链接地址: http://v.youku.com/v_show/id_XMzQwNTQwNDM2.html)

果粒奶优模仿上述 never say no to panda 的广告，将其中的熊猫换成了牛，推出了一款广告，主题是：果粒奶优，美味非尝不可！这个广告有三个版本：草莓牛美味攻略之冰箱篇；草莓牛美味攻略之电梯篇；草莓牛美味攻略之机舱篇。该广告在许多电视台进行了高频率的播放，但许多消费者却反映看不懂该广告，广告传播未能取得好的效果。

(果粒奶优广告视频链接地址: http://v.youku.com/v_show/id_XMzA4NTg0MzA4.
h_tmlhttp://v.youku.com/v_show/id_XMzA4NTg0NDcy.html
http://v.youku.com/v_show/id_XMzA4NTg0NTQ0.html)

案例解析

Never say no to panda 的广告适合对于知名度的宣传，新奇，能够引起注意，但对于知名度已经不是问题的产品来说，还用这样令人莫名的强迫式广告，有点令人生厌。果粒奶优的广告选用一头牛来表现执着，看似比熊猫好，而且跟牛奶相关，但却失去了那种喜剧效果。Never say no to panda 的广告里，那只熊猫很"霸气"，也有几分搞笑，换成一头牛，似乎就缺少了这种氛围，更不觉得有什么幽默和好笑的。那头牛啊，还真不够那个熊猫彪悍！"美味非尝不可"是新广告语，那就要为这个广告找到一个理由，也就是一定要选择果粒奶优的一个或者几个"理由"。对于没有看过 Never say no to panda 广告的受众来说，压根儿看不懂。对于看过熊猫起司广告的受众来说，则只看到了山寨，而没有创新。

广告想结合一些前卫、喜剧的元素，无可厚非，但不能是没有创新的山寨形象。广告效果的评价，最根本当然是拉动销售，然后才是创意的独特，再是表现形式，最后是广告要有美感。

(案例来源：蒋军，果粒奶优：美味为何非尝不可？. http://blog.sina.com.cn/s/blog_5ec0143a0100uknq.html，2011-10-28，已加工整理)

(三)广告与记忆

广告心理学对消费者记忆广告内容的规律的研究是为了能运用记忆的原理，使人们在购买过程中，能记起以前所接触过的广告内容，从而使广告确实起到指导、刺激消费的作用。例如，你要想买一台洗衣机，你会想到哪个品牌的广告？这种对过去看过、听过的广告的回忆，就是人的广告记忆心理活动。从信息加工的观点来看，记忆就是信息的输入、编码、储存和提取。

记忆是一个系统。人的记忆是由感觉记忆(瞬时记忆)、短时记忆和长时记忆组成的一个系统。这三种记忆的容量和记忆保持的时间是不同的。

客观刺激停止作用后，感觉信息在一个极短的时间内保存下来，这种记忆叫感觉记忆或瞬时记忆，它是记忆系统的开始阶段。瞬时记忆的储存时间为 0.25～2 秒。例如在看电视广告时，由于有感觉记忆，眼动和眨眼的时间并不影响我们对广告感觉的连贯性。

短时记忆是感觉记忆和长时记忆的中间阶段，保持时间为 2.5～20 秒。把广告识记的材料适当地加以分组，或赋予一定的意义，就能增强识记效果。

长时记忆是指信息经过充分的和有一定深度的加工后，在头脑中长时间保留下来。这是一种永久性储存。它的保存时间长，从 1 分钟以上到许多年甚至终身，容量没有限度。我们在一个月前或更长时间前曾看过某广告，现在仍能想起，这就是长时记忆。

【案例8-10】

记忆应用广告实例

日本三菱公司在上海的办事机构所用的电话号码为303030，当上海电话号码升为7位数时，它便改为4303030。它的谐音为"是三菱三菱三菱"。这样的电话号码刊登在广告上，一方面起到了通报联系电话的作用，另一方面又非常容易记忆。

"喷嚏三遍，；璐璐三片"这一简洁、顺口的广告标语就能引起人们对产品名称的回忆。

杭州五丰冷食的CI系统中，该公司有自己特有的一套标记、标准色，以及标志口号，在公司的一系列公关活动中，无时无刻不在宣传自己的"五丰"标志和"从嘴里舒服到心里"的广告标语，这样它的广告宣传可以说是一举两得，人们也能较容易地记住该公司的特点、产品特征和企业形象。

中萃面的广告语——"中萃面，面对面的关怀，面对面的爱"，就是对其谐音的巧妙运用，从而给消费者留下了深刻的印象。

(案例来源：百度文库，http://wenku.baidu.com/view/47272dec856a561252d36f00.html)

案例解析

在上述案例中，广告策划人员利用重复、谐音、设置鲜明特征等方式，加深了受众对广告信息的记忆。在广告设计中，可以采取如下策略来增强受众的记忆。

其一，利用直观的、形象的信息传递，增强消费者对事物整体印象的记忆。

其二，利用简短易懂的词语高度概括广告内容。

其三，利用信息的适度重复与变化重复，加强与巩固神经系统联系的痕迹。

其四，设置鲜明特征。

其五，广告内容要单一。

其六，引导人们使用正确的广告记忆。

其七，增加感染力，引起消费者的情绪记忆。

其八，适当地增加名人在广告中所具有的附加价值等。

(四)广告与联想

广告宣传的最终目的，是要在消费者头脑中建立起商品与品牌之间的联想。

所谓联想就是由一种事物想起另一种事物，或由想起的一种经验又想到另一种经验。例如人们一说起"力士"就想起了"力士香皂"等。依据反映的事物间的联系不同，联想主要分为四类：接近联想、类比联想、对比联想和关系联想。

在商业广告中运用联想提高广告效果的方法很多，常见手法有以下四种。

1. 用消费者熟知的形象

广告中，可以用消费者熟知的形象来比喻广告商品的形象或特长。例如，"孔府家酒"的

08

广告中，运用了电视剧《北京人在纽约》主题曲中的一段"千万里，千万里，我一定要回到我的家"。再加上剧中的主人公回到了亲人身边的一场戏，用观众非常熟悉的歌曲和人物，突出了"孔府家酒"的主题"孔府家酒，叫人想家"，很容易使人将"孔府家酒"作为"想家"的形象。

2. 给人带来的乐趣

可以着意创造言简意赅、寓意深刻的词语，创造深入浅出、耐人寻味的意境，用来暗示商品与劳务给人带来的乐趣。例如，"康必得"感冒药的广告画面开始是乌云密布，大雨倾盆，这时出现解说词"感冒就像天气变化，随时随地都可能发生"，随后用雨后阳光灿烂暗示吃了感冒药后病消除了，使人想象病好后整个人的精神会像好天气一样让人振奋。

3. 不同效果比较

通过画面把商品的优劣、使用前后的不同效果加以对照、比较。例如，"海飞丝"洗发水的广告中出现一组对比镜头：用了产品后与未用产品时头皮屑的数量不同，这种对比让人一目了然。

4. 美妙的故事传说

把广告寓于美妙的故事传说中，运用画面的空间或色块造成一种情调，诱人想象。例如，"小王子夹心饼干"讲述了一个童话故事：王子勇斗妖魔救助被妖魔掠走的善良的人们。使消费者将"小王子"饼干与勇敢无畏的精神相联系，给人印象深刻。

需要说明的是，联想的运用是一种技术，也是一种境界。有的广告设计易让人产生美好的、温馨的、奋发向上的联想，感到购买此产品、享用此服务是一种健康、有价值、有助于提高人生质量的活动，但有的广告易让人有卑下、不洁、痛苦、阴暗的联想，这样的广告设计对个人、对企业、对社会都将是负效果的。

在广告设计中，必须使引起注意、兴趣的道具与产品或服务产生较强烈的联系，如果这种联系不够紧密，那么消费者可能产生消极的联想。

【案例8-11】

舒眠乐广告

"不用吞服的安眠药(舒眠乐)"获得了全国第五届广告作品展全场大奖，打动评委们的首先是那两只"非同寻常"的枕头。

广告画面的焦点集中在两只造型有别的枕头上，一只是皱巴巴的枕头，借喻主人辗转反侧的情形，失眠的痛苦；一只是平整饱满的枕头，借喻主人使用舒眠乐后可以获得舒畅、安详的睡眠。两只普通的枕头，简单对比，联想自然，容易理解，不失含蓄委婉的味道，对失眠者而言，确有引起共鸣的震撼力。

(案例来源：张林.联想律在广告设计中的运用. http://qnjz.dzwww.com/yj/t20060209_1348995.htm，

2006-06-13.)

案例解析

　　广告媒介在空间或时间上给予广告的限制都是明显的。印刷广告受篇幅的限制，电视和广播广告受播放时间的限制。但是，广告信息却触及古今中外，应有尽有。因此，必须利用联想律，使广告的时间和空间在心理上得以扩大与延伸。所以，联想律对广告是非常重要的。案例中的舒眠乐正是由于采用了对比联想，使受众产生了强烈共鸣。

　　但是，一个事物可能引起多种联想，首先引起什么联想是和人的定向兴趣有密切关系的。定向兴趣受年龄、职业、文化程度等因素制约。关于不同年龄的联想差异，一般来说，儿童的联想大多是身边的具体东西，即时间和空间上更接近的东西，而成人的联想还能以抽象的观念表现出来。例如，白色，儿童可能倾向于联想到雪、白糖；而成人却联想到纯洁、神圣等品质，即内涵、性质上类似。在对比联想上，成人也比儿童表现得更容易。比如，形容词"深的"，成人多会联想到"浅的"，可儿童则容易回答"洞"。

　　因此，在广告设计时，联想律的应用一定要考虑其适用性。

(五)广告与态度

　　广告的作用是促销，但广告促销不能靠强制，只能通过改变消费者态度来实现。即促成消费者对产品和劳务的积极态度形成或通过广告将其原来不够积极的态度转变为积极的态度。

1. 态度的特性与方式

　　态度是指个体对某种对象的稳定的心理倾向。如喜爱、厌恶，肯定、否定，这种倾向就是态度。态度的改变也有两种方式，即态度方向的改变和态度强度的改变。方向的改变是指人的态度由肯定变为否定，或由否定变为肯定，这是态度性质的变化；态度强度的改变是指人的态度由强变弱，或由弱变强，这是程度的变化。

2. 态度与广告策略

　　了解了态度的特性和改变方式，在具体的广告设计中，就要注意如下四个方面。

　　(1) 广告信息必定与消费者的需求有关。只有这样，才能让消费者产生积极态度。

　　(2) 广告信息源具有较高的可信度。越是客观真实的信息，才能让消费者放心，否则，就会使消费者产生消极的态度。通常可采取以下策略增强广告信息的可信度：突出产品的特点(优点)的同时，也不回避次要特征，即客观地宣传商品；实际表演或操作；科学鉴定的结果和专家学者的评价(包括名人评价)；消费者现身说法。

　　(3) 广告给消费者以积极的情感体验。即在广告表现中，要尽量避免"自卖自夸"，应通过引导的方式，让消费者自己去体验广告产品或服务的状况，自己得出结论。这种自我情感体验可消除消费者对广告的戒备和逆反心理，从而使消费者产生对广告产品的积极态度。

　　(4) 激化广告气氛或情境。有意在广告中营造一种产品畅销或供应紧张的氛围，促使消费者及时作出购买决策。

08

广告如何引导与改变消费者态度

广告不仅仅是一种信息传播的形式，同时还是一门说服劝导的艺术。通过广告给予消费者一定的诉求，可引导其态度和行为趋向说服者预定的方向。引导与改变消费者态度应注意以下几点。

(1) 广告宣传者应具有较高的可信度。

(2) 广告宣传者应具有亲切感。

(3) 控制宣传情境。

(4) 根据广告宣传对象的特点选择宣传方式。

三、几种典型的广告受众心理及相应的广告策略

(一)广告受众的年龄心理及广告策略

1. 儿童接受广告的心理

儿童具有很强的学习性、模仿性，已经有了初步的认知能力，但仍然缺乏明辨是非的能力。他们对父母和家庭的依赖感强，渴望受到家人特别是母亲的关注。他们是整个家庭的核心，他们的购买要求会得到最大的满足。儿童喜爱活泼的语言、音乐和色彩，常凭感性消费，是冲动型的消费者。儿童最经常接触的广告媒介是电视。

针对儿童受众群的广告，应该在构图上力求简单，色彩明快，广告音乐活泼，以增加广告的趣味性，吸引他们的注意。广告语应简明，朗朗上口。同时，儿童在购物上具有依赖性，所以儿童用品的广告要兼具打动孩子和父母的功力。可以体现家庭对孩子的关怀，以及亲切的伙伴关系等。

2. 少年接受广告的心理

少年时期是从儿童向青年过渡的时期，生理上还在经历第二次的发育高峰，对异性开始了初步的关注。内心敏感，自我意识强烈，非常关心别人对自己的评价。这一时期在心理上对他们施加影响的因素除了日趋紧张的学习压力，还有家庭和社会的因素。他们既渴望来自父母家庭的爱，又渴望反抗家长的权威，部分少年表现出很强的叛逆性，需要积极引导。虽然没有经济收入，但是掌握一定的可支配收入，具有一定的消费能力。在购买过程中希望依从自我的判断，购买行为趋向于独立。他们崇尚运动精神和自我表现，喜欢休闲生活。对快餐、瓶装饮料、音乐、电影光碟、电子产品和时尚杂志十分钟情，生活方式新潮。他们崇拜某些影视、音乐及体育明星，购买行为容易冲动，有比较明显的情绪化倾向。少年经常接触的广告媒介主要有因特网、电视、报纸及杂志。

针对少年的广告，可以对"酷"的概念十分推崇，力求表现个性，广告语符合少年潜意识的感性生活的主张。在广告中可以考虑明星代言的方式，来扩大影响力，以期和明星取得心理上的关联；广告设计的节奏要求简单明快，具有强烈的煽动和情绪的感染力。如在七喜广告饮料广告中，一个头发像过了电似的弯曲的漫画人物，他全身骨瘦如柴，又穿着特大号的皮靴，

自身只有黑白两种颜色，相衬的是绿色的加一醒目红点的七喜饮料罐。这一形象不断出现在报纸、杂志、电视及 POP 广告上。由于他自身的形象的奇特和反叛，再加上"喝七喜，做自己"这样的广告语，使得进入刚青春期的少年群体产生极大的认同和喜爱。

3. 青年接受广告的心理

青年的消费能力和消费意识都具有明显的独立性，经济收入中直接用于自身消费的比重最大。青年经常接触的广告媒体和少年人群基本相同，主要有因特网、电视、报纸及杂志等。青年的广告接受心理主要表现为以下几个方面。

(1) 求美求名求新。他们会购买最新上市的服装和最新款式的手机，不惜超值购买名牌产品，对商品的需求反映出时代化和高档化的倾向。

(2) 追求个性和时尚。由于青年人十分注意自我形象，尤其身处同龄的异性之中，力图博得异性的好感，因此，他们总是喜爱能表现自我个性化的商品。

(3) 憧憬美好的爱情。爱情是人类永恒的主题，而美好的爱情似乎一直都是青年人的专利。

针对青年受众的广告，可以利用款式的新颖和时尚来增加广告的含金量，广告中要展现出他们的个性和魅力，运用适当的语言、音乐和形象，提供时尚方面的建议；在广告中可以适当增加爱情这类主题起诱导说服效果，比如水晶之恋果冻("明天你还爱我吗？")、亲嘴含片("想知道亲嘴的味道嘛？")。

4. 中年接受广告的心理

中年人已进入具有经济实力和社会地位的年龄阶段，由于阅历的增多，对于一般性的广告有拒绝、怀疑的心理。在消费品选择上，注重实用和实惠，对价格敏感，是理性的消费者。喜欢传统的产品，注重家庭关系。中年人经常接触的媒介主要是报纸、电视和杂志等。

针对中年受众的广告，要注意产品实惠和实用的宣传，产品的功能介绍不可夸张失实，广告语力求取得和他们的沟通，可以考虑用传统文化、民族文化符号来诠释产品的内涵或以普通老百姓为广告的消费者证言广告。大众化的生活用品也可以定位于这一年龄段消费者。

5. 老年接受广告的心理

老人由于生理和心理的原因，体力及社会地位的丧失，往往有无助感和寂寞感，希望得到子女理解与陪伴；往往渴望健康长寿、注重商品对身体的影响。购买也呈现老年化特征(如追求健康长寿的保健品)，一般来说购买心理比较稳健。由于怀旧心理强烈，习惯性的购物倾向比较明显。

针对老年受众的广告，可以强调产品方便、舒适化。宣扬孝文化，酝酿怀旧情绪。广告基调或者宁静祥和，贴近老年人平和的心境或者是喜庆热闹，含有吉祥的口彩和征兆。如果以广告实用性生活常识、健康养生的方法为切入口，能很好地吸引老年人的注意力。

(二)广告受众的地域心理及广告策略

1. 城乡居民广告接受心理差别

(1) 从城乡居民的媒介接触来看，城市居民对报纸、杂志、广播、电视、户外等各种广告媒介接触频繁；而农村居民与印刷类媒介接触较少，主要接触的广告媒介是电视和广播。

(2) 从广告对城乡居民的劝服效果来看，城市居民乐于接受新的消费观念和消费形式；农村居民重家庭、重亲邻的特点使口碑传播的效果十分有效。

(3) 从广告创意的选择来看，城市居民重享受和自我发展；农村居民对价格敏感，注重产品实效。

广告针对城市受众应该宣传比较新的消费观念和消费方式，注重享受和自我发展，广告要给予商品更多的个性特征，而针对农村居民的广告应该重家庭、重亲邻，需要以产品的功能特点和价格优势作为主要的诉求内容。

2. 东西方广告接受心理差别

(1) 东方广告受众喜欢体现浓厚人情味和传统文化的广告，西方受众喜欢强调个性、张扬自我、凸显个人价值的广告。

(2) 东方广告受众对于过分夸大产品的幽默广告缺乏欣赏，但西方受众能认同并喜欢。

(3) 东方广告受众习惯于广告直接把产品的功用效能或产品的品牌口号进行简单明了的告知，西方受众乐于接受标新立异、创意复杂的广告。

(4) 东方受众对性暗示的广告接受程度有限，西方受众显示出较大包容性。

(三)广告受众的性别心理及广告策略

1. 男性广告受众接受心理

男性在家庭中一般来说是具有更高的文化程度、更多经济收入的一方，他们对与知识、技能有关的发展类和自我表现类的消费品需求强烈，对竞技型体育更为痴迷。男性希望自己是果断的、意志型的，对事物能做出理智客观的判断。男性对商品功能的了解能力优于女性，是理智型倾向的消费者。

针对男性的广告，要赋予更多的男性气质，如向男性受众传达这种信息，即使用该产品是成功、自信的男人。广告最好能提供详尽、准确的产品功能信息。广告宣传中赋予令人感动的关怀，慰藉男人心中的脆弱。

2. 女性广告受众接受心理

女性是被动的、依赖和富于爱心的。她们注重人际关系，注重自己的外表和在人群中的受欢迎程度超过男性。她们往往是家庭一般生活用品购买的决定者和实现者。女性是更为感性和情绪化的，既憧憬美妙浪漫的爱情又缺乏自信害怕受伤，她们不仅成为品牌的忠诚者，还会成为最佳的口碑传播者。女性广告受众的接受心理主要是：求美心理，一个美丽的承诺就可以让女性消费者慷慨解囊；多重角色的扮演造成的时间冲突使女性向往和追求便利；她们希望生活方式有较多变化，并能有新的体验，突破传统角色定位的束缚；对价格因素较男性敏感，力图以最少的支出换取更多的产品和服务。

针对女性的广告，可以介绍使用效果使人变得美丽动人，年轻大方；诉诸感情，女人是感性动物，内容要更加贴近女性的内心世界。同时，要突出价格优势，刺激女性的购买欲望。

(四)广告受众的职业心理及广告策略

1. "白领"广告受众的消费心理

白领阶层是指在大型外企、上市公司或发展势头良好的民营企业工作的员工，具有一定教育背景、薪资待遇，同时坚持再学习的理念。"白领"阶层广告受众的心理特征：喜欢小资情调，追求精致时尚，但不喜欢怪异和过分前卫；重视环保和公益问题；在闲暇时间，向往回归简单生活，他们是宜家、布艺店的忠实顾客；因为向往高收入社会阶层的生活和消费方式，因而热衷于订阅《时尚》、ELLE 等时尚类杂志。

针对"白领"的广告，制作时应该是以形象和语言突出品牌的使用气氛，适当通过公益活动提高产品和企业形象，他们的生活节奏比较快，压力大，广告应该以轻快愉悦的主题为主。

2."蓝领"广告受众的心理

"蓝领"包括工厂的熟练和半熟练工人、服务业职员、低层次销售员等，工资水平不高。"蓝领"阶层广告受众的心理特征：其基本需求与其他阶层差不多，对一般性必需品需求较高，如食用油、洗发水等；他们会因低价格和促销的吸引而转换品牌；对本阶层的人特别的熟悉和信任。

对于"蓝领"阶层，广告应该是突出价格优势，推出的产品档次不能太高。

四、广告受众的收入心理及广告策略

高收入阶层主要追求产品的象征性、地位性，对奢侈品和炫耀性商品感兴趣，而不去计较价格的高昂，注重闲余资金的投资；中等收入阶层一般为工薪阶层，既注重生活质量，又有较强的忧患意识，追求经济实惠和实用性产品；低收入的人们在购物过程中所显示出的自尊心和自我表现的欲望不太强烈，人们更多地遵循一种趋同从众的原则。

对于高收入的人群应该突出产品的高质量和使用者的特殊身份和地位；针对中等收入受众的广告设计时要提供充足、可靠的产品信息，突出产品原理、功能、用途，以便他们了解产品；针对低收入者的广告也主要是突出价格优势和其使用性，产品的定位是物美价廉。

 本章小结

(1) 受众是指大众传播活动的对象，是大众传播信息的接受者，具有自主性、归属性、自述性的特点。

(2) 受众在传播活动中的基本权利：知晓权、表达权、反论权、隐私权、监督权等。

(3) 广告受众是广告信息的接受者，是广告信息传播和影响的对象，它包括两个层次：一是媒介受众，二是目标受众。其中，目标受众又包含三层含义：最终消费者、影响者、主动传播者。

(4) 广告受众的特征：多重角色的扮演者("社会人"、"消费者"和"传播受众")、占主导地位、互动性和群体性。

(5) 广告传播的构成要素：发信者、编码、讯息、媒介、译码、受众、反馈、噪声等。

(6) 受众在传播中扮演的重要角色：传播活动的参与者、传播符号的"译码者"、信息产品的消费者、传播效果的反馈者。

(7) 良好的媒介传播环境能使受众得到更多的接触机会。媒介传播环境包括社会的媒介传

播环境和家庭的媒介传播环境两个方面。

(8) 受众接收广告信息传播的制约因素：媒介接触时间、译码能力、兴趣与偏好、广告意识。

(9) 受众的细分化形成了许多受传者群落的"碎片"，这种碎片，不仅表现在媒介接触方面，受众在内容偏好、接触习惯等方面的个性化越来越强；也表现在受众成分上，越来越难以凭借简单的年龄、学历等指标去区分受众。人们的注意力被极度分散，本来稀缺的注意力进一步被稀释。

(10) 应对受众"碎片化"的方法：内容聚合、渠道聚合、"社区"聚合。

(11) 个人在群体行为过程中，往往会失去个人应当具有的或者在个人情境下具有的个人的本性；在群体心理过程压力下，个人会做出个人情境下一般不会采取的行动，这就是失个性化。广告受众在接受广告信息的传播时，会明显地产生失个性化心理现象，受到群体心理过程的影响。

(12) 广告受众的社会心理特征主要有：模仿、感染、遵从、角色等。

(13) 广告受众的心理活动过程，是指广告受众的广告心理活动发生和发展的全过程，是广告受众的不同心理活动现象对广告现象的动态反映。与广告密切相关的心理活动过程主要有：感觉、知觉、注意、记忆、联想等。

 实训课堂

一、简答题

1. 什么是受众？受众有哪些特点和类型？

2. 什么是广告受众？广告受众的特点是什么？怎样理解媒介受众、消费者与广告受众之间的联系？

3. 广告信息向受众的传递过程中，会受到哪些因素的制约？

4. 如何理解受众碎片化？

5. 广告受众的社会心理特征有哪些？

6. 受众的心理过程特点是如何影响广告设计的？

7. 举例说明不同类型的受众心理及对应的广告策略。

二、实训题

请自行收集相关资料，对手机动漫广告的受众群体进行分析，并结合分析提出一些手机动漫广告策略。

三、综合分析题

两个剃须刀广告创意，哪个更胜一筹？

飞科：通过简单的画面对剃须刀的整体及局部进行展示，并配以直接的广告词，"飞科剃须刀，全方位浮动剃须，三环弧面刀网，全身水洗，飞科剃须刀。"

奔腾：一个婴儿躺在摇篮里，爸爸和妈妈两人一起过来，分别在婴儿的两个小脸蛋上亲了一下，然后离开。这时，小婴儿用胖乎乎的小手挠了挠小脑袋，说："男人总是这样，从来不顾女人的感受，爸爸残留的胡须总是扎我，真难受！"之后，出字幕"奔腾剃须刀，剃须不残留！"

表达形式上，飞科采用了硬性较强的"纯"功能性表达的表现形式，而奔腾反其道而行之采用"情感营销"之法进行反向思维，把宝宝、女人怕爸爸(男性)胡子茬扎的心理表现得若即若离、虚虚实实，让一大批女人和孩子有同感。其实在笔者年纪小的时候，爸爸也总是拿自己的胡子茬扎自己，偏偏还自以为傲。自己小，被弄得不舒服，现在想想真有点哭笑不得。

两则广告同样的产品，不同的创意，笔者认为还是飞科剃须刀的广告更胜一筹。为什么呢？

事实上，真正剃须刀(男士用)的购买者绝大多数是男性，而不是其爱人。从人性的角度考虑，男性相比女性而言，绝大多数来讲是相对"理性"之态，而非"感性"之态。男人看一则广告，往往很简单，我看这个广告看的就是这个广告要表达的信息——你的产品的卖点、优势……只要我能看明白，不要让我动太大脑筋，最好直接地表达出来！而女性呢，看一则广告的时候，看到像功能性广告等硬性广告时往往半信半疑，而对其做个"人性化"、"情感性"、"故事性"的广告时，她们往往愿意把自己置身其中，能够引起女性情感共鸣的，才能被女性所记忆。奔腾剃须刀的广告词中，一句"男人总是这样，从来不顾女人的感受"，让众多女性产生共鸣，并且此语由一个小婴儿说出，更平添了一丝幽默。

倘若做一个实验，让一群从没有听过这两个牌子的消费者去看两个广告(抛开价格不谈)，然后让他们去选择他们喜欢和信赖的。笔者可以做一个很大胆的结果设想：倘若这群人是男性，那么大部分的人会去选择飞科；倘若这群人是女性，帮其爱人选择产品，他们大部分会去选择奔腾。这就是男人和女人，这就是"感性"、"简单"、"直接"与"理性"、"复杂"、"委婉"之间的对抗和区别。

纵观国内外比较知名的剃须刀品牌广告，比较典型的是 Wilkinson、飞利浦、BIC、吉列等。凭笔者的观察和分析，Wilkinson、BIC 等广告创意形式几乎是可以和奔腾化为一类，是属于"软"广告而非直白性的广告，借助于第二方来进行反向衬托。而飞利浦、吉列等可以化为和飞科一类，属于纯硬性的功能性广告或者兼品牌性广告。

但是，再仔细分一下，其实西方和我们东方的居民消费行为不一样，像 Wilkinson、BIC 等品牌甚至飞利浦、吉列等品牌在国外采用"情感广告"、"故事广告"等进行"软"烘托或者反衬那倒无可非议，但是到中国来搞这种形式就不太现实，我国的老百姓好像很不买账。其实呢，不是的，是你的广告创意表现形式有问题。再仔细看一下，最近飞利浦、吉列等国外的品牌广告好像并不是"西方式"的营销创意广告，而是向我们的国内剃须刀品牌广告学习，进行"硬性"传播。为什么呢，那是因为我们的品牌更懂我们自己的文化、自己的消费行为和消费心理，以及产品购买者购买心理！

（案例来源：张令凯. 剃须刀广告创意引发的思考. 中国营销传播网， 2010-04-12，已加工编辑）

请根据案例回答以下问题。

1. 飞科和奔腾剃须刀的广告受众各是哪类群体？其需求如何？

2. 你是否同意作者的观点？男性受众和女性受众，东方受众和西方受众，在广告接受心理方面有哪些不同？

耐克品牌的深度沟通秘诀

"Just do it(想做就做)",看到耐克这句与鞋子并无直接联系的广告语,我们就已经感到它的传播战略非同寻常。

1964年,"耐克公司"的前身——"蓝带体育用品公司"在美国成立,1971年,公司在日本定制生产的运动鞋取名为"耐克",随后,公司也更名为"耐克公司"。经过近四十年的发展,目前,耐克已经与可口可乐、麦当劳一样,同属世界十大著名品牌。

耐克把营销学发挥到了极致。它把品牌忠诚度演变成一种新的信仰,运用广告把运动明星"神话",其独树一帜的广告语也令人难以忘怀。今天,耐克品牌不单是代表运动鞋,更代表体育运动,代表运动精神、运动文化。耐克的传播极富创意和魅力,它成功的秘诀主要有三个。

(一)秘诀之一:沟通导向转变

耐克的早期广告主要侧重于宣传产品的技术优势,当时的品牌定位在正式竞技运动员市场上。到20世纪80年代,耐克公司的产品开始从田径场和体育馆进入寻常百姓家(特别是十几岁的少年)。耐克公司必须在不失去正规体育传统市场情况下,尽力扩大耐克广告的诉求。耐克要成为青年文化的组成部分和身份的象征。

耐克公司在两个完全不同的市场上作战,它面临的难题是如何在流行意识和体育功绩上获得沟通的平衡。1986年的一则电视广告成为真正的突破。在广告片中,它放弃一味宣传产品技术性能和优势的惯常手法,表现一群穿戴耐克产品的美国人在甲壳虫乐队演奏的具有反叛、图新的节奏和旋律的乐曲中,如醉如痴地进行健身锻炼的情形。这则广告准确地迎合了美国刚刚出现的健身运动的变革之风和时代潮流,给人耳目一新的感觉。

从此以后,电视成为促进形成耐克品牌个性的重要媒体。原先一直采用的杂志媒体则仍被用于向竞技选手们传递产品信息。

耐克广告的这一转变相当成功,公司市场份额迅速增长,一举超过锐步(Reebok)公司成为美国运动鞋市场的新霸主。

耐克的广告开创了一片新天地,它通过使用明星效应,强调沟通风格而不仅仅是产品性能,利用娱乐的力量产生与观众的联系。与绝大多数的美国广告相比,耐克的广告被看作是一种漂亮时髦的沟通,而不仅仅是一种促销手段。那些代表核心目标市场的年轻人购买耐克产品,是因为他们认为,这是体育偶像穿戴的品牌,广告强化了品牌作为时尚领导者的形象。

这就是广告沟通的艺术——销售力的产生,不但是来自产品功能利益的主张,更来自某种深深的认同——关于娱乐、情感、想象、象征、崇拜的沟通。

(二)秘诀之二:广告只是广告而已

青少年市场是耐克公司拓展市场的首要突破口。这一市场上的消费者有一些共同的特征:热爱运动,崇拜英雄人物,追星意识强烈,希望受人重视,思维活跃,想象力丰富并充满梦想。

针对青少年消费者的这一特征，耐克公司祭起"明星攻势"的法宝，相继与一些大名鼎鼎、受人喜爱的体育明星签约，如乔丹、巴克利、阿加西等，他们成为耐克广告片中光彩照人的沟通"主角"。

在广告片"谁杀了兔子乔丹"中，迈克尔·乔丹(飞人乔丹)和卡通明星巴格斯·本尼(兔子乔丹)先后出场，但整个电视画面上，几乎没有耐克产品的影子，没有像其他广告那样大肆张扬产品的"卖点"，只是演绎了一场游戏或者说是一段故事。正是这种自我意识的模仿，引发了观众的想象力，让他们感觉到这仅仅是一则电视广告。

耐克的广告只是广告而已，因为观众感觉到这种广告的目的仅仅是沟通，看不出强行推销的企图。然而，实际上这种方式更具销售力。其中的道理大概就叫作"欲擒故纵"。

传统的广告方式总是强调一种产品或服务的正面，而忽视或缩小其负面因素的影响。然而耐克认为，极力宣传一位运动员更有趣或更好的方面，比不上展露它真实的情况——因为这很容易被有经验的消费者识破。那就会有破坏彼此真诚关系的危险。

(三)秘诀之三：建立消费者信任

目前的许多沟通是沟而不通、通而不良，要解决这个问题，就必须将说服力注入营销的每一个角落。必须要让消费者相信，你的产品带给他们的好处，值得他们付钱购买。

耐克运动鞋的"想做就做(Just do it)"传播活动，就是建立起消费者信任的极好例子。在这个活动里，耐克显示了对女性消费者的了解，对一双运动鞋如何能使生活变得更轻松自在的了解。广告的真正天才之处在于，怎样做能说服消费者：耐克能解决他们的问题。广告中并没有展现产品的特色，也不用传统展示产品的电视媒体，而是女性时尚杂志。(但耐克公司在青少年市场和男性市场上牢牢站稳脚跟后，就开始转而集中火力进攻女性市场了。)

该广告活动试图以女人与女人的亲密"对话"作为沟通手段，广告文案意味深长，充满令人感动的关怀与希望：

在你一生中，有人总认为你不能干这不能干那。在你的一生中，有人总说你不够优秀不够强健不够天赋，他们还说你身高不行体重不行体质不行，不会有所作为。

他们总说你不行。

在你一生中，他们会成千上万次不耐烦地、坚定地说你不行。

除非你自己证明你行。

这则广告的文字似乎不像是一个体育用品商的销售诉求，而更像一则呼之欲出的女性内心告白，但体现出耐克广告的真实特征：沟通，而非刺激。如同其他耐克广告，这则广告获得了巨大成功。

案例点评：

耐克的精髓在于对品牌的强烈直觉。它在广告上从不用说"耐克"，都是以"勾"这个标志来代替——它的营销公式就是把"勾"织进体育文化中，并增强其情感的号召力量。这是耐克自20世纪80年代以来自己品牌定位的转变——从运动鞋转到体育文化上。这种转变，给了耐克更大的空间，去实现它"真正沟通"的广告信仰。

(1) 由于消费者变得越来越懂广告，他们能看出广告的真意：一家公司或一个品牌的沟通，是寻求巩固或改变消费者的态度。忽略这个事实的广告会产生被忽视的危险。耐克看重这种事实，让广告只是广告而已。

(2) 传统的广告方式建立在这样的前提上：最好通过持续性主题的广告运动，来建立品牌价值。而你看广告虽然使用多样化的广告让消费者理解它，却也很好地保持品牌的精髓不丢。

(3) 对"体育行家"，耐克广告采取直接的、"专家与专家"之间对话的诉求方式；对于一般消费者，耐克采取"理解他们"的方式，说"同一种语言"。这样就产生了一种亲切感和忠诚度。

(4) 耐克的生命力不仅在于它的高品质产品，更在于它的形象魅力。广告通过发展一种相关的和引人向往的形象，帮助耐克建立了一种超值的定位。当然，这种形象必须靠产品的表现来支撑。

(资料来源：何佳讯. 广告案例教程(第二版). 上海：复旦大学出版社，2006 年 9 月第二版第五次印刷，第 138～143 页。经整理删节)

讨论题：

1. 耐克的品牌精髓是什么？它的成功主要依赖什么？

2. 耐克的目标市场有哪些？耐克分别是如何与他们建立关系的？

08

第九章

广告组织

学习要点及目标

- 了解广告组织的演变过程
- 掌握广告公司的类型与机构设置形式
- 了解企业广告组织的组织结构
- 了解媒介广告组织的职能
- 了解我国和国际上的几种广告团体组织

核心概念

广告公司　　广告主广告组织　　媒介广告组织　　广告团体组织

引导案例

广东省广告股份有限公司

广东省广告股份有限公司(GDAD)成立于1979年，是我国最早创立的广告公司，也是目前我国本土最大的综合性广告公司之一，被业内誉为中国广告业的扛旗者。2008年9月，被文化部命名为"国家文化产业示范基地"，并于2010年5月6日在深交所挂牌上市，成为"中国广告第一股"。广东省广告股份有限公司的logo如图9-1所示。

2011年总营业额37.17亿元(不含合资公司)，连续13年居国内本土广告公司排名第一，连续10年获得"守合同重信用企业"称号，是中国一级广告企业、中国4A副理事长单位、中国传媒大学校董单位等。该公司的主要客户有：广州本田、中国电信、中国联通、方正科技、奥克斯电器、美的空调、伊利奶业、五粮液集团、平安保险、雅芳中国、中国银行等知名企业。

图9-1　广东省广告股份有限公司logo

(图片来源：http://baike.baidu.com/picview/3215207/3215207/0/d1160924ab18972b715c0e83e6cd7b899e

510a10.html#albumindex=1&picindex=0)

省广股份的架构

1. 下属单位：市场调研局、策划创意局、网络互动局、13个事业部、投资发展部、财务审计部、人力资源部等。

2. 分公司(4个)：北京分公司、上海分公司、成都分公司、武汉分公司。

3. 子品牌公司(12 个)：合众传播(中国 4A 成员)、三赢广告传播、赛铂互动、指标品牌、旗智传播机构、北京合力唯胜体育、窗外传媒、青岛先锋广告、四川广港传媒、重庆年度传媒、成都经典视线、深圳经典视线。

4、合资公司(3 个)：广东广旭广告有限公司(与日本株式会社旭通 ADK 合资)、广东省广博报堂广告有限公司(与日本株式会社博报堂 HAKUHODO 合资)、广东省广代思博报堂广告有限公司(与日本 Delphys 和博报堂 HAKUHODO 合资)。

省广股份发展历程及所获奖项

1982 年，在全国广告企业中率先成立创作部、市场调研部；1996 年，全面代理春兰集团项目，向整合营销传播全面转型；2000 年，实行"业务局+品牌专户部"运作模式；2002 年，完成公司体制改革；2007 年，实施国际化战略；2011 年，加快收购兼并步伐延伸产业链。

IMI 中国广告作品年鉴的中国创作实力排名，从 2003 年起，8 年蝉联本土公司第一。2009 年以综合评分 380 分，列中国所有广告公司第一名。近十年获得国际国内 611 个奖项，包括伦敦广告奖、美国莫比金奖、世界印刷设计 PIA 奖、中国广告长城奖、时报广告奖、香港区徽优秀奖等。

省广股份的人才队伍

截至 2011 年年底，共有员工 1296 人。拥有市场调研、市场策划、品牌规划、策略、创意、设计、制作、AE、活动行销、终端建设、展览展示、公关活动、媒介策划、媒介购买、互动营销等整合传播的全线专业人才集群。拥有中国商务部品牌专家、中国广告学术委员会常委及委员、国家级评委。

省广股份的业务内容

公司为客户提供品牌规划、广告策划、创意设计、媒介代理投放、促销与公关活动、企业形象 CI 等整合营销传播服务，包括品牌管理、媒介代理和自有媒体三大类主营业务。

1、品牌管理：品牌管理业务是以提升客户品牌价值和产品销售为目标，为客户提供品牌策略、品牌规划、品牌形象(CIS)设计、品牌诊断、广告策划、创意、设计、制作、市场调研、营销策略、包装与卖场终端设计、促销活动、公关活动、展览展示等服务。

2、媒介代理：媒介代理业务是为客户的广告投放进行媒介数据分析，制定媒介策略、媒介创新、媒介投放计划，并实施媒介购买、媒介投放及媒介监测工作。

3、自有媒体：自有媒体业务是指利用自身拥有的成都与南充等地公交候车亭广告牌、公交车车身广告位，广州部分户外广告牌为客户代理发布广告。独家拥有广州市 500 个新式电话亭灯箱广告；西南地区最大的户外候车亭媒体供应商，独家拥有成都核心圈商以及南充、乐山、宜宾等 3000 余块候车亭灯箱，数百个社区的灯箱媒体，已形成了以成都为核心覆盖整个大西南的媒体经营格局。

4、公关业务：是指利用自身的媒介及社会资源优势，为企业、政府、社会机构提供品牌形象定位、媒介关系维护、消费者沟通、市场活动执行以及危机公关等服务。

(案例来源：根据广东省广告股份有限公司网站资料整理，http://www.gdadc.com/)

从 20 世纪 50 年代到 70 年代末"文化大革命"结束，中国的广告业处于停滞甚至消亡的状态。广东省广告股份公司成立的 1979 年正是新中国广告元年，它的发展，正是我国现代广告业发展历程的缩影。它顺应时代和世界潮流，及时进行了经营管理体制的改革，树立了现代广告经营理念，迎来了公司稳步发展的新局面。与此同时，它是中国最早引入整体策划、全面代理等业务，并实施整合营销传播的广告公司之一，催生了中国广告业的繁荣。

广东省广告股份有限公司所坚持的理念是：方向决定品牌的生存；坚持广告创意的最终目的是促进销售，但并不因此就放弃对创造性的追求；无论何时何地何事，永远增值服务。

第一节　广告组织的演变

广告组织是指从事广告业务、广告经营以及其他广告活动的经济组织，是对广告活动进行计划、实施和调节的经营机构。从狭义上说，广告组织主要指专业广告组织、媒介广告组织和企业所属的广告部门，也就是广告经营者。从广义上说，广告组织还包括团体广告组织和与广告行业有关及派生出来的机构和单位，如广告调查机构、公共关系机构等。广告组织是随着广告活动的发展和需要而逐步形成并完善起来的，大约经历了以下四个发展时期。

一、为媒体服务时期

(一)广告组织的产生

广告代理业务以及机构的出现，标志着广告组织的产生，它伴随着报刊广告经营活动的不断发展而孕育成长。

最早的广告组织大约出现于 17 世纪早期。1610 年，世界上最早的广告代理店由英国的两个骑士建立。1612 年，法国也出现了一个叫"高德格尔"的广告代理店。美国的第一位广告代理人被认为是俄尔尼·帕尔默，他于 1841 年在费城建立了自己的广告代理店。1860 年，乔治·P. 罗厄尔在美国创办了与今天广告代理公司相似的媒介揽客公司，这是第一个向媒体垫付费用的代理店。而把杂志发展为广告媒体则归功于威廉·J. 卡尔特。

这些广告代理店的出现，标志着人们对于当时社会上的广告活动已经开始有了一种自觉经营的意识。

(二)为媒体服务时期的广告组织的经营特点

为媒体服务时期大约从 17 世纪出现广告代理业开始到 1914 年美国产生报刊发行核查制度为止，历时约 300 年。

在这一时期，广告经营者对于广告专业经营的理念还未真正形成。当时世界各地大大小小的广告代理店基本是为媒体服务，主要业务是为媒体拉广告，出售报刊的版面，在各报刊和广告主之间扮演"媒体掮客",充当着中介的角色,他们或是帮着把某个广告主介绍给某个报刊,或者把某家报刊的某一版面事先买下,联系好广告主再转手卖出去,从中赚取差价。

这一时期的广告组织,一般不设专门的创意与设计、制作人员,而当时的广告代理商更没有真正认识到广告业是一门综合了多种科学技术手段与艺术表现手法的一个行业。

二、为广告主服务时期

(一)时代背景

1914 年,美国开始实行 ABC 制度,对报刊发行量进行核查,从而揭开了广告组织为广告主服务的序幕,这一时期大约持续到 1960 年。

(二)为广告主服务时期的广告组织的经营特点

报刊发行量的公开化和监督机制的实行,促使媒体之间的竞争加剧。广告代理业仅仅为媒体推销版面的经营模式不得不面临重大的调整。

20 世纪初,当专业广告公司迅速发展起来的同时,广告主对广告的认识也经历了一个重大的变化。广告主逐步意识到树立品牌形象和利用广告促销可以为自己带来利润,他们开始追求广告的效果,仔细审查广告公司的服务。广告主不仅仅要求广告公司提供更有效的广告,而且还要求提供文稿、创作、媒体以及调查等全面的服务。广告代理业务也因此从保护广告主的利益出发,逐步树立了为广告主服务的观念。

这一时期的广告经营者已经自觉地意识到广告公司开展的广告活动应该是全方位的,把广告策划、创意、设计和制作等整个广告活动的开展与顺利完成作为自己的主要工作,把广告看成是一个行业、一门技术。广告迅速发展成为一种流行的经营战略,专业从事广告活动的人开始被称为"广告人",这些"广告人"将工作中的实践问题形成广告的初步理论。例如,广告界实行的"一种行业由一个公司代理"和"一种商品由一个公司代理"的制度,就是在这一时期形成的。

三、全面服务时期

(一)时代背景

20 世纪 60 年代以前,广告代理业或者为媒体服务,或者为广告主服务,可称为半服务时期。进入 20 世纪 60 年代后,随着企业竞争和广告竞争的更加激烈,广告业的功能必须随之转变。

这一时期,以美国马奇·恩利科松广告公司总经理在 1960 年提出的"广告代理业向市场营销业过渡"的构想为起点,约持续至 20 世纪 90 年代初期。

(二)全面服务时期的广告组织的经营特点

在全面服务时期,广告代理业逐渐能够提供多种综合性的服务,广告的信息传播功能,在市场营销活动中更加受到重视。

一般来说,大型的广告公司,要能够配合广告主进行市场营销活动;要能与媒体保持良好的密切关系,保证广告信息传递的渠道畅通;要有策划广告活动的能力,并能提出有力度的创意;要具备综合制作广告作品的能力。也就是说,要求广告公司能从事多种业务活动,为广客户提供全面服务，例如开展市场调查，收集和分析相关信息；制定广告战略；确定广告媒体策略；设计制作广告作品；进行促销、公关等多种活动等。

到 20 世纪 90 年代初，广告业一方面由专业性服务向为企业市场营销战略进行综合性服务扩展，除了做广告，还要参与制定产品开发、销售和流通战略，帮助筹划大型文化活动及公关活动等；另一方面拓展服务范围，运用广告传播的手段和方法，为公共部门、政府机关等机构的政策宣传、选举等活动提供服务。

在这一时期，广告公司也随着生产企业的国际化进程而逐步走向世界，许多跨国广告公司开始出现。例如，在 1984 年，美国著名的 DDB 广告公司同时在世界十几个国家为大众汽车刊播广告，并为此在这十几个国家专门建立起了分公司，这些分公司不仅为大众汽车进行广告宣传活动，同时还承揽所在国家许多企业的各类广告业务。

四、整合传播时期

(一)时代背景

从 20 世纪 90 年代开始，广告代理业务进入了整合传播与国际化经营时期，广告组织的发展进入了信息化、全球化的运作过程。

20 世纪 80 年代以来，消费者越来越多样化，媒体越来越精细化，不仅受众对广告提出更多的质疑，广告主对广告效果也日益不满，传统的广告方式已难以利用有限的广告费用达到广告主的要求。于是，许多广告公司开始接纳并采用"整合营销传播"的观念，并揭开了广告公司经营国际化、全球化的进程。

(二)整合传播时期的广告组织的经营特点

"整合营销传播"的观念强调营销运作应摆脱粗放的、单一的状态，走向高效、系统和整合。随着这一理念的传播和运用，广告公司开始逐步向信息交流公司过渡，更加重视广告信息沟通的作用，强调与其他信息传播手段进行整合，以发挥最大的传播效果。

20 世纪 80 年代后期，广告公司开始向集约化、集团化的现代方向发展，出现了大广告公司间的合并、兼并，并逐渐形成了规模巨大的国际广告集团，广告经营业的发展也更加现代化、国际化。奥姆尼康广告集团、WPP 广告集团、英特普布利克广告集团(IPG)、法国阳狮集团和哈瓦斯，是目前全球位列前五位的超大国际广告集团(如表 9-1 所示)。许多著名的广告公司，如奥美广告公司、恒美(DDB)广告公司都先后被这些集团收购。

表 9-1　全球五大国际广告集团

排名	名称	总部	2012 年收入/亿美元	2012 年净利润/亿美元	旗下主要广告公司
1	WPP 集团	伦敦	164.59	17.4	J.Wslter Thompson(智威汤逊) Ogilvy & Mather(奥美) Y & R Advertising(扬罗必凯) Grey Global Group(精信)
2	宏盟集团(奥姆尼康)(Omnicom)	纽约	142.1	9.98	BBDO Worldwide(天高) DDB Worldwide(恒美) TBWA Worldwide(李岱艾)

续表

排名	名称	总部	2012 年收入/亿美元	2012 年净利润/亿美元	旗下主要广告公司
3	阳狮(Publicis Group)	巴黎	88	9.83	Saatchi (盛世长城) Leo Burnett Worldwide(李奥·贝纳) Publicis Worldwide(阳狮环球) Bcom3 Group(Bcom3 集团)
4	IPG 集团 (Interpublic Group)	纽约	69	4.85	Foote, Cone & Belding Worldwide(FCB 博达大桥) Lowe Lintas & Partners Worldwide(灵狮) McCann Worldgroup(麦肯)
5	哈瓦斯 (Havas)	巴黎	22.9	N/A	Euro RSCG Worldwide(灵智精实) Arnold Worldwide(总部位于波士顿) Media Planning Group(传媒企划集团) Field Force Integrated Marketing Group (市场服务机构"精实整合行销")

注：BBDO 与中国中广联的合资公司称天联，其国际公司中文译名为天高电通集团(Dentsu，总部在东京)财报跨年，暂时未放入作比较。

(资料来源：收入及净利润数据来源于——中国广告网新闻中心.2012 年度五大广告集团财报概览.

http://www.cnad.com/html/Article/2013/0314/20130314135508120.shtml，2013-3-14

旗下主要公司来源于——丁俊杰、康瑾.现代广告通论(第二版).北京：中国传媒大学出版社，2007 年版.

第 324 页，MBA 智库，

http://wiki.mbalib.com/wiki/%E5%93%88%E7%93%A6%E6%96%AF%E9%9B%86%E5%9B%A2)

新组建的广告集团大多不仅经营广告业务，同时还在全球范围内为顾客提供广告、营销传播和公共关系等一系列的服务。2003 年，全球广告市场有 66%的市场份额由它们所占有。这种巨型的、全球性广告集团的形成，有利于合并前的各广告公司节省自己的经营费用，更避免了各广告公司与客户间的恶性业务竞争，从而使广告公司在集团旗帜下能够更专心致志地完成各自的广告业务，保证广告作品的质量，赢得更多客户的信赖，从而带来更大的利润。

在全球化进程的同时，广告经营者非常重视专业化的分工。目前，世界各发达国家广告公司专业化程度越来越高，各类仅服务于广告活动的某一环节的专业性广告公司也纷纷涌现，它们从广告活动专业化的角度有力地推动着广告业的发展步伐。

【案例 9-1】

东方航空云南公司的整合营销传播策划

由于目前航空运输方式在中国仍然属于奢侈消费，尚未能成为大众交通消费方式。随着业内航空公司数量的倍增，并都陆陆续续加入新的国际联盟，竞争越来越激烈，各大航空公司纷纷使出奇招，力求吸引更多顾客并扩大自身规模。针对自身的市场现状，考虑长远的可持续性发展。东方航空云南有限公司是由云南省与东方航空共同投资组建的合资公司，2011 年 8 月 2 日正式成立并颁证运营。对于这样一家地方性航空公司，如何在这激烈的市场竞争中来获得有利的竞争地位呢?

通过了多方的资料分析和实地调查,壹串通品牌策划机构发现与东航云南公司最关联的资源是东航云南公司的旅游资源,这是其他航空公司很难比拟的资源,如果锁定省内中产、外省来云南的旅游者这一市场,那么无疑为东方航空云南公司创造了很大的区域竞争优势。

针对这一策略思考点,我们为东航云南公司找到了品牌传播核心传播点——"从云南出发"。并运用战略性思维划分为三个传播阶段:

第一步,云南人游云南,利用在地优势扩大省内市场;

第二步,外省人游云南,结合旅游资源开发外省人游云南市场;

第三步,港澳游、东盟游从云南出发,凭借地理优势打造西南航空中转站。

壹串通策划机构认为,一个品牌必须要有自己的核心价值,否则无法给消费者一个清晰的品牌形象概念,也不能逐步在消费者心目中建立其品牌的知名度和美誉度以及它的忠诚度。乘客较多关注的是其高效、便捷、服务质量的好坏等。为了更好地将东航云南品牌形象与其他竞争品牌区分开来,经多方比较,从昆明出发的航班频次对比中,东航云南公司的省内航线占绝对优势。由此,发掘出将航线优势转化成概念化传播的创意。

"多"——飞机多/航线多/班次多/网点多。

"快"——速度快/出票快/突发事件反应快。

"好"——服务好/资讯好。

"省"——省时间:昆明到主要目标城市在40分钟以内。省钱:能创造更丰富更有效率的折扣组合。

另外,根据零点公司调查结果显示,电话购票是旅客首选的购票方式。壹串通很快想到了一个有别于其他竞争品牌的视觉识别符号的方式,如图9-2所示。

图9-2 东方航空云南公司平面广告

"飞的热线1234"!电话号码简单、易记。一个能快速记忆的电话号码将成为机票销售的有力武器。东航云南公司的总服务热线,号码为1234,不仅提供订票服务——直接记录顾客资料,再将顾客资料转给旅行社出票,还提供咨询服务——关于机票(如时间、机型、价格等)/关于旅游(当地参团等)/关于交通(如出租车、公交车、长途客车等)/关于住宿(如酒店、旅馆)/其他服务(如天气查询)。支持系统是:呼叫中心、网页、户外媒体、手机电话簿。让所有潜在消费者在需要航空服务时,首先想到1234,并拨通号码,订票或咨询。

在东方航空云南公司传播策略中,壹串通策划机构紧紧围绕"云南人,飞的游云南"为传播主题,以"多、快、好、省"为利益承诺,以"杨丽萍"为代言人,从广告、促销、活动、电视节目到终端进行了统一化传播。

具体创意执行方案如下所示。

1."多"创意主题方案：分别以蒲公英飞离母体、蜜蜂飞出蜂窝、电线杆上的小鸟飞往天空等创意画面体现出数量之多。恰到好处地传达了东航云南飞机多、航线多、班次多、网点多的优点。

2."快"创意主题方案：从喝一杯咖啡、吃一顿午餐、听一段音乐、做一个好梦等创意画面体现出云南航空飞行的路途之快。

3."好"创意主题方案：将云南的著名景点与云南航空结合的画面，很好地体现了顾客旅游的方便性，更说明了东航云南服务好、提供舒适享受。

4."省"创意主题方案：针对促销，画面一以年轻父母和小孩子为创意原点，突出"买一送一"优惠；画面二则体现了享受购票优惠的同时还可以将机票作为礼物，对父母尽孝心。两副画面分别体现东航云南的省时省钱特点。

除了我们用"多、快、好、省"四个主题创意来统一释放东航云南公司品牌价值外，同时我们还利用云南的生态、人文资源与相关的机构合作，策划系列主题性活动，这样我们才能将东航云南公司从空中到地面，让消费者能切实感受到东航云南公司的品牌价值"云南人飞的游云南"，具体活动方案如下。

活动策划一："从云南出发"，云南之旅摄影大赛

活动策划二："从云南出发"，生态文明之旅——西双版纳

活动策划三："从云南出发"，人类梦想之旅——香格里拉

活动策划四："从云南出发"，西南商道之旅——茶马古道

活动策划五："从云南出发"，中国生态高尔夫之旅

电视节目策划

与"非常大不同"栏目结合：节目命名与"云南人游云南"相关：飞的非常之旅，非常大不同飞的游云南，非常大不同。

促销活动主题一：飞的游云南，两大送一小

活动内容：针对一家三口出游，买两张成人票送一张儿童票。赠送的儿童票可独立设计:设计精美/卡通形象对儿童进行简单的航空知识介绍在机上可换小礼物、纪念品。

促销活动主题二：飞的游云南，机票送孝心

活动内容：在外的儿女将机票作为礼物，对父母尽孝心可享受购票优惠，凭票可享受系列针对老人的贴身服务。

促销活动主题三：飞的游云南，机票折上折

活动内容：购票优惠＋指定酒店折扣(随票赠送"酒店通"金卡/在指定酒店可享受固定折扣)。

(案例及图片来源：壹串通.东方航空云南公司整合营销传播策划案例.中国广告网. http://search.cnad.com/html/Article/2012/0416/20120416140709872.shtml，2012-4-16，有改动)

案例解析

传播是消费者认知品牌的重要手段，传播建立了品牌的知名度，传播树立了品牌的形象。传播对品牌的建立来说固然重要，但统一性传播就更为关键。

在市场细分越来越深入，品牌竞争日趋激烈的今天，很多企业在广告、公关等传播上也是忙

得不亦乐乎,但具体这些广告、公关与活动等传播是否具有统一性,是否能解决品牌当前发展所亟需解决的难题,最重要的是能否为品牌加分,他们似乎还没有顾及到。

只有将这些传播资源进行统一性规划,并自始自终将整个过程都必须做到目标统一、策略统一、形象统一,使企业的资源全都朝向一个共同的方向;因为统一,将使资源的运用更加合理,使组织的搭配更加专业及富有效率,使其资源更加具有视觉识别化。

在云南航空公司策划中,壹串通项目策划人员始终把握了"统一"的策略,即统一的目标定位,统一的核心策略,统一的传播,最关键的是将资源整合成统一成系统识别符号,让消费者既感到云南航空公司品牌活动趣味性、丰富性,又全方位感受云南航空公司的品牌价值,深化消费者记忆度。

第二节 专业广告组织

专业广告组织,是指专门经营广告业务的企业,通常被称为广告公司或广告代理公司。广告公司是独立的广告企业组织,与广告客户和媒介机构不存在从属关系。广告公司犹如企业和广告媒体之间的桥梁,为广告客户提供专业广告服务,向媒介购买广告时间和空间,从而实现其传播信息、沟通产销、引导消费、促进生产的价值。

一、专业广告组织的类型

按照所担负的职能划分,专业广告组织大致可划分为综合性的广告公司与专业性的广告公司两大类。

(一)综合性广告公司

综合性广告公司是可以向广告主提供全面广告代理服务的广告经营企业,是广告代理制的典型组织形式。它接受广告主委托,从事广告调查、策划、创作和传播等各种服务。

综合性广告公司一般规模较大,公司员工基本都在数百人以上。这类公司在广告业中数量不多,但经营额比重较大,其经营规模和专业水平是反映一个国家广告业发展水平的重要标志。例如,2006年世界前十大广告公司(如表9-2所示),其全球总收入高达126.18亿美元。

表9-2 世界前十大广告代理机构(按全球的广告总收入排名)

单位:百万美元

排 名		公司名称	总部所在地	2006年全球总收入	变动比例/%
2006	2005				
1	1	电通(Dentsu)	东京	2231	2.2
2	3	天联广告(BBDO Worldwide)	纽约	1539	8.0
3	2	麦肯光明(McCann-Erickson Worldwide)	纽约	1479	1.2
4	4	智威汤逊(JWT)	纽约	1286	3.3
5	5	恒美广告(DDB Worldwide)	纽约	1263	6.2
6	6	阳狮集团(Publicis Group)	巴黎	1177	2.0

续表

排 名		公司名称	总部所在地	2006 年全球总收入	变动比例%
2006	2005				
7	7	李岱艾(TBWA Worldwide)	纽约	1135	19.4
8	8	李奥·贝纳(Leo Burnett)	芝加哥	908	2.2
9	10	扬罗必凯(Y&R)	纽约	820	4.1
10	9	博报堂(Hakuhodo)	东京	780	−1.0

(资料来源：[美]奥奎因，艾仑，西曼尼克. 兰天，译. 广告学. 大连：东北财经大学出版社，2010)

近年来，中国广告业发展迅速，并且集中趋势明显，但与国际相比，中国的综合性广告公司在经营规模和专业水平上，仍存在相当差距。2011 年度营业额列前十位的中国大广告公司如表 9-3 所示。

表 9-3　2011 年度营业额列前十位的中国广告公司

单位：万元

序　号	广告公司	广告营业额
1	盛世长城国际广告有限公司	666 822
2	上海李奥·贝纳广告有限公司	621 828
3	北京电通广告有限公司	573 372
4	昌荣传媒有限公司	565 200
5	北京恒美广告有限公司上海分公司	495 802
6	智威汤逊——中乔广告有限公司上海分公司	376 756
7	广东省广告股份有限公司	371 694
8	上海广告有限公司	187 344
9	中航文化股份有限公司	173 045
10	北京广告有限公司	165 574

(资料来源：中国广告协会统计数据. 2011 年度中国广告企业(非媒体服务类)广告公司营业额前 100 名排序. http://www.beijing-dentsu.com.cn/shownews/18/415，2012-8，部分节选)

4A 广告公司

4A 广告公司是美国广告协会(American Associate of Advertising Agencies)的缩写，4A 协会对成员有很严格的标准，所有的 4A 广告公司均为规模较大的综合性跨国广告代理公司。香港有 1000 多家广告公司，广告营业额达 120 亿港元以上，而跨国广告公司在香港开设的分支机构组成的香港广告商会，会员只有 19 家，而广告营业额却占全港广告总额的一半以上。香港 4A 广告协会对会员的要求是年营业额至少为 5000 万港元，必须对客户收足 15%的佣金及 17.65%的服务费。

中国内地目前只有广州成立 4A 协会，简称为"广州市综合性广告代理公司协会"，成员有本土公司，也有外资公司。

(资料来源：冯拾松，江梅芳. 现代广告学. 北京：科学出版社，2007)

(二)专业性广告公司

专业性广告公司是社会化分工的产物。20世纪90年代以来,广告公司一方面朝着规模化方向发展,形成了若干全球性的广告集团;另一方面又朝着专业化的方向发展,形成了大批专业性广告公司。这些规模相对较小的专业性广告公司往往只承担广告运作环节中的一部分任务,因此服务也更加专业细致。常见的专业性广告公司一般有如下几类。

1. 创意工作室

美国市场营销协会给创意工作室(Creative Boutique)下的定义是:一种有限服务的广告代理公司,其业务集中于为客户开发出具有高度创意的广告信息。创意工作室有时直接受雇于广告主,有时则受广告主的全面代理公司的委托,完成创意部分的工作。他们的任务是推敲出绝妙的创意并制作出新颖别致的广告信息。

很多世界知名品牌的创意就来自于专门的创意工作室。例如,可口可乐的大部分创意工作是由"创意艺术家公司"(简称CAA)完成的。麦当劳1996年推出的金色拱门系列广告则是由一家名为Fallon McElligott的创意工作室代理的,他们承接了麦当劳750万美元的广告业务,超出了当时为麦当劳提供综合代理的李奥·贝纳和恒美的业务量。

2. 广告制作公司

广告制作公司一般只提供广告设计与广告制作方面的服务。平面广告制作公司、影视广告制作公司及路牌、霓虹灯、喷绘等专营或兼营制作的机构都属于这一类。它可以直接为广告主提供广告设计和制作服务,也可以接受广告代理公司的委托,通过提供广告制作服务来收取广告制作费用。广告制作公司的最大优势在于它的设备精良,人员技术专门化。

3. 媒介购买公司

最初的广告组织就在媒介(报刊)内部,媒介"掮客"们替媒介发行并负责其广告的征订,后来这些媒介"掮客"逐渐脱离媒介,开始独立为广告主提供服务。20世纪80年代以后,以新面貌出现的媒介购买公司成为广告行业的重要组成部分。

媒介购买公司的主要职能是,专门从事媒介研究、媒介购买、媒介策划与实施等与媒介相关的业务服务。媒介购买公司对媒介资讯有系统的掌握,能为选择媒介提供依据,能有效实施媒介资源的合理配置和利用,并有很强的媒介购买能力和价格优势。

由于广告活动中的媒介购买费用高昂,因而,广告主极其关心媒介购买费用的有效性和经济性。从全球范围来看,独立的媒介购买公司呈快速发展的趋势。而在我国,媒介集中购买也是广告媒介业务发展的大势所趋。

【案例9-2】

北京未来广告公司

北京未来广告公司是中央电视台所属的广告公司,是典型的关系型媒介购买公司。它全面代理中央电视台多个频道及众多栏目的广告业务,是一家集媒体代理、广告策划、创意制作、市场调研于一体，以媒体广告经营为依托，其他媒体服务并举的全方位的媒体广告经营公司。

(一)机构设置

(1) 客户中心。通过为客户提供专业的广告投放策略服务和公司销售渠道建议，推广、销售公司代理的媒体的广告项目及中央电视台其他媒体的广告项目。

(2) 市场推广中心。通过对潜在市场的开发、培育，不断拓展公司的销售渠道，同时，通过为客户提供专业广告投放策略服务，推广、销售公司代理媒体的广告项目及中央台其他媒体的广告项目。

(3) 策划中心。以媒体资源为基础，以客户需求为导向，以项目创新为突破口，通过广告项目的设置将媒体项目的传播特性与市场的需求有效结合，同时通过有效的价格、营销策略，促进销售，保证公司整体营销任务的完成。

(4) 媒介中心。根据公司经营战略和发展需要，建立良好的广告播出渠道，按照广告法规和中央台的相关规定，完成广告初审、编排和串联工作，确保广告安全播出；合理管理媒介时间，实现价值利用的最大化；为客户的媒介计划提供精确的数据资料和技术分析，定期提交广告播出效果的监测、评估和分析报告，以满足客户广告投放中的各种需求；以专业的运作独立完成公司的全部媒介服务。

(二)主要业务

(1) 广告策划。紧贴客户营销要求，结合最新市场资料和消费者分析系统，有的放矢，提供有效的广告策划方案。

(2) 创意制作。接受客户委托，承担大型影视广告或电视专题节目的制作。

(3) 媒介计划。根据客户的广告投放目标，选择最佳电视媒介投放方式，开发组合个案化媒介项目。

(4) 媒介购买。掌握第一手媒介供求信息，高透明度地直接购买。

(三)媒介专业服务

(1) 媒介监测。

(2) 媒介广告投放分析。

(3) 媒体收视分析。

(4) 消费者行为分析。

(5) 媒体市场研究和咨询。

(案例来源：纪化强. 广告媒体策划. 上海：复旦大学出版社，2003)

案例解析

最早的媒介购买公司诞生于欧美。业界一般将 1966 年法国卡拉特国际媒体公司的成立作为媒介购买公司诞生的标志。同时媒介购买公司是欧美模式的广告代理制的产物，也是广告公司、广告主和媒体三方博弈的结果。

20 世纪 90 年代之后，伴随着整个行业的发展，媒介购买公司已经日益成为欧美各大广告传播集团所不可缺少的主体部分，并且成为主要的利润增长点。媒介购买公司首先承担集团内各广告公司的客户的媒介投放，然后逐渐相对独立，自主开发客户。这是媒介购买公司发展的新的趋势。

媒介购买公司的优势有三：一是依托广告公司母体拥有丰富的客户资源；二是由于媒介购买量庞大而拥有价格优势；三是专业化的服务能力可以满足广告主对广告媒介投放有效性的需求。

4．广告调查监测公司

广告调查监测公司专为广告主提供有关广告活动信息数据的收集和反馈方面的业务，其调查和监测的主要内容包括：市场信息，如广告对象特点及分布、竞争对手情况等；媒体信息、各类媒体的主要特点及各类有关指标确定、发行量调查等；广告效果的监测和调查，其中包括对广告作品的分析和监测、对广告效果各方面的调查等。

5．广告策划公司

广告策划公司即专门为广告主进行广告及营销策划和咨询服务的专业性广告公司。一般来说，这类业务都是大型广告公司的主干业务，所以专营此项业务的公司一般不多。近年来我国这类咨询公司主要是一些由专家、学者组成的小型学术组织和一些以卖"点子"为主的策划公司。

6．网络广告公司

随着互联网的飞速发展，专门从事网络广告业务的公司应运而生，这些公司被称为网络广告公司。它们为客户设计网站，策划和发布网络广告，有时业务也渗透到数据库营销领域。全球五大广告集团基本上都有自己专门提供网络广告服务的公司。

 【案例9-3】

奥美世纪广告公司

奥美世纪成立于2006年，是一家全方位的互动直销传媒服务公司，是奥美集团的一个组成部分，奥美集团隶属于全球最大的传播服务集团之一的WPP集团(纳斯达克：WPPGY)。奥美世纪目前正处在快速发展中，志在成为一所全球性的广告服务公司，在北京、上海和广州分设了办公室，拥有220多名在数码领域的专家，向客户提供具有竞争力的、全方位的市场数码营销服务。服务的蓝筹股客户包括：IBM、思科、联想、联邦快递和洲际酒店集团。

奥美世纪专注于互联网创作、活动营销、网络媒介投放策划。为客户提供可以贯穿整个顾客体验的数码营销策略：从最开始的广告传达到开通网页并展示，再到邮件宣传和客户关系管理，用出色的媒体策略、创新的科技和具有创新概念的创意为客户创造附加价值链上的最大投资收益，并且是可以进行评估的收益。

奥美世纪注重客户的利益，尊重并且平等对待媒体。奥美世纪提供全方位的数码广告服务，从领导力、广告策略、创意、执行到广告评估。选择广告渠道的原则是：该渠道必须为顾客和品牌同时带来价值。

每一位奥美世纪的成员都精通于360°市场营销策略领域，他们能够为您提供专业的市场营销策略。奥美集团旗下其他公司也为我们的服务提供了帮助，令我们在内容和媒介的模糊界线上运用自如，从而帮助客户创造更有意义的交流方式，并且得到真切的结果。

多国际线上广告的发展和实现是奥美世纪的优势之一，他们为客户提供高质量的技术支持和全面的服务，其中主要有：搜索引擎营销、常规展示广告、新兴渠道、360°咨询服务和广告策划、广告分析和硬件技术支持。

(案例来源：根据奥美中国集团网站资料整理.http://www.ogilvy.com.cn/cds/news/president.aspx?con_id=3556&items=1)

案例解析

受金融危机的影响，2010年，广告主的效果营销意识日趋增强，中国网络广告市场恢复性增长，增速逐步提升。这为网络广告公司的发展提供了契机。同时，数码媒介方式和内容的传播已经改变了品牌和顾客之间的互动方式。现在，顾客可以自主选择他们认为有价值并且相关的产品和服务。这样的方式为市场营销提供了很多的机会，也成就了懂得如何利用数据，通过各种方式解析市场趋势并且能很快优化广告的网络广告公司。

奥美世纪利用自己的技术、创意、媒介等优势，为客户带来成功和最大化的附加价值，同时，也成就了自己，在中国电子商务研究中心经调查研究发布的《2011中国网络广告公司TOP50排行榜》上名列第二。

二、专业广告组织的组织结构和职能

不论何种类型的广告公司，都要按照一定的规则设置组织机构，开展相应的业务活动。广告公司一般是根据业务工作的不同需要来设置组织机构。

(一)综合性广告公司的组织结构和职能

综合性广告公司目前主要有三种组织类型：以功能为基础的职能部门类型、以客户服务为基础的小组作业式组织类型和按地区设置部门的组织类型。

1．职能部门型的组织结构

按基本职能来设置部门的广告公司，可称为职能部门型广告公司，其基本组织结构如图9-3所示。

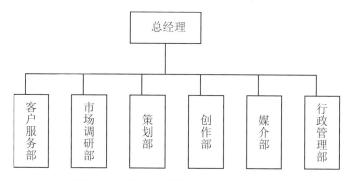

图9-3 职能部门型广告公司的组织结构

(1) 客户服务部是广告公司中最重要的部门。客户服务部的主要工作是争取并维系广告客户；负责将广告主的要求带回公司，作为广告策划、创意、执行等工作的依据；适时向客户说明广告项目的内容与进度，取得客户认同。也就是说，客户服务部是广告客户与广告公司之间的桥梁，具有双重职能，对外代表广告公司，负责与客户联络、协调，保持和发展客户关系；对内则协调公司内部各部门的工作，代表客户利益，对广告活动的全过程进行监督。

(2) 市场调研部的主要职能是为客户提供商品市场信息和广告效果反馈，负责收集对广告或销售活动具有价值的情报。

(3) 策划部是连接客户服务部和创作部的桥梁。策划部通过市场调研部获得情报，或通过直接接触、观察消费者获得策划依据。寻找广告诉求点是策划部的重要工作。

(4) 创作部是广告公司承担广告创意和制作业务的核心部门。其主要职能是依照广告计划完成创意和制作方案，经客户审核同意后进行制作。创意部通过文案的撰写、图片的选用或绘制，再加上整体的编排，使抽象的创意概念变成具体呈现的广告作品。

(5) 媒介部负责制定广告的媒介策略、广告媒介的选择和与有关媒介部门的接洽联络。具体工作分为四类：媒介策划、媒介购买、媒介调查和媒介监测。

(6) 行政管理部是广告公司中非业务性的职能部门，下设行政管理、财务管理和人力资源管理等部门。

按职能设置部门有利于公司的系统化运作；有利于业务专门化的施行；有利于发挥公司的人力资源优势。但有时按部门管理不能满足客户的特殊要求，并且因工作环境的影响，业务人员容易形成狭隘认识，缺乏全局观念。

2．小组作业式的组织结构

以为不同客户服务为基础，按照客户来设置部门的组织结构形式，被称为小组作业式的组织结构。采用这种组织结构的广告公司，被称为小组作业式广告公司，其组织结构如图9-4所示。

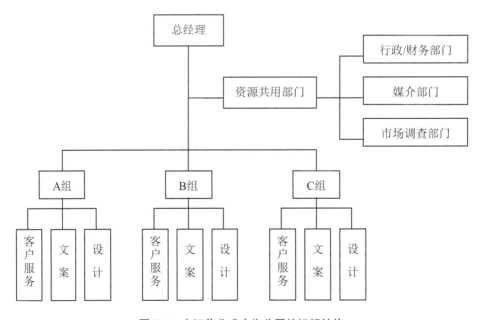

图9-4 小组作业式广告公司的组织结构

小组作业式的组织类型是根据客户的种类和要求，将公司的工作人员划分为小组，每个小组负责某一广告客户或某一品牌的全部广告活动，每个小组成员都由客户经理以及广告活动涉及的各类广告专业人员组成。

每个业务小组如同客户所属的小公司，按照客户的要求工作，单独从事与客户的联络、策划广告活动和制作广告作品等工作。各小组的业务主要围绕广告活动的整体策划来进行，因此又被看作是重视策划的一种组织形式。小组规模根据客户的业务量大小而定。如美国 BBDO 曾有上百人为克莱斯勒汽车公司服务，日本电通为丰田汽车公司服务的人员也有一百多人。

小组作业式的组织结构不仅能适应不同广告主的各种业务要求，满足客户的特殊需求，还可以接受两种或两种以上品牌的同类产品的广告代理。小组内部人员之间沟通方便，运作起来比较协调、灵活。由于每个客户都有专人负责，公司能充分掌握每一个客户的情况，并可以根据业务量来扩大或缩小公司规模。

由于每个客户的大小不一，容易形成各小组资源的分配不均，造成冲突，客户有时也会因为认为公司给安排的小组实力不如其他小组而终止合作。

3．按地区设置部门的组织结构

对于地理上分散的广告公司来说，按地区划分部门或设立分公司是一个较为普遍的做法。许多大公司，尤其是全球性或全国性的广告公司，往往采用按职能划分和按地区划分相结合的组织结构。各部门、各分公司之间既是一个整体，又相对独立，在业务上有所分工。这种组织类型的结构如图 9-5 所示。

按地区设置部门的组织结构，有利于提高办事效率，方便与客户进行联系沟通，与客户共同感受地区人文特征，并能节约运营成本，但也为公司管理增加了难度。

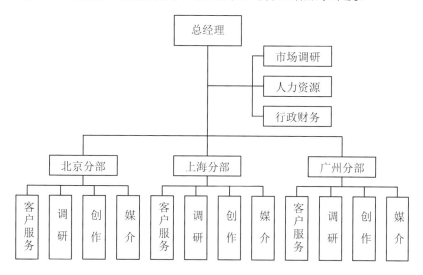

图 9-5　按地区设置部门的广告公司的组织结构

(二)专业性广告公司的组织结构

专业性广告公司只承揽某一类广告，只提供某种服务，或者只经营整个广告活动中的某一部分。由于这种职能特点，专业性广告公司的组织结构较为精简，一般根据公司的实际情况进行组合，按照经营定位来设置部门。如有的公司仅设立经营中心和创作中心，如图 9-6 所示，展示了某专业影视广告公司的组织结构模式。

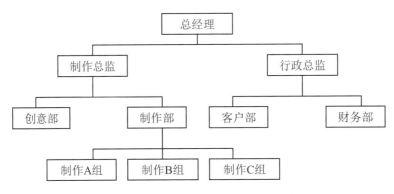

图9-6 某专业影视广告公司的组织结构

【案例9-4】

海尔公司的组织结构变革

海尔公司最早采用的是直线职能型结构。在海尔规模还比较小时，由于各部门间的联系长期不发生大的变化，使得整个组织系统有较高的稳定性，有利于管理人员重视并熟练掌握本职工作的技能，从而强化了专业管理，提高了工作效率。这一时期，海尔组织架构模式的效能在"日事日毕、日清日高"为特征的"OEC管理模式"下达到了顶峰。

但随着企业的发展，这种模型的劣势也日益凸显，就是对市场的反应太慢。首先，在直线制下的高度专业化分工使各个职能部门眼界狭窄，导致横向协调比较困难，妨碍部门间的信息沟通，不能对外部环境的变化及时做出反应，适应性较差。而且，依靠个人决策具有风险，领导者失误可能对组织造成严重打击。再者，直线制下的员工专业化发展不利于培养素质全面的、能够经营整个企业的管理人才，从而在对多元化经营特别是新经济增长的机会把握上带来损失。

正是基于这些弊端，在多元化经营战略下，海尔的组织架构由原有的直线职能制开始向事业部制进行转变。海尔1996年开始实行事业部制，这是在组织领导方式上由集权制向分权制转化的一种改革。经过第二阶段的调整，海尔集团的组织结构可以描述为：集团总部是决策的发源地，管辖一些职能中心；下边是事业部，事业部是一个利润中心，是市场竞争的主体。事业部制高度分权，对市场销售具有有效刺激。

但是，在多元化经营环境下，随着时代的发展，其不可避免的一些缺点也渐渐显露，如各事业部自主经营、独立核算，考虑问题往往从本部出发，忽视整个企业的利益，影响事业部间的协作；各个事业部都需要设置一套职能结构，因而失去了职能部门内部的规模经济效应；事业部基于自身产品或服务进行自身能力的构建，往往会导致产品线之间缺乏协调，失去了深度竞争力和技术专门化，产品线间的整合与标准化变得更加困难等。

为了应对网络经济和加入WTO带来的挑战，海尔从1998年就开始实施以市场链为纽带的业务流程再造。在第一个五年中，海尔主要实现了组织结构的再造：变传统企业带动物流金字塔式的直线职能结构，为扁平化、信息化和网络化的市场链流程；以订单信息流为中心，资金流的运动，加快了用户零距离、产品零库存和营运零资本的"三零"目标的实现。

现在的海尔集团采用的是超事业部制的组织结构。为了克服事业部制的缺陷，海尔集团按照规模经济及专业化分工的原则，将各产品事业部的采购职能、仓储职能、运输职能整合为一个新的部门——物流推进本部，由物流推进本部统一行使各产品事业部的上述三种职能；将各产品事业部的国内营销功能整合为一个新的部门——商流推进本部；将国外营销部门整合为海外流(海外推进本部)；将财务部门整合为资金流。于是，原有的各产品事业部就演变成为独立的生产及研发部门，而不再具有其他功能。这样，就实现了全集团范围内的统一营销、统一采购和统一结算。此外，海尔还从各事业部分离出了所有支持业务资源，如人力资源开发、技术质量管理、信息管理、设备管理等，形成一个独立经营的服务公司。上述几大部门在集团组织结构中的地位是平等的，如今扁平化的组织结构，把企业与市场结合在了一起，流程运转全以用户为中心，满足了创新的需求。

(案例来源：作者不详.管理学角度看海尔的组织结构图.百度文库.http://wenku.baidu.com/view/1fbd4ab469dc5022aaea004e.html)

案例解析

组织结构是影响公司绩效的重要因素之一，有效的组织结构能使组织中人员之间得以有序的分工协作，使资源得以共享、机制得以完善，从而产生协作效应，实现组织目标。由于公司所面临的环境以及公司的业务规模在不断地发生变化，因此，必须通过组织结构的调整，确保环境因素变化与组织结构相匹配，这样才能保证公司绩效的持续增长。

海尔集团正是对内外环境进行了深入研究，建立了合理的组织结构，并适时地根据环境变化进行组织结构的变革，才取得了长久的发展。随着广告公司业务的不断扩展和广告环境变化的加剧，广告公司也应提高自身的应变性，注意及时调整组织结构，以确保公司绩效的增长。

第三节　广告主广告组织

广告主是指为推销商品或服务，自行或者委托他人设计、制作、发布广告的法人、其他经济组织或个人。规模比较大、专业性比较强的广告主，基于工作效率和成本费用的考虑，往往在公司内部设置广告部门，专门处理本企业的广告策划、广告发布等事务，这就是通常所指的企业广告部门。

与此同时，也有一些广告量很大的广告主自设广告代理公司，又称专属广告公司。企业广告部门和企业专属广告公司构成了广告组织的另一个类型——广告主广告组织。

世界十大广告主

正所谓"酒香也怕巷子深"，企业的成功离不开优质的产品和服务，也离不开广告宣传。要想加深在消费者心中的印记，就需要有创意、有效果的广告，且持续不断地在消费者面前出现。因此，各大企业都非常重视广告投放。表9-4显示了1993年、2005年、2006年世界十大广告主排名及相应广告投放额，宝洁公司持续保持在第一的位置。

表 9-4　世界十大广告主　　　　　　　　　　　　　　单位：亿万美元

排名	1993 年	投放额	2005 年	投放额	2006 年	投放额
1	宝洁	23.97	宝洁	81.84	宝洁	85.22
2	菲利普—莫里斯	18.44	联合利华	41.97	联合利华	45.37
3	通用汽车	15.39	通用汽车	40.59	通用汽车	33.53
4	西尔斯—罗巴克	13.10	丰田	28.40	欧莱雅	31.19
5	派普希克	10.38	欧莱雅	27.68	丰田	30.98
6	福特汽车	9.58	福特汽车	26.43	福特汽车	28.69
7	AT&T 公司	8.12	时代华纳	24.77	时代华纳	21.36
8	雀巢	7.93	强生	23.34	雀巢	21.14
9	强生	7.62	克莱斯勒	21.18	强生	20.25
10	克莱斯勒—克莱斯勒	7.61	雀巢	21.09	戴姆勒—克莱斯勒	20.03

（资料来源：倪宁. 广告学教程. 北京：中国人民大学出版社，2009）

一、企业广告部门

企业广告部门是指设置在企业内部，负责本企业的广告业务活动的企业广告部门，是广告主广告组织的重要形式之一。在现代企业经营活动中，企业广告部门有着重要作用。在广告活动比较发达的国家，企业集团大都重视发挥内部广告组织在信息沟通中的特有职能，设置专门的广告部门。例如，日本资生堂，其企业广告部门机构庞大，从制定广告计划方案到广告制作，全部由自己的广告部门来承担。现在，我国许多企业也都设有广告部门，配备专职广告工作人员。

(一)企业广告部门的组织结构

一般来说，企业广告部门的设置主要有中央集权式和地方自治式两种基本模式。

1. 中央集权式

这种类型的广告部门与企业其他职能部门的地位相同，广告部门的负责人，即广告经理直接向总经理负责。企业不论有多少分部或分公司，不论拥有多少品牌和多少不同种类的产品，都只设一个广告部门，由其统一负责处理全部广告工作。

这种类型有利于总经理统一决策和指挥，便于统筹全局，易于带来规模效益；有利于广告目标与企业目标的协调和广告计划与企业发展计划的协调，便于广告部门与其他组织部门的统一和协调。

中央集权模式大致以下面几种方式来构建广告部门。

(1) 按地区市场构建广告部门，这是按产品销售的地区分布来构建企业广告部门，各地区分别开展广告工作。其内部组织结构如图 9-7 所示。

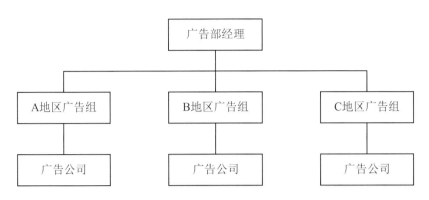

图 9-7 按地区市场构建的广告部门

由于可以根据不同地区市场的特点而分别实施不同的广告战略与战术，使广告诉求针对性强，效果显著，所以，对于产品品种单一，又同时销往各个不同市场的企业，这种组织形式是最为有效的。

(2) 按产品类别构建广告部门。在生产多种不同产品的企业，常常以企业的产品类别来规划广告部门的内部职能分工。其内部组织结构如图 9-8 所示。

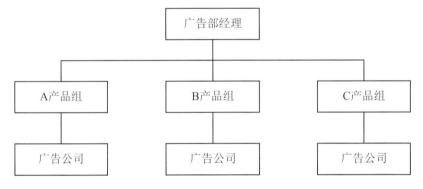

图 9-8 按产品类别构建的广告部门

按产品类别构建企业的广告部门，使企业不同种类的产品，分别有专门负责的广告人员开展广告活动，使企业的每种产品都能得到专门的广告服务。

(3) 按媒介类别构建广告部门。这是按不同媒介的特点和要求对企业广告部门进行内部组织划分和职能分工，其组织结构如图 9-9 所示。

按不同媒介的特点和要求构建企业的广告部门，使广告部门更能熟悉所使用的各种媒介，促进与媒介机构的关系，更好地进行媒介的选择与运用。

(4) 按广告对象构建广告部门。这是根据产品的最终使用者的不同性质来构建广告部门内部的组织结构，其组织结构如图 9-10 所示。

在业务产品销售对象较为集中而销售量又大的工业企业和批发商业企业中，较多采取按广告对象构建广告部门的形式。这样，企业可以根据不同消费对象的消费动机与购买行为而分别采取不同的广告诉求，从而收到较好的广告效果。

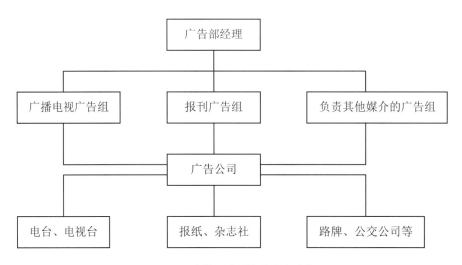

图 9-9　按媒介类别构建的广告部

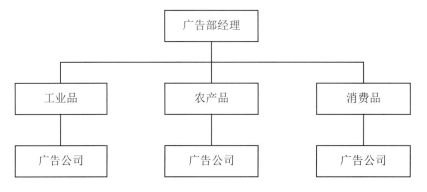

图 9-10　按广告对象构建的广告部

(5) 按职能构建广告部门。这是以广告的不同职能来进行内部分工，相应地设置设计、策划、制作、媒介、调研等下属科室，其内部组织结构如图 9-11 所示。

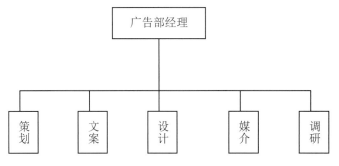

图 9-11　按职能构建的广告部

2．地方自治式

所谓地方自治式，是指企业的不同产品或品牌拥有各自独立的广告部门，各个部门根据自身的产品或品牌的市场销售情况、销售对象的特点等，灵活制定、调整自己的广告策略。

对于企业整体来说，广告部门实行地方自治的组织模式，容易造成各部门不太注意企业的整体利益，缺乏全局观念，使企业的广告活动有时缺乏统一性。因此，企业往往会将中央集权和地方自治两种组织模式综合运用。在总公司设置企业广告部门，下设的广告分支部门在开展各自广告活动时，要接受企业总广告部门的指导、监督与协调，从而使企业能在统一的广告决策下，充分发挥分支广告部门的能动性，彼此分工协作，促进企业整体广告活动的有效进行。

(二)企业广告部门的职责

企业广告部门是负责本企业广告活动的专职部门，其主要职责如下。

1．参与企业的战略决策

参与企业战略决策的制定，并根据企业的整体战略制定相应的广告策略，为实现企业的市场目标服务。

2．制定企业的广告目标

根据企业的广告策略，制定企业的广告总目标、阶段性目标和地区性目标等。

3．参与制订企业的广告活动计划

根据企业的市场目标和广告目标，确定开展广告活动的长期战略计划和短期战术计划。

4．制定和管理广告预算

制定详细的广告预算方案，并取得上级主管的认可，对批准后的广告预算进行精心管理，有效利用。

5．选择广告媒体

选择能够最大限度地使广告信息有效到达目标市场的媒介，并注意与媒介沟通联系。

6．选择专业广告公司等业务委托机构

有效地选择合适的广告代理公司、广告制作公司、广告调查公司以及其他促销机构，注意与相关委托机构的业务协调与合作，及时评估这些机构的工作效果。

7．测评广告效果

制订广告调查计划，实施广告效果的测评方案，通过分析广告活动的效果，力争在广告实施过程中增强广告传播的效益。

8．开展广告及与广告有关的营销活动

开展公关、促销和宣传等活动，并且注意协调上述有关活动，发挥整体效应。

9．进行广告人力资源的开发与管理

注重本部门工作人员的专业能力培训，协调部门人际关系，调动人员的工作积极性，注重人才的补充。

10．与有关广告团体保持良好的关系

(三)企业广告部门与广告公司的合作

虽然企业的广告部门在现代企业活动中承担着非常重要的职责，但它并不能取代广告公司。一般来讲，广告主会把监督的责任交付给本企业的广告部门，而把策划、创意、制作等业务委托给外界的广告公司。这样做的原因如下。

1．广告公司具有雄厚的技术实力

广告活动的策划是一件繁复的工作，需要各方面专业知识的配合。企业广告部门的个案经历比较单一，缺乏更精专的技术与技巧，往往难以胜任高质量的广告活动，因此需要寻求专业广告公司的协助。广告公司具有雄厚的技术实力和丰富的工作经验，能为企业提供更优质的广告服务。

2．广告公司具有丰富的市场资料储备

广告公司具有丰富的市场资料储备，而企业广告部门在市场资料储备上则比较单一、匮乏。建立和保持与广告公司的业务联系，可以使广告主获得更详尽的市场资料、业界动态等，甚至可以得到许多免费或价廉的咨询、协助，有利于企业更好地达成广告目标。

(四)企业选择广告公司时考虑的因素

1．广告公司的规模、信用、业绩和客户情况

广告公司的规模、信用、业绩等情况，是企业选择广告公司时首要考虑的因素。同时，还要根据广告公司所拥有的客户情况进行选择，看该广告公司是否有为本企业服务的经历，或者是否代理过同类的广告业务，以及效果如何。

2．广告公司的业务能力

根据广告公司的业务能力进行选择，包括广告策划能力、广告创作能力、调研能力、与媒介的关系和员工素质等。

3．企业本次广告活动的实际需要

根据本次广告活动的实际需要，在预算允许的范围内做出选择。

二、广告主自设的广告代理公司

广告主自设的广告代理公司又称专属广告公司(In-house Agency 或 House Agency)，是由特定的某一个广告主经营、支配的广告公司，经营上从属于该广告主。广告主通过它完成自己广告的设计、制作和发布等业务。例如，1928 年成立的灵狮广告机构，最初就是联合利华下属的广告公司。

(一)广告主自设广告代理公司的原因

广告主自己设立广告代理公司的做法通常基于以下几个因素。

1．企业的广告量很大

企业自身拥有很大的广告量，并能获得足够的利润来独立经营一家广告公司。

2．企业所属行业高度专业化

由于广告主的所属行业高度专业化，外界的广告公司难以掌握其情况，企业难以将广告活动委托给外界来做。

3．广告主自身的兴趣

广告主本身对经营广告代理有浓厚的兴趣。

(二)广告主自设广告代理公司的优势

1．节省广告费用、便于协调与控制

专属广告公司可以担负外界广告公司所承担的责任，有可能在花费少于外界广告公司的情况下，完成本企业的广告业务。有些企业高级主管认为，如果从协调广告与其他市场营销手段和控制广告费用支出的角度考虑，设立专属广告公司的做法能发挥更好的作用。

2．便于保密

有些企业不愿向外界透露本企业的某些市场营销信息，因此，他们觉得与专属广告公司合作比与外界的广告公司合作更方便并且易于保密。同时，专属广告公司也可以获得广告策划所需的全部资料。

3．易于沟通

广告主与外界广告公司之间的沟通有时会很复杂，而与自己的专属广告公司的联系能更直接，沟通更顺畅，广告主的要求也会得到尽力满足。

4．熟悉本企业情况

专属广告公司的工作人员因更了解本企业的产品及经营原则，工作起来更得心应手。

5．带来盈利

专属广告公司除了服务自己的广告主之外，有时也可以承接外界客户委托的广告业务，成为广告主的营利单位。

6．满足特殊需求

企业自设广告公司，方便本企业广告活动的开展。例如，企业想推出某个新产品或品牌，但需要事先进行试验，以便得知消费者的反应，这时委托专属广告公司来运作就比较方便。外界的专业广告公司会因为试验性市场的利润不多而拒绝，并且，企业也很难准确地选定一个合适的外界广告公司，将产品或品牌委托给它。

(三)广告主自设广告代理公司的弊端

1．客观性受影响

不同的广告主有不同的市场营销状况，外界的广告公司因为接触不同的广告主，因而可以

更客观地看待问题、分析问题。而专属广告公司往往会因为身处其中而使思路狭窄。

2. 服务质量受影响

由于企业付给自己的专属广告公司的费用往往低于外界公司，所以会存在广告质量受影响的隐患。

3. 专业人员缺乏

专属广告公司往往不会像外界的专业广告公司那样拥有众多经验丰富的专家，人才力量的不足会影响广告的质量。

4. 资料不足

一般的综合性广告公司拥有丰富的资料库，而广告主的专属广告公司由于客户范围比较局限，资料的储备能力不足。

5. 工作关系有障碍

由于专属广告公司是本企业的机构之一，即使工作效果不好，也难以用辞退这种方法来轻松地解决问题。

6. 竞争力弱

专属广告公司长期为本企业服务，往往缺乏为其他专业或产业服务的经验，因而与外界的专业广告公司相比，竞争力弱。

7. 增加企业成本

对于广告主来说，自设广告代理公司，在人力、物力和财力上的开销可能会造成企业的成本支出增加。

鉴于以上情况，很多设有专属广告公司的企业也会根据实际需要，委托专业广告公司处理本企业的广告事宜。

第四节　媒介广告组织

媒介机构包括报纸、电视台等大众传播机构以及以提供广告刊播媒介为主要业务的经济组织，每个媒介机构都设有广告部门，负责媒介机构的广告业务。媒介机构的广告部门就是媒介广告组织。

一、媒介广告组织的职能

1. 承揽广告业务

向广告公司和广告主出售时间和空间，是媒介广告部门的业务重点。拥有众多广告客户的专业广告公司，是媒介广告部门的最大客户。媒介广告部门会通过显示媒介在覆盖域、收视率、发行量、受众构成和广告价格等要素方面的独特之处，向广告公司宣传自己在广告传播方面的优势和特点，以便广告公司了解、选择并向广告客户推荐。

2. 设计制作广告

媒介的广告主要来源于两个方面：一是广告公司或其他机构代理的推荐；二是直接承揽的广告业务。前者的广告业务，大都由广告公司基本完成，媒介广告部门主要是协助安排广告发布日程，做好广告排期。

对于后者，媒介广告部门则要负责策划、设计和制作广告作品的全过程。但总体上看，直接承揽的广告业务比较简单。报刊广告主要是分类广告，只需提供打字、编排等完稿服务，广播电视广告主要是负责处理声像比较简单、占用时间较短，以及临时需要处理的广告内容。

3. 发布广告

媒介广告组织最初的广告经营，是集承揽、发布等多种职能于一身。随着现代广告业的不断发展成熟和广告经营机制的确立，媒介广告经营的职能和角色也相应地转变为以发布广告为主。这种职能的转变是与广告代理制度的发展进程紧密联系的。

在实行完全广告代理制的国家和地区，媒介广告组织在广告经营中一般只承担广告发布的职能，出售媒介广告时间和空间的业务则由媒介的销售部门负责。如在最先实现和完成媒介广告职能和角色转换的美国，实行完全的广告代理制，媒介广告组织以不直接与广告主接洽为原则，除分类广告外，媒介只承担广告发布的职责。

在没有推行广告代理制或没有实行完全广告代理制的国家和地区，媒介广告组织不仅负责广告的发布，还兼任广告承揽与广告代理的职能。

4. 审查广告内容

媒介广告部门要负责审查广告公司代理资格和广告主刊登广告证明文件的合法性，审查广告内容是否真实、合法，是否符合本媒介的要求，并自觉抵制和杜绝违法广告和不良广告的传播。

5. 制定广告刊例

刊例指的是媒介价目详单，就是不打折前的广告价格。比如，"中央一套"的节目时间安排表包括各个时段价格等信息，还包括套餐优惠等内容。报纸、杂志、广播、电视和户外等媒介广告部门，都有各自的刊例。

6. 收集广告反应并及时向客户反馈发布情况

媒介广告部门在发布广告之后，往往收到许多来函来电，提出查询或投诉。媒介广告部门应及时收集整理广告反应，及时向客户反馈广告发布情况。

7. 通报收听率/收视率等资讯

向客户通报本媒介的受众构成、收听率/收视率及传播效果等资讯，以增进客户的了解。

二、媒介广告组织的机构设置

媒介广告组织的机构设置同样要与广告代理制的实行状况相适应。

1. 完全广告代理制国家和地区的媒介广告组织的机构设置

在实行完全广告代理制的国家和地区，由于媒介广告组织只承担广告发布的职能，这类媒介广告部门的机构设置就比较简单，称为广告局或广告部，下设营业部门、编排部门、行政部门和财务等几大部门。营业部门负责对外的业务联系和接洽，编排部门负责广告的刊播，行政部门负责行政财务方面的管理，督促广告费的及时回收。

2. 非完全广告代理制国家或地区的媒介广告组织的机构设置

在没有推行广告代理制或没有实行完全广告代理制的国家或地区，由于媒介广告组织担负广告发布和广告承揽等多项职能，其媒介广告部门的机构设置就比较复杂。例如，日本的媒介的广告经营职能与广告公司并没有明确划分，几乎就与广告公司相同。日本的媒介不仅接受广告公司的广告代理、发布广告，也直接向广告主承揽广告，为广告主提供制作及市场调查等多种服务。

在我国大陆，广告代理制还处于逐步推行阶段，除规定外商来华做广告必须经由广告公司代理外，大量的客户绕过广告代理公司这一环节，直接与广告媒介发生业务关系，而媒介的广告经营几乎与广告公司没有差别。

【案例9-5】

中央电视台广告部组织机构

广告部业务科承办在中央电视台播出的国内外一二类商业广告业务，每年还要接待五六百家广告代理公司，并审查、编辑、安排每天八套节目九小时左右的广告节目，为传播信息、指导消费、活跃市场贡献力量。

咨询科是中央电视台广告部所属单位，是进行信息收集、整理、分析、研究的科室，主要负责信息咨询、档案管理、广告审查、价格复核及播出编辑、制作等工作，同时关注国际广告市场的销售动态，并通过组织专家学者讲授广告销售策略、研讨销售方法等方式提高广告部从业人员的销售技能。此外，还负责对部分发布的广告进行跟踪调查、分析，为企业和广告公司提供服务。

广告部的财务科是中央电视台计财处派驻广告部的专门科室，拥有与中央电视台计财处联网的计算机系统，承担着全台广告业务的财务工作，每天要处理大量的财务工作，是使中央电视台合同生效的最终确认部门。

(案例来源：陶应虎. 广告理论与策划. 北京：清华大学出版社，2007)

案例解析

广告媒介组织是随着商品市场的扩大，广告业务量增加而逐渐分工形成的。广告媒介中发展最早的大众化传播媒介是报刊，媒介广告组织最早也在报刊部门出现。早期的报刊广告是由广告主起草，送由报刊发行单位编辑审定，不设广告专职部门，也没有专职广告人员。随着商业的发展，报刊广告数量增多，并开始讲究排列，注重广告效果。为了加强管理，提高广告作品水平，报刊单位开始出现专职的广告组织。

在广播、电视、报纸和杂志四大媒介发展起来后，这些媒介单位也相应地设立了媒介广告组织，并且日臻完善和复杂化，成为这些媒介组织的有机组成部分。媒介广告组织因其广告业务规模不同，有的比较精简，有的则发展得很完善，职能齐全，机构也很复杂。

由于业务量相对较大，一般广播媒介单位的机构设置都很健全，有独立的广告部。在广告部下设业务、编辑、导演、录音、制作合成、财务等。并按工业、农业、商业、外贸等设立专业小组，负责接洽业务、制作广告和实施发布等工作。电视媒介单位的广告机构设置基本与广播单位相同，但多了摄影、摄像、美工人员等。

第五节 广告团体组织

广告团体组织，一般是指民间设立的广告行业协会或学术组织，由从事广告业务、广告研究、广告教育或与广告业有密切关系的组织和人员自愿组成。

广告团体组织是随着广告活动的发展，为促进广告公司、媒介广告组织和广告主广告组织之间的沟通，进行业务、学术、管理上的交流与联络而组成的。其任务一般是代表政府对广告行业进行管理，实现行业自律，开展对外联络，召集研讨会等，谋求广告行业的共同发展。其机构设置模式如图9-12所示。

广告团体组织按地域范围可以分为国际性广告团体组织、地区性广告团体组织和国内的广告团体组织。

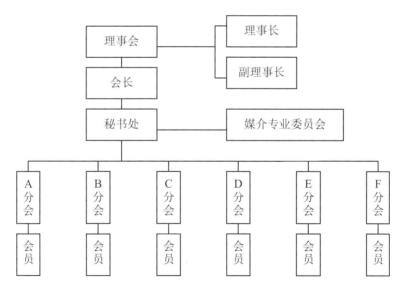

图9-12 广告团体组织的机构设置模式

一、国际性广告团体组织

国际性的广告团体组织主要有国际广告协会、世界广告主联合会等。它们的出现为协调、促进各国广告界的交流与合作，提高广告业务水平作出了重要贡献。

1．国际广告协会

国际广告协会(International Advertising Association，IAA)创建于1938年，是目前世界上最大和最有权威的国际广告组织，总部设在美国纽约。它是由各国广告界知名团体和人士组成的非营利性组织，会员遍布世界近80个国家和地区，现拥有个人会员、团体会员和组织会员3700多个。国际广告协会中国分会于1987年5月12日在北京成立。

国际广告协会的宗旨是，在一定范围内，满足广告和市场营销中的行业和消费集团的不同需求，把广告界品质优良、富有声望的人士团结起来，以沟通交流、专业研讨、促进合作为其主要目标。

国际广告协会每两年召开一次全体会议，其最高权力机构是世界委员会。

【案例9-6】

国际广告协会中国分会重新改组激活，20位新成员加入

2009年11月16日早九点起，距离中国广告协会办公地点不远、广安门外的希尔顿逸林酒店里，一场静悄悄却又热烈的会议正在召开，如图9-13所示。

国际广告协会中国分会的组织改选正在进行，中国广告协会秘书长李国庆当选新一届的会长，张泽满秘书长获得连任，同时产生新的副会长和副秘书长多位。会上，张泽满秘书长向代表们作了一年来的工作报告，主持了中国分会部分章程的修改，并就来年的工作计划征集了会员们的意见。

在中国，李国庆、张泽满、宋秩铭、高峻等65位具有重量级影响力的专业人士组成了国际广告协会中国分会，由中国广告协会属下的外联部代为管理。

图9-13　2009 IAA中国分会年会在希尔顿逸林酒店正式召开

在本次20位新加入的会员中，张霞(中国广告协会副秘书长)、赵和平(北京电通副总经理)、劳博(广告门CEO)等20位新人有幸成为这个高端组织的一员。国际广告协会秘书长迈克尔.李亲

临现场，为新进会员颁发了证书。

在下午的年度计划中，面对李国庆会长和张泽满秘书长等多位领导，多个会员热情献策，积极建议，使整个会场洋溢着智慧的空气。同时，劳博代表100万广告门读者(广告们)提出了两点建议：为广告公司和广告主之间多加联络；为广告新生代、中生代多造福祉，如有可能，当成立广告人工会。

当晚，新班子与来访的国际广告协会10多位国外广告友人共聚一堂，畅谈未来。据李国庆会长介绍，IAA中国分会新的班子上台后，将力争为广告行业进行《广告法》修订收集建议以及建造更好的行业氛围等工作而努力。

(案例来源：国际广告协会中国分会重新改组激活，20位新成员加入. http://www.bobd.cn/design/graphic/news/news/200911/36986.html，2009-11-23. 有改动)

案例解析

国际广告协会是集广告主、广告公司、媒体、学术机构以及营销传播业的专业人员为一体的唯一的全球广告行业的非政府组织。其职能包括以下几个方面。

第一，宣传广告为推动经济健康发展和促进社会开放的重要作用和意义。

第二，保护和促进商业言论自由和消费者自由选择的权利。

第三，鼓励广告自律的广泛实施和认可。

第四，通过对未来广告营销传播行业从业人员的教育和培训，引领行业向高水准方向发展。

第五，组织论坛，探讨不断出现的广告营销传播业的专业问题以及这些问题在飞速变化的世界环境中所引发的结果。

该协会的宗旨是把广告、公共关系、销售促进、广播、市场调查等有关的从业者及有兴趣的人们联合起来，交流经验和情报，探讨学术理论，提高世界广告和行销技术水平，组织国际会议和专题展览。

IAA中国分会的重组激活，将会在培养广告人才、加强行业自律、探讨广告专业问题等方面发挥重要作用，推动中国广告行业的健康发展。

2. 世界广告主联合会

世界广告主联合会的总部设在布鲁塞尔，成立于1953年，是世界上唯一的广告主国际组织。目前，它共有43个国家的广告主协会成员，另有21家跨国公司也加入了该组织。我国最大的企业联合会组织之一的中国企业联合会，作为中国(含港澳)的唯一代表，于1999年10月28日正式加入世界广告主联合会，并经有关部门批准组建中国企业联合会广告主工作委员会。

世界广告主联合会的宗旨是通过向各国政府及国际组织宣传广告在推动产业成长、提高人民生活上所起的重要作用，使广告的积极影响得到充分认识，并通过反对不合理的规定，使世界范围的广告主能在自主的环境下从事各种营销宣传活动。

3. 世界广告行销公司

世界广告行销公司(简称 WAM)是由世界各地著名的广告公司组成，总部设在英国伦敦，是一个颇具影响力的世界性广告行业组织。该组织对会员提供业务上的帮助，协助开拓国际市场，直接在世界各地著名的广告公司定期培训会员，举办各种讲习班，定期提供世界各地最新的广告表现技术及经济动态信息。

世界广告行销公司的会员囊括了世界著名的厂商，它们的产品一旦在某一会员国销售，参加该组织的会员则自然成为其广告代理商。这样，会员不但在广告业务方面能获得提高，而且在营销国际化方面也可以获得有利的帮助。

4．国际 ABC 组织

国际 ABC 组织是指报纸杂志发行量国际性审核机构，英文为 IFABC。目前，全世界有 20 多个国家有 ABC 组织，负责各国有关 ABC 问题的协调和资料交换。ABC 组织的宗旨是：保障广告主的利益，防止广告公司和媒介代理由于数据失实而造成的策划失误。

【案例 9-7】

国新出版物发行数据调查中心成为 IFABC 正式成员

2008 年 11 月 11 日墨西哥当地时间下午 3 点，来自美国、英国、澳大利亚、日本等 48 个国家的发行量稽核机构，在墨西哥坎昆市投上了郑重的一票，国新出版物发行数据调查中心作为中华人民共和国新闻出版总署唯一认定的出版物发行量核查机构，正式成为国际发行量核查组织联盟(IFABC)第 49 位成员。国新出版物发行数据调查中心副主任胡小惟出席了本次大会。

国际上对于出版物的发行量核查已经有了很深厚的历史积淀。1963 年成立的国际发行量核查组织联盟(IFABC)是由各国出版物发行量核查局、协会、中心等机构发起的合作联盟。时至今日，IFABC 已经获得了广泛的国际认可，成为世界贸易组织(WTO)承认的国际性机构，为世界贸易组织提供数据支持。

国新出版物发行数据调查中心从成立伊始便十分重视国际交流，并一直努力与国际接轨，为全球在华广告商和相关媒体提供符合国际标准的数据报告。为了加入 IFABC，调查中心还对有关章程、核查指引进行修订，使之与国际标准一致；充实了国新出版物发行数据调查中心理事会的组成，吸纳有较大影响的媒体、广告主和广告代理商加入理事会；加大了发行量核查的宣传力度，争取更多知名媒体加入核查体系；与亚太地区发行量核查组织联盟和 IFABC 建立了定期工作关系。

加入 IFABC 后，我国的核查数据更能广泛得到其他国家的广告主、广告商的认可，这对我国媒体吸引更多的海外广告极为有利。并且，通过 IFABC 这个平台，我国也能更好地分享其他国家先进经验，这对于我国媒体发行量核查事业将会有历史性的突破。

(案例来源：人民网—传媒频道.国际发行量核查组织(IFABC)在墨西哥坎昆接受国新出版物发行数据调

查中心成为其正式成员.

http://media.people.com.cn/GB/22114/138244/138247/8322554.html，2008-11-11，有改动)

案例解析

2008 年 11 月 11 日国新出版物发行数据调查中心成功加入 IFABC，是我国新闻出版行业落实"走出去"战略的重要果实，是我国媒体广告业发展又一次难得的机遇。成功加入 IFABC 将增进国际广告主、广告商对中国媒体的了解；将使由国新出版物发行数据调查中心认证的数据在国际市场上更具有说服力，将会有效促进我国报刊等媒介增加广告收入；同时，调查中心也可以更好地借鉴国际先进核查经验，提升对媒体和广告业的服务水平；可以更加快速地得到国际上的高价值信息，了解国际传媒实时动态，为我国媒体广告行业提供更多有用情报，使经营活动更加有的放矢。

二、地区性广告团体组织

地区性广告团体组织有亚洲广告协会联盟等。

亚洲广告协会联盟(Asian Federation of Advertising Associations，AFAA)成立于 1978 年，是亚洲地区广告业的权威行业组织，由亚洲地区的广告公司协会、与广告有关的贸易协会和国际广告协会在亚洲各国、各地区的分会等联合组成。我国于 1987 年 6 月 15 日，以"亚洲广告协会联盟中国国家委员会"的名义加入亚广联。

亚洲广告协会联盟的主要宗旨是加强亚洲地区广告行业之间的沟通联系，相互交流经验，促进亚洲地区各国广告业的健康发展。亚洲广告协会联盟每两年召开一次会员大会，其最高权力机构是亚广联国际委员会。

三、我国的广告团体组织

1. 中国广告协会

成立于 1983 年 12 月 27 日的中国广告协会，是我国最大的全国性广告行业组织，由全国广告经营单位联合组成。它是在国家工商行政管理总局的指导下，按照国家有关方针、政策和法规，对全国广告经营单位进行指导、协调，提供咨询、服务的民间组织。

中国广告协会的基本任务是：研究和制定中国广告业的发展规划，传播国内外广告的信息和科学技术，推动我国广告事业的健康发展；加强广告行业自律，建立良好的经营秩序，反对不正当竞争，协助政府部门进行管理；协调各广告经营单位之间的关系，促进横向联合和协作；开展广告学术研究，组织经验交流活动，培训广告专业人才等。

中国广告协会的最高权力机构是会员代表大会，每三年举行一次会议。中国广告协会另设报纸、广播、电视、广告公司和学术五个专业委员会，受协会常务理事会的领导。全国地市级以上的地区也设立广告协会，地方广告协会接受同级工商部门和上级广告协会的指导。

【案例 9-8】

中国广告协会将承办第 43 届世界广告大会

2012 年 11 月，中国广告协会向国际广告协会(IAA)总部提出申请，承办国际广告协会 2014 年第 43 届世界广告大会。

2013 年 1 月 20—24 日，国际广告协会主席法里斯·阿布哈迈德率领 2014 年 IAA 世界广告大会评估组抵京考察，听取了中国广告协会关于申请承办 2014 年第 43 届 IAA 世界广告大会的情况报告，并考察了北京会议设施、酒店、交通等情况。

2013 年 2 月 4 日，国际广告协会(IAA)正式致函中国广告协会，确认中国广告协会获得 2014

年国际广告协会第43届世界广告大会承办权。

案例解析

世界广告大会是国际广告协会的主要活动之一，每两年举办一次。中国广告协会曾于2004年在北京成功承办第39届世界广告大会。在中国再次举办国际广告协会世界广告大会，有助于通过这一高端国际平台，积极宣传中国政府促进文化产业发展的方针政策，推介中国广告发展成就和中国广告市场，推进国家广告战略实施，促进中国广告业积极走向世界，进一步提高中国在国际广告业界的影响和地位。

现任中国广告秘书长燕军透露，届时，来自国内外广告公司、媒体、广告主、学术机构约1600名与会人员，将就国际广告发展趋势、创意策略、品牌营销、媒体运作等开展学术研讨；会议还将开设1万平方米展览区，展示世界广告业发展状况。

2. 中国广告学会

中国广告学会是从事广告制作、设计和理论研究的人员及教育工作者组织的群众性学术研究团体，成立于1982年2月，是我国第一个全国性的广告学术团体。

中国广告学会的主要任务有：组织广告理论的研究工作，开展学术交流，提高会员的思想水平、理论水平和艺术、技术水平；组织编辑广告学术书刊，评选或展出一些优秀广告作品；推广先进的设计思想和创作艺术；收集、整理广告资料，组织广告专业人员的培训，加强同外广告界的联系。

3. 中国商务广告协会

中国商务广告协会原为中国对外经济贸易广告协会，1981年8月21日正式成立，是我国最早成立的全国性广告行业组织。2005年9月经民政部核批，更名为中国商务广告协会。

中国商务广告协会作为商务部业务主管的行业协会，将根据形势发展的需要，按照整合内外贸的要求，发挥"服务、协调、指导、促进"的职能，将"团结内外贸领域的广告企业，促进商务广告业的交流和发展"作为自己的核心工作。

4. 中国广告联合总公司

中国广告联合总公司是由全国各地一些不同所有制、不同隶属关系的专业广告公司，在自愿参加的基础上组织起来的一种松散的经济联合体，成立于1981年。其主要任务有：组织和接受国内、国际大型广告代理业务和广告技术委托；协调和仲裁所属各成员单位之间的广告纠纷；开展广告业务交流；进行广告业评比；开展科研培训工作等。

(1)广告组织是对广告活动进行计划、实施和调节的经营机构，主要包括专业广告组织、广告主广告组织、媒介广告组织和广告团体组织。

(2) 专业广告组织,是指专门经营广告业务的企业,通常被称为广告公司或广告代理公司。按照所负担的职能划分,专业广告组织分为综合性的广告公司和专业性的广告公司。综合性广告公司是可以向广告主提供全面广告代理服务的广告经营企业,是广告代理制的典型组织形式。它接受广告主委托,从事广告调查、策划、创作、传播等各种服务,客户服务部、创作部、媒介部、调研部是其主要职能部门。专业性广告公司往往只承担广告运作环节中的一部分任务,并按照公司定位来设置相应部门。

(3) 广告主广告组织包括企业的广告部门和广告主自设的专属广告公司。广告主广告组织负责本企业的广告业务,主要为本企业服务。

(4) 媒介广告组织是指媒介机构的广告部门,主要承担发布广告、设计制作广告、承揽广告业务、反馈刊播广告效果等职能。

(5) 广告团体组织一般是指民间设立的广告行业协会或学术组织,分为国际性广告团体组织、地区性广告团体组织和国内广告团体组织。

实训课堂

一、简答题

1. 按职能设置部门的综合性广告公司,包括哪些主要职能部门?各部门的主要职责是什么?

2. 小组作业式组织结构的特点是什么?

3. 企业广告部门的主要职责是什么?

4. 媒介广告部门的主要职能是什么?

二、实训题

1. 实地考察一家广告公司,描述该公司的组织结构特征。

2. 实地考察一家企业的广告部门,描述该部门的工作职责。

3. 实地考察一家媒介机构的广告部门,描述该部门的工作职责。

三、综合分析题

中国广告协会大事记

作为行业与政府沟通的桥梁,中国广告协会多次组织业界同仁,开展相关调研、讨论与培训,还通过自有刊物和其他大众媒体,组织发表了大量文章,向行业及社会广泛宣传、积极贯彻国家宏观指导思想和政策;当国家制定产业政策时,又深入开展行业调查研究,积极提出意见和建议,尤其是在发改委协同国家工商总局酝酿出台《促进广告业发展指导意见》过程中,三次组织业界代表进行座谈,提出大量建议,得到政策制定部门的重视、理解和支持。

1997年以来,中国广告协会在全行业内每两年开展一次"争创"活动,评选出的"全国广告行业文明单位"在诚信经营、品牌建设、制作发布公益广告以及促进精神文明建设等方面,为全行业树立了榜样,对提高广告行业的社会公信力发挥了重要作用。

1995年《广告法》正式实施后，中广协开展了广告发布前咨询服务业务，为广大会员及广告经营单位，提供广告发布前内容合法性的咨询帮助。咨询工作开展十年多来，从开始的一年200多条咨询案例，发展到当前一年2000余条。发布前经过咨询的广告作品，一般没有出现过违法情况。这不仅体现了广告经营单位法律诚信意识的大大增强，更有力证明了咨询工作在业界具备了一定的信誉度和影响力。

多年来，各地广协还努力探索有效的广告监测和劝诫方法。例如，广西广协下设广告监测中心，实行专人专职全方位的广告监测，每月形成《广告监测报告》，反馈给媒体和有关广告监督机关；对某些有问题的电视购物广告，中广协进行了书面劝诫，对违法广告起到有效的遏制作用。

中国广告协会积极配合国家工商总局的"打虚假树诚信"广告专项整治行动，针对广告问题较多的某些地区或行业，广协系统制定了相应的自律规则。例如，公交委员会经过几年的调研与探索，于2000年起草了《城市公共交通广告发布规范》草案，同年向行业颁布；互动网络委员会起草的《中国互动网络广告行业自律守则》，于2007年6月13日起正式施行；各地广协也针对本地区的行业特点，制定了相应的自律规则；自1994年12月以来，中广协先后颁布了《中国广告协会自律规则》、《广告宣传精神文明自律规则》、《广告行业公平竞争自律守则》，以及《奶粉广告自律规则》与《卫生巾广告自律规则》的征求意见稿，2007年，又起草了《中国广告行业自律规则(草案)》，并广泛听取了国家工商总局和各专业委员会的意见，即将发布。

为顺应行业发展的迫切需求，促进广告企业向规模化、专业化方向发展，自2003年以来，中广协开展了"中国广告业企业资质认定"工作。被认定的"中国一级广告企业"，具有较高的综合实力和公信力，是促进我国广告业健康发展的主力军。为了扶植优秀广告企业的发展，中广协还以不同形式，加强对一级企业的宣传工作。通过印制宣传册、举办一级企业形象展、签署发布《中国一级广告企业(青岛)宣言》等活动，提升了一级企业在社会上的认知度和影响力，并且引起了国内外广告主的关注。

为提高广告专业技术人员的素质，维护广告行业人才市场的秩序，肯定广告从业人员的专业地位，几年来，中广协一直在为实现从业人员的职业资格评定而不懈努力。在国家工商总局的领导下，一方面积极争取人事部等有关单位的支持；一方面组织业内专家研究、设计、制定"广告专业技术人员资格评定"体系，最终拟定了评定框架，确定了考试科目。2007年8月30日，国家人事部和国家工商总局共同下发116号文件，出台《广告专业技术人员职业水平评价制度暂行规定》和《助理广告师、广告师职业水平考试实施办法》。2007年11月，中广协组织召开会议，成立了广告专业技术人员职业水平评价专家委员会，标志着评价工作正式启动，中国广告人第一次有了自己的专业技术资格评审制度，广告行业进入了国家专业技术人员的职业资格评定序列，并且成为人事部从专业技术职称制度向职业水平评价制度改革的首批专业领域之一。

20世纪80年代，中广协开展了"全国优秀广告作品展"。随着中国广告业的迅猛发展，自2000年起，"全广展"更名为"中国广告节"，现已成功举办了14届。2003年，中广协主办了首届中国大学生广告艺术节，目前已成功举行3届，为鼓励我国广告新生代提高广告创意制作水平和理论研究能力、挖掘优秀广告人才，开辟了渠道。

中广协积极推进行业培训与学术交流工作。例如，十几年来，分别与北京广播学院、厦门大学等高校合作，开办广告研修班，对广告从业人员进行了系统的广告理论培训。2002、2003两年间，围绕工商总局的工作要求，在地方广协的大力配合下，开展了广告专业人员上岗资格培训及广告审查员培训，使全国8万余人获得上岗资格证书和审查员资格；与日本电通公司合作，举办两届"中日企业广告研讨会"，累计4000余人参加，受到业界欢迎。2001—2006年，与日本吉田秀雄事业财团合作，从高校选拔教师赴日研修，累计21人。2005年，举办"中国广告论坛"，已成功举办3届。还多次组织境外培训。

中国广告协会还致力于加强对行业发展信息的收集、统计与分析，提高行业刊物质量和水平，为促进行业信息交流搭建广阔平台。中广协主办的《现代广告》杂志已经成为中国最专业的广告杂志，2007年荣获"中国新闻传播类核心期刊"。每年编辑《会员通讯》给会员单位，以及《时事经济》、《国际广告动态》和《国内广告动态》三份电子刊物。

在国际交流与合作方面，中广协也做出了努力，已与20多个国家的广告组织建立了联络及合作关系，开展信息交流、访问考察，组织几十个团组，千余人，参加亚太广告节、法国夏纳广告节、美国艾菲广告效果奖、英国伦敦广告节、IAA世界广告大会等国际著名广告活动，并组织我国广告作品参加国际赛事的评比。在中广协设立的国际广告协会(IAA)中国分会，成为中外广告界进行交流的重要纽带。

此外，中广协在维护行业权益方面履行了自己的职责。2000年，国家税务总局发布了《企业所得税税前扣除办法》，规定"纳税人每一纳税年度发生的广告费支出不超过销售(营业)收入2%"。在北京、上海、哈尔滨等广协的大力支持下，中广协进行了广泛、深入的调查研究，就执行该政策中的具体问题，向税务总局详细反映。税务总局的有关负责同志深入基层了解情况，听取意见。2001年8月，税务总局发文，对部分行业广告费税前扣除标准由2%调整至8%，使该问题得到了较妥善的解决，广告经营单位的生存条件得以改善。

2005年，针对各地开展户外广告整治的问题，中广协组织实施了《中国户外广告整治问题及发展状况专业调查》，并邀请政府、法律、企业、新闻等各界人士，召开户外广告整治研讨会。

(案例来源：百度百科. 中国广告协会. http://baike.baidu.com/view/312784.htm，部分节选)

请根据上述案例回答以下问题。

1. 阅读上述案例，请谈谈中国广告协会对于促进我国广告业健康发展在哪些方面发挥了重要作用？

2. 请收集近三年内关于中国广告协会的资料，结合我国广告业现状，谈谈其未来的发展方向。

　实训案例

百年麦肯

麦肯世界成立于1902年，至今已有100多年的历史，为了配合国际客户在国内的业务发展，于1991年底在北京成立了麦肯光明。多年来，麦肯光明服务并保持长久合作关系的客户

数不胜数，还发展了许多国内的大型客户，在国内的业务呈现出良好的发展势头。

麦肯光明已经成为一个品牌。客户之所以选择麦肯，看中的是它的整合营销能力、高水平的创意、专业的客户服务与媒介服务能力和它庞大而又完善的服务网络。麦肯世界集团到目前为止，建立的广告公司遍布全球132个国家和地区，拥有205家分公司，保持着世界上最大、最完善的广告服务网络系统。而在这个网络中，麦肯与每家分公司都保持着密切联系，实现着集团资源的全球共享。如果客户有朝着国际化发展的愿望和需求，通过麦肯的全球网络就可以办到。

要想与客户建立一种长期的合作关系，就要求广告公司与广告主同时进步，不断丰富自己。对广告公司而言，就是要求自己的员工更专业、更勤奋、更踏实、更有创意，公司管理更加完善、更具人性化、更与世界接轨、设备更先进；对广告主而言，就是要求其产品质量更好、产品或服务种类更加多样化、更具市场竞争力。这样才能促成广告公司与广告主之间的深度合作，使双方在品牌建立上达成共识，达到长久合作。"一切工作以客户为中心"，为此，麦肯光明的组织结构不再依据地域来区隔，而是开始实行客户小组制度，按客户需要来配置人员。有的客户总监，看似被降级使用了，但"给客户以最好的人才"这句话却从口号变成了现实。调整使效益显著提高，麦肯光明一举赢得了微软、统一和西门子等国际品牌的合约。

广告公司与客户的关系很微妙，既相辅相成又互相矛盾。随着市场的规范化发展、独资广告公司的进入和市场竞争的进一步加剧，两者之间相互依托的关系将更加紧密。麦肯通过与客户荣辱与共、长久合作，实现了共赢。雀巢、可口可乐、吉列、联合利华、强生、欧莱雅、美宝莲、固特异轮胎、朗讯科技……都是麦肯长期服务的客户。麦肯为其倾力打造的一系列经典广告，为这些企业长期的品牌建立和市场发展立下了汗马功劳。

在过去的若干年中，麦肯坚持致力于做有影响力的广告，这一原则具体体现在麦肯长期坚持的"Truth well told"的经营理念中，即：善诠含意，巧传真实。以可乐为例，可口可乐公司是麦肯服务了六十多年的客户，在这几十年间，为了其品牌的建立，可口可乐公司与麦肯都付出了努力。从广告公司的角度来说，麦肯为可口可乐公司创造了许多经典广告，这些广告大都与当时的时代背景、重大历史事件以及与国家和地区的文化特点相结合。

麦肯重视广告人才的积聚和培养。作为国际化广告业龙头之一的麦肯，积聚最富资质和培养最具潜力的优秀广告人才是其永无止境的工作。麦肯不仅鼓励而且要求员工做广告界名人，当广告明星。只有广告人才充满个性活力，才有可能拿出不一样的广告，产生伟大的创意。麦肯正是以其卓越的创意水平闻名于世，经典的广告创意成就了许多世界名牌，也为企业带来了丰厚的市场回报。

为迎接中国广告业的光明未来，麦肯已经着手精心准备，其主要体现在三个方面：一是实施"人才管理计划"，与哈佛大学商学院合作研发一套为麦肯公司量身定做的人才管理系统，它包含了培训方法和评估工具等许多专门工具，并争取在最快的周期内落实；二是制定"创造需求计划"，一个对客户极具服务实效的系统，正在请专家评估中，也很快会投入运行；三是完善"全传播计划"，通过购买重组包括"魔动行销"等多家活动行销和公关公司，丰富麦肯的"全传播服务网络"，并使其更加灵动。颇富特色的品牌视觉管理公司也已经在操作中。

引述麦肯世界总裁John.J.Dooner的一段话来描述麦肯最为贴切：

我们梦想要成为最好的；

我们知道要达成这个梦想的关键是建立于我们作业质量的基础上；

我们的文化是基于我们要赢取及拒绝失败的决心；

我们的责任是推动客户的传播营销工作，客户的成功就是我们的成功。

(案例来源：李东进. 现代广告学. 北京：中国发展出版社，2006)

案例点评：

广告组织是进行广告活动的各种类型的企业和组织的统称。没有广告组织，广告活动也就失去了生存与发展的依托。正因为如此，基于专业化要求和分工需求的双重考虑，人们将广告主、广告公司和广告媒介机构称为广告市场的主体。

广告主是指为推销商品或服务，自行或者委托他人设计、制作和发布广告的法人、其他经济组织或个人。广告主负责给广告公司提供市场及商品资料，监督广告公司的运作过程以及验收广告成品。广告公司则负责整个公司广告活动的策划与执行，并扮演广告主与广告媒介之间的沟通桥梁。而广告媒介机构负责广告的刊播工作并提供媒体数据。

在广告主、广告公司和广告媒介机构这三个主体中，广告主拥有绝对的主动权，广告媒介机构享有媒体资源的独占权，而广告公司只有依靠专业服务能力才有立足的资本和价值。麦肯树立"一切工作以客户为中心"、"给客户以最好的人才"的服务理念，并把它变为现实，依靠专业的客户服务与媒介服务能力，顺应时代变迁，积极进取，创造了辉煌的工作业绩。

讨论题：

1. 要赢得客户并维持长久的良好合作关系，广告公司在组织机构设置方面应该如何去做，从而实现工作效率的最优化？

2. 麦肯精心准备的"人才管理计划"和"创造需求计划"，体现了麦肯怎样的经营理念，给我们什么样的启示？

09

第十章

广告经营

学习要点及目标

- 了解广告代理制的含义及其发展过程，理解广告代理制的内容
- 了解实行广告代理制的条件与意义
- 掌握广告代理的费用
- 掌握广告公司的经营与管理

核心概念

广告经营　广告代理制　广告公司　广告人

引导案例

如何经营好一个广告公司

一、广告公司间的竞争是管理的竞争

广告公司之间的竞争是管理能力的竞争，是综合实力的竞争。广告公司评价一个员工是否优秀的唯一标准就是他的业绩，给公司创造的价值。广告公司管理运营有几大要素：人才、产品、机制、品牌和资金，五者缺一不可。

广告公司要有自己准确的定位，要知道自己的优势、劣势，因地、因人、因时制宜，建议走专业化的道路。广告公司是技术密集型、人才密集型的企业，因此应有个好的学习氛围，打造成一个学习型组织。奥美广告有两个法宝：一个是创意，一个是培训。

创意是广告专业方面的，培训是员工管理方面的，两个同等重要。通过培训可以提高人的专业技能，转变态度，打造出一个无坚不摧的团队。员工在一起团队作业，相互协调，会创造出许多好的创意。

二、业务开发和客户管理是核心

业务是广告公司运营中的龙头，没有业务就没有一切，后面的设计创意再好也不行。实现"全员营销"，从老总到业务员再到设计师，业务始终是核心工作。

客户的管理特别重要，不仅是客户服务人员(业务员)的职责，更多的应是经理的职责。一方面经理要定期或不定期与客户的高层接触沟通；另一方面与客户接触的应是一个团队，其中包括策划、市调、文案、设计人员，而非单单一个业务员。公司应将客户进行有效分类，根据业务量、客户潜力等进行评估。80%的精力应花在20%能创造80%价值的客户上。客情关系的处理也很重要，可定期打个电话、发个短信，过年过节写张贺卡，让客户知道你没有忘记他。

广告公司是非常专业的，设计创意人员如此，客户服务人员亦是如此。除有较宽的知识结构和较强的沟通能力外，形象也很重要。广告行业是个朝阳行业，集知识密集、人才密集、技术密集为一体。广告行业又是个投入和回报不成比例的行业。除做事方法专业、讲究策略之外，

还要"选对池塘钓大鱼"，不同的市场环境应使用不同的运作方法，否则会事倍功半。

(案例来源：价值中国网．http://www.chinavalue.net/Article/Archive/2006/12/16/51589.html)

国民经济的发展直接引导广告的发展，在经济腾飞的 21 世纪，广告业也得到了迅速的发展。中国已经成为全球广告业增长最快的市场之一，这一巨大的商机令全球瞩目。经历了萌芽期和高速发展期两个阶段的我国广告业正逐步进入平稳发展期。在此过程中，广告公司的经营与管理非常重要，许多广告公司都在经历一个重新定位和洗牌的过程。

所谓广告经营，是指各类广告代理公司、广告制作机构以及各类媒体单位，经过国家广告管理机构批准，利用一定的技术和设备，为广告主提供广告策划、设计、代理或发布方面的服务，并从中获取经济收益的行为。

广告经营的业务范畴和活动形式随着广告产业的发展而不断扩大和增多，现代广告经营涉及的范围很广，甚至包括公共关系、促销、CI 策划与执行等所有营销传播业务活动。

第一节　广告代理制

广告代理制是指在广告活动中，广告代理方(广告经营者)在广告被代理方(广告客户)所授予的权限范围内来开展一系列的广告活动，就是在广告客户、广告公司与广告媒介三者之间，确立广告公司为核心和中介的广告运作机制。在这种制度下，广告公司通过为广告主和广告媒介提供双重服务，发挥其主导作用。

广告代理制是国际通行的广告经营与运作机制。广告业现代化的主要标志之一就是在整个产业结构中，广告代理公司处于中心地位，而对于发展相对滞后的我国大陆的广告业而言，媒介处于中心和强势地位，有"强媒介弱公司"的说法。广告代理制的最终确立与实施仍是我国广告业今后发展的努力方向和基本趋势。

一、广告代理制的产生与发展

伴随着社会经济的发展需求和广告业自身发展的内在要求，广告代理制从最初的萌芽——广告代理店演变成为现代的、能够为客户提供系统而又全面的综合服务的广告公司，其间大致经历了以下五个阶段。

1. 媒体直接贩卖报纸版面阶段

1729 年，美国的富兰克林创办了《宾夕法尼亚日报》，他在创刊号的第一版上，将广告栏安放在报头下社论的前头。这时，富兰克林既是出版商和编辑，又是广告经纪人和推销员，他被视为现代广告业的奠基人，后人称他为"美国广告业之父"，他为创立现代广告系统奠定了基础。

不过，那时的广告经营从属于报社内部的广告经营部门，以单纯贩卖报纸版面来维持经营。所以，早期的广告代理业从属于报业，并非是独立自主的。版面销售时代，也可以说是广告代理业的发轫期。

2.单纯媒介代理阶段

17世纪后，欧美报业有了较大发展，然而报纸广告的来源却不足。1841年，美国人沃尔尼·B.帕尔默在费城建立了第一家脱离媒体的、独立的广告代办处，专门为他所代理的各家报纸兜售广告版面，充当广告客户的代理人，并从报社收取佣金。这个广告代理业是从报社分离出来的一个独立的经济实体，被视为是现代广告代理的最早萌芽，也是美国和世界上最早的广告代理店。广告代理业的产生，使媒介的广告来源有了可靠的保证，同时也为企业找到了一条廉价而又有效的推销商品的方法。

3.广告技术服务阶段

1880年前后，广告代理业初具雏形，它不仅为广告主提供广告媒介版面，而且还为广告主代办广告设计和广告作品的制作等业务。这一时期广告代理的业务范围扩大，开始向广告主提供广告的技术服务。

1869年，弗朗西斯·W.艾尔在美国开设了艾尔父子广告公司。其经营重点从单纯为报纸推销广告版面，转向为客户提供专业化的服务。他站在客户的立场上，向报社讨价还价，帮助客户制定广告策略与计划，设计与撰写广告文案，建议与安排合适的广告媒介。同时，艾尔父子广告公司实行"公开合同制"，规定广告代理店为广告客户和广告媒介提供服务，其代价是将真实的版面价格乘以一定的比率作为佣金，同时还进一步将广告代理佣金固定为版面价格的15%。这一制度于1917年在美国得到正式确认，并一直沿用至今成为国际惯例。广告历史学家称艾尔父子广告公司为"现代广告公司的先驱"。

在这一时期，独立的服务专业化与多样化的广告代理公司的出现，以及广告客户与广告公司的代理关系以及广告代理佣金制的建立与确认，标志着现代意义上的广告代理制的真正确立。

4.近代广告代理阶段

19世纪末，美国经济处于高度成长时期，特别是内燃机的发明，有力地推动了美国的工业革命。在这一时期，企业的经营观念发生了重大变革，由生产导向转变为销售导向，越来越多的企业把目标集中于对市场和消费者的研究。

广告代理业为了适应这一新形势的发展，开始强化市场调查机构职能，帮助企业开展市场调查，广泛搜集分析市场资料，为广告主制订广告计划和广告实施方案，开展有目的的统一的广告活动。广告代理业开始从单纯的媒介代理向全职能的、能向客户提供全面服务的近代广告代理业过渡。

5.广告代理营销阶段

20世纪，特别是20—30年代，美国进入新的工业革命时代。汽车开始普及，收音机、电冰箱、洗衣机等家用电器的出现，使美国市场出现一派繁荣景象。尤其是美国第一家商业广播电台和电视台的创立，是广告发展史上一次新的飞跃，打破了印刷媒介一统天下的格局。在这新的历史条件下，广告代理业又有了新的发展，不仅能为广告主制订和实施广告计划，而且深入到企业营销的各个方面，进一步协助广告主策划和实施市场营销计划。广告业从此进入营销服务的新阶段。

自 20 世纪 70 年代开始至 90 年代，西方许多大型广告公司相继实施了规模化经营的发展战略，走上了国际化发展的道路。国际化、规模化的广告经营，大大降低了广告成本，增强了广告公司的活力与实力。

进入 21 世纪，整合营销传播成为广告公司的努力方向，对广告公司的全面代理能力提出了更高的要求，广告代理的业务范围又进一步扩展。在广告代理活动变得更为精细的同时，又要求广告代理公司能够根据消费者的具体情况确立统一的传播目标，有效发挥各种不同的传播手段，向消费者传达本质上一致的声音，为广告客户提供包括广告传播、公共关系、形象策划、包装与新媒介、直销和 CI 等内容的综合型服务，为企业的整体市场营销战略提供全面的、专业化的服务。这与广告代理兴起之初的简单的媒介代理已有了根本的不同，对当今的广告代理公司无疑是巨大的新挑战。

二、广告代理制的内容

广告代理制主要包括广告公司的客户代理和媒介代理、代理服务的业务范围及代理佣金制等内容，如图 10-1 所示。客户代理和媒介代理，构成了广告公司代理业务的主要范畴。广告代理制的实质，就是在广告业内部进行分工的基础上，确立广告公司的主导地位。其内容包括以下三个方面。

图 10-1　广告代理运作机制

(一)广告公司取得广告代理资格

广告代理的规模可以从一个人的小工作间到雇佣上千人的大公司。较常见的最小代理商一般倾向于在小的市场范围内提供一定的服务。在市场范围较大的情况下，小的代理商一般在服务类型方面专业化，如专事媒体买入或创作性工作，或在市场类型方面专业化，如健康服务、农产品经营或其他类型的市场服务。

大多数广告代理，不论大小，其组织都围绕着一些标准功能设置。下面是大多数代理商的四个最基本功能：财务管理、创作性开发和制作、媒体设计和买入、研究服务。 除上述主要功能领域以外，大多数广告代理提供内部支持服务，如交通、印刷生产、财政服务、人才以及不断增加的直接营销功能等。

1．广告代理机构具备广告代理的资格

广告代理单位必须是专门从事广告经营服务、具有法人地位、自主经营的经济组织。它不依附于任何一个广告客户或广告媒体，处于广告市场关系的中间地位，具有客观、公正的立场。

2．广告代理单位必须拥有足够的资金

只有拥有足够的资金，才能开支经营中的各项费用，并在客户破产或违约的情况下，代客户承担有关的债务。

3．广告代理单位必须拥有开展广告代理业务的专业人员

广告公司必须配备有开展广告活动所需要的各种类型的专业人员，包括广告业务员、文案创作员、美术设计师、创意编导和专业管理人员等。

4．广告代理单位必须具有承办广告代理业务的能力

进行广告代理的广告公司，必须能够满足客户的各种要求，为客户提供全面的专业化服务。既要能够为客户进行广告策划、广告设计、广告制作，还要能够提供与之相关的市场调查、效果测定、销售促进和公共关系策划等服务。

(二)广告公司专职广告业务承揽

广告业务承揽，即由有代理权资格的广告公司承揽广告主的广告业务，这是广告代理制的核心内容。

在广告代理制实行以前，专业广告公司和传播媒介的广告部门均具有广告代理权，就是说广告主可委托广告公司代理，也可直接找传播媒介广告部商议广告创作与发布等事宜。实行广告代理制后，广告主的广告代理业务全由具有代理资格的专业广告公司承揽，即广告主不再直接与发布广告的传播媒介打交道。这时，传播媒介由先前的发布广告、承揽广告和代理同类媒介广告改变为仅仅承揽发布广告，广告业务代理权全部归专业广告公司。在这种情况下，企业只需找广告公司代理广告业务，有关广告发布的事由接受代理的广告公司与媒介部门洽谈。

广告公司一般都拥有策划、创作制作广告和发布广告的专门人才，都能比较负责地解决客户的广告经营问题。但各广告公司在解决所收费用与广告效果方面有很大的差距。因此，广告主把广告业务交付他人代理前，自然要慎重地对代理机构进行选择。

(三)媒介单位专职广告发布

实行广告代理制后，媒介单位的职责只是承担广告发布的任务，自己不再直接从广告主那里承揽广告业务，所有的广告业务必须通过广告公司代理，由广告公司代为承揽。

在广告公司完成广告的创作并经过制作形成广告作品后，经广告主审查同意，即可送到预定的媒介发布，广告媒介则负责按照要求予以刊播。

由于广告公司为广告媒介承揽业务，广告媒介需支付给广告公司佣金，即代理费，同时媒介的广告收益则由广告公司予以保证。如果广告主因故拖延或未付广告费，所造成的损失则由广告公司承担，媒介因此不承担经济风险。

三、广告代理的费用

(一)一般收费

广告代理具有双重代理的性质:一方面,它全面代理广告客户的各项广告活动,在广告代理制度下,广告客户必须委托有广告代理权的广告公司代理其广告业务,不得与广告媒介单位直接联系发布广告(分类广告除外),这样可以有效保证广告客户的广告投入的效益;另一方面,它又代理媒介的广告时间与广告版面的销售,为媒介承揽广告业务,也就是说媒介单位不能直接面对广告客户承接广告的发布、设计和制作等业务,这些活动都应该归属于广告代理公司的业务范畴。

广告公司在双重代理、双向服务的过程中,其劳动收入主要来自为媒介出售广告版面和广告时间而获取的佣金。按国际惯例,代理佣金的比率为:大众传播媒介的佣金比率是广告刊播费的15%,户外媒介的佣金比率为广告刊播费的17.65%。在我国,承接国内广告业务的代理费为广告刊播费的10%,承办外商来华广告的代理费为广告刊播费的15%。

国际广告界在收取广告制作费方面也有一定的标准,即广告客户除了如数提供给广告公司各项广告制作支出外,还要给广告公司广告刊播费的17.65%的加成,这是对广告公司代理其广告制作活动的报酬。而这也正好与媒介代理佣金一致。

(二)新收费制度

虽然广告公司的代理佣金主要来自媒介,其15%的媒介佣金比例是固定的,但这容易引起广告客户的不满,因为对于广告公司而言,媒介传播广告的总费用越高,广告公司的代理收入就越多。为了缓解双方的矛盾,此后又出现了协商佣金制、实费制、议定收费制、效益分配制等收费制度。

1. 协商佣金制

协商佣金制,就是广告客户与广告公司经过协商确定一个小于15%的佣金比例,广告公司在得到媒介广告刊播费15%的佣金后,将超出协议佣金比例的部分退还给广告客户。这在一定程度上保护了广告客户的利益,主要适用于媒介支出费用较大的广告代理业务。

2. 实费制

实费制,就是按照广告公司实际的成本支出和劳务支出计算其广告代理费。广告公司依据各项实际支出的凭证向广告客户如实报销,并根据各项业务所花费的时间获取相应的劳务报酬。同时,广告公司在获得媒介广告刊播费15%的代理佣金后,须向广告客户如实报告,并退出超过其劳务费用的部分。但如果其所获得的媒介代理佣金低于劳务费,则由广告客户补齐所缺部分。

3. 议定收费制

议定收费制是实费制的补充形式,就是广告客户与广告公司针对具体个案,在对广告代理成本进行预估的基础上,共同商定一个包括代理酬金在内的总金额,由广告客户一次性付清给广告公司。此后在实际运行过程中，广告公司自负盈亏，与广告客户无关。议定收费制可以避免广告客户与广告公司之间可能引发的付费纠纷。

4．效益分配制

效益分配制，就是广告公司可以按一定的比例从它所代理广告的实际销售额中抽取相应的利润，但如果广告不能促进销售，则得不到利润回报。这就将广告代理的权利和责任紧密捆绑在一起，使广告公司必须承担广告代理活动的风险。

四、实行广告代理制的条件

实行广告代理制，意味着大部分广告业务要经过广告公司代理，主要媒体不再与广告主直接打交道，不再承接广告业务，而将其广告时间或版面卖给广告公司，而广告公司则要承担起这些媒体的全部广告业务，使广告业走向专业化、社会化和合理分工以及密切协作的道路，对广告生产进行科学分工。在运营上实行代理制需要有以下一些必备的条件。

1．市场经济的发育和完善

广告业的形成和发展，除了政府的提倡和人们广告意识的增强之外，最重要的是市场经济的需要，而广告的运营也受制于市场经济。全面实施广告代理制的必要条件是需要有与之相匹配的完善的市场经济环境和成熟的广告市场环境，没有经济的繁荣，没有发达的市场经济体制和良好的行业环境，广告代理制就不可能顺利推行。

2．广告主广告意识和广告素质的提高

广告公司的业务来源是广告主，广告主的广告意识增强了，才会谋求广告公司为其全面策划代理广告业务，也才会给广告公司提供施展全面策划代理的舞台。我国广告业经过多年的发展，广告公司和媒体大量接受了现代广告观念，在广告意识方面，总体上领先于广告主。很多广告主不懂得怎样花钱，怎样做广告，怎样选择广告公司或媒体，怎样判断一则广告的成败。有的企业虽然也有做广告的意识，但缺乏做广告的素质。

3．打破媒介垄断体制，有效开发媒介资源

广告代理制的实行与否，实行到何种程度，从深层来讲，受广告市场供求关系的制约。一般来说，当媒介寻求的稳定客源和客户所需要的灵活机动的媒介空间和时间二者供求趋于平衡时，中介的代理机能就能充分发挥，否则就会出现倾斜，要么向卖方倾斜，要么向买方倾斜，广告代理制的发生和演变也证明了这一点。

广告业要实行代理制，关键是要改变有效媒介资源偏紧的状况。解决这个问题，除了企业提高广告意识和广告素质之外，核心是要打破媒介的垄断体制，实现公平竞争。

4．提高广告公司的代理能力

广告公司自身的状况和能力是能否成功实行广告代理制的决定性因素。广告公司要靠自己的能力赢得客户，同时又要兼顾到媒体单位的经济利益，与媒体建立良好的合作关系。因此，推行广告代理制，广告公司面临的任务首先是要进入角色，积极引进人才，大胆使用人才，重视人才的价值。

其次，广告公司要改变经营机制和经营策略，要摒弃过去那种小农经济式零敲碎打的经营思想，要靠创意取得稳定的客户，为他们提供全方位、多层面的服务，使之成为媒体广告来源的重要支柱，真正成为广告主和媒体之间的桥梁和纽带。

五、实行广告代理制的意义

广告代理制，是国际上通行的广告经营机制，目前，世界各国的广告行业大都实行了广告代理制。实行广告代理制，无论是从微观上看，还是从宏观上看，都具有十分重要的意义。

(一)微观意义

1. 减轻广告主负担

广告代理制有利于企业减少广告费用开支，精减广告机构人员，减轻企业负担。同时，企业可以借助于广告公司的专业知识和经验，更有效地开展广告活动，提高广告效果。特别是广告公司能客观公正地考虑问题，由广告公司代理广告业务可避免主观的随意性，使广告活动不受主观因素的限制和干扰，从而使广告宣传更加富有成效。

2. 减少广告媒介费用

广告代理制解除了广告媒介的广告创作设计的负担，同时，由于广告公司代广告客户承担经济责任，也就消除了广告媒介的经济风险，而且实行代理制后，广告媒介只需与少数广告公司打交道而不用再面对众多的广告客户，广告媒介的工作量及费用开支也可大大减少。

3. 促进广告公司发展

广告代理制使企业能够自由地选择广告公司，直至满意为止，而各个广告公司之间必然要以取得竞争优势来求得生存和发展。这对广告公司起到极大的鞭策和促进作用，促使广告公司努力提高服务质量和经营管理水平，从而推动广告公司的自身发展和整个行业素质的提高。

(二)宏观意义

1. 有利于提高广告活动的效率

广告代理制实质上是广告业内部的社会分工，适应了社会生产力发展的要求，可以大大节约广告活动中社会劳动的耗费，从而提高广告活动的效率。这是广告代理制之所以能够存在和发展，并成为世界各国普遍采用的广告运营制度的根本原因所在。

2. 有利于广告市场的合理竞争

在没有代理制的情况下，广告公司和广告媒介都可以承揽广告业务，这势必要引起它们之间的相互竞争，而这种竞争是不合理的。一方面，二者之间的竞争不符合公正平等的原则；另一方面，它们之间应是相互合作的关系，竞争将破坏这种关系，导致广告市场的混乱。实行广告代理制，就可避免广告媒介与广告公司的竞争，促使它们更好地合作，共同向前发展。

3. 有利于国家对广告的管理

没有广告代理制，工商企业、广告公司和广告媒介都直接从事广告活动，这就给广告的管理带来困难。广告管理部门要同时将所有的广告主、广告公司和广告媒介都作为管理的对象，假如出了问题，则要同时追究责任。实行广告代理制后，国家只需重点将广告公司作为管理的主要对象，出了问题追究广告代理公司的责任，这就使得管理工作大大简化，从而提高了广告管理的效率。

广告代理制的实行，有利于促进广告行业的科学化、专业化建设；有利于提高广告业的整体水平和消除行业内的不正当竞争，明确广告客户、广告公司、广告媒介各自的权利和义务。只有真正全面推行国际通行的广告经营机制——广告代理制，才能使广告市场的三个主体各司其职，各就其位，充分发挥广告业对经济发展的巨大促进作用。

第二节　广告公司的经营与管理

广告公司是指专门经营广告业务活动的企业，实际上是"广告代理商"的俗称。广告公司的经营管理活动，直接关系着广告主与消费者的利益。

广告公司的经营管理涉及广告公司正常业务活动各环节的管理工作。其主要内容包括广告公司的机构设置与职能划分、行政管理、人事管理、财务管理和广告业务管理等。

一、广告公司的机构设置与职能划分

广告公司的组织机构设置框图如图10-2所示。具有一定规模的广告公司，除了应该设置客户部、创作部、媒介部和市场调查部之外，还应该设置行政办公室，作为公司的管理中枢。

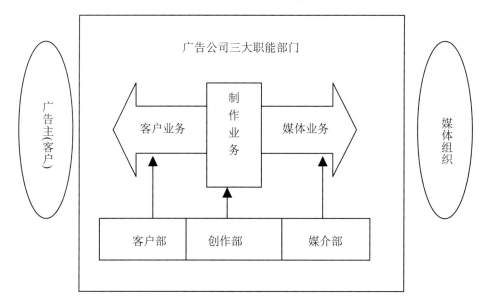

图10-2　广告公司机构设置

在组织机构设置健全的基础上，还必须对各有关部门进行明确的职能划分，把责、权、利落实到具体部门。这样，才可能在分工明确的基础上实现各负其责、协调运行、相互制约和相

互促进。

(一)客户部的职能和人员配备

客户部的任务主要是开拓客户并保持联络，与公司内其他各部门保持密切的联系。客户部是直接与客户发生接触的专职部门，负责接洽客户，协调广告客户与广告公司间的关系。

广告公司的客户部在职能上扮演双重角色，对外代表广告公司的整体利益，对内则代表广告客户的利益。此外，在广告公司内，客户部还应承担公司公共关系方面的工作(在无公关部的情况下)。

客户部的人员配备主要有：部主任、业务主管或经营主管、客户主任、客户经理、业务员、业务协调员等。

(二)创作部的职能和人员配备

创作部的任务是负责广告的创作、设计和制作。他们对客户部和市场调查部提供的有关资料和意见加以分析，依照广告计划的要求，配合消费者的心态，完成创意方案，然后会同客户部和市场调查部，制订出整套广告方案，供客户审核，并在客户审核同意后进行制作，包括拍片、配音、印刷或摄影、绘画等。

该部门一般又可具体地细分为创意、文稿、美工、摄影和制作合成等专职小组或专职人员，各负其责。创意人员搞创作意图，文稿负责广告内容的撰写，美工负责广告绘画和版式设计，摄影人员负责广告摄影、摄像，而制作合成人员则专门负责广告稿的合成制作，包括校对、印刷和配音制作等。

创作部的人员配备主要有：创作部主任、创作组组长、撰稿员、撰稿助理、美工导演、美工导演助理、创作助理员、印刷制作组组长、正稿员、美工、排印、校对、制作助理、影视广告制作组组长、制作经理、演员、制作助理和创意指导等。

(三)媒介部的职能和人员配备

媒介部的任务是根据广告计划，制定广告活动的媒介策略，负责媒介的选择，并负责与有关媒介单位接洽和联络。在广告实施过程中，负责对广告的实施进行监督，检查印刷质量或播放质量。在广告实施后，代理媒介单位向客户部要求收取广告费。

媒介部的人员配备主要有：主任、媒介经理、媒介组组长、媒介计划员和媒介助理等。

(四)市场调查部的职能和人员配备

市场调查部的任务是按照广告活动的要求，对目标市场开展调查，为广告主和广告公司制订广告计划，提供有关市场潜力和市场环境的背景材料，并就有关问题向广告主和广告公司提供咨询意见和建议，为广告决策以至广告主的市场决策提供客观依据。

市场调查部的人员配备主要有：主任、课题组长、调查员、记录员、资料组组长和资料员。

(五)行政办公室的职能

行政办公室的任务是对公司的日常事务进行全面的管理，并对业务部门进行行政监督，提供后勤服务。具体地，行政办公室又可分为计划、人事、财务、审计、机要和后勤等分支部门。这些分支部门在一些特大的广告公司中是单独列为正式的一级行政辅助机构的。

计划部门的工作任务，是具体负责公司的年度工作计划和经营计划的制订，以及监督执行，并负责制订公司的长远发展规划。

人事部门的工作任务，是具体负责公司人员的录用解聘。录用人员时应根据业务部门的需要，进行业务考核和综合级别评定，对具体业务部门的人员使用和定级实施监督。人事部门不参与业务的分工。

财务部门的工作任务，是对公司的财务金融实施全面的管理，监督广告预算的执行，收取广告费用，交纳各种税收，核发人员工资，核算企业盈亏，并对广告活动费用和公司行政性开支实施控制。

审计部门的工作任务，是对公司的财务制度执行情况实施监督，防止公司在经营中出现不规范行为或违法行为，实施广告公司经营中的自律约束。

机要部门的工作任务，是负责公司的文件收发、借阅、保管和归档管理，并为企业建立各类业务档案，检查保密情况。

后勤部门的工作任务，是协助公司业务部门的工作，为各业务部门开展广告活动提供物质支援和后勤保障。

对企业或公司来说，行政办公室是直接为总经理服务的管理中枢，是企业的核心，因此，必须切实明确其职权和工作任务，并配备精明强干、懂得现代管理的工作人员。这样才能保证整个公司处于良好的运转状态，保持较高的管理水平和竞争素质。行政管理部门的组织机构如图 10-3 所示。

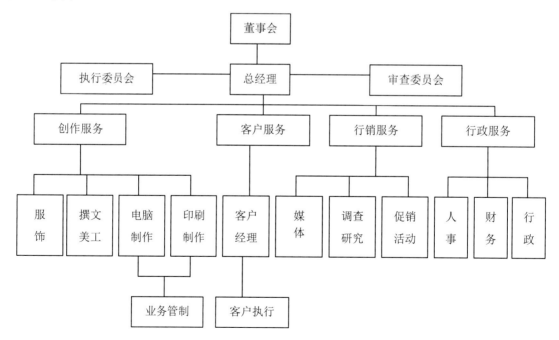

图 10-3　美国电信 4A 广告代理公司组织结构

当然以上列举的是功能齐全、机构配套的大公司的人员配备。对于中小型公司，则采用一人多任的形式，使人员大为精减。

二、广告公司的行政管理

广告公司行政管理的内容，可以用"计划"、"组织"、"控制"和"协调"八个字来概括。行政管理的内容，都是以计划为中心，围绕着计划的制订、计划的组织实施、对计划执行过程的控制、对负责执行计划的具体单位或部门的分工协调来展开的。

(一)计划

计划的制订是行政管理的首要内容，它关系到企业在一个时期内的工作目标和工作部署。行政管理部门制订的工作计划、发展计划、项目计划和财务计划等涉及公司方方面面的计划内容，是企业在一定计划期内的工作指南和战略目标。

企业行政管理部门在制订各项计划时，既要考虑企业自身的发展现状和企业的发展潜力，也要考虑社会经济形势的发展变化。一般而言，经济形势好，前景光明，那么广告客户就会有很多商品需要通过广告公司来扩大销售，制订计划时可以乐观些，以尽量发挥公司的能力、挖掘公司的潜力为准则。

(二)组织

在制订出各项计划之后，行政管理的下一项任务就是组织各项计划的实施。在组织实施阶段，应对各有关部门明确任务分工，提出具体的要求，并在与有关部门协商的基础上，提出计划实施和执行的具体日程表，作为考核各部门工作的依据。

同时，在管理制度上，制定出相应的责任制度，如承包责任制、岗位责任制和目标责任制等管理制度，明确奖惩条例。在依据工作计划和工作日程对有关部门进行考核的基础上，根据考核结果，实施奖惩，奖优罚劣。

(三)控制

行政管理的第三项任务是对各项计划的实施进度进行控制，定期检查工作进展情况。对计划的实施和执行进行控制，是行政管理的重要内容，也是关系到公司的经营管理的大事。计划的实施和执行情况，既是考核有关计划执行部门的工作成绩的重要标准，也是检查工作计划是否严格按要求执行的重要依据。

此外，由于客观原因变化莫测，任何计划都只具有指导意义，而不是十全十美的，因此，通过对计划实施、执行的控制，可以随时发现计划中的不足之处，从而可以及时采取措施，对计划进行修正。总地来说，对计划的实施控制应该以客观条件的变化需要为原则。

(四)协调

行政管理的协调功能包括两方面的内容：一是协调公司内部各部门间的关系；二是协调企业与社会其他企业、社会机构和政府部门的非业务关系。

行政管理对内部各部门间的关系的协调，是以对计划的分工执行和控制为基础的。在执行计划控制的过程中，行政管理部门应该对各部门的计划执行情况和执行进度进行协调，以调整好企业整体计划的实施。同时，还应该对各部门在执行工作计划的过程中在日常事务上所发生的矛盾冲突进行调解，使企业各部门之间能够团结和协调一致，维持企业的稳定和正常运行。

行政管理的另一项协调任务，是协调企业同其他企业、社会机构和政府部门的非业务关系，其主要内容是在维护企业基本权益的基础上，发展同社会各有关单位的友好交往，缓解矛盾冲突，从而为企业争取一个好的生存环境。

三、广告公司的人事管理

人事管理的主要内容是对公司的人员进行管理，其中包括录用、考核，以及定级、晋级和奖惩等。

(一)录用

广告公司因其工作特性，业务人员的流动率相当高，因此，新的职员的录用就是一项为了维持企业的业务水平的稳定和发展必不可少的重要工作。一般来说，在录用新人时，企业人事部门应根据具体的业务需要，会同有关用人部门对应聘者或应征者进行考核，并根据考核结果和各有关用人部门的意见，决定是否录用。

(二)考核

人事考核的内容主要包括人的基本思想素质、业务素质和工作成绩。此外，在国外，对人的发展潜力的评估，也已成为人事考核的一项重要内容。人事考核的结果，是决定企业的人员使用、定级和晋级的客观依据。因此，必须谨慎从事，应建立一套正规化的考核标准和考核制度，并严格执行。

(三)定级、晋级和奖惩

企业工作人员的使用、定级、晋级以及奖惩，是以人事考核的结果为依据的。同样地，为了充分地调动广大职工的工作积极性，发挥其创造才能，企业的定级、晋级工作也必须定期进行。同时，决定定级、晋级和奖惩的标准应该客观公正，要避免发生挫伤职工积极性的事件，尽量做到使定级、晋级和奖惩结果公平合理。

四、广告公司的财务管理

广告公司财务管理的主要内容是：监督广告预算的执行、收取广告费、交纳各种税款、核发职员工资，并对广告活动费用和公司的行政性费用开支实施控制。

(一)广告预算的执行

在制订出具体的广告计划并经广告客户核准后，广告计划的实施就由客户部负责检查监督，而广告预算的执行情况则由主管财务的专业部门实施监督。广告活动过程中，每一个阶段的费用开支都必须控制在广告预算所分配的费用额度的范围之内，广告活动在任何阶段对广告预算的分配额度的突破，都将带来财务上的困难。因此，加强对广告活动费用开支的控制和加

10

强对广告预算执行情况的监督，是具有同等意义和相辅相成的。

(二)收取广告费

在广告活动进行完毕之后，广告公司必须向广告主收取广告费用。其中，大部分交给广告媒介单位，作为媒介租金，小部分留给企业，作为广告代理的佣金。收取广告费的标准，应该按媒介单位的标准执行。目前，国内的媒介给广告公司的佣金为15%。有时，由于广告主滞纳广告费，会造成广告公司的垫付，因而，广告公司在财务上加强广告收费的管理工作尤为重要。

(三)控制行政性费用开支

为了维持企业的正常运转，必须支付相当数量的日常行政性费用开支。广告公司的利润率是很低的，许多大的跨国广告公司的利润率往往只能达到1%～2%，因此，加强对企业工资总额的控制核算，控制企业行政性费用开支，也是财务管理的重要内容。

(四)税务管理

税务管理也是企业财务的重要内容。遵照税法精神和有关税务管理机关的规定，准确核算企业的应缴税收额，并按时申报缴纳，是企业财务的工作职责。加强对企业税务的自我审计和管理，避免漏报或多报税收，是确保企业利益、维护企业信誉的重要保证。

五、广告公司的业务管理

广告公司的业务管理主要有两方面的内容：一是加强对企业内部各业务部门的业务工作管理，二是加强对广告客户的开发管理。这两方面的管理内容也是相辅相成的，一方面是广告公司的业务管理水平决定其开发客户的能力，另一方面是广告公司的业务管理又是建立在为广告客户服务的基础之上的。

(一)广告公司内部业务管理

广告公司的内部业务管理又可分为两个方面的内容：一方面是加强企业业务部门的具体业务工作过程的管理；另一方面是加强人员培训，促进企业整体业务水平的提高。

业务部门业务工作过程的管理，主要是建立相应的业务工作规范和制度，要求业务工作人员严格按照业务工作的要求进行工作，以良好的精神状态、高超的技艺和认真负责的态度为广告主提供优良的服务。

(二)开展业务活动

广告客户的管理，对开展广告业务活动也是至关紧要的。广告客户是广告公司的工作对象，他们之间存在着相互依存、相辅相成的关系。在客户开发中，广告公司的最大竞争力，也就是对广告客户最具吸引力之处，在于能够制作好的广告和具有优良的服务态度。因此，对广告客户的开发管理，应以广告公司的自身业务管理为基础，努力提高广告的制作水平，改进服务态度。

此外，在广告开发中，还应该注意了解广告客户的信誉、经营状况和管理水平。这样，可以避免因为承揽了处于危机状况的广告主的业务，而使广告公司承担信用风险。

靠什么经营广告公司

广告业是一个智力型产业。广告公司靠经营什么来赚钱，获取利润，维持发展，靠的是员工的"智慧"。智力型的企业完全依靠"人"来创造价值，其经营和管理模式不能机械化，要实现"人性化"管理，争取做到"求同存异"。

广告行业不同于一般生产型企业。一般生产型企业以大量的流水线工作为主，其经营和管理更多的要求做到"标准执行"，不需要员工有过多的创新，只要按照规章制度做好自己的工作即可。广告行业则不一样，企业需要不断创新，不断挑战，以取得突破性的发展。因此，经营广告公司不能太循规蹈矩，要分析自身的优势，发挥公司的特长，发挥每个员工的特长。智力型的广告产业，要求知识的密集化、多元化，独特化，在公司管理中，要做到"求同存异"，让大家共同来适应公司环境，发挥特长。

广告业是一个个性化产业。作为广告公司，从内部的文化、管理、装潢、着装到外部的宣传、形象、活动等，都充满鲜明的个性文化。奥美的红与黑、梅高的马桶精神、叶茂中的帽子、许舜英的意识形态等，都代表了广告行业的个性特征。这种个性的广告产业，就需要经营和管理者因地制宜，量体裁衣。很多本土的广告公司学习国外的4A公司，结果是搞得四不像，没有了自己的特色，其公司实际经营效果也并不理想。

归其原因，中国的广告环境和经济环境与国外不同，最关键的是，中国人的思想和思维方式与西方不一样，不能全部按照他们的理论和方法来经营和管理公司，而必须树立自己的个性，打造出适合自己公司和中国环境的广告特色。

广告业是一个服务型产业。作为服务行业，广告公司的经营与管理具有它的特殊性，广告公司的一切作业都紧紧围绕产品销售。既然是服务产品销售，那么广告公司经营的业务就应该专业化、细分化。产品销售涉及产品的包装、产品的广告、产品的渠道和产品的推广等内容，作为一个广告公司而言，应提供最擅长的一面来服务客户，做到专长、专业、专注。

虽然现在有一些国际性广告公司是综合性服务，实际上它们只是综合性代理而已，具体的业务将会转包给专业的公司。只要把自己公司的特色服务做专业了，那么将来就会吸引很多客户。广告作为服务型产业，在未来的经营与管理中，要审视行业发展，洞察行业趋向。坚守公司特长服务的时候，要不断创造新的服务，满足企业的需求。这样才能长期发展，并做强做大，实现综合实力的快速提升和发展。

对于广告公司的内部经营与管理，公司领导人要发挥沟通的作用，创造沟通的环境，让大家在发挥个性的同时，实现求同存异。

（资料来源：http://www.globrand.com/2008/85523-2.shtml）

（1）广告经营，是指各类广告代理公司、广告制作机构以及各类媒体单位，经过国家广告管理机构批准，利用一定的技术和设备，为广告主提供广告策划、设计、代理或发布方面的服务，并从中获取经济收益的行为。

（2）广告经营的业务范畴和活动形式随着广告产业的发展而不断扩大和增多，现代广告经营涉及的范围很广，甚至包括公共关系、促销、CI 策划与执行等所有营销传播业务活动。

（3）广告代理制是指在广告活动中，广告代理方（广告经营者）在广告被代理方（广告客户）所授予的权限范围内来开展一系列的广告活动，就是在广告客户、广告公司与广告媒介三者之间，确立广告公司为核心和中介的广告运作机制。在这种制度下，广告公司通过为广告主和广告媒介提供双重服务，发挥其主导作用。

（4）广告代理制的实行，有利于促进广告行业的科学化、专业化建设；有利于提高广告业的整体水平和消除行业内的不正当竞争，明确广告客户、广告公司、广告媒介各自的权利和义务。

（5）广告公司是指专门经营广告业务活动的企业，实际上是"广告代理商"的俗称。广告公司的经营管理活动，直接关系着广告主与消费者的利益。

（6）广告公司的经营管理涉及广告公司正常业务活动各环节的管理工作。其主要内容包括广告公司的机构设置与职能划分、行政管理、人事管理、财务管理和广告业务管理等。

（7）广告公司行政管理的内容，可以用"计划"、"组织"、"控制"和"协调"八个字来概括。行政管理的内容，都是以计划为中心，围绕着计划的制订、计划的组织实施、对计划执行过程的控制、对负责执行计划的具体单位或部门的分工协调来展开的。

（8）广告公司人事管理的主要内容是对公司的人员进行管理，其中包括录用、聘任、考核，以及定级、晋级和奖惩等。

（9）广告公司财务管理的主要内容是：监督广告预算的执行、收取广告费、交纳各种税款、核发职员工资，并对广告活动费用和公司的行政性费用开支实施控制。

（10）广告公司的业务管理主要有两方面的内容：一是加强对企业内部各业务部门的业务工作管理，二是加强对广告客户的开发管理。

一、名词解释

1．广告经营

2．广告代理制

3．广告公司

二、简答题

1．什么是广告代理制？为什么要实行广告代理制？

2．广告代理制的费用如何收取？

3．列举国际、国内一些重要的广告团体。

4．广告代理公司如何进行双重代理？

三、论述题

1．结合实际，探讨我国的广告经营管理中存在哪些问题？应如何解决？

2．广告公司的经营与管理的内容是什么？

3．论述在我国全面推行广告代理制的必要性及其重要意义。

四、实训题

深入了解一个广告公司的组织结构、业务流程和日常管理方面的情况，对照本章所学的内容，分析其内部管理和经营运作是否合理。

 实训案例

案例1：广告人的社会责任

中国温州服务企业森马一时冲动，推出一个广告，广告语："我管不了全球变暖，但至少我好看！"此语一出，让它最初想象中的受众"80后"也反感起来，认为这家企业不关心我们生存的地球前景，没有社会责任感。于是，森马公司受到了社会公众的指责和声讨。

声讨的范围继而波及广告人，有人说，"缺德的广告人，人人喊打"，这不禁让人替广告人担忧。

森马广告中表现的漠不关心观，让它吃到了意料之外的苦头，有的消费者顺着森马的漠然说："我管不了全球变暖，但至少我不买森马。"这些负面信息的堆积，促使森马很快做出了危机公关行动，主动通过媒体向公众公开道歉，表示考虑不周。

案例点评：

在森马广告的这场风波中，有没有值得广告人检讨的地方呢？很显然，该检讨的地方很多。在广告主和广告人的关系中，广告人是为广告主服务的，在某种程度上讲，广告主决定着广告公司的生死。于是很多广告人对广告主百依百顺，从而失去了自己独立的思考，所做的一切都是为了迎合广告主合理的和不合理的需求。

这种迎合无可厚非。但一个企业在发展中，对社会责任感的追求是其发展的第一要义。现在都在谈企业的社会责任感，广告公司属于企业的阵营，自然也应承担起社会责任。广告人在自己创作的广告作品中，有可以不说的真话，但绝不能说假话，完全可以在自己的作品中充分地或有所保留地诠释自己的社会责任感。只有这样，广告人才能真正得到社会的尊重。

讨论题：

结合案例分析，广告人为什么应具备一定的社会责任感？不具备社会责任感的广告人，对广告业的危害是什么？

案例2：李奥·贝纳广告公司的经营之道

自1935年8月5日李奥·贝纳公司开张以来，苹果就已经被李奥·贝纳公司用来表示对来访者的欢迎。那时正值美国经济大萧条最严峻的日子，而特别的乐观主义者李奥·贝纳和他的8个伙伴第一次打开了他们新组织的广告公司的大门。为了使这个地方增添亮色，接待员陈列了一篮苹果，当话题开始围绕大萧条的时候，李奥·贝纳就把苹果送给他的来访者。有一则新闻曾这样批评过："李奥·贝纳从把苹果送掉转为开始卖苹果已为时不远。"

公平地说，除了李奥·贝纳和他的追随者之外，这则新闻只是反映了当时人们显而易见的想法：在经济萧条时期开个广告公司是最为愚蠢的事。但是这些反对者们不能理解李奥·贝纳的思想和逻辑："当你陷入经济谷底的时候，唯一走出的办法就是向上。"李奥·贝纳是正确的。

从那个时候起直到今天，李奥·贝纳公司已经能够同世界上任何一家最大的广告公司抗衡，而这些苹果依然每天放在公司的办公桌上，公司依然把它们提供给每位来访者和雇员。在最近的10年，芝加哥总部就送出200多万个苹果，每个工作日需送出1000多个。李奥·贝纳公司在全世界的办公室也遵循了这一仪式。

案例点评：

广告业作为服务型产业，要提高公司的竞争力，除了要为客户提供高水平的广告作品外，还要注意提高公司员工的凝聚力，激发员工的潜在创造力。对外还要树立良好的公司形象，提高公司的吸引力和亲和力。李奥·贝纳公司的做法应是一个很好的启示。

讨论题：

1. 广告公司经营的根本宗旨应是什么？
2. 广告公司经营中，你认为最重要的是哪几个方面？举例说明。

第十一章

广告管理

学习要点及目标

- 掌握广告管理的含义和特点
- 理解广告管理的意义
- 了解广告管理法规的内容
- 掌握广告行业自律的含义和特点
- 掌握广告行业自律的内容
- 掌握现代广告监督管理的形式
- 掌握现代广告监督管理的作用和特点

核心概念

广告管理　　广告行业自律　　广告监督管理

引导案例

强生化妆品虚假宣传遭罚

2012年7月24日，孝感工商局执法人员在该市开发区某化妆品经营部检查发现，"强生"牌婴儿双效特润霜宣称"医学证明，纯正温和，有效抵御寒冷干燥的环境，绝少刺激，易吸收，表皮含水量与使用前相比增加一倍"的广告语。另一款"强生"婴儿牛奶营养霜也宣称"医学证明，纯正温和；通过皮肤测试，低敏低刺激"，涉嫌作引人误解的虚假宣传。于是，工商部门依法展开调查。

次日，该局通过邮政特快专递给远在上海的该公司下达《询问通知书》。该公司回函说，这两样产品不是他们生产销售的。8月17日，该局又以打假名义，分别将查获的"强生"婴儿双效特润霜和"强生"婴儿牛奶营养霜实物各一袋，通过邮政特快专递发送给该公司，请他们鉴定真伪。不久，该公司质量保证部出具鉴定报告，证明这两样化妆品均属他们公司生产销售的商品。

随即，孝感工商局要求强生公司提供其产品的医学证明和相关认证，但该公司逾期未能提供。为此，孝感工商局以特快专递方式向强生公司下达《行政处罚决定书》，责令其停止违法行为、消除影响，处以罚款8万元。记者昨悉，该公司近日已将8万元罚款汇到了工商部门指定账户上。

（案例来源：http://news.xinhuanet.com/yzyd/food/20130202/c_114590812.htm）

案例导学

根据相关法规和标准规定，化妆品标签标识内容应当真实，不得有虚假夸大、明示或暗示对疾病的治疗作用和效果的内容，不得使用医疗术语，不得对消费者产生误导。　"强生"公司利用年轻父母呵护儿童的心理和使用医学术语误导消费者，而作为消费者也要保持清醒的头脑，对产品功效应有一个正确的、理性的认识和合理的预期，不要轻易相信那些效果"神奇"的服务或产品，尽量做到明明白白消费、合理有效维权。

第一节　广告管理概述

一、广告管理的概念

(一)广告管理的范围

(1) 宏观的广告管理，主要是国家、社会等对广告活动进行指导、控制和监督。

(2) 微观的广告管理，是指广告业的经营管理，这属于广告公司的业务运作范畴。在讨论广告管理时，一般是指广告的宏观管理，也称为广告规制。

(二)广告宏观管理的含义

广告的宏观管理有广义与狭义之分。从狭义上说，广告宏观管理是国家行政管理机关依据有关法规，对广告传播和广告经营活动进行的管理。广义的广告管理，就是指能够对从事广告活动的机构和人员行为，发挥监督、检查、控制和约束作用的法律、法规、社会组织或个人、社会舆论与道德等的管理。这既有国家行政部门的主管，又有行业规则的保证，还有广大消费者的监督，就能确保广告管理的有效实施。

二、广告管理的特点

广告管理是管理理论在广告活动中的具体应用，既具有一般管理科学的共同特点，也有自身的内在规律。与一般管理相比较，广告管理无论在对象、方法，还是在内容上，均有自己独立的规律体系。由于广告管理的对象、方法、内容和范围的独特性，决定了广告管理具有自己独有的不同于其他管理的特点。我国是社会主义国家，实行具有中国特色的社会主义广告管理，主要具有以下主要特性。

1. 广告管理的本质具有法制性

广告监督管理要运用广告法律法规和各种具有法律性质的社会行为规范来对整个广告业和广告活动进行监督、制约、调控，而各种法律法规是国家意志的体现，具有规范性、权威性和强制性。

2. 广告管理的内容具有广泛性

广告监督管理的内容随着广告业的发展不断拓宽，一方面，广告业作为联系社会生产与社会生活的重要环节，随着社会主义市场经济的发展，在国民经济中发挥着越来越重要的作用，广告业的发展程度也已成为衡量一个国家或地区经济发展水平的重要标准；另一方面，广告业的发展，使得广告业的结构、分工、活动范围和方式也在进行调整和变化。

从广告业的发展趋势来看，广告业的结构调整越来越趋向合理，广告活动的范围和方式从单一变得越来越复杂，为了适应广告业的这种发展变化，广告监督管理内容，也由单一变得越来越广泛。广告监督管理的内容不仅包括对从事广告活动的主体的资格进行的监督管理，如依法确立广告活动主体的经营资格地位，撤销从事违法广告活动主体的资格，而且还包括对广告活动主体的各种宣传活动、经营行为和发布行为进行监督管理。

3. 广告管理的对象具有特定性

广告监督管理是对广告活动的主体及其广告活动进行的监督管理。因此，从事广告活动的广告主、广告经营者、广告发布者及其广告活动，就成为广告监督管理的特定对象。不从事任何广告活动的工商企业、事业单位、社会团体和个人不属于广告监督管理的范畴。这一特定的管理对象就使得广告监督管理与其他的工商行政管理活动有所区别。

4. 广告管理的手段具有多样性

不同部门对广告活动采取不同的管理方法和手段。工商行政部门对广告主、广告经营者和广告发布者及其广告活动的监督管理具有行政执法的特点，即在监督管理活动中，通过教育与处罚、管理与服务，监督、检查、控制与指导等手段和方法，规范广告活动，维护社会经济秩序。

5. 广告管理的后果具有强制性

广告监督管理活动是国家意志的体现，用法律法规作为其依据和后盾，保证广告监督管理的权威性。因此，广告主、广告经营者、广告发布者及其所进行的广告活动，必须依法而行。对于弄虚作假、欺骗消费者的广告违法行为，广告监督管理机关有权依据法律根据其广告活动所造成后果的危害性大小做出行政处罚、经济处罚，对于情节严重、影响恶劣、构成犯罪的，将由司法机关追究当事人的刑事责任。

三、广告管理的意义

广告管理是伴随着广告业的发展、广告活动的进步而产生并逐步健全的。加强广告管理，对于广告行业自身，以及经济繁荣和社会文明等各方面，都有着重要意义。

1. 保证广告业的健康发展和正常运行

现阶段，我国社会主义广告业发展得很迅速，是知识密集、人才密集和技术密集的新兴产业，对经济起了巨大的推动作用。但是，在迅速发展的过程中，还不可避免地会出现一些消极现象和不健康因素，如果对其不加以重视，不进行有效管理和干预，那么这些不利方面就会成为我国广告业进一步发展的严重障碍。

广告管理是国家发展广告业的方针、政策得以落实的具体措施和手段，只有通过广告管理和立法，才可能抑制各种消极现象和不利因素，排除障碍，推动广告业沿着健康的轨道运行。

2. 保护消费者的合法权益

广告是信息传播的重要手段，它对消费者购买、使用消费品以及对生产、生活都有重要影响。广告是否真实、是否合法、是否健康，对消费者利益有着直接的影响。

广告管理就是要对广告传播行为进行监督，对广告活动主体的各方严格要求，使广告主、广告经营者和广告发布者从思想上、认识上能够重视发布违法广告的危害和后果，震慑和打击各种广告违法分子，从而保障消费者和用户的合法权益。这也是广告管理和广告立法的最终目的。

3. 维护行业参与者与合法企业的权益

良好的社会经济秩序，不仅是社会经济活动正常运行的前提，也是社会稳定和繁荣市场的基本保障。广告管理通过广告法规、行业自律、社会监督机制协调运作的方式，使国家发展广告事业的各项政策、方针得以顺利贯彻、实施。全面系统的广告管理，不仅使国家的广告发展规划、发展目标、发展重点得到进一步落实，还能够使广告行业的发展同整个国民经济和社会发展相适应，从而促进广告业朝着健康、有序的方向发展。

4. 维护社会的经济秩序并正确引导消费

良好的社会经济秩序，不仅是社会经济活动正常运行的前提，也是社会稳定和繁荣市场的基本保障。广告作为一种竞争手段，其形式与内容是否合法，对社会经济秩序有着直接的影响。而完善广告法规，通过行政、社会和行业等多方面加强广告管理，就能在保护企业的合法权益、抵制不正当经营、促进竞争、推动经济发展等方面产生积极作用。

正确、健康的广告信息传播，是推动我国社会主义精神文明建设的重要部分，需要重视和加强。在我国恢复广告活动二十多年来，在防止广告内容和表现形式不健康、不道德、可能带来消极后果等方面做了大量工作，但仍有许多不足之处。如果对那些利用大众传播媒体和其他传播渠道，毒化社会空气、污染生活环境的恶俗广告缺乏管理，就会对社会和消费者造成极大的精神污染，甚至出现误导消费等情况。加强对广告的管理，制止或取缔这种不健康的广告，可以有效地防止精神污染，推动社会主义精神文明建设的发展。

四、广告管理的对象

广告管理的对象主要包括广告活动主体和广告活动自身两大部分。

(一)广告活动主体

广告主、广告经营者、广告发布者是广告活动的行为主体，其所从事的广告活动均应承担基本法律义务，当然也就是广告管理的对象。

1. 广告主

从广告学的角度来看，凡是自制或出资委托他人发布广告的单位或个人，均称广告主。根据我国法律规定，目前限定在以直接或间接推销商品或服务为最终目的，在商业广告范畴内，自行或者委托他人设计、制作、发布广告的法人、其他经济组织或者个人。

2. 广告经营者

广告经营者主要是指接受广告主、广告发布者的委托，提供广告服务，从事广告设计、制作和代理等业务活动的法人、其他经济组织或者个人。

3．广告发布者

广告发布者实际上就是大众传播媒体单位和经营其他广告媒体的企业组织。在我国大众传播媒体，是党和政府的舆论机关，要进行正确的舆论引导，同时也利用自身媒体优势为广告主发布广告，销售空间或时间，收取一定的费用，这是一种经营行为，应该纳入广告管理的范围，接受相应的监督和管理。广告发布者只能是法人或其他经济组织。

(二)广告活动自身

广告活动自身也称为广告本体，是指作用于广告客体并实现广告主与消费者沟通的一切预期目标的物质实体和它们在预先安排下，受到各种内在和外在因素影响而形成的全部的运动过程。包括广告运动、广告活动和广告作品三个层面。

(1) 广告运动，是指在相当长的一段时间内，广告主为实现长远的广告目标，按照一定的广告战略持续开展的广告活动的总和。所有的广告活动都是有机联系的，统一在广告战略之下。广告计划时间长，内容复杂，需要有广告战略统筹。

(2) 广告活动，是指广告主为实现短期的效益目标，在相对较短的时间内，按照一定的广告策略开展的单项广告活动。广告活动具有较大的独立性，广告计划时间较短，内容较为单一，主要以广告策略为支撑。

(3) 广告作品，是指直接提供给广告媒体发布并直接为广告受众接触，对其发生作用的广告物质实体。广告作品或为广告运动服务，或是广告活动的组成部分，广告战略决定其发布程序，广告策略决定其内容和表现方法。

作为广告管理的对象，对广告运动、广告活动的管理，主要是广告交易过程的管理，并更侧重于广告作品及其内容的管理，如广告采用了哪些表现形式，信息内容如何，是否符合法规与道德的规范，是否侵害同行业和广大消费者的正当利益，是否对社会经济秩序造成危害等。

五、广告管理的方法

广告活动既有别于其他经济活动，也有别于新闻等信息传播活动，这就形成了适应广告活动的管理方法，主要有法律、行政、经济、以消费者监督为主的社会监督、行业自律和道德教育等方法。

(一)政府法律管理

1995 年 2 月 1 日正式施行的《中华人民共和国广告法》，是我国目前管理广告的最主要、最权威的专门法律，任何从事广告活动的单位和个人都必须认真贯彻实行。同时施行的广告管理法律、法规、规章以及规范性文件，现已有一百多种。这些法律法规和文件，使我国广告管理工作日趋体系化，也是指导、制约和处理广告活动的依据。

广告从业人员需要遵纪守法，自觉地在国家允许的范围内开展广告业务活动，各级工商行政管理部门则根据这些法律法规的内容，运用行政手段对广告活动进行监督、检查、控制和指导。

(二)广告行业自律

广告行业自律是指广告行业的自我监管。它是广告业发展到一定阶段的产物，是目前世界通行的一种行之有效的管理方式。

广告行业自律是由广告主、广告经营者和广告媒体自发成立的民间性行业组织，通过自行制定的广告行业自律章程、公约和会员守则等一系列规则，对自身从事的广告活动进行自我约束、自我限制、自我协调和自我管理。广告行业的自律具有非强制性、道德约束性和灵活性的特点。广告行业自律组织一般有广告公司协会、广告主协会和广告媒体协会等。广告行业自律在加拿大、法国、英国等广告业发达的国家十分盛行。

广告自律有助于企业减少广告中夸张和误导性承诺，从而加强广告的效果，可以减轻政府监管工作的压力，可以促使广告主出于自我保护的目的，对违法广告进行积极的监督，客观上起到了保护消费者的作用。

(三)社会监督机制

广告的社会监督机制，是指社会各界和消费者组织，按照国家广告管理的法律、法规，对广告活动进行日常监督，对违法或虚假广告向政府广告管理机关举报与投诉，并向政府立法机关提出立法请求与建议。广告的社会监督包括消费者组织监督、广大群众的监督和舆论监督三个层次，其中最主要的是消费者组织对于广告的监督。

消费者组织是维护消费者权益的强有力组织。我国的消费者组织是中国消费者协会和各地设立的消费者协会。近些年，消费者组织在广告监管中发挥的作用越来越大，成为广告社会监督的重要力量。

实践证明，消费者自我保护意识越强，越能够自觉地对广告进行监督。随着各国消费者运动的深入开展，越来越多的消费者提高了自我保护意识，积极进行广告监督。广大群众的监督促进社会监督的不断发展。

(四)教育与处罚结合

注意加强平时的教育培训，如定期举办业务培训班，学习有关广告法规政策，主管部门及时下发传达各种文件材料，提醒广告业务中应该注意的问题等，使企业、媒体和广大广告从业人员能够充分了解广告管理的重要性，熟知广告管理的有关内容，做到"防患于未然"，自觉规范广告业务活动，这样的举措是比法律制裁、行政和经济处罚更为有效的方法。

采取处罚的方式来加强管理，也是必要的手段。处罚也是一种教育。例如，运用经济手段，也能为调节和控制广告活动发挥一种杠杆作用，通过税收、价格、奖惩等方式，也不失为实施广告管理的有效方法。

第二节 广告法规管理

一、广告法规管理概述

(一)广告法规管理的历史

广告法，是调整广告活动中广告主、广告经营者、广告发布者三者之间关系的法律规范的总称。广告管理法规的出现是市场经济发展到一定阶段的产物，是广告事业发展的需要。在我国，广告法规起步较晚，广告法规的建立健全则是近十几年的事情。

1982年6月，国务院颁布《广告管理暂行条例》，1987年10月26日，国务院正式颁布了《广告管理条例》，于1987年12月1日起施行。根据《广告管理条例》，1988年1月9日国家工商行政管理总局发布了《广告管理条例施行细则》，中华人民共和国第八届全国人民代表大会第十次会议审议通过了《中华人民共和国广告法》(以下简称《广告法》)，并于1995年2月1日起施行，从而使我国的广告业走上了法制化轨道。

(二)广告法规管理的立法目的

我国广告法立法目的就是依法保护正当广告活动，防止和打击虚假广告现象，充分发挥广告的积极作用，充分保护消费者的合法权益，促进我国广告业的健康发展。《广告法》属于广告界的根本大法。《广告法》的出现，使我国广告业的发展真正达到了有法可依、有法可循的状态。《广告法》与以往国家行政部门颁布的有关法规构成完整的广告法管理体系。

《广告法》的制定和实施，标志着我国广告管理真正纳入了法制化轨道，对于进一步促进广告业的健康发展，充分发挥广告在社会主义市场经济中的积极作用，加强广告业的管理，规范广告活动，制止虚假广告和不正当竞争行为，维护广大消费者的合法权益，促进两个文明建设，具有十分重要的意义。

二、广告法的主要法律规定

(一)广告法对商品、服务广告的基本法律要求

1. 广告不得有下列情形

(1) 使用中华人民共和国国旗、国徽、国歌。

(2) 国家机关和国家机关工作人员的名义。

(3) 使用国家级、最高级、最佳等用语。

(4) 妨碍社会安定和危害人身、财产安全，损害社会公共利益。

(5) 妨碍社会公共秩序和违背社会善良习惯。

(6) 含有淫秽、迷信、恐怖、暴力、丑恶的内容。

(7) 含有民族、种族、宗教、性别歧视的内容。

(8) 妨碍环境和自然资源保护。

(9) 法律、行政法规规定禁止的其他情形。

2. 为保护消费者合法权益的规定

为了切实保护消费者的合法权益，防止利用广告对消费者进行欺骗和误导，广告法规定广告对商品性能、产地、用途、质量、价格、生产者、有效期限允诺，或者服务的内容、形式、质量、价格、允诺有表示的，应当清楚明白。表明附带赠送礼品的，应当标明赠送的品种和数量。使用数据、统计资料、调查结果、文摘、引用语，应当真实、准确，并表明出处。涉及专利的应当标有专利号和专利种类，禁止使用专利申请和已经终止、撤销、无效的专利做广告。

3. 关于公平竞争的规定

为了维护公平竞争秩序，《广告法》规定：广告不得贬低其他生产经营者的商品或者服务。

4. 对广告表现手法的规定

在广告的表现上，规定广告应当具有可识别性，能够使消费者辨明其为广告。特别规定，大众传播媒介不得以新闻报道形式发布广告，通过大众传播媒介发布的广告应当有明显的广告标记，与其他非广告信息相区别，不得使消费者产生误解。

(二)广告法对重点商品广告的法律要求

有些商品比较特殊，与人民健康和生命密切相关，比如药品、医疗器械、农药、烟草、食品和化妆品等一些重点商品广告以及其他法律、行政法规中规定的应当进行特殊管理的商品。对这些特殊商品，广告法规中一般有比较明确的特殊规定。

1. 医药广告的法规管理

药品、医疗器械是一种特殊的商品，直接关系到人的健康与安全，所以许多国家在广告法规中都有比较详细的限制规定。在《广告法》中明确规定：国家规定的应当在医生指导下使用的治疗性药品广告必须注明："规定按医生处方购买和使用"，麻醉药品、精神药品、毒性药品、放射性药品等特殊药品，不得做广告。

【案例 11-1】

玉丹，虚假专家医师形象广告

上海玉丹药业有限公司在公司自设网站上制作网页广告案例，推销玉丹荣心丸等药品，网站广告中含有"专家和医师参与提供全程医药指导"的内容，以杜撰的专家医师形象与患者进行交流互动，达到介绍产品功效的目的，工商部门依法对该虚假广告作出罚款 3 万元的处罚决定。

(案例来源：http://www.umgr.com/Blog/PostView.aspx?bpId=26379)

案例解析

《广告法》规定，利用电视、广播、报纸、杂志和其他印刷品以及路牌发布推荐给个人使用的药品广告，必须标明对患者的忠告性语言"请在医生指导下使用"。而此案例中 "专家和医师参与提供全程医药指导"的内容，以虚假专家和医生的身份对消费者产生误导，已经构成了虚假广告。

医疗广告管理办法

医疗广告须事先经卫生部门审查同意才能发布。按照医疗广告管理办法的规定，医疗广告不允许宣传诊疗技术、诊疗方法和诊疗效果，凡医疗广告中含有这些内容的，均构成违法医疗广告。

2. 食品法规管理

食品是人类生存的最基本保障，所以食品的广告法规管理显得尤为重要。内容包括：申请发布涉及食品成分、营养及其他具有食品卫生科学内容的广告，应持有食品卫生监督机构填发的《食品广告审批表》，工商企业发布食品广告应出具《食品卫生许可证》，国外企业在我国境内进行食品广告，一般应持《进口食品卫生许可证》向省或省以上食品卫生监督机构申办"食品广告审批"。在《广告法》中规定：食品广告不得使用医疗用语或者与广告药品混淆的用语。

【案例 11-2】

食品广告禁止宣传治疗作用

2006 年 2 月，火锅店业主李某为吸引更多食客，制作了"山珍火锅"印刷品广告，并通过某城市晚报夹带投放。广告中称，野生食用菌有保健、治疗功效，山珍火锅可以"益智健脑、美容减肥、延年益寿、治病防癌"等。工商行政管理机关接到举报后，查证了上述事实，认定李某的行为违反了《广告法》、《食品广告发布暂行规定》的相关规定，责令其停止违法行为，并对其作出了罚款 1000 元的行政处罚决定。

(案例来源：http://xh.xhby.net/mp1/html/2006-07/29/content_4783899.htm)

案例解析

食品的生产和销售必须达到国家规定的有关卫生标准。《食品卫生法》规定，食品不包括以治疗为目的的物品。基于以上两点，《广告法》第十九条规定，食品广告的内容必须符合卫生许可的事项，并不得使用医疗用语或者易与药品混淆的用语。食品广告不得使用医疗用语或者易与药品混淆的用语，包含以下两方面的意思：一是食品广告不得使用易与医学用语混淆的用语；二是食品本身虽然可以加入既是食品又是药品的物品，但是仍不能宣传疗效，仍禁止使用医疗用语或者易与药品混淆的用语。因为国家对药品及药品广告的管理比食品及食品广告更为严格。《食品广告发布暂行规定》进一步明确，食品广告不得出现与药品相混淆的用语，不得直接或者间接地宣传治疗作用，也不得借助宣传某些成分作用明示或者暗示该食品的治疗作用。本案例中，李某将食品与医疗、药品相混淆，宣传普通食品的治疗作用，违反了《广告法》的规定，理应受到查处。

3. 烟酒广告的法规管理

"吸烟有害健康"这一观点已普遍被社会公众接受。对烟草广告进行严格的法规管理，这是一个国际发展趋势。我国《广告法》中明确规定："禁止利用广告、电影、电视、报纸、期刊发布烟草广告。禁止在各类等候室、影剧院、会议厅堂、体育比赛场馆等公共场所设置烟草广告。烟厂的馈赠实物广告必须报市以上工商行政管理部门批准，凡是以烟草企业名称或卷烟商标名称的名义举行的赞助广告活动，必须经省以上工商行政管理机关审查批准。"

世界一些国家对烟酒广告的规定

1989 年，世界卫生大会号召全面禁止烟草广告。欧洲共同体和美国、新西兰、德国、西班牙等 20 多个国家全面禁止烟草广告，没有全面禁止烟草广告的也对烟草广告进行了严格的限制。例如，欧共体于 1993 年 3 月 30 日通过一项草案，要求共同体各成员国遵循以下四项规定：任何烟草制品广告必须说明吸烟有害健康；广告仅限于展示烟草制品的包装；禁止在为 18 岁以下青少年发行的刊物上登载烟草制品广告；禁止通过报刊和招贴为烟草制品做任何间接广告。

《英国广告活动准则》中规定：香烟广告不得谋求劝人们开始吸烟；香烟广告不得鼓励吸烟者多吸烟或者过度吸烟；香烟广告不得夸大吸烟的吸引力；广告不得宣扬或暗示吸烟有益健康或者对健康无害；任何香烟广告均不得刊登在任何纯青年出版物或主要读者对象是青年人的刊物上；广告不得以青年人心目中的英雄人物为模特。

我国广告法规中对酒类广告有严格的限制，其规定：40 度以上(含 40 度)酒除销售现场，原则上不允许广告，国家级、部级和省级优质烈性酒须经省一级工商行政管理局或其授权的省辖市工商行政管理局批准。39 度以下(含 39 度)酒类广告，必须标明酒的度数。酒类广告的内容必须符合卫生许可的事项，"并不得使用医疗用语或者与药品混淆的用语"。

一些国家规定：酒类广告不得宣传饮酒的作用，如有治疗作用、能够解除个人烦恼、增加体力和促使成功等；不得鼓励过分饮用，而应劝导人们有节制地饮用；不得出现在驾驶车、船、飞机或危险机械，以及游泳、水上运动等有潜在危险的活动中。香港地区规定：酒类广告不得在青少年节目前后播出。

4. 化妆品广告的法规管理

随着人们物质生活水平的提高，化妆品也成为人们生活中的必需品。但由于一些虚假化妆品广告而导致的一些因化妆品而引起人体损伤的事故，直接影响着人们的健康与安全。因此，一些国家和地区对化妆品广告也做了一些限制性规定。例如，英国规定化妆品广告若说明其具有某种新的或独特的功效，必须具有对人体实际实验的数据；日本规定，不得播放美容师所推荐的化妆品广告；我国台湾省规定，化妆品广告应取得卫生主管机关核准的证明文件方可播放。

我国的《广告法》第十九条规定，化妆品广告必须遵循以下准则："化妆品广告的内容必须符合卫生许可的事项，化妆品广告不得使用医疗术语或者易与药品混淆的用语。"并且我国的《化妆品广告管理办法》(1993 年 7 月 13 日国家工商行政管理总局令第 12 号令发布)第三条规定，化妆品广告内容必须真实、健康、科学、准确，不得以任何形式欺骗和误导消费者。这些强制性法规管理为肃清我国化妆品广告市场起到了至关重要的作用。

【案例 11-3】

化妆品夸大宣传产品效果受到处罚

　　上海相宜本草化妆品制造有限公司在其所生产的化妆品产品外包装上标注"运用现代生物科技独有促透导入剂加倍吸收安全有效"等字样，但是在外包装作此标注的个别产品，实际上并未添加"导入剂"，调查还发现该公司无法提供外包装上部分产品功效表述的有效证明，构成虚假宣传的违法事实。工商部门依法作出没收违法所得 17.96 万元的处罚决定。

　　由于夸大宣传产品效果，海飞丝、潘婷、旁氏等多个知名化妆品广告在沪被曝光涉嫌违法。目前，上海工商部门已对相关违法品牌广告进行立案处理。

　　上海工商部门最新的广告监测统计数据显示，继医药类广告之后，化妆品违法广告出现大幅增加。5 月份，全市主要媒体发布的化妆品广告违法率超过 19%。

　　监测结果同时显示，涉嫌违法宣传的化妆品广告不乏国际知名品牌。此次被上海工商部门曝光的违法化妆品广告包括：海飞丝新生去屑洗发露、清扬男士去屑洗发露、潘婷乳液修复系列、欧莱雅雪颜双重精纯护理液等产品的广告。

　　据分析，这些化妆品广告的违法表现主要是夸大产品功效，广告中含有使用产品前后效果对比的画面。在不少洗发水广告中，模特的一头枯发瞬间得到"滋润"，甚至连颜色都变得不同。

　　此外，部分化妆品广告夸大宣传，对产品使用效果作出绝对化的承诺。例如，清扬男士去屑洗发露广告宣称，"头屑不再来"；力士焕然新生系列广告宣称，"紧急修复严重受损发质，只需 14 天"；海飞丝新生去屑洗发露广告则宣称，"从第一次洗头开始就能有效去除头屑"等。

　　据悉，上海工商部门目前已对相关违法品牌广告进行立案处理。工商部门同时提醒消费者，不要被化妆品广告中宣称的美妙效果所迷惑。

（案例来源：http://finance.ce.cn/law/home/alfx/200706/21/t20070621_11858069.shtml）

案例解析

　　化妆品广告常见的违法表现还包括采用产品使用前后效果对比或者数据来保证产品功效，如"七天美白肌肤"、"十天强韧发质"，这些内容一旦缺乏科学的事实依据就构成虚假和欺骗。工商部门在查处部分违法化妆品广告的过程中发现，有些企业根本无法提供广告所宣称功效的试验证明，有些企业的证明与广告中的结论并无科学的逻辑联系，甚至个别行业鉴定机构在未开展真实检测，只查看企业提供的试验数据的基础上，就以"权威检验机构"的身份出具功效证明文件。

　　化妆品虽非药品但直接作用于人体，其效果当因人而异，因此不能"以偏概全"，更不能宣传"对疾病的治疗或辅助治疗作用"，对可能产生不良反应的，还应当在广告中同时标注，以提请消费者注意。

5. 农药广告的法规管理

　　农药是农林牧业用于防治病、虫、草、鼠害等有害生物以及调节农作物生长的药物，在一定程度上关系到某一区域农业收成的好坏，同时还会影响到人民群众的生命财产安全。《广告法》规定，"农药广告不得出现以下内容：使用无毒、无害等表明安全性的绝对化断言；含有不科学的表示功效的断言或者保证的；含有违反农药安全使用规定的文字、语言或者画面；法律、行政法规规定禁止的其他内容。"

(三)对广告主、广告经营者与发布者的法规管理

1. 对广告主的法律规定

广告法规规定，广告主自行或者委托他人设计、制作、发布广告时，应当具有和提供真实、合法、有效的证明文件。

(1) 营业执照以及其他生产、经营资格的证明文件。

(2) 质量检验机构对广告中商品质量内容出具的证明文件。

(3) 确认广告内容真实性的其他证明文件。

除此之外，广告主发布广告需要经有关行政主管部门审查的，还应当提供有关批准文件。

广告主或者广告经营者在广告中使用他人的名义、形象的，应当事先取得他人的书面同意；使用无民事行为能力的人、限制民事行为能力的人的名义、形象的，应当事先取得其监护人的书面同意。

2. 对广告经营者、广告发布者的法律规定

《广告管理条例实施细则》第三条规定：申请经营广告业务的企业，除符合企业登记等条件外，还必须具备下列条件。

(1) 有负责市场调查的机构和专业人员。

(2) 有熟悉广告管理法规的管理人员及广告设计、制作、编审人员。

(3) 有专职的财会人员。

(4) 申请承接或代理外商来华广告，应具备经营外商来华广告的能力。

3. 兼营广告业务的事业单位须具备的条件

(1) 有直接发布广告的手段以及设计、制作的技术、设备。

(2) 有熟悉广告管理法规的管理人员和编审人员。

(3) 单独立账，有专职或兼职的财会人员。

广告法规要求广告经营者、广告发布者按照国家有关法律，健全广告业务的承接登记、审核、档案管理制度。

三、广告违法行为的法律责任和法规管理

法律责任是指行为人对其实施的违法行为及其所造成的危害而承担的法律规定的后果。

(一)广告行政处罚的具体规定

在我国《广告法》中，广告管理机关对于广告违法行为的行政处罚的具体标准，做出了明确规定，具体如下。

1. 发布虚假广告

对于利用广告虚假宣传商品或服务的，责令广告主停止发布，并且以等额广告费用在相应

范围内公开更正消除影响，同时处以广告费用 1 倍以上 5 倍以下的罚款；对负有责任的广告经营者、广告发布者没收其广告费用，并处以广告费用 1 倍以上 5 倍以下的罚款；对于情节严重者，依法停止其广告业务，已经给用户和消费者造成损害或利益损失的，责令补偿损害、赔偿损失。

 【案例 11-4】

江中牌儿童健胃消食片虚构销量发布虚假广告

江西江中医药贸易有限责任公司利用电视媒体发布广告，宣传产品销量 "每天卖出 71 万盒"，与事实严重不符，欺骗和误导消费者。

违规内容：

(1) 江西江中医药贸易有限责任公司发布的广告宣称，其产品"江中牌儿童健胃消食片"的销量为"每天卖出 71 万盒"。经工商部门调查，这一数字与事实严重不符。

(2) 处方药冒充非处方药在大众媒体发布广告。

违规条例：

《中华人民共和国广告法》

第四条规定，广告不得含有虚假的内容，不得欺骗和误导消费者。

《药品广告审查发布标准》

第五条规定，处方药名称与该药品的商标、生产企业字号相同的，不得使用该商标、企业字号在医学、药学专业刊物以外的媒介变相发布广告。不得以处方药名称或者以处方药名称注册的商标以及企业字号为各种活动冠名。

(案例来源：http://baby.ce.cn/qt/201203/09/t20120309_23143613.shtml)

案例解析

江中牌儿童健胃消食片广告宣称"健胃消食片"的销量为"每天卖出 71 万盒"，但这一数字与事实严重不符，属于欺骗和误导消费者。药品广告不得涉及销量。

用销量说话是广告中常用的一个手法，由于数字是个精确的概念，能够自然而然地说明问题，有说服力，消费者普遍有从众心理，会对销量好的商品产生信赖从而购买。

2. 发布违禁广告

责令负有责任的广告主、广告经营者、广告发布者停止发布、公开更正，没收广告费用，并处以广告费用 1 倍以上 5 倍以下的罚款；情节严重的，依法停止其广告业务；构成犯罪的，依法追究刑事责任。

3. 发布不正当竞争的广告

责令负有责任的广告主、广告经营者、广告发布者停止发布、公开更正，没收广告费用，可以并处广告费用 1 倍以上 5 倍以下的罚款。

4. 以新闻报道形式发布广告

由广告监督管理机关责令广告发布者改正，处以1000元以上1万元以下的罚款。

5. 违法发布药品等类广告

违法发布药品、医疗器械、农药、食品、酒类、化妆品广告或发布国家禁止生产销售的商品广告，广告监督管理机关责令负有责任的广告主、广告经营者、广告发布者改正或停止发布，没收广告费用，可以并处广告费用1倍以上5倍以下的罚款；情节严重的，依法停止其广告业务。

6. 违法发布烟草广告

利用广播、电影、电视、报纸、期刊发布烟草广告，或者在公共场所设置烟草广告的，广告监督管理机关责令负有责任的广告主、广告经营者、广告发布者停止发布，没收广告费用，可以并处广告费用1倍以上5倍以下的罚款。

7. 未经广告审查机关审查批准发布的广告

未经广告审查机关审查批准发布药品、医疗器械、农药、兽药等商品广告，广告监督管理机关责令负有责任的广告主、广告经营者、广告发布者停止发布，没收广告费用，并处以广告费用1倍以上5倍以下的罚款。

8. 广告主提供虚假证明文件

广告主提供虚假证明文件由广告监督管理机关处以1万元以上10万元以下的罚款；伪造、变更或者转让广告审查文件的，由广告监督机关没收违法所得，并处以1万元以上10万元以下的罚款。

(二)广告违法行为的民事法律责任

广告违法行为的民事法律责任，是指广告活动主体从事广告违法行为，致使用户或消费者遭受损失或者有其他侵权行为应当承担的赔偿责任。

广告违法行为的民事法律责任的承担者，有时是一个行为人，有时也可以是一个以上的行为人。数个行为人的广告违法行为适用连带赔偿责任。

《广告法》规定：广告主、广告经营者、广告发布者出现下列侵权行为之一的，依法承担民事责任。

(1) 在广告中损害未成年人或残疾人的身心健康的。

(2) 假冒他人专利的。

(3) 贬低其他生产经营者的商品或服务的。

(4) 广告中未经同意使用他人名义、形象的。

(5) 其他侵犯他人合法民事权益的。

根据广告管理法规，无论是一个还是数个广告违法行为的主体，只要造成他人损害的，当事人即可向人民法院起诉，请求人民法院处理和裁判，以赔偿其损失。

【案例11-5】

房地产公司擅用美女侧面照打广告遭索赔1万元

德阳市某楼盘的户外广告引起了平面模特林倩的注意，广告中那个仰视天空的红裙女子，不就是自己在《今日人像》杂志中发表过的照片吗？林倩认为开发商和广告公司侵害了自己的肖像权，随后她将其双双起诉到德阳市旌阳区法院，要求两公司停止侵权，并赔偿经济损失共计5万余元。开发商和广告公司认为，户外广告中的红裙女子不能证明是林倩本人，照片又是侧影，没有对当事人构成侵害。

法院审理认为，根据相关法律、法规，以营利为目的，未经公民同意利用其肖像做广告、商标、装饰橱窗等，应当认定为侵犯公民肖像权。本案中，林倩的照片确实被广告公司用在为开发商设计、制作、发布的户外广告图案中，广告公司未能证明广告中人物照片的来源及出处。

对于两公司提出广告中人像为侧影，不构成对人体五官肖像权利的侵犯，使用其艺术形象不损害生活形象的说法，法院认为，人体肖像无论是正面照、侧面照、还是艺术照、生活照，只要自然人本人以及一般熟知该人形象特征的人能够辨认其身份的，那么该自然人就享有该照片的肖像权。

最终，法院认定广告公司未经林倩同意擅自使用其肖像照片，已侵犯其肖像权，判决广告公司向林倩口头道歉并赔偿精神损失费8000元，开发商赔偿林倩精神损失费2000元。

(案例来源：http://news.163.com/07/1218/16/400PI7ID000120GU.html)

案例解析

"广告主、广告经营者、广告发布者在广告中未经同意使用他人名义、形象的，违反《广告法》规定，应按过错责任的大小，依法承担相应的民事责任。"省高院法官认为，关于广告图案中的组成要素、单元个图等所涉及的著作权和肖像权问题，开发商在审查时应尽核查和注意义务。虽然广告均是由广告公司设计和制作，但开发商由于其自身存在的过错给他人造成损害的，应当承担相关民事责任。

(三)广告违法行为的刑事责任

广告违法行为的刑事责任，是指广告活动主体从事的违法行为性质恶劣、后果严重、非法所得款项数额较大，已构成了犯罪所应承担的责任。对于构成犯罪的，广告管理机关应及时移交司法部门追究其刑事责任。

第三节 广告行业自律

一、广告行业自律的含义和特点

(一)广告行业自律的含义

所谓广告行业自律，是指广告行业的自我监管。它是目前世界通行的一种行之有效的管理方式，是广告业发展到一定阶段的产物。

广告行业自律是由广告主、广告经营者和广告媒体自发成立的民间性行业组织，通过自行制定的广告行业自律章程、公约和会员守则等一系列规则，对自身从事的广告活动进行自我约束、自我限制、自我协调和自我管理，使自己的行为符合国家的法律法规和职业道德、社会公德的要求。建立广告行业规范、实行广告行业自律，是广告业组织与管理的重要内容。

(二)广告行业自律的特点

1. 非强制性

广告行业自律的非强制性表现在广告行业组织不是政府的行政命令和强制行为的结果，其主要表现在两个方面：广告行业组织由广告主、广告经营者和广告媒体自发成立、自愿参与，在组织行为方面具有非强制性的特点；而广告行业组织用以自我管理的依据——广告行业自律规则，是由广告主、广告经营者、广告媒体和广告行业组织共同商议、主动提出并自觉遵守的，体现出行业的共同愿望，在遵守规章制度方面具有非强制性的特点。

2. 自愿性

广告行业组织一般是在自愿的基础上组成行业组织，指定组织章程和共同遵守的行为准则，目的是通过维护行业整体的利益来维护各自应得的利益。遵守行业规范、实行行业自律，是广告活动参加者自愿的行为，不需要也没有任何组织和个人的强制，也没有像法律法规那样由国家的强制力保证实施。所以，广告行业自律主要是依靠参加者的自觉自愿性以及社会和行业同仁的舆论监督作用来实现，违反者也主要依靠舆论的谴责予以惩戒。

3. 广泛性

由于广告活动涉及面广，而且处于不断发展变化之中，广告法律法规不可能把广告活动的方方面面都规定得十分具体，而广告行业规范可以做到这一点，广告行业自律调整的范围比法律法规调整的范围更加广泛，它不仅在法律规范的范围内，而且在法律没有规范的地方也能发挥其约束的作用。

广告行业自律是限制广告法规不能约束的某些行为的思想道德武器。这样，可以使广告活动在各个方面都得到规范和约束，使广告行业朝着更健康、更有序的方向发展。

4. 灵活性

广告法律法规的制定、修改、补充和废止，需要经过严格的法定程序，而广告行业自律与之有所区别，其广告行业的自律章程、公约和会员守则等通常都是根据当时的客观情况制定的，只要经过组织参加人的大多数同意即可修改、补充，便于按发展情况随时制定或改进新形式的规范，使参加者遵照执行，因此，具有较大的灵活性。

中国广告协会对广告行业的管理对策

中国广告协会在行业自律工作方面积极作为，积极净化广告市场环境，起到重要的指导示范作用。该协会根据《中国广告行业自律规则》、《广告自律劝诫办法》的规定，对已经刊播的涉嫌违法违规的虚假、误导广告和来自消费者投诉、举报以及广告监测数据，从行业自律角度实行劝诫和公开点评。对涉嫌违法违规广告，该协会向有关单位发出《关于涉嫌违法违规广告的劝诫通知书》；对严重涉嫌违法违规广告，该协会在新闻发布会上——列明广告涉嫌违法违规的表现及相关法律法规条文，并及时向消费者发出甄别提示。自2008年7月1日至2011年12月初，中国广告协会共召开7次涉嫌违法违规广告公开点评发布会，其中联合国家工商总局广告司召开发布会3次；对涉嫌违法违规广告开展了16次自律劝诫活动，劝诫单位132家次，涉及产品和服务50项。从后续广告监测情况来看，被劝诫单位基本上能按照劝诫通知书的意见和建议停播相关广告。2008年7月1日，中国广告协会对某自灸贴广告进行公开点评和劝诫。7月5日，全国所有电视台均停止播出该广告。同时，被劝诫单位还向该协会提交了《关于广告整改情况的报告》及其他书面意见，表示接受协会的劝诫内容。又如，2011年12月，针对某杂志社刊登的某家具集团宣称荣获"国家发展和改革委、科技部等五部委的联合认定"、"国家级企业技术中心"、"国家级科技创新成果"等涉嫌违法广告内容，中国广告协会对该杂志社发出《关于涉嫌违法违规广告的劝诫通知书》，规劝其停止刊登该则广告，对广告发布审查工作进行整顿，避免涉嫌违法违规的广告再现。该杂志社作出书面回复，表示立即停止刊登该则广告，并认真开展一次全面的自检自纠工作，进一步健全各项规章制度，规范广告经营行为。

二、广告行业自律的重要意义

加强广告行业的自律，在一定意义上比行政管理和消费者监督，有着更重要的作用和影响。广告主体包括广告主、广告发布者和广告经营者，如果从职业道德上对广告活动进行自我约束，自觉地遵守国家制定的各项法规、政策，服从工商行政管理部门的指导、检查、监督，就从根本上解决了不正当、不合法广告的问题，减轻了广告管理的难度。

广告业比较发达的国家和地区，都比较重视广告行业的自律，通过自律来有效改善广告传播环境。近年来我国广告行业的自律工作已经有了一定程度的发展。

三、广告行业自律与政府管理之间的关系

广告行业自律和政府对广告行业的管理都是对广告业实施调整，二者之间既有区别又有联系。广告管理的依据是广告法规，它主要从外在方面对广告管理者的职责行为进行了规定；广告自律的原则是广告道德，它主要从内在方面划定出广告行业的职业道德规范。

它们之间的关系包括以下几方面。

1. 法律允许范围内

行业自律必须在法律、法规允许的范围内进行，违反法律的，将要被取消。政府管理是行政执法行为，行业自律不能与政府管理相抵触。

2. 与政府管理目标一致

行业自律与政府管理的基本目的是一致的，都是为了广告行业的健康发展，但是层次又有所不同，行业自律的直接作用目的是维护广告行业在社会经济生活中的地位，维护同业者的合法权益。而政府对广告业的管理其直接作用是建立与整个社会经济生活相协调的秩序，它更侧重于广告业对社会秩序所产生的影响。

3. 调整范围有限

行业自律的形式和途径是建立自律规则和行业规范，调整的范围只限于自愿加入行业组织或规约者；而政府的管理是通过立法和执法来实现，调整的范围是社会的全体公民或组织。

4. 没有行政和司法权

行业自律的组织者是民间行业组织，它可以利用行规和舆论来制裁违约者，使违约者失去良好的信誉，但它没有行政和司法权；而国家行政管理则是以强制力为保证，违法者要承担法律责任。

广告行业自律是广告业发展到一定阶段的必然产物，它对于提高广告行业自身的服务水平，维持广告活动的秩序，都有着不可替代的作用。世界上广告业比较发达的国家都十分重视广告行业自律对于广告业发展的积极意义，行业自律逐步形成系统和规模，不断得到加强和完善。

四、国内外广告行业自律

(一)国内广告行业自律

我国广告业恢复以后，在 20 世纪 80 年代初成立的"中国广告协会"和"对外贸易广告协会"，在国家工商行政管理总局的指导下，对全国广告行业进行指导、协调、咨询和服务活动，其功能和作用正在日益显现。1983 年后，许多广告经营单位、广告媒体单位都依照《广告管理暂行条例》、《广告管理条例》和《广告法》的有关规定，制定了自律条文和规定。

中国广告协会于 1990 年制定《广告行业自律规则》，对广告应当遵循的基本原则及广告主、广告经营者、广告媒介所应体现的道德水准做出了相应的规定。广告行业内的广告主、广告经营者和广告发布者还分别制定出各自十分具体且操作性极强的广告自律规则。各省市和有关部门、机构也力求在自律方面做出成绩。但是，总地来说，我国的广告行业组织在行业自律管理方面的功能，还有待进一步加强和改进。

(二)国外广告行业自律

世界上最早的国际广告行业自律规则，是 20 世纪 60 年代由国际广告协会发表的《广告自律白皮书》，之后许多国家都制定、出台了适合本国国情的广告行业自律规则。这些规则的诞生，为广告行业的正常运行和健康发展提供了共同遵循的职业道德规范。

1. 美国

美国广告业包括广告公司、媒体、行业协会以及经营规模较大的广告主，都建立了比较完善的自我管理、自我约束机制，行业自律比较强。

从企业来说，为避免与政府管理机构产生矛盾，对社会负责，一般都建立了严格的审查和评价制度。企业广告部门或广告代理商制作的广告稿，需要提交到研究制作部，根据调查和其他方式获取掌握的数据资料，进行分析评判后，再送交法律部审批，才能通过。美国全国广告主协会几乎吸纳了全国所有大的厂家作为成员，该协会代表广告主的利益，为广告主提供各类信息，进行广告业务培训，并介绍推荐各种审查机构。

在美国，广告传播媒体最早提出对广告进行管理的观念。早在 1865 年，《纽约先驱报》

就发表了拒绝刊登不可靠药品广告的宣言。1880 年《农场杂志》、1892 年《妇女家庭杂志》等都拒绝刊登成药广告。1911 年，广告研究权威刊物《印刷者墨汁》杂志刊登了旨在抑制骗人广告的规则——"普令泰因克法令"(Pinter's Ink Model Statute)，标志着美国广告媒体机构自我管理体系的开始。《纽约时报》的广告规约就提出，凡是"有欺诈嫌疑的广告"、"内容空泛、足以使人误解的广告"、"攻击他人的广告"、"保证能治百病的广告"、"淫秽、粗俗、邪恶、憎恶或侮辱人的广告"等，都一概拒绝刊登。

美国广播事业协会 1975 年制定的《美国电视广告规范》，是美国广告行业自律的一个样板。美国的传播媒体在广告监督中具有特殊的地位。它们可拒绝刊登或播放一些它们认为不适宜刊播的广告，而无须说明任何理由。这样，也有效地阻止了那些法律无法制约，但对社会和消费者可能产生不良影响的广告的传播。

美国广告代理公司成立了多种行业协会组织，并通过这些协会组织协调各方面的关系，为协会会员制定行为规范，对会员单位的广告进行审查。主要的协会组织有：美国广告联盟(AAF)、美国广告学会(AAA)和美国广告协会(AAAA)。它们曾共同制定《广告业务准则》，提出了广告六戒：不准登虚伪夸张的广告；不准登与事实不符的广告；不准登影响优良风俗的广告；不准登危害广告同行和竞争企业的广告；不许登容易使人对商品价格产生误解的广告；不许登曲解事实或专家言论的广告。

美国的全国广告审查委员会(NARB)及其下属的全国广告部(NAD)是美国广告自我管理的最重要的组织。全国广告审查委员会由改善商业活动协议会(CBBB)、美国广告联盟、美国广告协会和美国广告主协会(．ANA．)四个团体选派代表组成，其主要任务是对有关广告的投诉进行调查，对政府制定的法律提出建议，对不实广告进行审理并督促改正，还将一些虚假广告提交联邦贸易委员会和其他政府机关处理，如图 11-1 所示。

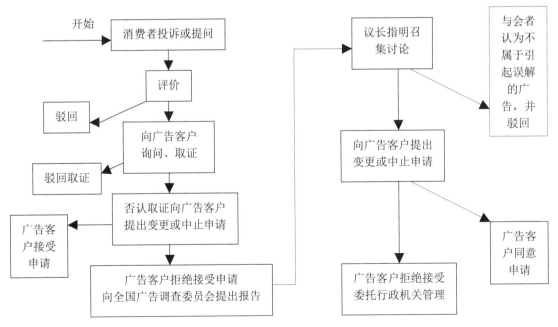

图 11-1　美国广告自律的组织系统图示

2. 英国

英国的广告自我管理体系目前是世界上最为完善的，对美国和日本的行业自律都有较大的影响。它主要包括四个方面：18 个签约专业广告组织的管理；广告实务准则委员会的指导；独立的广告标准局的监督；广告主、广告公司和媒体单位的自我约束，从而形成了一个涉及全部广告活动的严密的自我管理体系。

英国 1926 年最早成立了广告协会(AA)，1962 年设立广告标准局(Advertising Standards Authority，ASA)，这是英国自我管理体系的最高机构，对广告主、广告媒体、广告代理业等有关广告业界的一切广告活动进行限制。其主要任务有：统一对《英国广告职业行为准则》的解释；对违法广告作最终判定；处理所有公众的投诉；与政府部门和消费者团体保持密切联系等。

在这个机构中，起主导作用的是广告实务准则委员会(Code of Advertising Practical Committee，CAPC)，下设 18 个有关的广告团体，形成了有机的自我管理体系。这些团体在活动中和职能上是完全独立的，各自制定自我限制的标准，同时参与广告标准局的活动。它拥有的 4 个分会与独立的广告专家顾问一起，分别审核健康和营养、金融、邮购和促销 4 个方面的广告。其有 5 个广告文稿咨询小组，负责审查广告文稿，如广告文稿联合委员会(JCC)负责审查报纸广告。

《英国广告职业行为准则》是英国广告业自我管理的主要法则。该准则主要限于印刷广告、电影广告的管理。其基本原则是：一切广告应合法、正派、诚恳、真实。另有一个重要规则是《英国促销职业行为准则》(The British Code Sales Promotion Practice，BCSPP)，于 20 世纪 70 年代提出草稿，1980 年、1984 年又分别做了修订。此准则作为《英国广告职业行为准则》的补充准则，确保各种促销广告做到合法、正当、诚实与可信。

第四节　现代广告监督管理

一、社会舆论监督管理

(一)社会舆论监督管理的概念

社会舆论监督管理，又叫消费者监督管理，是消费者和社会舆论对各种违法违纪广告的监督与举报。在通常情况下，广告管理以政府的行政管理为主，广告行业自律和消费者监督管理为辅。正是由于有了广告行业自律和消费者监督的加入，政府对广告的行政管理才更加有力，广告管理也才更加富有层次。

广告社会舆论监督主要通过广大消费者自发成立的消费者组织，依照国家广告管理的法律、法规对广告进行日常监督，对违法广告和虚假广告向政府广告管理机关进行举报与投诉，并向政府立法机关提出立法请求与建议。其目的在于制止或限制虚假、违法广告对消费者权益的侵害，以维护广告消费者的正当权益，确保广告市场健康有序的发展。

11

(二)社会舆论监督管理的特点

与广告行政管理系统、广告审查制度和广告行业自律制度相比，广告社会监督有其自身的特点，这些特点包括以下几方面。

1. 广告社会舆论监督管理的广泛性

广大社会公众接受某件商品或服务必须通过广告主将相关信息发布出来，从而产生消费意愿和消费行为。与此同时，一则广告信息一旦发布出来，即意味着要受到广告受众全方位的监督。这些广告受众即构成广告社会舆论监督的主体，其每一个成员都可以对广告的真实性、合法性进行监督，并向各级广告社会监督组织反馈其监督结果，从而构成一支庞大的广告社会监督大军。因此，广告社会监督主体具有广泛性的特点。

2. 广告社会舆论监督管理的"官意民办"性

在西方，广告社会监督组织，即各种消费者保护组织，都是自发成立的，完全代表消费者利益，几乎不带任何官方色彩。而我国各级消费者协会则更多地带有"官意民办"的性质。这种"官意民办"性质主要表现在：各级消费者协会都是经过同级人民政府批准后成立的，并非消费者完全自发的行为；它成立后挂靠在同级工商行政管理机关，没有独特的地位；它在经费、编制、人员及办公条件等方面需得到同级政府的支持，缺乏自主权。

3. 广告社会舆论监督管理的自发性

广告社会舆论监督管理完全是一种自发的和自愿的行为，在此过程中，几乎不存在任何的行政命令和行政干预。广告受众的自发行为主要来自广告受众对自己接受真实广告信息权利的认识的加强，以及对保护自身合法权益的意识的提高。而这一切则都归因于消费者素质的提高和广告受众自我保护意识的加强。因此，社会越发展，其文明程度越高，人的素质越好，广告受众的自我保护意识越强，那么他对广告的监督行为也就越自发和越自觉。

4. 广告社会舆论监督管理的权威性

广告主发布广告，是要让社会公众接受其广告，并进而购买其商品或使用其服务，使潜在的购买趋势发展成为现实的购买行为。但社会公众是否愿意接受其广告信息，是否愿意产生购买欲望和发生购买行为，主动权不在广告主一边，也不在广告公司一边，而是在广告受众一边。而广告信息是否属实，广告主的承诺是否可信，将直接影响广告受众对它的认可与否。

舆论监督的社会效应

所谓舆论的社会调控功能，指舆论因其所具有的评价性和倾向性，会直接或间接地影响到社会生活，引导、制约社会公共事务朝着符合公众利益的方向发展。在现代社会当中，舆论在社会政治领域、经济领域和文化生活等领域所发挥的调控作用尤其突出。政治家会把舆论视为执政满意度的晴雨表，企业家会把企业信誉与公众评价相联系，舆论以赞赏或谴责的方式在社会文化生活当中引领文化潮流和生活时尚的作用更是不可低估。作为公众意见的表达，舆论在一定程度上也反映出了公众对其共同利益的一致追求，当社会的运行发展与公众共同的利益追求相一致，公众的强大力量就会推动、促使社会生活朝着有序、和谐的方向发展；反之，当社会运行与民心背离，社会生活就会出现不稳定和混乱。因此，通过公众舆论了解民意，调节社会各方面的关系，使之朝着公众利益所追求的方向协调发展，是社会管理和调控中的一个不可忽视的方面。

(三)国外社会舆论监督管理的现状

1. 美国

美国的消费者权益的保护是相当严密的，更是无日不在的。在厂商方面，一旦产品使用中使得消费者遭遇人身伤害，他们可能遭遇民事诉讼。所以，厂商在产品广告方面是慎之又慎。

在消费者方面，美国有消费者协会，作为非营利机构，它们的收入来源靠捐款和赞助，还有销售"消费者报告(Consumer Reports)"。这份消费者报告，是真正的消费指南，因为该协会组织对各种商品的测试，看商品广告吹嘘的那些特色是否是实话。有时，多种同类产品采用同一标准和方法进行比较测试，然后公开测试结果。被这报告测试认可的，销路就会增加；反之，销路就难说了。

2. 英国

当前，英国消费者权益之所以得到比较好的维护，主要出于两个方面的原因：一是各种维护消费者权益的机构和组织严格执法的作用，二是注重信誉对人们长期潜移默化的影响。

从第一个方面来看，英国公平交易局、消费者协会和散布在居民区各处的交易标准机构从法律法规方面都有明确而严格的规定。公平交易局的两大职能中，第一个职能就是保护消费者利益，第二个职能才是确保商家公平竞争。监督各种交易法律法规的实施，规范商业行为，受理消费者投诉等，都是其职权范围。而消费者协会在受理投诉之外，向消费者宣传如何保护自身利益和让人们了解都有哪些权利则占其工作的很大比重。

从第二个方面来看，作为成熟的商业社会，英国社会崇尚信誉的程度比较高。在各个服务领域讲究信誉已成风气。尤其是零售业，无论是大型商场超市，还是街头地摊，商家一般都不会也不敢销售假冒伪劣产品，否则，一经投诉，轻者遭受很大的信誉损失，重者就要吃官司。而另一方面，顾客对商家的定价或产品质量也十分信任，相信商家不会以欺蒙手段获利。久而久之，自然形成了商家与客户之间公买公卖的良好关系。

3. 日本

为了保护消费者的利益，日本政府一方面建立了完整的产品质量保证体系，通过制定一系列法律法规，保证产品的质量，从源头减少因产品质量问题产生的纠纷；另一方面，日本政府还建立了完善的消费者权益保障机制，使生产者和广告者时刻都能清醒地认识到，千万不能侵犯消费者利益，否则就要付出昂贵的代价。

日本很早就制定了《消费者保护基本法》，根据这项法律，政府设立了"日本国民生活中心"，主要承担搜集、整理消费者行政保护信息和消费者投诉信息，处理消费者的投诉等。为了减少产品质量问题的发生，"日本国民生活中心"每年都要对市场上的商品进行抽样检测，通过对商品的性能、安全性、经济性和适用性进行测验比较，向消费者提供准确的购物信息，防止虚假广告。其中心还通过对商品的严格检测，向政府提供完整的制定产品性能标准和安全标准的依据。目前，中心在全国各地共设有 475 个分部，负责具体处理商品和服务消费的投诉和咨询工作。

二、新闻舆论监督管理

(一)新闻舆论监督管理的概念

所谓新闻舆论监督，就是报纸、通讯社、广播、电视、新闻期刊、新闻纪录影片等大众传播媒介依法对社会公共权力机关及公职人员进行的监督。"不怕通报，就怕登报"，反映了新闻舆论监督在社会中的独特作用。通过新闻媒体对广告实施舆论监督，是广告行业健康发展的必要措施。

新闻媒体是正义的捍卫者，是无处不在的眼睛。在新闻传播实践中，传媒在引导舆论、监督舆论等方面也发挥了十分重要的作用。在一个健康的社会里，营造一个健康的广告环境，新闻舆论监督作用不可小视。

(二)新闻舆论监督管理的优势和特点

新闻舆论监督管理的载体多样，主要包括报纸、杂志、广播、电视、互联网等，舆论监督的形式也多种多样，主要包括电话访谈、记者采访、实况报道和专家评论等，这使得舆论监督的传播覆盖面大、传播速度快、影响范围广、可信度较高、社会反响强烈。与其他社会监督方式相比，新闻舆论监督管理具有以下独特优势。

1. 便捷

发达的新闻事业可以在数小时到数日内产生监督效果，干预最为迅速，这是其他监督形式无法比拟的。对报纸来说，今日的事件明日可以见报；对广播、电视、网络等媒体来说，可以做到现场直播。而且新闻舆论监督的工具比较特殊，新闻记者使用的照相机、摄像机、录音机等，可以对被监督者的言行举止、被监督事件的真情实景进行现场记录，将实况客观、形象地再现于大众面前，形成"铁证"。这无形中对广告监管有着很大的现实意义。

2. 经济

报纸、广播、电视、杂志本身经济属性，现阶段中国的媒体在市场化运作中实现了自负盈亏，自我消化了社会的监督成本，无须专门投入，这是对社会的一个贡献，也是媒体赢取人民信任、获得经济回报的正当渠道。而监督机关的监督则需要投入大量的人力、财力和物力，要聚集相当数量的精英人才。

3. 威慑力

与其他监督形式特别是法律监督相比，新闻舆论监督管理具有非直接强制性，但同样具有强大的威慑力，"不怕通报，就怕见报"。一方面，新闻舆论监督管理自身可以揭露和抑制社会丑恶现象；另一方面，新闻舆论监督管理还可以转化为其他监督形式，如通过暴露违法犯罪

11

问题，可将新闻舆论监督管理转化为法律监督、转化为监督机关的监督，由个别监督转化为普遍监督等。

4. 预防

新闻舆论监督管理主要是针对国家政治生活或社会生活中的不良行径。虽然新闻舆论监督管理不像法律监督那样具有直接强制性和制裁性，但也能较早地发现不良行径，及时地制止危害社会公德的丑恶现象发生。而对于不良、虚假广告，新闻舆论监督管理也能起到防微杜渐的重要作用。

我国《广告行业公平竞争自律守则》中明确规定，违反广告业公平竞争自律守则情节严重或坚持不改的，由中国广告协会在公开出版物上曝光。因此，对广告信息受众投诉的虚假或违法广告，最常见的做法是通过一定的社会监督组织，向新闻传媒进行发布，然后再由新闻传媒对其进行曝光，借助社会舆论的力量，防止虚假或违法广告的出现和蔓延。现在，每年 3 月份开展的"3·15 维护消费者权益活动"更给打假扫劣增添了声势。消费者监督与新闻舆论机关结合起来，使广告的全面管理得以落实，保证社会监督和管理更实在、更有效。

【案例 11-6】

名人代言广告丧钟敲响媒体舆论监督作用大

名人代言广告，从不规范走向逐渐规范，是这几年媒体舆论监督的必然结果。

2006 年 3 月，当时走红不久的郭德纲接了自己的第一个广告，出任"藏秘排油减肥茶"代言人。一时间广告铺天盖地出现在北京城，电视、报纸、公车、路牌……在这些主要广告媒介上集中轰炸。

在北京某报的一个整版广告上，郭德纲说："这个藏秘排油茶经过权威部门的检验……要是它有副作用，能经得起考验吗？"在广告中郭德纲还这样说："咱是大家伙捧场捧起来的平民演员，我做广告，可得对老百姓负责啊。"

该广告同时特别强调"迅速抹平大肚子，产品功效立竿见影"。这些夸张的广告用语引起了本报编辑部的关注。记者经过深入调查，发现郭德纲代言的这个藏秘排油茶竟然是一个"黑户"，背后隐藏着多处违法违规问题。其中最突出的，是它既没有广告序号，产品本身也未取得生产许可证。

《郭德纲代言广告涉嫌违法》一文于 2006 年 4 月 25 日在报纸上发表。紧接着在当年 7 月和 8 月，报纸相继刊发了《郭德纲咋就没人管了》、《乱代毁了郭德纲？》等一系列报道，跟进报道此事。

次年，央视"3·15"晚会对郭德纲代言藏秘排油茶也进行了重点曝光。这之后，名人代言广告问题继续不断成为舆论关注的焦点。特别是近些年，诸多名人被有关部门"点名"，相继深陷"广告门"。

（案例来源：http://news.dayoo.com/society/201002/03/61961_100947718.htm）

案例解析

利用名人效应造广告舆论本身并没有问题。名人永远是媒介重视和利用的对象。邀请社会知名人士参加企业的一些重大活动，有助于提高企业的声望，可为事件本身平添一层浓重的色彩。但如果名人在代言时，不了解产品属性和性能，进行夸大或虚假宣传，就会造成对消费者的误导。这时，就需要新闻媒体对虚假产品和虚假广告进行揭露和曝光，对消费者进行正确的引导。新闻媒体是正义的捍卫者，是无处不在的眼睛。在新闻传播实践中，传媒在引导舆论、监督舆论等方面也发挥了十分重要的作用。在一个健康的社会里，营造一个健康的广告环境，新闻舆论监督作用不可小视。

本章小结

(1) 广告管理分宏观管理和微观管理两个部分。广告管理是管理理论在广告活动中的具体应用，既具有一般管理科学的共同特点，也有自身的内在规律，广告管理是伴随着广告业的发展，广告活动的进步而产生、逐步健全的。

(2) 广告法是调整广告活动中广告主、广告经营者、广告发布者三者之间关系的法律规范的总称。广告管理法规的出现是市场经济发展到一定阶段的产物，是广告事业发展的需要。我国广告法的立法目的就是依法保护正当广告活动，防止和打击虚假广告现象，充分发挥广告的积极作用，充分保护消费者的合法权益，促进我国广告业的健康发展。广告法对商品、服务广告的法律要求包括基本要求和对特殊商品的重点要求。

(3) 广告行业自律是指广告行业的自我监管。它是目前世界通行的一种行之有效的管理方式，是广告业发展到一定阶段的产物。广告行业的自律具有非强制性、自愿性、广泛性和灵活性的特点。加强广告行业的自律，在一定意义上比行政管理和消费者监督有着更重要的作用和影响。

(4) 现代广告监督管理包括社会舆论监督管理和新闻舆论监督管理。广告社会舆论监督主要通过广大消费者自发成立的消费者组织，其目的在于制止或限制虚假、违法广告对消费者权益的侵害，以维护广告消费者的正当权益，确保广告市场健康有序的发展。新闻舆论监督，就是报纸、通讯社、广播、电视、新闻期刊、新闻纪录影片等大众传播媒介依法对社会公共权力机关及公职人员进行的监督。通过新闻媒体对广告实施舆论监督，是广告行业健康发展的必要措施。

实训课堂

一、选择题

1. 广告管理具有的特点是(　　)。

　　A. 广告管理的本质具有法制性

B. 广告管理的内容具有广泛性

C. 广告管理的对象具有特定性

D. 广告管理的手段具有多样性

E. 广告管理的后果具有强制性

2. 广告行业自律的特点是(　　)。

　　A. 非强制性　　　　　　　　B. 自愿性

　　C. 广泛性　　　　　　　　　D. 灵活性

3. 通过消费者组织实行的广告社会监督具有的特点是(　　)。

　　A. 社会监督主体较为单一

　　B. 广告社会监督组织具有"官意民办"性质

　　C. 广告受众的社会监督行为具有自发性

　　D. 社会监督主体广泛

　　E. 具有无形的权威性

二、名词解释

1. 广告管理

2. 广告法规管理

3. 广告行业自律

三、简答题

1. 为什么要实行广告管理？广告管理的意义是什么？

2. 广告法规管理的立法目的是什么？

3. 广告行业自律的内容是什么？

4. 现代广告监督管理的形式有几种？并说出其特点和意义。

案例1：医疗服务类

上海华美女子医院自行设计印制了名为女人世界时尚美容等的非法印刷品，其中含有大量未经卫生部门审查出证的无证医疗广告，而且在没有依据的情况下对外宣称："此项发明尚属全球首创，填补了该领域的技术空白"，"治疗效果显著"。

对诊疗技术和诊疗效果作虚假宣传的上海华美女子医院还在"东方美容网"发布广告，宣称："30分钟完成手术24小时极速恢复，1毫升出血量不到""告别干涩暗黄重现柔白娇嫩"等虚假内容的隆胸美容广告。工商部门依法作出责令停止发布累计罚款1.45万元的处罚决定。

案例点评：

在大众传媒普遍加强对医疗广告审查把关的同时，部分医疗机构热衷于自行印制印刷品或者利用互联网媒体发布未经卫生部门审查出证的医疗广告，同时广告中大多含有虚假违法内容，对医院的诊疗技术、诊疗方法、诊疗效果作夸大不实的宣传，欺骗和误导广大患者。2007年，工商部门共查处虚假违法医疗广告案件192件，罚没款近175万元。

医疗广告须事先经卫生部门审查同意才能发布，按照医疗广告管理办法的规定，医疗广告不允许宣传诊疗技术、诊疗方法和诊疗效果，凡医疗广告中含有这些内容的，均构成违法医疗广告。

案例2：教育培训类

上海纳百川教育发展有限公司在报纸上发布了一则题为"上海2010世博紧缺人才订单招生"的广告，并宣称"上海机场集团东方航空"等企业为"定向就业单位"，实际上该公司并未获得2010上海世博会组织机构的授权，广告中的"定向就业单位"也与实际情况不符。工商部门依法对该虚假广告作出责令停止发布消除影响和罚款1万元的处罚决定。

案例点评：

教育培训类广告的违法情况时有发生，例如，某进修学校称"让你入学等于就业"，实际上学校与学生签订的仅仅是就业推荐协议，学校不可能包办学生的就业；又如，某培训中心在广告中声称"雅思考试百发百中"，明显不符合实际情况。教育培训机构应当"以诚待人为人师表"，切忌为商业利益而违背"诚信为本"的道德准则。

广大学生和家长应当以平常心对待教育培训类广告宣传，谨慎对待广告中类似"保证就业"之类的承诺，不要因为一时"急于求成"而放松警惕。

案例3：珠宝饰品类

上海宗逸实业有限公司为推销其所谓"伯芬两克拉八心八箭钻坠"，在广告中使用"两克拉奥地利顶级水晶钻"、"顶级两克拉美钻"等内容进行宣传，事实上该产品的真实成分是合成立方氧化锆，根据国家标准应当称为"仿钻"，广告中的表述使人无法辨别产品的真实性质，具有较强的欺骗性和误导性，工商部门依法作出责令停止发布罚款15.54万元的处罚决定。

案例点评：

近年来珠宝饰品类广告中类似这样隐瞒"仿钻"身份蒙骗误导消费者的情况时有发生，例如，工商部门查处的另一则"赫蒂吊坠"广告同样不明确表示仿钻产品的真实性质，还将之与名贵天然钻石进行各种比较，以体现出"价廉物美"的优势。这些虚假违法广告的共性在于虽然明知天然珠宝玉石和仿制品之间毫无可比性，但是，商家仍然使用隐瞒仿制品本质，将仿制品与天然制品进行比较等宣传方式来蒙骗误导消费者。

我国《反不正当竞争法》、《广告法》和《消费者权益保护法》等法律都有应当对商品的真实信息作出明确表示的规定，在希望广大商家诚信经商的同时，也提醒广大消费者应当具备一定的商品常识，看广告买商品要看仔细问清楚，切勿"贪小失大"，发现商家的欺骗行为可及时向有关部门反映，保护自身的合法权益。

案例4：投资理财类

北京盛世巨慧文化传播有限公司在本市销售"毛主席珍邮大全套"收藏品，并在报纸媒体发布广告宣称："国家邮政部门倾其力量，最后只能完整发行1100套"、"要么就是第一要么就是绝版"等无事实依据的内容。事实上国家邮政局自2004年7月起就取消了对集邮品制作的行政审批，此类广告中所谓"经国家邮政局批准"、"国家邮政部门发行"的表述均与实际情况不符，工商部门对此虚假广告依法作出责令停止发布罚款3万元的处罚决定。

案例点评：

收藏品广告违法问题越来越受到社会和政府管理部门的关注，工商部门自2006年底就密切关注收藏品广告并果断作出处理收藏品广告中的虚假违法表现。其主要包括：夸大事实，将企业的市场行为夸大为政府行政行为，借此抬高产品的"身价"；杜撰"大师"设计制作；无事实依据地保证投资回报，以"绝版"、"升值潜力无限必将一路飙涨"等字眼吸引消费者购买；偷换概念，将"纪念章"称为"币"，将仿印仿制的邮票图案制品混淆为集邮票品等。

消费者要理性看待各类价格高昂的收藏品，不管是为爱好而收藏还是为升值而投资，都要具备一定的鉴赏和辨别能力，勿轻信广告宣传。

案例5：化妆美容类

上海相宜本草化妆品制造有限公司在其所生产的化妆品产品外包装上标注"运用现代生物科技独有促透导入剂加倍吸收安全有效"等字样，但是，在外包装作此标注的个别产品，实际上并未添加"导入剂"，调查还发现，该公司无法提供外包装上部分产品功效表述的有效证明，构成虚假宣传的违法事实。工商部门依法作出没收违法所得17.96万元的处罚决定。

由于夸大宣传产品效果，海飞丝、潘婷和旁氏等多个知名化妆品广告在沪被曝光涉嫌违法。目前，上海工商部门已对相关违法品牌广告进行立案处理。

上海工商部门最新的广告监测统计数据显示，继医药类广告之后，化妆品违法广告出现大幅增加。5月份，全市主要媒体发布的化妆品广告违法率超过19%。

监测结果同时显示，涉嫌违法宣传的化妆品广告不乏国际知名品牌。此次被上海工商部门曝光的违法化妆品广告包括：海飞丝新生去屑洗发露、清扬男士去屑洗发露、潘婷乳液修复系列、欧莱雅雪颜双重精纯护理液等产品的广告。

据分析，这些化妆品广告的违法表现主要是夸大产品功效，广告中含有使用产品前后效果对比的画面。在不少洗发水广告中，模特的一头枯发瞬间得到"滋润"，甚至连颜色都变得不同。

此外，部分化妆品广告夸大宣传，对产品使用效果作出绝对化的承诺。例如，清扬男士去屑洗发露广告宣称"头屑不再来"；力士焕然新生系列广告宣称"紧急修复严重受损发质，只需14天"；海飞丝新生去屑洗发露广告则宣称"从第一次洗头开始就能有效去除头屑"等。

据悉，上海工商部门目前已对相关违法品牌广告进行立案处理。工商部门同时提醒消费者，不要被化妆品广告中宣称的美妙效果所迷惑。

(案例来源：http://finance.ce.cn/law/home/alfx/200706/21/t20070621_11858069.shtml)

案例点评：

化妆品广告常见的违法表现还包括采用产品使用前后效果对比或者数据来保证产品功效，如"七天美白肌肤"、"十天强韧发质"，这些内容一旦缺乏科学的事实依据就构成虚假和欺骗。工商部门在查处部分违法化妆品广告的过程中发现，有些企业根本无法提供广告宣称功效的试验证明，有些企业的证明与广告中的结论并无科学的逻辑联系，甚至个别行业鉴定机构在未开展真实检测，只查看企业提供的试验数据的基础上，就以"权威检验机构"的身份出具功效证明文件。

化妆品虽非药品但直接作用于人体，其效果当因人而异，因此不能"以偏概全"，更不能宣传"对疾病的治疗或辅助治疗作用"，对可能产生不良反应的，还应当在广告中同时标注，以提请消费者注意。

讨论题：

在上述案例中自选其中某个案例讨论并回答以下问题。

1. 该广告的违法之处在哪里？

2. 指出判断其违法的法律依据。

3. 作为企业和广告管理机构，在广告的规范和管理中各自要起什么作用？承担什么责任？

11

第十二章

国际广告

学习要点及目标

- 掌握国际广告的特点
- 理解国际广告策略
- 把握国际广告的发展趋势

核心概念

国际广告　　国际广告策略　　全球化　　本地化

引导案例

麦当劳中国"年"

2013年，麦当劳在中国推出新年系列广告，请来中国古代传说"年兽"作为主演，并给"年兽"形象化、可爱化。广告由 TBWA 上海创作，麦当劳推出的"年兽"系列广告，分别是麦当劳"年兽"广告——心"年"心意堡餐、麦当劳"年兽"广告——麦趣鸡盒、麦当劳"年兽"广告——红运茶点组合、麦当劳"年兽"广告——红豆派，如图12-1～图12-4所示。广告片中的"年兽"被刻画得惟妙惟肖，毛发动作细致生动，风格诙谐无厘头，"年兽"为了想吃到各种麦当劳产品，用尽各种方法对人们进行恐吓，可结果却并不成功，弄得十分尴尬。在这些系列宣传广告中，不仅能够看到年兽的形象，更主要的是能够看到麦当劳的各类产品，麦当劳的产品可谓是轮换当家，将麦当劳的新年套餐都亮相了个遍。

(案例来源：http://www.54pop.com/ShowArticle_1484_1.aspx)

图 12-1　麦当劳"年兽"广告——心"年"心意堡餐剧照

图 12-2　麦当劳"年兽"广告——麦趣鸡盒剧照

图 12-3　麦当劳"年兽"广告——红运茶点组合剧照

图 12-4　麦当劳"年兽"广告——红豆派剧照

相关资料：

关于年兽的故事

在远古时候，我们的祖先曾遭受一种叫"年"的猛兽的威胁。冬天山中食物缺乏，年会闯入村庄，猎食人和牲畜，百姓惶惶不可终日。斗争多年后，人们发现年怕三种东西，红颜色、火光、响声。于是人们冬天在门上挂上红颜色的桃木板，门口烧火堆，夜里通宵不睡，敲敲打打，燃放鞭炮，吓走了年。

麦当劳这一跨国企业在进行产品销售的过程中不仅重视广告的宣传，更能够根据不同国家的风俗文化、不同消费者的特点，制作出既符合其国际化品牌推广策略又具备当地特点的广告作品。通过本案例以及对中国风俗文化相关资料的了解，我们可以更好地理解国际广告在国际营销中所扮演的角色，把握国际广告宣传的基本策略，为学习国际广告的发展趋势奠定良好的基础。

第一节　国际广告的特点

国际广告尽管目的和国内广告一样，都是为了产品的促销和商业信息的传播，但是由于营销环境与营销市场发生了变化，并且服务的对象是国际化的广告主，加上不同国家和地区的消费者有着各自不同的文化观念、生活方式与消费理念，因而进行国际广告运作与国内广告活动相比有着很大的不同。具体来讲，国际广告在所处的市场环境和所面对的消费者方面有以下特点。

一、所处市场环境的纷繁多样

从国际广告活动所面临的具体市场环境来看，国际市场比国内市场差异性更大，主要有经济环境因素、政治环境因素、社会环境因素、文化环境因素、法律环境因素、媒介环境因素和广告环境因素等的多重特异性。

1. 经济环境的差异

不同的国家由于经济体制、经济发展形态、市场发育程度、竞争状况、市场容量的各不相同，因此，在不同的国家或地区开展广告运作活动，就必须考虑各自的特殊性，采取行之有效的广告策略。有的国家有勤俭持家的传统，需要经久耐用的商品；有的国家崇尚时髦新奇，就需要国际流行性商品；有的国家处于开放时期，喜爱外国商品的观念盛行，需要国际名牌商品；有的国家流行"复古"、"怀旧"风尚，附带历史价值的商品就有销路。在发达国家，高档消费品销路较好，而在发展中国家，价廉物美的产品会受到普遍欢迎。

2. 政治环境的差异

政治环境主要包括政治制度、政府和机构(主要是对外贸易的管理机构)、政治局势的稳定情况，政治信仰和意识形态、政府对经济的干预情况和政治上排外情况等。世界各国有不尽相同的政治体制和思想体系、社会制度、意识形态，因此，在不同政治环境的国家开展广告活动难易程度就各不相同。

比如，有的国家在对外贸易方面有明显的国家保护主义倾向，对国外进口商品实行限制营销，限制市场份额；有的国家对进口商品设置多道关税壁垒；有的国家则对进口货物只征收极

12

低的进口关税，鼓励世界各国的产品在该地区从事平等竞争。

3. 社会环境的差异

社会环境，主要指各个国家的稳定状况。有的国家政局不稳，经常发生军事政变，毁约或片面修改合作的事情常常发生，对国际营销和国际广告传播的运行会产生一定的影响。为了使出口贸易企业的经济利益不受损失，防患于未然，因而有必要在开展国际广告活动之前对不同国家的社会环境进行了解。

4. 文化环境的差异

文化，是一个过渡性、地域性极强的东西。不同的国家与地区由于民族、地理、历史等方面情况的不同，使之产生了各自不同的文化。广告也是一种文化，和商品世界一样浩如烟海。而一种商品到异地去营销，必然带去该商品原产地的文化，这势必同商品新的营销环境文化发生碰撞。相容不相容，在这种碰撞中，就成为广告成功与否的决定因素。

因此，有效的国际广告传播不仅要注意广告创意的新颖独特、简洁明快、通俗易懂，更应该在不违反当地文化规范的前提下，尽可能地利用当地的文化情景和文化观念，消除品牌的文化隔阂。

 【案例12-1】

丰田，石狮向"霸道"敬礼

20世纪90年代，日本丰田车在中国内地发布的广告口号是："车到山前必有路，有路必有丰田车"。该广告巧妙引用中国俗语，以朗朗上口的语言，引发中国受众的亲切感，加强了丰田车在中国的销售力和好感度。而2003年12月，丰田车则因"石狮向'霸道'敬礼"广告的刊发，在中国受到了消费者及公众的情感抵制。

广告表现为：一辆霸道汽车停在两只石狮子跟前，一只石狮子抬起右爪向"霸道"敬礼，另一只石狮子向下俯首，作敬畏状。广告的背景为高楼大厦，广告语为"霸道，你不得不尊敬"。

由盛世长城国际广告公司制作，在中国的《汽车之友》杂志上发布的这则"石狮向'霸道'敬礼"的广告在刊登后，引发了中国受众的声讨，大多数中国受众认为："霸道"过于霸道，竟然让石狮给它敬礼！

(案例来源：赛来西·阿不都拉，季靖. 广告心理学. 杭州：浙江大学出版社，2007)

案例解析

在进行国际广告策划过程中，要充分考虑广告所投放的国家的市场差异性，如经济环境因素、政治环境因素、社会环境因素、文化环境因素、法律环境因素、媒介环境因素等，在上述案例中，前一则广告让中国受众对丰田产生了好感，后一则广告则受到了受众的抵制。前一则广告对中国文化的尊重和引用，后一则广告对代表中国文化、象征中国力量的石狮的轻视，都说明了解、分析、尊重一国文化的重要性。因此，企业在进行国际广告活动的过程中，要充分考虑各种文化差异因素。

5. 法律环境的差异

法律观念、法律体系、执法水平等，特别是关于广告的法律的差异，使国际广告传播必须对所在国的法律法规有相当程度的研究。有关广告方面的法律环境主要包括与进口贸易有关的海关法及其他法律规定，国内对进口商品的管理条例与法规、进出口手续、税收情况，审计与财务法规、经济合同法以及对专利的保护法等。

比如，有的国家规定可以进行比较广告的刊播，美国联邦贸易委员会认为，比较广告对消费者和广告主都有利，应该鼓励使用，而有的国家则不允许做比较广告，除加拿大、英国、丹麦等少数国家效仿美国之外，多数国家尚不赞成和不允许直接使用比较广告；有的国家名人做广告必须是该产品的真实使用者，而有的国家则要求的不是很严格；有的国家不允许进行任何形式的烟草广告，而有的国家则规定可以做一些隐形方式的烟草广告等。

6. 媒介环境的差异

国际广告主所选择的媒体通常可以分为国际媒体和当地媒体两类。

能够实现跨国传播的媒体都称为国际媒体，如在全球多个国家发行的报纸、杂志、卫星电视和互联网等都在其中。国际广告媒体在 20 世纪末数字化浪潮出现之后发生了极其重大的变化，之前占据国际媒体重要地位的国际报纸、杂志，逐渐被卫星电视、网络等新型媒体所取代。因此，国际广告主在选择国际广告媒体进行投放时需要关注新媒体的发展。

然而，在进行国际广告业务时广告主会更多地选择当地媒体，因此，必须考虑到各个国家在媒介体制、赢利模式、经营管理方法和技术标准等方面存在的不同，以便顺利地实施预定的广告方案。比如，有些国家就不允许播放商业电视广告。同样，各个国家和地区的媒体对广告产品、广告受众、广告表现形式等方面也会有不同的制度规定。正因为各个国家的媒体存在一定的差异性，因此，在进行国际广告之前，要对所在国家和地区的媒体进行深入而细致的了解。

7. 广告环境的差异

在不同的国家，广告业的运作模式、经营管理方式、广告从业人员的素质和技术水平存在很大的差异。我们必须要结合当地的实际情况，与他们密切合作，对不同国家和地区的广告环境要进行实地考察，以便保证广告运作的正常进行，并取得预期的效果。

1994 年 1 月 10 日，法国雪铁龙汽车制造公司在巴黎—莫斯科—北京汽车拉力赛的汽车上张贴美国"骆驼"牌香烟的徽标，并且出现在拉力赛期间的新闻稿和电视广告中，而被法国反烟草国家委员会指控违反了"在体育节目中不得出现香烟广告"的规定，最后付出了 50 万法郎的受罚代价。

二、所面对的消费者各不相同

国际广告传播面临的最大难题莫过于陌生的消费者。不同国家的消费者在文化背景、消费心理和消费习惯等方面各不相同。对于国内的消费者，我们的认识也不能说很清晰，而对于国外的消费者，我们的认识则更加模糊。因此，国际广告所面对的消费者与国内广告相比难度更大。这个问题不解决，国际广告传播就无法展开。所以，在对国际广告所面对的消费者进行了解的过程中要充分考虑如下因素。

1. 语言文字

语言是广告信息传播的主体符号，更是国际广告沟通中的重要环节。但由于语言在表义、组合和修辞等方面的差异，广告信息很难准确地对外传播。国际广告在实施的过程中，语言文字是否得到当地文化的认同至关重要。因此，只有透彻了解目标市场国家和地区的语言文字特点，才能充分而准确地运用其表征规律，使广告信息得到真实而有效的传达。

值得注意的是，广告语要特别符合当地的语言习惯，避免歧义影响广告的效果，尤其要了解当地的俚语、习惯用语，避免使用错误的方言。

傅慧芬先生在《西方广告世界》中引述了相当多的在广告传播中语言沟通困难的笑话和例子。例如，美国通用汽车公司的一种品牌为"Nova"的小轿车，此品牌名在英语使用国的消费者听来有"新奇"的含义，可在西班牙语使用国的消费者听起来如同"不走"。美国新泽西标准石油公司的汽油品牌"Enco"，在日语中含义却是"抛锚的车"。一家法国巴黎时装店为招揽美国游客所挂的英文横幅"Come in and Have a Fit"，由于翻译错误，意思竟成了"欢迎光临，敬请抽筋"。

2. 风俗习惯

风俗人情、宗教信仰和道德伦理是各个民族长期实践形成的社会文化因素，它不但影响人们的思维、行为，也影响人们的消费习惯和观念。在进行国际广告活动之前要对各个民族的风俗习惯、宗教信仰和价值观念进行深入研究，根据不同民族的习惯、爱好、欲望和禁忌，制作出符合当地情况的广告作品。

不同的国家对数字、动植物和颜色等都有不同的喜好和不同的使用习惯。数字是广告中经常使用的内容，广告利用数字表达价格，或者为商品命名。受传统的朴素哲学思想的影响，中国人普遍喜欢偶数而对奇数反感。就具体数字而言，又有不同的情况。"2"是人们喜爱的偶数之一，人们常把它和"好事成双、双喜临门"等吉祥语句联系起来，但人们不喜欢"4"，因为它和"死"相似，"6"表示"六六大顺"，"8"与发财的"发"音近。在西方，"13"最不受人欢迎，因为《圣经》中出卖了耶稣的犹大是耶稣的第13个信徒。在西方的许多国家，旅馆不设13号房间，列车没有第13号车厢。因此对西方国家的广告宣传也应避免使用"13"这个数字。

3. 价值观念

价值观念是人们对社会生活中各种事物的态度、评价和看法。在不同的文化背景下，人们的价值观念差别是很大的，而消费者对商品的需求和购买行为深受其价值观念的影响。例如，在产品广告宣传中，中西方广告对承诺的选择有很大的差异。在英语国家里广告宣传注重事实的权威，通过调查研究，以量化的数据去说服消费者。而中国传统文化强调统一的思想，崇尚"自上而下的权威"，在广告中通常以"获得某某金奖"、"大型国有企业"等作为承诺的依据。

我们经常可以看到一些广告语，例如，"昔日宫廷秘方，皇家独享"，"国宴饮料——天然优质矿泉水"等。东方人把群体和团结放在首位，所以广告宣传应突出人们对产品的共性认识；而西方人则注重个体和个人的创造精神，因此应强调产品的新颖和奇特。

4. 生活方式

生活方式是指广告受众的生活形态，主要表现在他们的活动、兴趣和思想见解上。生活方式是个人与环境相互作用后的清晰体现，它受周边环境制约，具有相对稳定性。一个国家或地区的生活方式会影响该地区的消费模式和营销模式。

以宝洁公司为例，20世纪70年代当它把帮宝适一次性尿布引入日本市场时，发现日本的母亲并不喜欢这种美式的大块尿布。日本妇女给孩子换尿布的次数是平均每天14次，这个数字是美国母亲的2倍。发现问题后，宝洁公司把尿布改成较狭小的样式，很快占领了日本尿布市场份额的20%以上。美国人每天要使用除臭剂和洗发水之类的产品，但欧洲天主教徒认为身体乃上帝所赐，过分强调卫生是多余的。因此当"格林"牙膏以"本牙膏为三餐饭后刷牙的人所必备"作为广告语时，在欧洲很多国家行不通。

又如在法国，男士和女士一样要使用大量的化妆品，因此，男士化妆品广告司空见惯。但在我国市场，男士在化妆品方面的需求与女士相比还有很大差距。

5. 教育程度

世界各国在文化教育上的差异是极大的，有的国家普及高中教育，有的国家普及初中或者小学教育，有的国家不是大学毕业的人就找不到工作，而有的国家文盲却占很大多数。文化教育水平不同，其经济发展水平、广告媒体倾向、广告接受特性和广告观念也都不一样。

高水平的创意表现在文化发达国家行之有效，而在落后国家就可能不被理解。在报纸广告为主的国家大做电视广告，效果不一定会好。消费者在文化教育程度方面的差异是制约广告创意有效表现的重要因素。

【案例12-2】

丰田，瞄准"Y世代"

由于美国"婴儿潮"一代渐趋老龄化，购买能力和市场潜力缩小，各大汽车厂商纷纷把目光投向了"Y世代"。美国《商业周刊》对于"Y世代"的定义是出生于1978年以后的美国青少年，他们是"婴儿潮"一代的子女。

作为日本最大的汽车厂商，美国市场上的第三大汽车生产商，丰田公司当然不会放过这块诱人的蛋糕。但是，由于丰田公司的顾客群集中在"婴儿潮"一代的美国人，在所有的日本汽车厂商中，丰田公司的消费群老化最为严重，其顾客的平均年龄达到了50岁，是日本汽车厂商中顾客平均年龄最大的。更加令丰田公司担忧的是，年轻一代的消费者虽然都认为丰田汽车质量非常好，但是他们都认为这是他们父母开的车，寒酸而又过时。

为了摆脱顾客群和品牌形象老化的困境，丰田公司于2003年6月9日，在美国加州的150个经销点同时隆重推出其第三个品牌Scion，此品牌市场定位为入门级的汽车，瞄准的正是年轻族群"Y世代"。Scion的字面意思是"贵族后裔"。在纽约车展上，丰田打出的口号就是——"下一代的TOYOTA来了！"，明确地瞄准了年轻买家，"潮流创造者"。

经过丰田公司和其广告代理公司的调查研究发现，"Y世代"是和他们的父母以及兄长非常不一样的一代，特别是Scion的目标客户"潮流创造者"。他们看电视的时间明显减少了，他们用来上网和听音乐的时间是平均水平的两倍。他们不仅对大众广告的接受度不高，而且很厌恶"推销"。相反，"意见领袖"和朋友的话对他们非常起作用，同时，他们还很喜欢"自己寻找"到的产品。因此，丰田公司避开昂贵的大众媒体，利用非大众媒体做广告。专业网站、电话亭里的招贴画、夜总会和酒吧内的海报、电影院等受众群相对集中的小众媒体，都成了 Scion 品牌宣传的利器。

从 2003 年 6 月 9 日开始，产品在 150 个经销点同时上市，到 8 月底，Scion 已经卖出了 2000 辆，雄心勃勃的丰田非常满意这个成绩。从这个案例中我们不难发现，丰田汽车在美国的广告策略是建立在对目标消费者价值观念及生活方式的详细了解后进行广告媒介的合理选择，最后取得了成功的销售业绩。

（案例来源：王卓. 一个汽车巨人的游击营销. 成功营销，2003 年第 9 期）

案例解析

丰田，瞄准"Y世代"这一案例充分说明了在进行国际广告的过程中，要对消费者进行深入的调研分析，只有这样才能取得好的销售业绩。丰田公司首先对年轻族群"Y世代"进行了性格特点的分析，即"潮流创造者"，进而分析了他们所接触的媒体类型，因而避开了广告费用价格昂贵的大众媒体，选择专业网站、电话亭里的招贴画、夜总会和酒吧内的海报、电影院等受众群相对集中的小众媒体，不仅节约了广告费用，更使广告投放具有针对性。由此可见，在进行国际广告活动的过程中，要对消费者的价值观念、生活方式等内容进行充分的分析。

第二节　国际广告策略

现代企业所进行的国际广告活动是在多国市场范围内运行并展开的，而广告策略是国际广告运作过程中重要的环节之一。广告商和广告公司面临的最大挑战是如何寻找在不同国家和文化氛围下都能奏效的广告，采取何种方式进行有效的策略执行和实施已经成为国际广告当今所要解决的重要问题。

早在 1923 年，固特异轮胎公司的大卫·L. 布朗(David L. Brown)就指出人们在很多方面都有相同的属性，因此在不同国家采用标准化的广告不但可行而且合理，也许要做一些表面调整，但其基本的广告主题完全可以通用。然而其他学者根据国与国之间存在的文化差异，认为广告应该采取地方化策略以适应不同的国情，反对标准化广告策略。

从 20 世纪 50 年代开始直到今天，到底要实行标准化策略还是要实行本地化策略一直成为广告主和广告研究者争论不休的话题。对于这个问题的回答大致有三种不同的观点：全球化或标准化策略；适应性或本地化的策略；全球性策划、本土化执行相结合的策略。

一、全球化或标准化策略

在经济全球化的过程中，广告运作的标准化趋向十分明显。所谓国际广告的标准化，是指国际广告主打破国家和地区的界限，以统一的广告主题、统一的创意表现，在目标市场国实行基本一致的传播策略。

这种策略的着眼点是全球消费者有着共通的语言和追求，如对美丽、亲情、健康的追求和执着，对安定、祥和的期盼，对大地、山川的情怀，对童年的回忆，对朋友的忠诚等，因此，国际广告完全可以基于这样的共性，而不必在乎地区上的差异。例如，万宝路在世界范围内的成功就是基于人类共同的英雄崇拜；麦当劳的家喻户晓则是基于人们对快乐和幸福的追求。

(一)实行标准化广告策略所具备的优势

随着科学技术的发展，特别是通信科技的发达，消费者的地理和心理差异逐渐消除，消费需求越来越趋向一致。因此，实行标准化策略具有很强的可行性。选择标准化策略的优势表现为：能够更好地保持企业或产品的形象在国际市场的统一性，塑造企业全球一致的品牌形象；可以减少广告的策划、创意、制作等费用，从而降低广告的成本，实现规模经济效益；有利于广告主对各个不同目标市场广告内容的统一监管与控制。

(二)实行标准化广告策略应当具备的条件

尽管实行标准化广告策略具有上述优势，但在实行标准化策略的过程中却是有条件的，其主要表现在：广告的产品必须具备各地消费者需求和期望的一致，寻找人性的共鸣；所要宣传的产品制作标准化并能够带来规模效益；进入各国市场的限制和法律、法规约束不多；各地市场都能够接受统一的品牌形象和产品特征。

【案例12-3】

麦当劳的金色拱门

2005年4月15日，美国快餐业巨擘麦当劳迎来了它50岁的生日。50年的发展与积淀，麦当劳的金色拱门标志已经成为"欢乐"的象征符号，金色拱门之内就是人们享受家庭快乐的乐园。麦当劳的品牌内涵就是注重家庭的快乐，麦当劳是家庭聚会的好地方。

"更多选择，更多欢笑"、"常常欢笑，常常麦当劳"已经成为人们耳熟能详的广告语，温馨、快乐是人们对麦当劳的整体感觉。麦当劳广告不断地提醒着人们：如果全家经常光顾麦当劳，那么生活就会更加美满幸福。父母和孩子在麦当劳里快乐地享受汉堡、薯条和可乐是麦当劳里经常出现的画面。

人们的交流和沟通往往建立在符号系统的基础上，广告作为一种传播和交流的手段，就必然是符号的载体。麦当劳的Logo(金色拱门)堪称经典，造型简洁又具有形象性，黄色鲜艳夺目且能刺激人们的食欲，具有很强的视觉冲击力。每一家麦当劳餐厅外都少不了"M"型标志，不仅为了宣传，更起到了指引的作用。

在英文中，"M"象征的是母亲，给予人们的是一种亲切温馨的感觉，这与麦当劳的定位也是相一致的。麦当劳广告经常利用其Logo标志作为创意之源，在消费者赞叹其创意出色之余，也加强了对金色拱门的识别和记忆。金色拱门已成为麦当劳树立全球一致的品牌形象的重要视觉语言。

(案例来源：张家平. 十大品牌广告经典评析. 上海：学林出版社，2006)

案例解析

在进行国际广告的过程中,统一的广告主题、统一的创意表现对品牌认知度、美誉度的形成起到了重要的作用。麦当劳的金色拱门标志,成为麦当劳树立全球一致的品牌形象的重要视觉语言。"更多选择,更多欢笑"、"常常欢笑、常常麦当劳"这些耳熟能详的广告语,诠释了麦当劳的消费者追求生活美满幸福的主题。通过麦当劳的金色拱门及统一广告语的案例,不难发现在进行国际广告运作的过程中,实行标准化策略具有很强的可行性,对于企业利润的实现、赢得消费者的广泛认可起到了重要的作用。

TBWA 跨国广告公司

TBWA 是成立于 1970 年的跨国广告公司,由四个来自不同国家、不同背景的、具有不同经验的广告人所组建。"TBWA"就是由四位创始人的名字的第一个字母组合成的。它属于全球重要的市场营销和传播机构奥姆尼康集团。1998 年 TBWA 广告公司与 BDDP 环球公司合并,更名为 TBWA 环球公司,成为全球十大广告代理网络之一,其全球总经营额为 654 亿美元,名列世界第九。

在全开放的架构下,TBWA 公司倡导广告要开放式运作,不排斥异己,相信当不同思想、经验进行交流的时候,将会撞出耀眼的创意火花。这是它独树一帜的广告理念,也是它取得成功的重要因素。凭着强而有效的策略和创意,TBWA 先后成功地为苹果电脑、索尼游戏机、李维牛仔裤、绝对伏特加酒、尼桑轿车等一批国际著名品牌创造了非凡的市场业绩。

(资料来源:http://qwerty12345199.blog.sohu.com/170550900.html)

二、本地化策略

为了适应各个国家不同的政府限制、地理环境、历史条件与经济发展水平以及消费者由于不同的价值观、风俗习惯、消费偏好等原因带来的不同的购买动机,20 世纪初期,一些大型的跨国公司和出口商采用了广告本地化的战略。

所谓本地化策略,是指广告主在针对不同目标市场开展广告活动时,应根据国与国之间的差别,采取不同的广告诉求方式,进行广告的创意和制作。主张国际广告本地化策略的学者认为,标准化广告策略只适合在文化类似的国家实行,广告活动必须考虑到国与国之间的文化、经济、媒体和法律等方面的差异。

国际市场是由一个个国家或地区市场组成的,各个地域市场的市场状况、消费者状况和广告业状况等情况都存在极大的差异。虽然统一的广告传播模式具有成本低和操作简单等多方面的优势,但是不同国家的人对某产品有相同需求,并不一定表示他们会按同一方式接受同一种产品。因此,标准化广告不一定对全世界都适用。发达国家的广告对发展中国家尤其不适用,因为国际广告商很可能遇到生活方式、富裕程度、市场结构以及各种环境因素等方面的差异。因此,在国际广告运作过程中的地方化广告操作模式,不仅可以丰富全球化品牌的内涵,更能够增强广告传播的有效性。

在国际广告运作活动中有许多标准化广告运作失败的例子。其中比较大的错误往往由于广告商不能很好地理解和适应外国的文化所导致的。泰国是一个信奉佛教的国家，日本的一些名牌产品都曾因触犯佛法规范而遭过败绩。

日本索尼公司曾策划了一则推销录音机的电视广告。画面上，佛祖安详地侧卧，双目闭拢，物我两忘，忽然，索尼录音机播出美妙的音乐，佛祖凡心萌动，全身随音乐不停地摆动，最后竟睁开了双眼。这则广告一经播出立即引起了泰国人的极大愤怒，泰国当局甚至通过外交途径向索尼公司提出了抗议，该公司不得不表示歉意，停播了这则广告。因此，在进行广告活动时应当考虑不同国家和地区的特殊性，采取本地化策略。

【案例12-4】

百威啤酒，本土化策略

随着全球市场的进一步发展，百威啤酒根据不同目标市场的文化差异，开始诉求不同的目标群体。例如，百威啤酒在美国本土提供多种品牌啤酒，是一个大众品牌啤酒，在中国是一种中高档啤酒，在日本把其目标消费者锁定在25～35岁的男性。

在美国，百威啤酒是"这样的一种啤酒"，消费者辛苦劳作了一天之后，在回家路边的酒吧里驻足品尝的啤酒。百威啤酒总是与工装裤、沾满油污的双手、艰苦劳作联系在一起。百威啤酒宣扬"平凡人经过奋斗实现自己的梦想"的精神，集梦想、力量及劳动自豪感于一身的男子汉形象成为百威啤酒消费者的完美形象。因此，百威啤酒在其广告的视觉表达上选择了赫赫有名的克拉斯代重挽马。体魄强健的挽马不是饲养的纯种马匹，因为纯种马出身"名门贵族"，骄傲、优雅，只能是贵族的宠物。而挽马最大的特点就是具有健壮的身体、超凡的体力，以及工作到极限后仍然保持平和的脾性。

虽然挽马没有纯种马的轻盈与速度，但它的魁伟与蛮力，使得它一旦真正地撒开四蹄，尽情驰骋时，一种对自由与梦想的激情就会瞬间爆发。奋斗、激情、自由与梦想，这就是美国文化的精髓。所以，百威啤酒选择克拉斯代重挽马作为品牌在美国的视觉符号，将品牌内涵与美国文化结合在了一起。

当谈及百威啤酒的广告时，中国消费者头脑中首先出现的就是百威啤酒关于蚂蚁的系列广告。蚂蚁，一种渺小而又忙忙碌碌的动物，行走是它生存的最佳造型。"没有任何动物比蚂蚁更勤奋，然而它却最沉默寡言"(富兰克林语)，蚂蚁一旦盯上目标，就会不惜付出多大代价也要达到目的，具有"咬定青山不放松的执著和韧性"，蚂蚁拥有快捷且难以抗拒的力量，而这种力量来自群体成员的精诚合作以及讲秩序的观念。

蚂蚁身上似乎具有某些跟中国人非常相似的元素：勤奋、执著和集体意识强烈。"蚂蚁精神"似乎是中国人某些文化的精髓所在，所以，百威啤酒在中国选择蚂蚁作为广告的主角。百威啤酒针对中国人的"蚂蚁文化"制定了系列作品，并且通过蚂蚁将中国传统春节"福"的气氛与百威啤酒(Budweiser)的"B"联系到一起，以气势恢弘的画面，再现春节热闹、祥和的氛围。百威啤酒以蚂蚁为元素，传神地在品牌传播中融进中国文化，让中国消费者迅速接受百威啤酒。进入中国市场仅仅六年的时间，百威啤酒便占据了国内中高档啤酒市场将近50%的份额。

在日本的市场上，百威啤酒明确地把其目标消费者锁定在 25～35 岁的男性。这一年龄段的消费群，对运动与服装时尚非常感兴趣，喜欢多姿多彩的时尚休闲活动，喜欢夜晚与朋友一起在外喝酒(通常不是啤酒)娱乐，具有群体消费的特点。所以，百威啤酒就以时尚为核心，向日本消费者宣扬一种时尚的新生活方式——畅饮百威啤酒，与朋友一起讨论当前的时尚。在日本，各种行业都有相应的杂志，而且，这些杂志还是上班族必读的刊物，相对来说，男青年看电视时间很少。所以，一开始百威啤酒就把宣传的重点放在杂志广告上，以扣人心弦或绚丽多彩的画面激发他们的视觉感官，先打进时尚圈，使之成为一种时尚消费，然后利用群体消费的特点，通过群体之间强大的影响力，进一步打开日本市场。

百威的电视广告将其场景根置于美国的视觉氛围中，无论是美国东部沸腾的海岸，还是西部辽阔的大地，广告都向消费者展示了美国最为时尚的生活方式——喝着百威啤酒，而不是其他品牌的酒，与朋友畅谈。广告中穿着百威服装的时尚百威女孩(Bud Girls)成为日本大部分男性对百威啤酒最深刻的视觉印象。百威啤酒充分利用年轻人追逐时尚生活的心理，通过时尚的广告宣传巧妙地将其与时尚生活相联系，使得畅饮百威啤酒成为一种时尚的新生活方式。

(案例来源：张家平. 十大品牌广告经典评析. 上海：学林出版社，2006)

案例解析

本地化策略是指广告主在针对不同目标市场开展广告活动时，根据国与国之间的差别，采取不同的广告诉求方式，进行广告的创意和制作。百威啤酒针对不同目标市场积极开展差异化广告活动，在美国本土提供多种品牌啤酒，是一个大众品牌啤酒；在中国是一种中高档啤酒；在日本把其目标消费者锁定在 25～35 岁的男性。由此可见，在进行国际广告运作的过程中，要根据品牌、产品特点，采取有针对性的广告策略，只有这样，品牌的知名度、美誉度才能更好地建立，销售利润才能得到有效的保证。

三、全球性策划和本土化执行相结合的策略

国际广告标准化与本地化各有其理论基础与成功案例，但在开展国际广告活动时，过分强调标准化或本地化都会带来一定的问题。过分强调标准化，会由于忽视市场、消费者和文化等方面的差别，遭遇传播障碍。而过分强调本地化则容易造成资源的分散和损耗，不利于广告主对品牌的统一管理和品牌形象的确立。因此，广告专家在一体化和本土化的基础上提出了第三种模式——"全球性策划和本土化执行相结合"，即，TG&AL 理论。TG&AL 是英文"Think Globally，Act Locally"的缩写，意思是"全球性策划、本土化执行"。

全球化策划就是国际广告一体化，是指统一的广告主题与内容、统一的创意与设计，制作具有共性色彩的广告宣传作品，在全球各个目标市场国进行一体化的传播。其思维依据就是全球化理论，它的出发点就是创造广告宣传的集约化效应，以有限的广告资源塑造统一的品牌形象，发挥规模优势。

本土化执行就是国际广告的本土化，是指针对不同的目标市场国，根据不同的民族文化特色，制作不同的广告诉求、创意和表现的广告宣传作品，进行本土化的传播，发挥本土优势。其思维的依据是民族文化的多样化理论，它的出发点是强化广告在不同的目标市场国的影响力和时效性。

近些年来，可口可乐、百事可乐、肯德基和麦当劳等跨国公司在实行标准化策略的基础上纷纷采用全球性策划和本土化执行相结合的广告策略。以电视广告为例，广告主通常采取四种实行全球性策划和本土化执行相结合的策略：拍摄画面不变，只改变商品包装镜头，将旁白或歌曲改为当地国家的语言文字；部分镜头在当地重拍；故事情节不变，广告演员由所在国演员出演；仅仅保留创意概念，根据当地需要重新制作广告。

 【案例 12-5】

百事"新一代"全明星策略

百事可乐在其全球性策略"新一代"的指引下，通过"明星代言手法"使同一个广告故事在不同地区选择当地受众熟悉并且喜爱的明星进行演出，在保留优秀创意的同时起到了良好的传播效果。百事广告在执行的过程中非常强调的是：全球创意、本地执行。经典创意想法没有国界，但执行的属地感却会大大影响到广告的传播效果。

2004 年 1 月，百事可乐邀请了世界乐坛三大歌后"小甜甜"布兰妮、"黑珍珠"碧昂斯、性格女星"红粉佳人"与歌星恩里克·伊格莱莱西亚斯联袂演出了一场古罗马竞技场的战斗。这款广告耗资 3000 万美元，凭借经典古朴的画面、恢弘的场景、鼓动人心的配乐、明星们惊艳的造型和动作场面，达到了扣人心弦的视觉效果，彻底征服了受众。

百事为中国消费者提供的同样是一场丰盛的银幕饕餮，全长 3 分钟，切分为系列广告连环投放市场的百事"蓝色传奇篇"集结了郭富城、郑秀文、周杰伦、蔡依林、陈冠希和 F4 等九位当红影视巨星。这场蓝色风暴讲述了一个中国式传奇故事，拍摄取景于约旦，神秘的异域风情配合明星们的号召力，一时间成为消费者津津乐道的话题。

（案例来源：张家平. 十大品牌广告经典评析. 上海：学林出版社，2006）

案例解析

百事可乐在其全球性策略"新一代"的指引下，通过"明星代言手法"使同一个广告故事在不同地区选择当地受众熟悉并且喜爱的明星进行演出，在保留优秀创意的同时起到了良好的传播效果。百事广告在执行的过程中非常强调的是：全球创意，本地执行。经典创意想法没有国界，但执行的属地感却会大大影响到广告的传播效果。从上述案例可以发现，无论是古罗马竞技场的战斗还是蓝色风暴都赢得了消费者的广泛好评。

第三节　国际广告的发展趋势

国际广告作为国际贸易的产物，其发展势必随着国际贸易的迅速扩大和增长，而越来越受到各贸易国和市场国的重视。那么，国际广告的发展趋势自然会引起人们的广泛关注。在了解国际广告的发展趋势之前，首先让我们一起来了解一下国际广告的现状。

一、国际广告的现状

国际广告的发达程度，取决于各国或各地区的经济发展水平和国际贸易发展状况。就目前的全球形势来说，发达国家或地区与发展中国家或地区之间，国际广告业的发展极不均衡。

1．国际广告业务的集中化

所谓国际广告业务的集中化，即国际广告业务多集中于发达国家或地区的大型跨国广告集团。发达国家或地区的国际广告业高度发达，在全球国际广告业中占绝对优势。在世界广告公司的排名中，前 50 名甚至前 100 名都是发达国家或地区的广告公司。据有关机构统计，1984年，世界最大的 5 家广告公司的营业额占全球广告营业额的 10%，1989 年，这个比例已上升到 20%，而至 2002 年，已达到 53%，而且仍在继续增长。

美国《广告时代》杂志 1994 年 11 月 21 日刊出世界 50 个最大的国际广告商，其中 13 家为美国公司，16 家为日本公司，18 家为欧洲国家的公司，3 家为韩国公司，体现了这些国家在国际广告中的重要影响力。在全球广告市场上，最著名的有六大集团：奥姆尼康(Omnicom)、WPP 集团、IPG 集团(Interpublic)、阳狮(Publicis)、电通、哈瓦斯(Havas)。各集团下面都有很多子公司，为客户提供广告、市场营销、公关、网络营销、客户关系管理和咨询等服务。2003 年，这六大集团的业务量占全球广告市场总份额的 66%，如表 12-1 所示。

表 12-1　全球六大广告集团一览

名　次	集团名称	下属公司
第一	奥姆尼康(Omnicom)	天联广告、李岱艾、恒美、浩腾媒体等
第二	WPP 集团	奥美、智威汤逊、达彼思(亚洲)、百帝广告、红线、电扬、扬罗必凯、精信广告、传立媒体、尚扬媒体、迈势媒体、灵立媒体等
第三	IPG 集团(Interpublic)	麦肯、博达大桥、灵狮广告、优势麦肯、极致媒体等
第四	阳狮(Publicis)	盛世长城、李奥·贝纳、阳狮恒威、实力媒体、星传媒体等
第五	电通	电通
第六	哈瓦斯(Havas)	灵智大洋等

(资料来源：吕巍. 广告学. 北京：北京师范大学出版社，2006)

2．发展中国家或地区的广告业受到跨国广告公司的冲击

跨国公司在全面进军发展中国家或地区的市场时，通常会采用在对象市场国开设分公司、办事处，或整体或部分购并当地现成的广告公司，或独资或合资组建新的广告公司，实现对对象国的市场渗透。

以我国广告市场为例，一些国际知名的广告公司，如 O&M、JWT、DDB、李奥·贝纳等，都已不同程度地进入我国市场。2002 年，我国广告公司按广告营业额排序，在前 10 家中，盛世长城、麦肯光明等外商合资公司占有 6 家，并且这些外商广告公司的营业额也遥遥领先于绝大部分的本土广告公司。

3．发达国家或地区通过广告对发展中国家或地区进行文化渗透

由于国际广告经营中全球标准化方案的实施，势必使发达国家或地区的广告具有某种文化渗透的性质。发达国家或地区不仅利用国际广告向发展中国家或地区推销商品，同时也推销着它们的文化，包括生活方式和消费观念。

例如，在结婚订亲时佩戴钻戒，原本是西方的一种文化习惯，但当这种定情方式传入我国后，年轻人在订婚、结婚的时候，购买钻戒已经成为不可缺少的一个环节。而与此同时，戴比尔斯的"钻石恒久远、一颗永流传"等推销钻石的广告语已经深深印入中国消费者的心中。

二、国际广告的发展趋势

国际广告是在特定的国际背景下展开和进行的，也必然伴随着国际背景的发展变化而发展变化。

(一)国际背景

1．全球一体化趋势的加强

从国际背景的角度来看，世界各国之间，在旧有的既存的利害关系之外，正面临着越来越多的威胁全人类共同生存和发展的新议题，如环保问题、能源问题和疾病与人口控制等问题，迫使世界各国消除隔阂，加强合作，以增进人类共同的福祉。局部冲突虽依然存在，但世界格局正逐渐改变过去的历史和框架，朝着全球一体化的方向演进，和平与发展成为世界共同的主题。

2．世界经济贸易出现新的格局

由于世界各国受各自的与共同的经济利益驱动，国与国之间区域性市场壁垒与贸易障碍首先被突破，促进了世界区域经济集团化发展的趋势。如欧洲联盟与欧洲统一市场的建立，北美自由贸易区的形成，目前，正在酝酿的亚太经济圈，以及拉美经济体系、北非共同市场和阿拉伯世界经济的共同体的出现等，而区域经济集团化的发展，又必将推进世界经济贸易全球化的进程。

与此同时，向印度和中国这样一些发展中国家新的大商品市场的进一步开放，使世界范围的推销商品的活动急剧增加，全球性的市场正在变得越来越具有竞争性和复杂性。美国通用汽车公司的总裁史密斯在1986年5月国际广告协会第十三届世界广告大会上就曾说过一段饶有深意的话："中国的出现是我们时代的核心机会之一。如今，没有一个认真的跨国公司能够在没有一项对华战略情况下制订出未来的计划。对各个跨国公司来说，问题不是是否愿意去接近中国，而是如何接近中国。"

3．高科技的发展与信息传播的新方式

现代科学技术的快速发展和应用，特别是以微电子技术、信息技术和新材料等为主要内容的高科技领域，将使人类社会进入一个崭新的发展阶段。高科技的运用，特别是信息处理的电脑化，不仅开拓和发展了新的媒介技术，而且对原有的媒介技术进行了大幅度的改进，使其发生了质的飞跃。高科技促进了现代信息通信技术的发展，使传播媒介进入空前繁荣的发展时期。

多媒介时代的出现，将大大冲击当前的媒介结构，增加国际交流的效率，给国际贸易以及人们的工作、生活方式带来巨大的冲击，进一步促进了全球人类一体化的进程。

人们预测，21 世纪最主要的传播媒介可能是集电话、电视、计算机等功能于一体的信息网络系统。

(二)国际广告的发展趋势

在上述背景下，国际广告业在其社会责任感、广告业务的区域性、广告公司的规模、广告媒介的形式等方面将表现出以下趋势。

1. 国际广告社会责任感的加强

鉴于上述国际背景，国际广告必须从全人类的整体角度和长远利益出发，确定广告公司的发展方向，实施广告公司的经营活动，使国际广告业务在全球经济贸易的发展中达到自我的最大实现。

国际广告不仅在为广告主推销商品方面发挥了重要作用，而且对各个不同国家、地域和民族的社会文化进行了渗透。1986 年在第 30 届世界广告大会上，美国广告界一位知名人士以"文化的艺术和科学"为题作了长篇发言，发展中指出："如果没有人做广告，谁能创造今天的文化？你又能从哪为文化活动找到比一种广告媒介更生动的宣传方式呢？……我们应该承认我们确实影响了世界的文化，因为，广告工作是当代文化整体中的一部分，是文化的传播者和创造者。"

国际广告在创造人类共同的文化、沟通不同文化的联系和交流、促进世界各国不同文化的相互理解等方面，起到了不可磨灭的作用。因此，国际广告的社会责任感在不断地加强。

2. 跨国广告公司纷纷进军中国

随意走进一个中国家庭都会发现雀巢的咖啡、可口可乐的饮料、百威的啤酒、索尼的笔记本、耐克的运动服装、雅诗兰黛的化妆品、东芝的电视等。由于中国的人口众多，并且随着中国经济的不断发展，国内巨大的市场将吸引着越来越多的国外企业。由此可见，谁拥有了中国市场，谁就拥有了企业发展的未来。

与此同时，根据央视市场研究(CTR)发布的报告显示：2004 年，中国的广告花费总额达到3593 亿元，较上年增长近 27%，中国已经成为全球第五大广告市场，其中，内地的广告花费达1935 亿元，比 2003 年增长 25%。中国广告业正在成为国民经济中重要的新兴产业之一。因此，中国正成为全球广告业竞争的核心市场，各大跨国广告集团和广告公司都把中国市场作为战略重点。2005 年 5 月，全球第四大广告公司——美国盛世长城国际广告有限公司全球 CEO(首席执行官)凯文·罗伯茨在北京大学演讲时说，3 年之后，盛世长城会把其全球总部搬到中国。

跨国广告公司往往都有自己长期服务的跨国大企业，这些企业在进入中国市场后，广告公司也随之进入。跨国广告公司在为原有客户提供服务的同时，也开始关注成长中的中国企业。因为只有获得足够的本土客户，进入中国的跨国广告公司才能在中国市场立于不败之地。与此同时，随着中国企业不断走向国际市场，它们对跨国广告公司的需求也越来越强。如奥美已获得新联想集团全球品牌广告以及联想"Think"系列产品的广告代理业务。

3. 国际广告业朝着大广告托拉斯的方向发展

在现代市场竞争中，单一的企业很难立足，企业要立于不败之地，必须强者联合，形成集团。当今国际经济区域性集团和行业性集团的出现，促使广告公司必须向集团化方向发展，这成为国际广告业发展的一种趋势。

20世纪40—70年代，美国广告公司之间的兼并已经成为一股旋风，大部分专业广告公司都被大型综合广告公司所兼并。1986年4月27日，由BBDO环球、DDB和Needham Harper三家广告代理公司联手组成了(奥姆妮康)集团。同年5月8日，英国的萨奇兄弟公司又买下了世界著名的贝茨环球公司而成立了萨奇•萨奇集团。1987年，英国的跨国传播集团WPP收购了著名的智威汤逊广告公司，随后又在1989年买下了世界最大的跨国广告公司"奥格威集团"。

由于广告公司集团化趋势的加剧，从20世纪90年代初开始，世界十大广告公司的排序位置发生了变化。电通、杨•罗比肯被挤到五位之后，而WPP集团、萨奇•萨奇集团、奥姆妮康集团进入了前五名。这种变化意味着国际广告业超级垄断集团化时代的到来。

由此可见，发展集团化、国际化、具有规模优势并能提供整体服务的大型广告代理公司，是跨世纪广告的趋势与要求。

4. 国际广告传播媒介的多样化

20世纪90年代末期，数字化浪潮席卷全球，新兴的互联网以惊人的速度在全球发展和普及。国际广告媒体在数字化浪潮出现后发生了极其重大的变化，之前占据国际媒体重要地位的国际报纸、杂志，逐渐被卫星电视、网络等新型媒体所取代。尤其是在全球范围内开展的电视数字化革命，彻底改变了传统电视的传播模式，带来了全新的广告方式和传播革新。

互联网更是在短短十几年间成长为"第四媒体"，它所带来的跨国传播和即时传播，是任何传统媒介都不可能实现的。这场数字媒体的产业变革打破了原本整体化的大众市场和大众媒体，进而带来了国际广告行业的媒体变革。

新兴媒体成为21世纪国际广告的新宠，但这并不意味着传统的广告传播媒介彻底被新兴媒体所取代，高科技的运用同样使传统媒体得到了改善。如在电视信息上，图像更加清晰，色彩更加鲜艳逼真，抗干扰能力更强，稳定度更高等；在印刷技术上，报纸彩色广告印刷已实现自动铸字、自动照相植字等自动化技术；在百货公司，超级市场的每个柜台前、购物手推车上，装上电脑及荧光屏，可以不断显示商品的形状、特点、功能、价格等，方便消费者购物等。因此，国际广告在多媒体时代可以根据自己的实际需要以及不同媒介的优势更好地选择自己需要的媒体形式。

本章小结

(1) 国际广告的特点主要表现为：经济环境因素、政治环境因素、社会环境因素、文化环境因素、法律环境因素、媒介环境因素和广告环境因素的多重特异性。从所面对的消费者上，国际广告需要考虑语言文字、风俗习惯、价值观念、生活方式和教育程度等因素。

(2) 在国际广告的传播过程中大致可采取如下三种策略：全球化或标准化策略；适应性或

本地化的策略；全球性策划和本土化执行相结合的策略。

(3) 国际广告的现状主要表现为：国际广告业务的集中化，多集中于发达国家或地区的大型跨国广告集团；发展中国家或地区的广告业受到跨国广告公司的冲击；发达国家或地区通过广告对发展中国家或地区进行文化渗透。

(4) 国际广告的背景：全球一体化趋势的加强；世界经济贸易出现新的格局；高科技的发展与信息传播的新方式。

(5) 在上述国际背景下，国际广告的发展趋势表现为：国际广告社会责任感的加强；跨国广告公司纷纷进军中国；国际广告业朝着大广告托拉斯的方向发展；国际广告传播媒介的多样化。

一、填空题

1. 从国际广告活动所面临的具体市场环境来看，其特异性主要体现在：经济环境因素、政治环境因素、社会环境因素、(　　　)、法律环境因素、(　　　)、广告环境因素等方面。

2. 在对国际广告所面对的消费者进行了解的过程中要充分考虑如下因素：语言文字、(　　　)、价值观念、(　　　)、教育程度。

3. 不同的国家对数字、(　　　)、颜色等都有不同的喜好和不同的使用习惯。

4. 对于国际广告的策略大致有三种观点：全球化或标准化策略、适应性或本地化的策略、(　　　)。

5. 在全球广告市场上，最著名的有六大集团，分别是：奥姆尼康(Omnicom)、(　　　)、IPG(Interpublic)、阳狮(Publicis)、(　　　)、哈瓦斯(Havas)。

二、选择题

1. 下列国家中视大象为"大而无用"的代称的是(　　　)。
　　A. 印度　　　　　　　B. 东南亚　　　　　　C. 英国　　　　　　　D. 法国

2. 百威啤酒在美国、中国、日本等国推行的广告主要采用的广告策略是(　　　)。
　　A. 全球化或标准化策略　　　　　　B. 适应性或本地化的策略
　　C. 全球性策划、本土化执行相结合的策略　　D. 综合性广告策略

3. 盛世长城国际广告公司是(　　　)集团公司的下属公司。
　　A. 奥姆尼康(Omnicom)　　　　　　B. 阳狮(Publicis)
　　C. 电通　　　　　　　　　　　　　D. 哈瓦斯(Havas)

三、名词解释

1. 国际广告
2. 国际广告传播的全球化或标准化策略
3. 国际广告传播的本地化策略

四、简答题

1. 简述国际广告的特点。
2. 简述跨国公司的全球化或标准化策略有哪些优势。
3. 实行标准化广告策略应当具备的条件有哪些?
4. 什么是国际广告传播的全球性策划和本土化执行相结合的策略?
5. 简述国际广告的现状。

五、论述题

结合国际广告的背景,试述国际广告的总体发展趋势。

实训案例

"恐惧斗室"事件

2004年11月下旬,耐克公司在央视体育频道和地方电视台播出了一部名为"恐惧斗室"的广告片。"恐惧斗室"内容主要描述美国NBA巨星勒布朗·詹姆斯在"恐惧斗室"里面面临的五道闯关考验。

夸张:第一室是以青少年喜爱的武术作为创意灵感,一名古装打扮的武林高手,他的眼睛和双手如照相机般放出闪光,代表了夸张的宣传。

诱惑:在第二室,诱惑化身为美女、金钱、钻石,在空中漂浮。勒布朗看清了前面的挑战,奋力投篮,同时将诱惑一举击碎。

嫉妒:在第三室,代表了"嫉妒"的NBA球员Foshizzles对他说:"嘿,兄弟,你不会赢的"。勒布朗沉着应战,用精湛的球技让他们闭嘴。

自满骄傲:自满是体育中的一个顽疾。勒布朗毫无畏惧地迎接他的第二个赛季。虽然有代表自我的多个防守队员试图阻止他穿过第四室,但他穿梭自如,战胜了这一恐惧。

自我怀疑:面对自我怀疑这一强敌时,勒布朗更加小心翼翼。最后一室里,真人勒布朗对阵动画勒布朗,显示出他战无不胜,哪怕对手是他自己。

"恐惧斗室"海报和户外广告有着浓厚的亚洲电视和动画的风格,海报展示了勒布朗在恐惧斗室里毫无惧色、勇往直前的风采。

"恐惧斗室"是由NIKE多年来的广告公司Wieden+Kennedy制作。创意小组的领导人是创意总监美籍华人约翰·杰John Jay,以及驻波特兰的创意总监吉米·史密斯Jimmy Smith和艺术总监佳彦·詹金斯Jayanta Jenkins。导演是在音乐录像制作方面享有盛誉的Dave Meyers,作曲是嘻哈高手、电影音乐制作人RZA。该片灵感是来自20世纪70年代在香港和东南亚盛行的功夫电影。

而在2004年11月26日,《华商晨报》以"耐克广告'中国形象'被击败"为题报道耐克广告涉嫌侮辱民族风俗。

片中涉及"中国形象"的地方有三处:中国老者形象——表达"中国功夫"不堪一击;与

敦煌壁画中的"飞天"造型极为相似的中国女子形象——她们似乎在"勾引"男主角并和到处飘着的美钞一起象征"诱惑";两条中国龙形象——二龙吐出烟雾,烟雾又化为妖怪。这几处的"中国形象"最终都被该片的主角勒布朗•詹姆斯一一击败。也正是这三处地方引发了广泛争议。

对此,11月30日,耐克公司发表声明,声明称"恐惧斗室"广告宣扬了一种积极的人生态度。NIKE希望借助"恐惧斗室"这一广告鼓励年轻人直面恐惧,勇往直前。正如NIKE所一贯倡导的——永无终点(There is no finish line)。不论你身在何处,不论你从事什么工作,让我们永远保持一份向上的积极态度。其中运用的各种元素都是一种比喻形式。耐克中国一贯严格遵循中国广告法的相关规定。"恐惧斗室"广告在播放之前,经过中国各级广告协会的严格审核及批准。

12月3日,国家广电总局发出《关于立即停止播放"恐惧斗室"广告片的通知》。《通知》指出,该广告违反了《广播电视广告播放管理暂行办法》第六条"广播电视广告应当维护国家尊严和利益,尊重祖国传统文化"和第七条"不得含有……亵渎民族风俗习惯的内容"的规定。因此,请速通知所辖各级播出机构立即停播此广告。

随后,12月7日,美国耐克公司公开表示,为日前被国家广电总局因有损中国国家尊严而下令禁播的篮球鞋电视广告"恐惧斗室"向中国消费者正式道歉,声称耐克公司无意表达对中国文化的任何不尊重。

至此,"恐惧斗室"事件告一段落。

(案例来源:赛来西•阿不都拉,季靖.广告心理学.杭州:浙江大学出版社,2007)

案例点评:

耐克公司成立于1972年,其品牌的快速成长缔造了一个体育王国的神话。自品牌创立之初,耐克公司就十分注重利用广告对品牌精神和运动精神进行全方位的诠释,如"恐惧斗室"主要是想宣传一种勇往直前的人生态度。同时,"恐惧斗室"的拍摄无论是从广告中人物的选择,还是画面的设计都是为了耐克产品能够在亚洲市场更好地推广。

然而,在"恐惧斗室"中出现的三处场景却引起了广泛的争议,最后导致耗资巨大的广告停播。从这一案例中我们不难看出,广告的国际化势在必行,但更应当根据不同国家的具体国情而进行深入思考,这其中包括风俗文化、法律环境等诸多因素。

讨论题:

1. 耐克广告——"恐惧斗室"被停止播放的原因是什么?

2. 在国际广告的制作、发布过程中,需要注意哪些问题?

3. 结合案例,请谈谈在国际广告策略的选择上,如何将标准化策略与本地化策略进行有效的结合。

附录 A

世界著名广告人简介

表A1　世界著名广告人简介

广 告 人	简　　介
1. 大卫·奥格威 (David Ogilvy， 1911—1999)英国 	奥格威，1911年6月23日生于英国，先后受教于艾丁堡Fettes大学及牛津大学。世界著名的奥美国际广告公司创始人。他以其独特的广告创意、深入的调查研究和求实求细的工作风格，为世界广告业的发展做出了杰出贡献。 奥格威40岁时才涉足广告界。1936年，在伦敦一家广告公司实习。该公司送他到国外学习美国广告技术，为时一年。1938年，大卫·奥格威移民美国，受聘于盖洛普民意调查公司，在其后的三年中辗转世界各地为好莱坞客户进行调查。盖洛普严谨的研究方法与对事实的执著追求对奥格威的思想影响巨大，并成为他行事的准则之一。"二战"期间，他受命于英国安全部，出任英国驻美使馆二秘。战后，他与宾夕法尼亚州阿门宗派为邻，以种烟草为生。后举家迁至纽约，并决定开创自己的广告公司。 1948年，奥格威在纽约以6000美元创办了奥美，随后以创作许多富有创意的广告而赢得盛誉。他的作品机智而迷人，但最重要的是，他坚持广告必须有助于销售。他把广告业的经营和专业化推向顶峰，他的价值观造就出了一个全球性的传播网络，他睿智隽永的风格不但塑造了奥美广告，同时更深深影响着整个广告业的发展。 奥格威被认为是"定位"理论的始祖，时至今日，他所写的《一个广告人的自白》和《奥格威论广告》等仍是广告人的必读书，而他提出的"树立品牌形象"理论也依旧是广告界的基本原则之一
2. 李奥·贝纳 (Leo Burnett， 1891—1971)美国	李奥·贝纳被誉为美国20世纪60年代广告创作革命代表人物之一，为美国广告"开辟了任何人都不能想象的那么多的可能性"，对美国广告业的发展产生过重要影响。他曾为"万宝路"牌香烟创立了男性香烟的性格，一个美国西部牛仔的形象，把在美国市场上占有率不及1%的香烟，推到世界销售的第一位。 李奥·贝纳广告公司于1935年成立于美国芝加哥，是美国排名第一的广告公司，在全球80多个国家设有将近100个办事处，拥有一万多名员工。李奥贝纳的客户包括全球25个最有价值品牌当中的7个，如麦当劳、可口可乐、迪斯士尼、万宝路、Kellogg、Tampax和Nintendo等。 李奥·贝纳(亚太)集团公司——"2001年度亚太地区最佳广告公司"。李奥·贝纳于1979年进入中国市场，业务网络包括香港、广州、上海和北京，2000年营业额达1.2亿美元，在国内国际性广告公司中排名第三。李奥·贝纳在中国的客户包括麦当劳、菲亚特、惠氏、箭牌、美的和中国电信等。 李奥·贝纳最为杰出的作品是为万宝路香烟创作的广告，是他，把一个原本默默无名的牌子变成为世界最畅销的香烟品牌。作为广告界"芝加哥学派"的创始人，李奥·贝纳在广告创作中看重的是对人的关爱和尊重。他的作品风格纯朴，对每一则广告都有极为严格的要求，特别提倡广告文案创作要运用"乡土语言"，即那些能透彻表达、实在、朴实、简洁的单词、短语以及类似的文字。

续表

广 告 人	简 介
2. 李奥·贝纳 (Leo Burnett, 1891—1971)美国	他认为每种产品都有与生俱来的戏剧性,广告的主要任务是发掘它并加以利用。他认为,最好的广告人,应该有把已知的东西与可信的东西放在一起重新组合的能力,这样表现广告内容,才能真正打动人心
3. 威廉·伯恩巴克 (William Bernbach, 1911—1982)美国 	威廉·伯恩巴克是国际广告界所公认的一流大师,DDB 广告公司的创始人之一,与大卫·奥格威、李奥·贝纳并称为美国广告"创意革命"时代的三大旗手。在他去世后,美国著名的《哈泼斯》杂志这样告诉读者:"他的去世在美国所引起的震惊,超过了《哈泼斯》在过去 133 年里所介绍过的所有杰出艺术家和作家,对美国的文化具有极大的冲击力。"在美国《广告时代》所评选的 20 世纪最具有影响力的广告人中,威廉·伯恩巴克排名第一。 伯恩巴克为德国大众的甲壳虫汽车撰写的系列广告,轰动了整个广告界,被当时的广告专家公认为是第二次世界大战以来的最佳作品,对大众汽车打入美国市场居功至伟。 伯恩巴克一贯认为,广告上最重要的东西就是要有独创性和新奇性。因为世界上形形色色的广告之中,有 85%根本没有人去注意,真正能够进入人们心智的只有区区 15%。正是根据这一无情的数字比例,伯恩巴克才坚持把独创性和新奇性作为广告业生存发展的首要条件。只有这样,广告才有力量来和今日世界上一切惊天动地的新闻事件以及一切暴乱相竞争。也正是在这一信念指引之下,伯恩巴克在美国同时代的广告大师之中,才能够另辟蹊径,自成一家,常常拿出令人拍案叫绝的作品。 伯恩巴克尽管在 20 世纪 60 年代初制作一系列的广告时并没有使用定位这一概念,但是,人们却将他视为定位广告的创始人和杰出的定位广告大师,因为,他的许多作品中非常明晰地体现了这一思想。伯恩巴克本人虽然经常强调广告应以情动人,强调要有独创性,强调要有文采,但是,他对于广告业的贡献远远不止这些,在其他许多方面,伯恩巴克都属于先驱者
4. 马里恩·哈珀(Marion Harper Jr., 1916—1989) 美国  马里恩·哈珀 Marion Harper	小马里恩·哈珀是美国广告界 20 世纪最富有创新王国的缔造者。1939 年,这个耶鲁大学毕业生,进入麦肯广告公司的收发室工作。1942 年,成为文案研究部经理,后为公司的创始人兼总裁 H.K.麦卡恩的助手,1948 年 32 岁时接替麦卡恩的职位。他加强了购买动因的研究和广告预测技术,并开始兼并广告公司。这位由邮件收发室职员成长起来的总裁领导麦肯 19 年,不仅使麦肯成为全球最大的广告公司,而且建立了控股公司互众集团公司,也就是今天华尔街股票交易市场中的 IPG。哈珀首创了诸多调查研究项目和理念,如"整合营销传播"、"公司中的公司"、"相互竞争、统一管理的分公司体系"等新的理念,用各种新型的广告业务、充满胆识和活力的想法和方式,对广告代理业务进行了开拓性和革命性的调整,给广告行业带来了巨大的变革。这些使得哈珀成为广告界让人又爱又恨的人

续表

广 告 人	简 介
5. 乔治·葛里宾(George Gribbin,1907—1981) 美国 	乔治·葛里宾出生在美国密歇根州的一个小康之家。中学毕业后,葛里宾进入美国威斯康星大学新闻系读书。在他上大学二年级时,转学到著名的斯坦福大学攻读英语,来到了美国著名的扬罗比凯广告公司。 扬罗比凯广告公司坐落在纽约市麦迪逊大道 285 号。早在 20 世纪 30 年代,它就是美国的第二大广告公司。乔治·葛里宾进入该公司后,从最基本的广告撰写员干起,经过 20 多年的磨炼,终于在 1958 年担任了这家赫赫有名的广告公司的总经理。 在长期的广告生涯中,乔治·葛里宾创作了大量独具特色的广告作品。他为箭牌衬衫、旅行者保险公司、美林证券公司、哈蒙德和弦风琴等创作的广告,被公认为是世界广告史上的经典之作
6. 罗瑟·瑞夫斯(Rosser Reeves,1910—1984)美国 	罗瑟·瑞夫斯,是广告界公认的大师,广告科学派的忠实卫道士,也是获得"纽约广告名人堂"荣誉的 5 位广告人之一(其他 4 位是威廉·伯恩巴克、李奥·贝纳、乔治·葛里宾、大卫·奥格威)。瑞夫斯曾任达彼思广告公司的董事长,并提出了著名的"USP 理论",即"独特销售主题"。这一理论,对广告界产生了经久不衰的影响。他运用这一独特理论策划了经典广告案例 M&M 巧克力豆,广告中突出了 M&M 因为有糖衣而"只溶在口,不溶在手"的特点,直到今天这仍然是 M&M 的促销主题。 瑞夫斯一生发表过很多诗歌和小说,不过最畅销的还是他的《广告中的真实》一书
7. 光永星郎(？—1944 年)日本	1910 年 7 月 1 日,记者出身的光永星郎创立了电通的前身——日本广告株式会社,之后又建立了"电报通讯社"。1906 年两家公司合并为"日本电报通讯社",电通正式诞生,其业务最初是以广告业为主,以通信业为辅。 光永星郎一生经历了许多挫折,先是关东大地震使整个电通公司化了为了灰烬。 1925 年,日本所有通讯社受到军阀管制,电通的通讯部被迫解散,只有广告部门仍然维持运行。随后第二次世界大战爆发,报纸纸张紧张,广告版面由 60% 降至 20%,电通进入最黑暗的日子。光永星郎曾经依靠拜访 114 次从而赢得香烟制造商林井兄弟公司这个客户,依赖"越挫越勇"的精神,他在黑暗中始终坚持自己的理想。停战前四个月的某日,光永星郎却抱憾离开人世。 光永星郎经常有出乎意料的创意,电通创立 4 周年时用鲜花装饰了 3 辆电车在东京游行。后来又举办了"富士登山"、向广告主致以"电通寒暄"表达敬意等活动,构建了电通精神基调。而他"通往迈进"的精神以及"与广告主同生存"的经营哲学也成为留给电通的巨大财富

续表

广　告　人	简　　　介
8. 吉田秀雄(1903—1963 年)日本 	吉田秀雄 1903 年出生于日本小仓。1928 年吉田秀雄从东京帝国大学毕业进入电通，此后直至他过世的 35 年间，广告成为其生命的全部。1947 年吉田秀雄接替光永星郎成为电通的社长。 在电通他实行的是"独夫"政策，他对员工提出了著名的"鬼才十则"，其内容包括主动寻找工作，而不是接收指派，工作应该积极而不是消极被动等，而这些要求后来也为其他公司所借鉴。但吉田秀雄对员工并不是漠不关心，他在内部建立了一套周密的奖励机制，采取特殊方式和员工进行交流，强调"人就是资本，创意就是商品"，而后他遇到有才干的人就会劝他到电通来工作，因此，电通以勤勉、优秀著称。人才、组织和设备被称为电通三大支柱。 由于不满日本广告业的现状，吉田秀雄经常派员工到纽约深造，将麦迪逊大街的作风和经验一并带回日本。为了广告业的发展，他还赞助了一年一度的"广告电通奖"，其费用每年达 1 亿日元。 吉田秀雄的广告既不乏科学性又富有艺术感，为电通赢得了良好的声誉。他开创了许多广告学与广告业的新观念，被誉为广告鬼才。他对广告业的贡献，获得公认、肯定与颂扬。 吉田秀雄 59 岁时逝世，日本广告界痛失巨星，但他的精神却永存于世，有人甚至评价说他是一位"死后也上班的男人"
9. 詹姆斯·韦伯·扬(1886—1973)美国 	詹姆斯·韦伯·扬 12 岁时即辍学来到百货公司工作，不久当上了"基督教美以美书店"的店员，十年后晋升为该书店的广告经理。1912 年，时任 JWT 公司辛辛那提分公司经理的斯坦利·里索聘用詹姆斯·韦伯·扬担任撰文员工作。1917 年里索升为 JWT 公司总经理时，他转任公司的副总经理。1918 年扬又回到了芝加哥主管美国西部各个分公司的业务，随后，他又负责在海外创立了多个分公司，建立起了 JWT 庞大的国际网络。 詹姆斯·韦伯·扬曾一度离开 JWT 在芝加哥大学任教并进行学术研究，1941 年时重返 JWT 工作。后来，他又担任过联邦政府国内外商业局局长、美国事务协调传播署署长等公职，以及福特基金会大众传播顾问等。1947 年即他逝世一年后，他获得了美国广告人的最高荣誉："美国广告杰出人物"奖
10. 叶茂中(1968—)中国 	叶茂中是营销策划机构董事长，资深营销策划人和品牌管理专家，清华大学特聘教授；南京理工大学工商管理硕士(MBA)研究生导师；中央电视台广告部策略顾问。著有：《叶茂中策划·做卷》、《创意就是权力》、《广告人手记》、《圣象品牌整合策划纪实》、《转身看策划》、《新策划理念》(6 册)。1997—2000 年被评为中国企业十大策划家，2001 年被评为中国营销十大风云人物，2002 年被评为中国策划十大风云人物及中国广告十大风云人物，2003 年被评为中国十大广告公司经理人，2004 年入选影响中国营销进程的 25 位风云人物/入选《中国创意 50 人》，入选 2005 中国十大营销专家

附录 B

国内外知名广告专业奖项简介

表 B1　国内外知名广告专业奖项简介

奖　项	国　别	特色及参赛须知
戛纳广告奖	法国	创立于1954年，是全球五大广告赛事之一，总部设在法国戛纳。 参赛者范围及要求：全球有关广告和媒介的任何机构。直邮广告作品和促销活动材料，以及有侵犯民族宗教信仰和公众品味的广告不得参赛。 奖项类别：影视、平面、广播、户外、直邮、媒介、网络、促销、整合营销。 截稿日期：通常在每年3月。 颁奖日期：通常在每年6月下旬
纽约广告奖	美国	创立于1957年，是全球五大广告赛事之一，总部设在美国纽约。 参赛者范围：世界各地60多个国家和地区的广告公司。 奖项类别：非广播电视媒介广告佳作、申视电影广告、电视节目和促销广告、国际广播广告、印刷广告、平面设计、摄影、全球互联网络奖、健康关怀全球奖、广告市场效果奖等。 截稿日期：通常在每年3月。 颁奖日期：通常在每年6月
克里奥广告奖	美国	创立于1959年，是全球五大广告赛事之一，总部设在美国迈阿密。 参赛者范围及要求：全球有关广告和媒介的任何机构。除慈善机构或者非营利机构制作的公益作品及学生作品外，其他参赛作品均应是商业广告。 奖项类别：内容吸引与创新性接触、设计、互联网、电视电影/广播、电视与电影技巧、电视与电影经典荣誉、平面印刷、海报招贴和户外、媒体创意、整合媒体宣传、学生作品。 截稿日期：通常前一年作品截至每年1月初，当年作品截至2月1日。部分奖项类别当年作品可截至3月1日
莫比广告奖	美国	创立于1971年，是全球五大广告赛事之一，总部设在美国洛杉矶。 参赛者范围：影视、平面、户外、包装设计、网络。 截稿日期：通常在每年9月底。 颁奖日期：通常在转年2月
伦敦广告奖	英国	创立于1985年，是全球五大广告赛事之一，总部设在伦敦。该项评奖在创意概念、设计手法、技术制作等几方面齐头并重。 参赛者范围：平面、影视、广播、设计包装、技术制作。在技术制作方面又细分了17个奖项。 截稿日期：通常在每年6月。 颁奖日期：通常在每年11月
艾菲广告奖	美国	创立于1968年，总部设立在美国纽约。它是以广告的实际效果作为评审标准的唯一奖项。 参赛者范围：全世界包括美国、法国、德国、中国等成员国在内的33个国家和地区设立。 奖项类别：日用品、耐用品、服务、企业形象、小预算。 截稿日期：通常自每年7月中旬。 颁奖日期：通常在每年9月

续表

奖　项	国　别	特色及参赛须知
金铅笔奖	美国	创立于 1975 年，由美国 one club 主办。1994 年设立最佳学生作品展、青年创意大赛，是世界权威级广告大奖中唯一注重学院风格的奖项。 参赛者范围：世界各地大小不等的广告公司、电影公司、电视台、广告主。青年创意奖参赛人员为学生及 30 岁以下青年创意人。 奖项类别：平面、电台和电视、互动广告、设计、短片、医疗广告、院校竞赛等。 截稿日期：通常在每年 5—9 月底。 颁奖日期：通常在每年年底
中国长城广告奖	中国	创立于 1982 年，由中国广告协会主办，是中国广告业界创意最高奖项。 参赛者范围：中国内地和香港、澳门、台湾地区，以及东南亚、华文地区。 奖项类别：影视类、平面类、广播类、户外类。 截稿日期：通常在每年 5—7 月 颁奖时间：通常在每年 9、10 月
广州日报杯全国报纸优秀广告奖	中国	创立于 1991 年，由广州日报报业集团创办。参赛不收取费用。 参赛者范围：中国内地在所有国内合法、公开发行的报纸上发布过的平面广告作品。 奖项类别：房地产、企业形象、电信、食品及饮料、公益及活动、汽车、医药及保健品、IT、金融及服务、家居及个人用品、家用电器等类。 截稿日期：通常为每年年初。 颁奖日期：通常为每年年初
时报世界华文广告奖	中国台湾	创立于 1993 年，由台湾《中国时报》创办，2007 年由中国商务广告协会共同主办。 参赛者范围：华人广告界。 奖项类别：影视、平面、户外、技术类。 截稿日期：通常在每年 8—9 月。 颁奖日期：通常在每年 11 月
中国广告作品 IAI 年鉴奖	中国	创立于 1996 年，由国际广告杂志社、中国传媒大学广告学院、国际广告研究所共同主办。全称"中国优秀广告作品 IAI 年鉴奖"。 参赛者范围：接受来自中国大陆、海峡两岸、香港、澳门地区的参赛作品。 奖项类别：影视、报纸、杂志、海报、户外、网络、POP 等。 截稿日期：通常为 8 月底。 颁奖日期：2007 年开始于 10 月下旬—11 月初

续表

奖　项	国　别	特色及参赛须知
龙玺环球 华文广告奖	中国	创立于1999年，由4位港、台、新加坡的著名华人创意人创办。由华裔创意人当家，跨越中国内地和香港、台湾地区。以及新加坡、马来西亚、北美各地华文广告市场的国际创意奖。 参赛者范围：世界各地的华文广告作品。 奖项类别：平面、户外、影视/电台。 截稿日期：通常在每年5—6月中旬。 颁奖日期：通常在来年2月
中国4A 创意金印奖	中国	创立于2006年，由中国商务广告协会综合代理专业委员会(简称中国4A)组办。 参赛者范围：中国内地。 奖项类别：影视、平面、广播、传统户外、创意媒体、包装、网络互动、整合传播、传统媒体创意运用类、创意工艺类。 截稿日期：通常在每年9月底。 颁奖日期：通常在每年12月
中国元素 创意大赛	中国	创立于2006年，由中国广告协会主办。极具创新地将传统的广告奖项与设计奖项整合为一体。 参赛者范围：接受来自中国大陆地区、公司及个人名义的参赛作品。 奖项类别：以创作形式为分类标准，分为影像、图形、文字、物体、短片五大类。 截稿日期：通常为9月中旬。 颁奖日期：通常在每年10月中下旬

参 考 文 献

1. 倪宁. 广告学教程. 北京：中国人民大学出版社，2001
2. 张龙德. 广告法规案例教程. 上海：上海大学出版社，2001
3. 张金海. 广告学概论. 北京：中央广播电视大学出版社，2002
4. 印富贵. 广告学概论. 北京：电子工业出版社，2004
5. 董广安. 广告学. 郑州：郑州大学出版社，2005
6. 高丽华. 现代广告概论. 北京：清华大学出版社，2005
7. 张金海. 广告经营与管理. 北京：高等教育出版社，2006
8. 何佳讯. 广告案例教程. 上海：复旦大学出版社，2006
9. 丁俊杰. 现代广告通论. 北京：中国传媒大学出版社，2007
10. 季靖. 广告心理学. 杭州：浙江大学出版社，2007
11. 李名亮. 广告传播学引论. 上海：上海财经大学出版社，2007
12. 崔银河. 广告学概论. 北京：中国传媒大学出版社，2007
13. 袁安府. 现代广告学导论. 杭州：浙江大学出版社，2007
14. 陈培爱. 中外广告史教程. 北京：中央广播电视大学出版社，2007